PLATON

SEINE DIALOGE IN DER SICHT NEUER FORSCHUNGEN

D1666885

PLATON

SEINE DIALOGE IN DER SICHT
NEUER FORSCHUNGEN

Herausgegeben von
THEO KOBUSCH und BURKHARD MOJSISCH

WISSENSCHAFTLICHE BUCHGESELLSCHAFT
DARMSTADT

Einbandgestaltung: Neil McBeath, Stuttgart.

Die Deutsche Bibliothek – CIP-Einheitsaufnahme

Platon: seine Dialoge in der Sicht neuer
Forschungen / hrsg. von Theo Kobusch und
Burkhard Mojsisch. – Darmstadt: Wiss. Buchges.,
1996
   ISBN 3-534-12632-7
NE: Kobusch, Theo [Hrsg.]

Bestellnummer 12632-7

© 1996 by Wissenschaftliche Buchgesellschaft, Darmstadt
Gedruckt auf säurefreiem und alterungsbeständigem Offsetpapier
Satz: Setzerei Gutowski, Weiterstadt
Druck und Einband: VDD – Darmstadt
Printed in Germany
Schrift: Linotype Times, 9.5/11

ISBN 3-534-12632-7

INHALT

VI   Inhalt

VORWORT

Die vorliegenden Beiträge sind die überarbeiteten Vorträge, die im Rahmen der Ringvorlesung „Platon. Seine Dialoge in der Sicht neuer Forschungen" im Wintersemester 1994/95 an der Ruhr-Universität in Bochum gehalten wurden.

Daß diese Vorlesungsreihe realisiert werden konnte, ermöglichten in erster Linie die Referenten; ihnen gebührt primär unser Dank. Besonders zu Dank verpflichtet sind wir aber auch der Gerda Henkel Stiftung (Düsseldorf) und der Ruhr-Universität Bochum für ihre großzügige finanzielle Unterstützung. Für Übersetzungen danken wir sehr Herrn Dr. Orrin F. Summerell, darüber hinaus Frau Carolin Boßmeyer, Herrn Prof. Dr. Hans Krämer, Herrn Achim Russer und Frau Annette Sell. Herr Dr. Tobias Trappe und Herr Thomas Welt haben sich in vielfacher Hinsicht um die Publikation der Vorträge verdient gemacht. Schließlich sei der Wissenschaftlichen Buchgesellschaft (Darmstadt) herzlich gedankt für die bereitwillige Aufnahme dieses Bandes in ihr Verlagsprogramm.

Bochum, im Juli 1995   Theo Kobusch
                                                 Burkhard Mojsisch

EINLEITUNG

Platon zu verstehen – diese Aufgabe stellt sich jeder Epoche neu. Wie die Geschichte der Platonforschung zeigt, sind die verschiedenen Platonbilder immer je auch Ausdruck und Abbild der Zeit, der sie entstammen. Auch die vorliegenden Analysen sind in dieser Weise zeitgebunden. Sie sollen zwei Funktionen erfüllen: Sie ziehen einerseits gewissermaßen Bilanz und weisen andererseits nach vorn.

Um ein möglichst breites Spektrum der Interpretations- bzw. Forschungsansätze sichtbar werden, um aber auch dem Dialogcharakter der Werke Platons Gerechtigkeit widerfahren zu lassen, werden seine wichtigsten Dialoge von verschiedenen, jedoch nicht beliebigen, sondern repräsentativen Standpunkten aus betrachtet. Leider konnten nicht alle Forschungsrichtungen berücksichtigt werden. Daher sind diese neuen Platon-Interpretationen in doppelter Weise begrenzt: Sie repräsentieren nur die wichtigsten Forschungsrichtungen und widmen sich nur den wichtigsten Dialogen Platons, d. h. allein denjenigen, in denen Grundzüge der Philosophie Platons unverwechselbar manifest werden.

Anhand des Frühwerks – besonders aber des *Laches* – eruiert W. Wieland Platons sokratisches Erbe. Dazu gehören die literarische Form des Dialogs, die sog. Definitionsfragen, die Aporetik – gerade am Ende des *Laches*: Die Frage nach dem Wesen der Tapferkeit bleibt unbeantwortet –, die zum Bewußtsein des eigenen Nichtwissens führende Reflexion, das nichtpropositionale Wissen und die durch die Sokratesgestalt verkörperte Dimension des personalen Wissens, das sich in der Tätigkeit des Fragens manifestiert.

Der Dialog *Charmides* stand in den spätantiken Schulen als Dialog über die Selbsterkenntnis am Anfang des Bildungsweges. M. Erler läßt sich bei der Interpretation des Dialogs von der Frage nach seiner Funktion leiten. Sie erweist sich als fruchtbar, insofern an diesem Dialog besonders deutlich die Funktion der die frühen Dialoge insgesamt formal charakterisierenden Standards wie der Aporie, des Elenchos, der Vorläufigkeit u. ä. aufgewiesen werden kann. Vor dem Hintergrund solcher Fragen kann inhaltlich auch erst der Sinn der Platonischen These vom „Wissen des Wissens" deutlich werden.

Ein Dialog des Übergangs zur Ideenphilosophie ist der *Gorgias*, der in der Spätantike gemäß der Aristotelischen Wissenschaftseinteilung die „Ethik" repräsentierte. Th. Kobusch legt in seinem Beitrag dar, daß die durch Polos und Kallikles verkörperte Position des Immoralismus durch Platons Hinweis auf ein ursprüngliches Wissen um Gut und Böse, das sich im Phänomen der

„Scham" zeigt und schon dem Miteinandersprechen zugrunde liegt, erschüttert wird.

G. Reale zeichnet in seinem Beitrag kurz die Thematik, den Aufbau und die dramaturgische Dynamik des *Phaidon*, eines der künstlerisch schönsten Werke Platons, nach und kommt dann auf die Grundbegriffe, auf die sich das Platonische Denken überhaupt stützt, zu sprechen, nämlich auf die Ideenlehre, die Theorie der ersten und obersten Prinzipien und die Lehre von der demiurgischen Intelligenz. Die Entdeckung der intelligiblen Welt gelingt Platon vermittels der Metapher der „zweitbesten Seefahrt", deren enger Zusammenhang mit der symbolischen Chiffre der „Anamnesis" aus dem Dialog *Menon* ausführlich dargetan wird.

Das *Symposion* nimmt unter den Dialogen Platons eine einzigartige Stellung ein. Es ist, so R. Rehn, die geglückte Verbindung von Philosophie und dramatischer Dichtkunst, die erfolgreiche Umsetzung eines für Platons Philosophie zentralen Lehrstücks, des der Erotik, in eine Komödie. Ziel der „Erotisierung" der Philosophie ist der Aufweis, daß philosophische Erkenntnis des anderen bedarf, daß Philosophie nur als συμφιλοσοφεῖν, als gemeinsames Philosophieren, möglich ist.

Was der *Gorgias* nur andeutete, das wird in der *Politeia*, von der Hegel sagt, daß sie trotz ihrer großen Tiefe so sehr verständlich sei, breit ausgeführt: die Annahme der Ideen als notwendiger Bedingung allen Wissens, besonders auch des Wissens der individuellen und politischen Moral. T. Borsche zeigt in seinem auf die Ideenlehre der *Politeia* konzentrierten Beitrag, daß die Notwendigkeit der Annahme von Ideen im Wahrheitsanspruch von Aussagen begründet liegt, d. h. in dem Wissen von der Bedeutung der im Satz verwendeten Ausdrücke.

Während der Dialog *Phaidros* in der Spätantike und in der Renaissance meist als zweiter (neben dem *Symposion*) Beleg für die Platonische Liebeslehre aufgefaßt wurde, ist seit Schleiermacher der zweite Teil des Dialogs über die Rhetorik mit der darin enthaltenen Schriftkritik immer mehr in den Vordergrund des Interesses gerückt. Th. A. Szlezák zeigt in seiner Interpretation das Wissen der Ideen und anderer metaphysischer Inhalte als notwendige Bedingung der Dialektik, d. h. der Platonisch zu verstehenden wahren Rhetorik, auf, die selbst kein unverbindliches Spiel ist, sondern ernste Handlung.

Der *Kratylos*, so Antonia Soulez, ist der Dialog, in dem die Grundzüge der Platonischen Sprachphilosophie dargelegt werden. Sokrates vertritt eine Position, der gemäß Aspekte einer naturalistischen und einer konventionalistischen Konzeption der Richtigkeit der Namen miteinander verbunden werden. Dabei widmet er sich der Sprache als physischem Objekt, sprich: der Phonetik. Obwohl eine derartige Laut-Grammatik nicht mit einer Grammatik der Bedeutung zu verwechseln ist, erschließt sie uns wichtige Erkenntnisse über die Entstehung von Bedeutung.

Der Dialog *Parmenides*, der in der Geschichte des Platonismus für die einen (vgl. Alkinoos, Pico della Mirandola) eine lediglich eristische Übung darstellte, für die anderen (Neuplatonismus, Marsilio Ficino) den Gipfelpunkt Platonischer Metaphysik und Theologie, wird heute im allgemeinen als einer der schwierigsten Dialoge betrachtet. A. Graeser zeigt in seinem Beitrag die Unmöglichkeit der theologischen Interpretation auf, die ja den zweiten Teil des Dialogs stets ignoriert hat. Vielmehr muß der Dialog – wenn nicht nur die erste, sondern auch die anderen Hypothesen ernstgenommen werden sollen – als ein Spiegel innerakademischer Kontroversen und somit als Platons Antwort auf bestimmte, in der Akademie vertretene Positionen über das Wesen der Ideen angesehen werden.

Der *Theaitetos* nimmt die in der *Politeia* erörterte erkenntnistheoretische Problematik wieder auf, deren Grundlagen freilich erst im *Sophistes* adäquat aufgezeigt werden. B. Mojsisch weist in seinem der Verbindung dieser drei Dialoge gewidmeten Beitrag nach, daß ein gegenseitiges Bedingungsverhältnis zwischen der Ideenphilosophie, besonders der Lehre von den wichtigsten Gattungen, und dem Begriff des Logos im Sinne des dialogischen Denkens herrscht, wodurch sich Platon die sprachphilosophischen Voraussetzungen für seine Satztheorie schafft.

Im *Sophistes* wirft Platon die Frage, was eigentlich das Seiende sei, zum ersten Mal explizit auf. Er versucht sie zu klären, indem er das Nichtseiende untersucht, um das es bei falschen Aussagen geht; vom Seienden hingegen ist bei wahren Sätzen die Rede. Die Verallgemeinerung der Frage mündet – so M. Frede – in eine hierarchisierte Ontologie, an deren Spitze die Form des Seienden an sich bzw. das Sein selbst steht; ihr folgen auf einer zweiten Ebene die Platonischen Formen oder Ideen; auf einer dritten die Einzeldinge, die an bestimmten Formen teilhaben.

Der *Politikos*, der sich der Bestimmung des Staatsmannes widmet, greift die politische Theorie der *Politeia* wieder auf. B. Effe erläutert das Wissen des „königlichen Mannes" als jene Fähigkeit, die mit den allgemeinen und inflexiblen Gesetzen in souveräner Weise umzugehen weiß, ohne doch die Richtlinien der Vernunft und des Gemeininteresses zu verletzen.

Beim Dialog *Philebos* stellt sich das Problem ‚Metaphysik oder Methodologie'. J. C. B. Gosling geht in seinem Beitrag diesem Problem nach. Er ist der Ansicht, daß im Dialog sowohl Metaphysisches als auch Methodologisches zur Sprache kämen; besonders die zentrale „Göttliche Überlieferung" enthalte die Beschreibung einer Methode, die zwar einen Fortschritt im Bereich der τέχναι, aber keine Informationen über Platons Metaphysik oder Methodologie bietet.

Der *Timaios* gehört der spätesten Periode der Philosophie Platons an. Wie L. Brisson nachweist, sind in diesem Dialog mathematische Kosmologie und Ethik eng miteinander verknüpft. Die Welt ist mathematisch konstruiert und kann somit in mathematische Begriffe übersetzt werden; die Grenzen der Mathematik sind damit aber auch die Grenzen der Kosmologie Platons, was Aristoteles erkannt und daher von einer Mathematisierung des Alls abgesehen hat. Der Mensch ist in Entsprechung zum Weltmodell konzipiert; deshalb soll er auch in seinem Handeln die Regelmäßigkeit der seelischen und körperlichen Bewegungen des Kosmos nachahmen.

Im abschließenden Beitrag über *Platons Ungeschriebene Lehre* verdeutlicht H. Krämer, wie wichtig es sei, für ein Gesamtverständnis der Philosophie Platons neben seinen Schriften auch die von ihm ausschließlich mündlich vorgebrachten Gedanken zu berücksichtigen, und zwar besonders deshalb, weil Platon gerade die Themen von höchster Dignität in seinen Schriften nur angedeutet und allein der Oralität vorbehalten habe. Von diesen Themen sei nur die Prinzipientheorie genannt.

Durch diese Beiträge dürften die Grundzüge der Philosophie Platons so erhellt werden, daß eine selbständige Auseinandersetzung mit all seinen Schriften möglich ist. Sollten diese Beiträge aber darüber hinaus gar dazu anregen, ein Studium der Philosophie Platons nicht nur für wünschenswert, sondern auch für notwendig zu erachten, ist das Ziel der Ringvorlesung erreicht.

Die Herausgeber

WOLFGANG WIELAND

DAS SOKRATISCHE ERBE: LACHES

Unsere philosophische Tradition kennt keinen Autor, dessen Wirkungsgeschichte sich nach Umfang und Vielfalt mit der Wirkungsgeschichte Platons
vergleichen ließe. Wenn Alfred North Whitehead in seiner berühmten und
schon fast bis zum Überdruß zitierten Formulierung feststellt, europäische
Philosophie bestehe aus Fußnoten zu Platon, so mag dies zunächst wie eine
Übertreibung aussehen, wenn man nur die Traditionen ins Auge faßt, die
Platon nachzufolgen und sein Philosophieren weiterzuentwickeln gesucht
haben. Platons Wirkungsgeschichte besteht indessen nicht nur aus den
vielen Platonismen, die in der Entwicklung der europäischen Philosophie
aufgetreten sind. Mit gleichem Recht gehören zu ihr alle, die sich mit Platon
auseinandergesetzt, die sich von ihm distanziert oder die ihn bekämpft
haben und sich dabei oft genug erst über ihre eigene Position klar geworden
sind. Das ist eine Reihe, die bereits mit Aristoteles beginnt und mit Karl
Popper, dem militantesten Platongegner unserer Tage, gewiß noch nicht ihr
Ende gefunden hat. Zu Platons Wirkungsgeschichte gehören schließlich
alle, die Fragen in einer Art stellen und zu beantworten suchen, wie dies für
uns zum ersten Mal bei Platon greifbar ist, gleichgültig, ob man sich des historischen Ursprungs dieses Fragens bewußt ist oder nicht. Wer in Platons
Werken die Gründungsdokumente der europäischen philosophischen Tradition sieht, kann sich jedenfalls vor allem auf die Tatsache berufen, daß sich
hier zum ersten Mal der größte Teil der Fragen und Probleme fassen läßt,
deren Erörterung die Philosophie seither in Atem gehalten hat.

Platons Philosophie ist gleichwohl nicht aus dem Nichts entstanden. Im
Gegenteil: Bei kaum einem Denker von Rang ist die Abhängigkeit von
seiner geistigen Herkunft so offenkundig wie gerade bei Platon. Dabei ist
nicht so sehr an die Anhänger Heraklits zu denken, denen er sich in der Jugend angeschlossen zu haben scheint, auch nicht an die Pythagoreer, mit
denen er bis in sein Alter in Verbindung stand, noch nicht einmal an die Sophistik, mit der er Auseinandersetzungen führte, die sein Werk auf vielfäl-
tige Weise dokumentiert. Zu denken ist vielmehr an Sokrates, den Platon als
den Lehrer verehrte, der als Vorbild seinem Leben und Denken die Richtung gab[1]. Platon hat seinem Lehrer ein einzigartiges Denkmal gesetzt: Fast
alle seine Werke haben die literarische Form von Dialogen, in denen die
Figur des Sokrates eine zentrale Stellung einnimmt. Sieht man von den – in

---

[1] Ep. VII, 324 d ff.

ihrer Mehrzahl vermutlich ohnehin unechten – Briefen ab, so spricht Platon
an keiner Stelle in eigenem Namen über sein Philosophieren und dessen Resultate. Dieser Sachverhalt zwingt jeden Interpreten zu einer Auseinandersetzung mit der Frage, wo Platons Philosophie in dem unter seinem Namen
überlieferten Werk zu finden ist. Die Antwort auf eine derartige Frage wäre
trivial, würde sie in bezug auf einen Autor philosophischer Lehrschriften
oder Traktate gestellt. Geht es dagegen um Platon und seine Dialoge, führt
der Versuch einer Antwort sogleich zu hermeneutischen Problemen: Spricht
Platon in seinen Dialogen durch den Mund des Sokrates oder einer anderen
der von ihm gestalteten Figuren? Muß die eigentliche Philosophie Platons
vielleicht auf der Basis der Dialoge zuerst rekonstruiert werden? Ist Platons
Philosophie am Ende in einer von ihm nur mündlich mitgeteilten, in den
Dialogen allenfalls angedeuteten Lehre zu finden? Zugleich geht es dabei
um die Frage, wie man sokratisches und platonisches Gedankengut gegeneinander abgrenzen kann. Wer hier eine Antwort geben will, steht vor der
Aufgabe, den von Platon als Dialogfigur gestalteten Sokrates auf sein histo-
risches Vorbild, auf Platons Lehrer, zu beziehen.

   Der historische Sokrates ist eine der rätselhaftesten Figuren der Philosophiegeschichte[2]. Für uns ist er ausschließlich in seinen Wirkungen greifbar,
zumal da er, wie gut bezeugt ist, sein Philosophieren niemals in einer Schrift
mitgeteilt hat. Karl Jaspers wird seiner Gestalt gerecht, wenn er ihn in seinem
Werk über die großen Philosophen unter die maßgebenden Menschen, seinen
Schüler Platon dagegen unter die fortzeugenden Gründer des Philosophierens einreiht. Gewiß gibt es einige Sätze, für die sich schon der historische Sokrates stark gemacht haben dürfte: Unrecht tun ist schlimmer als Unrecht er-
leiden; Tugend ist ein Wissen; niemand tut willentlich Unrecht; ich weiß von
meinem Nichtwissen. Trotzdem ist die Mitte seines Philosophierens nicht in
bestimmten Thesen zu finden, sondern in der Tätigkeit eines unablässigen Fragens, mit dem er seine Zeitgenossen heimsuchte und damit die Brüchigkeit
und Widersprüchlichkeit dessen unmittelbar erfahrbar machte, was ein jeder
für richtig hielt und was er zu wissen glaubte. Kein Wunder, daß Sokrates
damit bei seinen Partnern mancherlei Aversionen hervorrief, die an dem Todesurteil, das schließlich über ihn verhängt wurde, gewiß nicht ganz unschuldig
waren. Als historische Gestalt und als Urheber der von ihm ausgehenden
Wirkungen läßt sich Sokrates dennoch kaum fassen. Nach dem Urteil eines
der besten Kenner der Materie[3] läßt sich die Situation des heutigen Betrachters gar mit der Situation eines Historikers vergleichen, der auf der Basis der
literarischen Gestaltung des Doktor Faustus zu Erkenntnissen über ihr Vorbild, den legendären spätmittelalterlichen Wundermann, gelangen will.

---

   [2] Vgl. Jaspers, Maier, Martin, Gigon 1979, Kuhn.
   [3] Gigon 1979.

Trotzdem kann man auf der Grundlage der Quellen versuchen, sich dem historischen Sokrates wenigstens zu nähern. Wertvoll sind die sehr kurzen Berichte, die Aristoteles gibt, wenn er zwei Errungenschaften heraushebt, die man Sokrates verdankt: das induktive Argumentieren und vor allem die in den Bemühungen um Definitionen in der Ethik sich dokumentierende Suche nach dem Allgemeinen[4]. Die von Aristophanes in den „Wolken" von Sokrates gezeichnete Karikatur mag einige Züge treffen und sogar überbetonen, könnte aber, wie es jeder guten Karikatur eigen ist, nur von dem angemessen gewürdigt werden, der auch unabhängig von ihr deren Vorbild kennt. Xenophon will Sokrates in seinen „Erinnerungen" gegenüber seinen Anklägern verteidigen, wenn er das Bild einer durchaus sympathischen, aber eben doch biederen und harmlosen Figur zeichnet, von der man nicht annehmen würde, daß sie einen der Wendepunkte der Philosophiegeschichte markiert. Am Ende sieht man sich daher doch wieder auf das Denkmal verwiesen, das Sokrates von Platon in den Dialogen gesetzt worden ist. Obwohl dieser Sokrates das Resultat einer mit äußerstem Raffinement gearbeiteten literarischen Gestaltung ist, bleiben Platons Dialoge als Antwort auf Sokrates' Wirken immer noch die wichtigsten Quellen, die einen Zugang zu seinem historischen Vorbild ermöglichen, auch wenn es nach der Formulierung eines vermutlich unechten, den Sachverhalt trotzdem treffend charakterisierenden, unter Platons Namen überlieferten Briefes ein jung und schön gewordener Sokrates ist, auf den diese Dialoge zurückgehen[5].

Alle mit dem historischen Sokrates verbundenen Ungewißheiten brauchen einen aber nicht von dem Versuch abzuhalten, das sokratische Erbe in Platons Philosophie einzukreisen. Man sollte dabei nur nicht das Ziel verfolgen, Sokratisches und Platonisches exakt und randscharf gegeneinander abzugrenzen. Denn dieses sokratische Erbe wird für uns immer nur als ein Erbe sichtbar, das Platon bereits angetreten und seinem Gestaltungswillen unterworfen hat. Daher kann man sich nichts von dem Versuch versprechen, dieses Erbe gleichsam mit Hilfe eines Subtraktionsverfahrens freizupräparieren, bei dem man von allem absehen müßte, was eine lange Tradition als genuin platonische Lehre zu betrachten pflegt, in besonderem Maße also von den über Platons Werk verstreuten Überlegungen, deren sachlichen Gehalt man unter dem Titel der Ideenlehre zusammenzufassen pflegt. Trotzdem darf man hoffen, Platons sokratisches Erbe am leichtesten noch in seinem Frühwerk, also beispielsweise im *Laches*, zu Gesicht zu bekommen. Aber es wird heute kaum jemand mehr den Thesen älterer Forscher beipflichten, die gerade in Platons Frühwerk eine getreue Darstellung des histo-

---

[4] Arist. Met. M 4, 1078 b 27 ff.; A 6, 987 b 1 ff.
[5] Ep. II, 314 c.

rischen Sokrates, seiner Existenz und seines Philosophierens finden
wollten[6]. Andererseits sollte man nicht übersehen, daß Platons sokratisches
Erbe mancherlei Metamorphosen erfahren hat, gerade deshalb aber in
seinem Denken selbst noch im Spätwerk wirksam sein kann.

Zum sokratischen Erbe gehört ohne Zweifel die literarische Form des
Dialogs, deren sich Platon für sein geschriebenes Werk bedient, wenn er
Gespräche gestaltet, in denen ein stilisierter Sokrates in Interaktion mit
Partnern unterschiedlicher Herkunft und unterschiedlichen Charakters
Erörterungen anstellt, deren Nerv nicht so sehr in Thesen oder Behauptungen, sondern in der Kunst des Fragens zu finden ist. Die Platonforschung
hat bis heute noch nicht zu einer Einigung darüber gefunden, welche Stellenwert dieser literarischen Form bei der Deutung von Platons Philosophie
im ganzen zuzumessen ist, ob sie mit dem Inhalt dieser Philosophie in einem
inneren Zusammenhang steht und deshalb für ihn wesentlich, vielleicht sogar
von ihm gefordert ist und bereits als Form der Mitteilung des philosophischen Gedankens dient[7] oder ob man in ihr nur eine kunstvolle Einkleidung
sehen soll, über deren Techniken ein Autor vom schriftstellerischen Genius
Platons jederzeit verfügen konnte, die sich aber dem mit ihrer Hilfe mitgeteilten Inhalt gegenüber neutral verhält, zwar oft mit gutem Erfolg didaktische Absichten verwirklicht, ohne jedoch den Leser immer daran hindern zu
können, die Aufmerksamkeit von den zentralen philosophischen Lehren
weg auf weniger wichtige, ja auf äußerliche Dinge hinzulenken[8]. Wer von
diesem Deutungsmuster Gebrauch macht, steht bei seinem Versuch, Platons
Philosophie zu verstehen, zunächst vor der Aufgabe, den dogmatischen
Kern unter der dialogischen Einkleidung freizulegen, seinen systematischen
Zusammenhang zu rekonstruieren und darzustellen. Der Platon der philoso-
phiehistorischen Handbücher ist zumeist ein in dieser Weise rekonstruierter
Platon, dessen Philosophie zwar eine Entwicklung erfahren hat, in ihren
Hauptlehren sich dennoch als eine Einheit darstellen läßt. Zum Verständnis
eines in dieser Weise systematisierten Platon trägt ein von der Forschung
zwar beachtetes[9], aber nicht gerade verwöhntes Frühwerk wie der *Laches*
dann freilich nur sehr wenig bei.

Die hier am Paradigma des *Laches* vorzutragende Deutung will gewiß
nicht ausschließen, daß sich aus Platons Dialogen, vorzugsweise freilich aus
den Werken der mittleren Zeit und der Spätzeit, manche Sätze herausgreifen

[6] Vgl. Burnet, Taylor, Maier.
[7] Z.B. Schleiermacher, Heitsch 1992b, Stenzel 1916, Gadamer 1985–1991, Gundert, Mittelstraß, Friedländer, Wieland.
[8] Z.B. Hegel, Natorp, Krämer 1959, Gaiser 1962, Reale 1993; ferner die Mehrzahl der Vertreter der englischsprachigen Platonforschung.
[9] Z.B. Sprague, Schrastetter, Dieterle, Picht.

lassen, die als Lehrmeinungen Platons in Anspruch genommen werden können. Sie will indessen die Vermutung erhärten, daß dabei mancherlei übersehen wird, was für das Verständnis von Platons Denken deshalb wesentlich ist, weil schon die Dialogform selbst und nicht nur der in sie eingelassene Inhalt Momente des philosophischen Gedankens repräsentiert. Das läßt sich mit Hilfe der in der gegenwärtigen Philosophie häufig verwendeten Alternative von Sagen und Zeigen verdeutlichen: Platon kann gewiß manches sagen oder, genauer, durch Sokrates und die anderen Dialogfiguren sagen lassen. Mittels der Techniken der Dialogregie kann er außerdem aber noch viele Dinge zeigen, die er nicht sagt und die sich manchmal vielleicht gar nicht aussagen lassen. Die Techniken der literarischen Formgestaltung erlauben es ihm, auch alle deiktischen Valenzen der Sprache für den Ausdruck und für die Gestaltung des philosophischen Gedankens fruchtbar zu machen.

Die Aussagen, die Sätze, die Fragen, die in einem Platonischen Dialog vorkommen, werden von ganz bestimmten, literarisch gestalteten Charakteren gegenüber ganz bestimmten Adressaten geäußert. Zwar wird gelegentlich auch einmal über die Personen des Dialogs gesprochen; dennoch werden sie dem Leser in erster Linie nur gezeigt, nämlich als Gestalten von ausgeprägter Individualität, mit bestimmten Überzeugungen, Vormeinungen und Vorurteilen, die sie in das Gespräch einbringen. Sie alle haben historische Vorbilder, die der zeitgenössische Leser oft noch kannte oder von denen er zumindest wußte. Dieser Leser konnte daher auch die Spannung in Rechnung stellen, die zwischen Platons Gestaltung literarischer Charaktere und ihren historischen Vorbildern besteht. Dazu gehört auch die Spannung zwischen der Entstehungszeit eines Dialoges und der Zeit, zu der das dargestellte Gespräch auf der Ebene der literarischen Fiktion spielt. Was Sokrates von Platon in seinen Dialogen in den Mund gelegt wird, konnte und mußte der zeitgenössische Leser deshalb vor dem Hintergrund der ganzen Lebensgeschichte des historischen Vorbildes dieser Figur bis hin zum Todesurteil verstehen. Dieser Leser kannte auch die militärische Karriere des Generals Laches, den Platon in dem nach ihm benannten Dialog auftreten läßt, um von Sokrates in ein Gespräch über das Wesen der Tapferkeit verwickelt zu werden. Das gleiche gilt für Laches' Kollegen und Rivalen Nikias. Von ihm wußte der Leser, daß er, im Dialog von Sokrates über den Primat des Heerführers vor dem Seher belehrt[10], in späteren Jahren im Zuge der Sizilienexpedition des peloponnesischen Krieges von einem Rat der Seher in einer Weise Gebrauch machen wird, der das ihm anvertraute Heer in die Niederlage und ihn selbst indirekt in den Tod führt.

Es gibt auch ein Wissen, das im Dialog nur gezeigt wird. Es ist ein Wissen

---

[10] La. 198e, vgl. 195e f.

vom Typus der Fähigkeiten und Fertigkeiten, das einer bewährt, wenn er mit der Welt, vor allem aber mit den Menschen in ihr umgehen kann, ohne es deswegen zum Gegenstand oder zum Inhalt eines verbalen Ausdrucks machen zu müssen. In diesem Sinne wird Sokrates als ein Mensch gezeigt, der über die Fähigkeit verfügt, seinem jeweiligen Partner die diesem selbst nicht immer bewußten Voraussetzungen seines Redens im Gespräch vor Augen zu stellen und ihn im Ausgang von der Erörterung einer beliebigen gegenständlichen Frage zugleich Erfahrungen machen zu lassen, die ihn über sich selbst aufklären. Schon durch den Besitz einer derartigen Fähigkeit ist ihrem Inhaber ein Stück Wirklichkeit originär erschlossen. Nikias ist es, der im *Laches* die Fähigkeit auf den Begriff bringt, mit der Sokrates von Platon ausgestattet wird: Gleichgültig, bei welcher Thematik ein Gespräch seinen Anfang nimmt, das Sokrates mit einem Partner führt –, wer sich auf ein solches Gespräch einläßt, kann dem Schicksal nicht entgehen, von Sokrates mit der Rede so herumgetrieben zu werden, daß er über sich selbst, nämlich über sein jetziges und über sein vergangenes Leben Rechenschaft geben muß[11]. So wird dem Redenden die Erfahrung vermittelt, daß er selbst immer schon in das involviert ist, von dem er spricht. Im sokratischen Gespräch muß sich daher der Partner als der zeigen, der er wirklich ist. Das von Sokrates bewirkte Rechenschaftgeben (λόγον διδόναι), eine auch in der Praxis der zeitgenössischen Politik und Justiz gründende Formel[12], enthält daher dort, wo sie bei Platon verwendet wird, stets auch einen Selbstbezug. In einem sokratischen Gespräch werden daher nicht nur Informationen ausgetauscht, sondern es werden zugleich auch Situationen verändert. Platon zeigt in der literarischen Fiktion stets die redende Instanz, die hinter jeder Äußerung steht. So wird der Leser mit einem Satz niemals allein gelassen, weil in jedem Fall zugleich mit der Person des jeweiligen Sprechers ein Realkontext aufgewiesen wird, in dessen Spannungsfeld sich alles Gesagte bewegt. Auch dieser Realkontext wird als Bedeutungsträger mit den Techniken der Dialogregie für die Darstellung des philosophischen Gedankens fungibel gemacht. Es war das Vorbild der Gesprächspraxis seines Lehrers, durch das Platon veranlaßt wurde, für diese Darstellung eine Form zu wählen, die deutlich macht, daß selbst theoretische Erörterungen nicht nur Wissensinhalte, nicht nur Thesen oder Hypothesen, sondern zugleich immer auch die Subjekte des Wissens betreffen[13]. Die von Sokrates in Platons Dialogen an einer Vielzahl von Stellen eingeforderte Rechenschaftsgabe bezieht sich vordergründig gewiß zunächst auf objektive Inhalte, der Sache nach aber zugleich auf die Rechenschaft gebende Instanz selbst.

---

[11] La. 187 e f.; vgl. Apol. 29 d ff.
[12] Vgl. Steidle.
[13] Vgl. Mittelstraß, Picht, Wieland.

Im *Laches*, seiner Entstehungszeit nach einer der frühesten Dialoge Platons, wird ein Realkontext in ungewöhnlicher Breite präsentiert. Es ist fast die erste Hälfte des Textes, die sich mit dieser Aufgabe befaßt[14]. Schon der quantitativen Relationen wegen wird man hier schwerlich von einer Einleitung sprechen können. Einer früheren Epoche der Forschung, die der Erörterung von Echtheitsfragen in besonderem Maße zugetan war, mußte diese vermeintlich hypertrophe Einleitung gelegentlich sogar dazu dienen, den Platon gegenüber erhobenen Vorwurf schriftstellerischer Ungeschicklichkeit zu begründen oder gar den ganzen Dialog für unecht zu erklären[15]. Übersehen wurde, was auch heute noch immer wieder verkannt wird: Platons Einleitungen und Rahmengespräche gehen nicht darin auf, lediglich eine literarische Dekoration beizusteuern. Denn sie sollen die jeweilige konkrete Situation vor Augen stellen, aus der heraus Sokrates die philosophische Reflexion durch sein Fragen entwickelt und zu der sie immer wieder zurückkehren kann. Die Frage nach einer allgemeingültigen Wesensbestimmung, wie sie von Sokrates im *Laches* in bezug auf die Tapferkeit gestellt wird[16], gewinnt die ihr eigene Kontur erst durch den Kontrast zur Kontingenz der Situation. So kann gerade durch die Gestaltung des Realkontextes gezeigt werden, wie die Personen des Dialoges immer schon über eine noch vor aller Thematisierung liegende Vertrautheit mit den Dingen verfügen, die erst in der Folge zum Gegenstand der Reflexion gemacht wird.

Zu Beginn des *Laches* haben zwei Väter, Lysimachos und Melesias, gemeinsam mit den beiden Generälen Laches und Nikias soeben einer Schaustellung eines seine Künste vorführenden Waffenkämpfers beigewohnt. Sie wollen die beiden Militärs um ihren Rat bitten, ob es sinnvoll ist, ihre Söhne in diesem Kampfsport ausbilden zu lassen, wenn ihnen eine möglichst gute Erziehung zuteil werden soll. Sie selbst waren, was sie beklagen, von ihren Vätern vernachlässigt worden; freimütig bekennen sie, nichts Rechtes gelernt und im Leben nichts der Rede Wertes geleistet zu haben[17]. Was man bei Expertenbefragungen bis auf den heutigen Tag gewärtigen muß, geschieht auch hier: Die die Angelegenheit unter dem Blickwinkel ihres Metiers beurteilenden Militärs sind uneins. Nikias plädiert für, Laches gegen den Unterricht in der Waffenkunst. An dieser Stelle wird allerdings noch nicht gesagt, daß es dazu nur deswegen kommen kann, weil diese Kunst wie alle Künste von Hause aus ambivalent ist und deswegen zu unterschiedlichen Zwecken nutzbar gemacht werden kann. Sokrates, auf Vorschlag des Laches hinzugezogen[18], will

[14] La. 178a–189c.
[15] Z. B. Schaarschmidt, Ast, Bonitz 1886.
[16] La. 190d.
[17] La. 179c.
[18] La. 184c; vgl. 180c.

das ihm angetragene Amt eines Schiedsrichters nicht antreten, weil ihm hier nicht eine bloße Dezision, sondern Sachverstand gefordert zu sein scheint. Gerade deswegen fragt er nach dem Endzweck, der gegebenenfalls mit der Ausbildung der Söhne in der Waffenkunst verfolgt werden soll. Die Frage nach Erziehung und Ausbildung mündet für ihn letztlich in die Frage nach der Seele ein, danach nämlich, wie sie der Tugend (ἀρετή) oder speziell der Tapferkeit (ἀνδρεία) teilhaftig werden kann[19]. Sie bietet sich hier als der Teil der Tugend an, dessen Entwicklung durch den Unterricht in der Waffenkunst nach einer gängigen Meinung gefördert wird.

Die Erörterungen, die die zweite Hälfte des *Laches* bilden, pflegt man durch den Begriff des aporetischen Definitionsdialoges zu charakterisieren[20], also durch einen Begriff, der auch auf eine Reihe von anderen Dialogen Platons paßt. Aporetisch sind diese Dialoge, weil sie ihr Ziel nicht erreichen, sondern in einer allen Partnern erfahrbar gemachten Ausweglosigkeit zu enden scheinen; als Definitionsdialoge gelten sie, weil Sokrates eine den jeweiligen Rahmen bildende konkrete Problemstellung zunächst suspendiert und darauf dringt, jeder weiteren Erörterung die Frage nach Sinn und Bedeutung eines zuvor schon verwendeten Begriffs vorzuschalten, im *Laches* also die Frage, was Tugend und speziell was Tapferkeit eigentlich sei[21]. Es ist eine Frage, mit der nicht etwas gänzlich Neues erkundet, sondern mit deren Hilfe eine Sache aufgeklärt werden soll, mit der alle Beteiligten bereits vertraut sind und von der sie sogar ein sicheres Wissen zu haben glauben. Diese vorgängige Vertrautheit der Dialogfiguren mit der Sache, auf die sich die Definitionsfrage bezieht, gehört zu eben den Dingen, die bei Platon zumeist nicht gesagt, dagegen häufig mit Hilfe der Techniken der Dialogregie gezeigt werden. Der bereits erwähnte Bericht des Aristoteles berechtigt dazu, auch die sogenannten Definitionsfragen zu dem in Platons Philosophie weiter wirkenden sokratischen Erbe zu rechnen. Hier muß jedoch ein naheliegendes Mißverständnis abgewehrt werden. Spricht man heute von Definitionen, so denkt man an Formulierungen, die dazu bestimmt sind, Vereinbarungen über den Gebrauch bestimmter sprachlicher Ausdrücke zu dokumentieren. Solchen Konventionen steht nahe, was man früher als Nominaldefinition zu bezeichnen pflegte. Allemal handelt es sich dabei um Gebilde diesseits der Zweiwertigkeit. Konventionen sind entweder abgeschlossen worden oder sind gescheitert, sie sind entweder zweckmäßig oder unzweckmäßig, aber gerade deswegen können sie nicht wahr oder falsch sein. Wenn dagegen Platon seinen Sokrates eine Definitionsfrage stellen läßt, geschieht dies

---

[19] La. 185 d f., 190 b; vgl. 182 c.
[20] La. 189 c–201 c.
[21] La. 190 b ff.,vgl. 191 e f., 194 c, 199 e, Charm. 159 a, Men. 71 b, Euthyphr. 6 d, Lys. 223 b, Rep. 354 b.

immer unter der Voraussetzung der Wahrheitsdefinitheit des Erfragten. Diese Frage intendiert einen Sachverhalt, den die Antwort entweder trifft oder verfehlt. Sokrates verfolgt im *Laches* keineswegs die Absicht, lediglich eine Konvention über den Gebrauch des Wortes „Tapferkeit" abzuschließen. Er forscht auch keinen Konventionen nach, die früher einmal abgeschlossen worden sein mögen. Er will vielmehr wissen, was Tapferkeit eigentlich ist und worauf man sich bezieht, wenn man Fragen erörtert, die bestimmte Bewertungen und Normierungen des Handelns und Verhaltens zum Gegenstand haben. Man einigt sich also nicht über einen Sprachgebrauch, sondern man intendiert unter den Bedingungen eines bereits akzeptierten Sprachgebrauchs genau den Sachverhalt, auf den man sich bezieht, wenn man schon in der alltäglichen Rede von Tapferkeit spricht und sie erwähnt. Verfolgt man eine solche Intention, so kann dies unabhängig von konventionellen Definitionen geschehen, die man über die Bezeichnungen ihres Zieles abschließen mag. Unter diesen Umständen ist es verständlich, wenn man heute der Bezeichnung „Definitionsfrage" den neutralen Ausdruck „Was-ist-X-Frage" vorzieht. Verständlich ist auch, daß die logische Feinanalyse der einschlägigen Textstücke heute, vor allem seit Logik und Semantik eine Fülle von begrifflichen Werkzeugen entwickelt haben, der Forschung mancherlei neue Aufgaben stellt[22]. Das gilt nicht zuletzt auch für den *Laches*[23].

Es ist hier nicht der Ort, die Erörterungen zu analysieren, mit denen das Vorverständnis auf Begriffe gebracht werden soll, das die im *Laches* auftretenden Dialogfiguren in bezug auf Tapfersein und Tapferkeit mitbringen. Daher mögen einige Hinweise genügen. Laches antwortet auf Sokrates' Frage, was Tapferkeit sei, mit der Skizze eines seinem Kompetenzbereich zugeordneten Handlungsschemas: Tapfer ist, wer in der Schlachtreihe standhaltend den Feind abzuwehren bereit ist und nicht flieht[24]. Sokrates muß ihm klarmachen, daß er zwar ein gutes Beispiel für tapferes Verhalten angegeben, zugleich aber die Intention der Frage verfehlt hat. Laches hat in der Tat Schwierigkeiten, diese Intention zu verstehen, wenn Sokrates den Sinn der auf ein Allgemeines gerichteten Frage zu verdeutlichen sucht. Aber sogar Sokrates fällt der Versuch schwer, den Sinn dieser Frage deutlich zu machen und das von ihm intendierte Allgemeine korrekt und auf eine auch für seine Partner verständliche Weise zu bezeichnen[25]. Auch er kann nämlich nicht auf Beispiele und Gegenbeispiele verzichten, wenn er es unternimmt, sein Frageziel gleichsam einzukreisen. So bezieht er sich mit einem Komplemen-

---

[22] Vgl. Robinson, Goldschmidt, Stemmer 1992.
[23] Vgl. Puster, Detel 1973, 1974 und 1975, Benson, Graeser 1975 b.
[24] La. 190 e; vgl. Apol. 28 b.
[25] La. 190 e, 191 e, 192 b, 194 a; vgl. 185 d, 189 e.

tärbeispiel auf die Tapferkeit, die auch der Fliehende an den Tag legen kann[26], und knüpft damit in der Sache gerade an das Lob an, das ihm Laches schon im Vorgespräch für sein vorbildliches Verhalten auf der Flucht erteilt hatte[27]. Laches muß ferner zugestehen, daß Tapferkeit auch außerhalb des Krieges in vielerlei Lagen, beispielsweise in Not oder in der Krankheit, bewährt werden kann. Es sind aber am Ende nicht so sehr die Handlungen in konkreten Situationen, durch die man Tapferkeit beweist, sondern die Einstellungen zu den diese Situationen beherrschenden Affekten: Tapferkeit wird bewährt gegenüber Lust und Schmerz, Furcht und Begierde[28]. Damit ist Laches' zweiter Definitionsvorschlag vorbereitet, der die Tapferkeit internalisiert, wenn er sie als eine bestimmte Beharrlichkeit der Seele bestimmt[29]. Diese sich auf eine Vielheit von affektiven Situationen beziehende Formel wird der Forderung nach Allgemeinheit schon eher gerecht, zumal da mit der Beziehung auf die Seele auch hier die Ebene erreicht ist, die schon in der ersten Hälfte des Dialoges eine entscheidende Wendung des Gesprächs ermöglicht hatte[30]. Doch nun kann Sokrates gegen diese offenkundig zu weite Bestimmung Beispiele von Beharrlichkeit anführen, die zwar durch Laches' Formel gedeckt sind, die aber, wie etwa beharrliches Geldausgeben, niemand als Beispiele für Tapferkeit akzeptieren würde. Man sollte auch hier nicht übersehen, daß Sokrates seine Erörterungen nicht anstellen könnte, wenn er nicht die Möglichkeit hätte, in jedem Stadium des Gesprächs auf ein latentes Vorverständnis von Tapferkeit zurückzugreifen, das er mit seinen Partnern teilt, das aber einstweilen von niemandem auf den Begriff gebracht werden kann.

Laches' Definitionsvorschläge aktualisieren einen Aspekt der Tapferkeit, gemäß dem sie als eine faktisch vorliegende natürliche Eigenschaft erscheint, die Menschen, ja sogar bestimmten Tieren[31] zukommen, aber auch fehlen kann. Wenn Nikias, im Vergleich zu Laches auf einer höheren Reflexionsstufe stehend und durch manche Gespräche mit Sokrates schon vorbereitet[32], nunmehr eine Definition vorschlägt, die Tapferkeit als ein Wissen (ἐπιστήμη), nämlich vom Furchtbaren und vom Unbedenklichen, bestimmt[33], so stellt er eine nicht nur inhaltlich neue Alternative zur Diskussion. Denn auch strukturell ist diese Definition von Laches' am Faktischen orientierten Vorschlägen unterschieden. Laches' zweiter Definitionsvor-

---

[26] La. 191a; vgl. 182b.
[27] La. 181af.
[28] La. 191e; vgl. Rep. 429cff., 442b, Legg. 633cf.
[29] La. 192b.
[30] La. 185df.
[31] La. 197a.
[32] La. 188a, 194d.
[33] La. 194ef.; vgl. 182c, vgl. Prot. 360aff.

schlag war schließlich auch daran gescheitert, daß er die Verständigkeit (φρόνησις) nicht mit der als Beharrlichkeit der Seele verstandenen Tapferkeit verbinden konnte[34]. Ist Tapferkeit nun aber nach Nikias' Vorschlag eine Gestalt des Wissens, so kommt ihr auch der Charakter der Intentionalität zu. Dies führt dann zur Unterscheidung der bloß als faktische Eigenschaft vorliegenden Kühnheit (θρασύτης) von der auch intentional verstandenen Tapferkeit (ἀνδρεία) im engeren Sinne[35]. Nur ihr wird ein Gegenstand zugeordnet, der erfaßt, aber auch verfehlt werden kann. Es ist ihr Gegenstand, der die eigentliche Tapferkeit mit dem Bereich des Wahrheitsfähigen in Verbindung bringt, da eine Sache nicht schon deswegen furchtbar ist, weil sie von jemandem für furchtbar gehalten wird. Daher kann man sich über das, was wahrhaft zu fürchten ist, auch irren. Tapfer ist daher nach dem am Wissen orientierten Vorschlag von Nikias, wer sich über diese Dinge gerade nicht irrt. Offen bleibt, welcher Typus von Wissen bei diesem Vorschlag vorausgesetzt ist. Nikias scheitert jedoch mit seinem Vorschlag gerade auch deswegen, weil er den mit dem Begriff des Wissens verbundenen Schwierigkeiten, mit denen er von Sokrates und Laches gemeinsam[36] konfrontiert wird, nicht gewachsen ist[37].

Fragt man nach dem Ergebnis des Versuchs, das Wesen der Tapferkeit zu bestimmen, so liefert der *Laches* kein Resultat in Gestalt einer mitteilbaren Formel. Freilich besteht in der Forschung kein Konsens, ob der „ἔκφορος λόγος", den es nach Sokrates' ausdrücklicher Feststellung am Ende des Gesprächs nicht gibt[38], einen mitteilbaren Satz meint oder ob mit diesem Ausdruck die Partner nur zur Verschwiegenheit ermahnt werden sollen. Nicht gut in Frage stellen läßt sich jedoch die Ausweglosigkeit aller, die Sokrates zum Schluß konstatiert, wenn er die Erfolglosigkeit der Suche nach der Wesensbestimmung der Tapferkeit einräumt[39]. Aporetische Situationen, in denen sich ein Partner in einen Widerspruch verwickelt, hatten sich im Dialog freilich auch schon früher ergeben[40]. Diese Aporien ließen sich damals aber doch noch überwinden. Die Aporie am Ende des Dialoges, hinter der auch die Frage nach der Einheit der Tugenden steht, führt dagegen nur noch zu einer Vertagung. Verbunden ist sie mit dem Eingeständnis, daß alle Beteiligten der Belehrung bedürfen. Nach außen hin ergebnislos bleibt der *Laches* sogar in zweifacher Hinsicht, da nicht nur der Versuch gescheitert ist, das Wesen der Tapferkeit in einer verbalen Formel auszudrücken. Geschei-

[34] La. 192 c ff.
[35] La. 197 a ff.; vgl. 184 b, Prot. 350 b.
[36] La. 196 c ff.
[37] La. 199 a f.
[38] La. 201 a.
[39] La. 199 e; vgl. 200 e.
[40] La. 194 c, 196 b.

tert ist auch der Versuch, die Frage zu beantworten, die den Anstoß zu den ganzen Erörterungen des Dialoges gegeben hatte. Denn es gibt keinen begründeten Rat, was für einen Unterricht die jungen Leute genießen sollen und wo der Lehrer zu finden ist, dessen nicht nur sie, sondern offenkundig alle Gesprächspartner bedürfen.

Auch die Aporetik ist ein Element des sokratischen Erbes in Platons Philosophieren. Sie gibt Anlaß zu der Frage, was Platon mit Dialogen von der Art des *Laches* zu verstehen geben wollte, die ohne ein ausformuliertes Ergebnis enden, nachdem die Partner von Sokrates in eine Aporie geführt worden sind, die sie ihr Nichtwissen im Hinblick auf das jeweils in Frage stehende Thema hat erfahren lassen. Sie haben damit gewiß die Stufe des bewußten Nichtwissens erreicht, die Sokrates für sich seit eh und je in Anspruch nimmt. Trotzdem erscheint die Aporie als ein Skandalon, weil sie sich gewöhnlich gerade nicht als ein Resultat der Erörterung von Fragen über letztlich gleichgültige Dinge ergibt. Die triviale Frage danach, was Schnelligkeit sei, findet im Rahmen des insoweit nur hypothetisch geführten Dialoges eine befriedigende Antwort[41]. In die Aporie führt dagegen die Frage nach dem Wesen der Tapferkeit, also nach einer Sache, die wahrhaft wissenswert ist, weil es hier um ein Wissen geht, das zu besitzen einem Mann ansteht, der auf sich hält[42]. Nun hat es niemals an Versuchen gefehlt, Platons Aporien als Oberflächenphänomene zu deuten und damit als bloßen Schein, manchmal sogar als Dokumente ironischer Verstellung zu entlarven[43]. Folgt man diesem Deutungsmuster, so erscheint die Aporetik als ein bloßes Mittel literarischer Technik, mit dessen Anwendung Platon schriftstellerische Virtuosität beweist: Wenn Sokrates seine Partner in Aporien verstrickt, so soll der Leser die einschlägigen Texte so lesen, als ob es Rätsel wären, weil er darauf vertrauen darf, daß er, hinreichende Anstrengung vorausgesetzt, die von Platon versteckte Auflösung schließlich findet, mit der er dann wie mit einer Prämie für die Mühen der gedanklichen Mitarbeit belohnt wird. Die Aporetik erscheint dann auf die Funktion eines literarischen Kunstmittels reduziert, das allenfalls bei der didaktischen Aufbereitung der Lehrgegenstände nützliche Dienste leisten kann.

Die Aporetik, für die in Platons Dialogen die Gestalt des Sokrates steht, vermag auf jeden Fall das Gewicht deutlich zu machen, das der Frage im Verhältnis zu den gegebenen wie auch zu den nicht gegebenen Antworten zukommt. Gerade der historische Sokrates hat nach einem aristotelischen Bericht gefragt, aber nicht geantwortet[44]. Trotzdem ist man nicht gehalten, in

---

[41] La. 192a f.
[42] La. 200a.
[43] Vgl. Schulz, Erler 1987a, Bröcker, Griswold.
[44] Arist. Soph. El. 34, 183b7.

der Zuspitzung der Aporie schon Platons letztes Wort zu der Frage nach dem Wesen der Tapferkeit zu sehen. Im *Laches* dient Sokrates die Aporie denn auch als Anlaß einer an die Partner gerichteten Ermahnung, in ihren Bemühungen nicht locker zu lassen[45]. Das Ergebnis einer Wiederaufnahme findet sich der Sache nach in der *Politeia*, wenn dort eine umfassendere Bestimmung der Tapferkeit entwickelt wird, in die im *Laches* erprobte Teilresultate als Elemente eingehen[46]. Das wird ermöglicht durch einen neuen, im *Laches* noch nicht verwendeten Rahmen, der durch das Modell der dreistufig gegliederten Seele gebildet wird, wiewohl die Erwähnung des Musiktheoretikers Damon[47], der als erster ein vergleichbares Modell vorgeschlagen haben soll, als eine in diese Richtung weisende Andeutung verstanden werden kann. In anderer Weise entwickelt der *Politikos* eine Bestimmung der Tapferkeit, die die kognitiven und die nichtkognitiven Momente integriert, wie sie im *Laches* noch auf die beiden Partner von Sokrates verteilt sind[48]. Wiederum das Modell der *Politeia* macht verständlich, warum die einzelnen Tugenden, obwohl nicht identisch, nicht unabhängig voneinander in ihrem Wesen bestimmt werden können. Der *Laches* grenzt eine zunächst auf die Tugend im ganzen gehende Fragestellung auf die Tapferkeit als auf einen ihrer Teile ein[49]. Der Schluß dieses Dialoges legt jedoch auf dem Wege über eine Reflexion auf die temporale Struktur des die Tapferkeit ausmachenden Wissens[50] die Vermutung nahe, daß der Versuch, in ihr einen Teil der ganzen Tugend zu sehen, von einer hier nicht anwendbaren Vorstellung des Verhältnisses von Ganzem und Teil ausgeht[51]. Die Aporie, in die Sokrates seine Partner geraten läßt, verhindert also keineswegs eine Weiterführung der Untersuchung, sondern fordert sie geradezu. Dennoch behauptet sie ihr eigenes Recht, weil sie niemals zu der Annahme Anlaß gibt, diese Untersuchung könnte irgendwann einmal in einer verbalen Formulierung von der Art eines Definitionssatzes an ein unüberholbares Ziel gelangen.

Wer in einem Dialog von der Art des *Laches* hinter der Aporetik ein derartiges Resultat zu identifizieren sucht, kommt in Schwierigkeiten, wenn er sich zugleich einen Reim auf das Nichtwissen machen soll, zu dem sich Sokrates immer wieder bekennt. Auch die zum Bewußtsein des eigenen Nichtwissens führende Reflexion gehört zum sokratischen Erbe der Philosophie Platons. Wie aber ist dieses Nichtwissen zu deuten? Ist sein Eingeständnis

---

[45] La. 201 a.
[46] Rep. 429 c ff.
[47] La. 180 d, 197 d, 200 a.
[48] Pol. 306 a ff.; vgl. Legg. 963 d ff.
[49] La. 190 b f.; 197 e f.
[50] La. 198 b ff.
[51] La. 199 c f.; vgl. Vlastos 1981.

nur ironisch gemeint, das eigentliche Wissen maskierend? Oder ist Platon eben doch über Sokrates hinausgegangen und hat für sich den Besitz jenes Wissens beansprucht, auf das sein Lehrer nur ausgerichtet war, ohne es realisieren zu können? Das sokratische Nichtwissen, selbst schon vieldeutig, ist gewiß nicht geeignet, eine Grenzlinie zwischen Sokrates und Platon zu markieren. Denn Platon hat es nicht hinter sich gelassen, sondern in sein Philosophieren eingebaut und in ihm gegenwärtig gehalten. Dieses gewußte Nichtwissen verweist nur gelegentlich einmal auf einen Informationsmangel, der sich durch geeignete Mitteilungen beheben läßt. Das Nichtwissen kann seinen Grund auch im Fehlen einer Kompetenz haben, die einem ein bestimmtes Sachgebiet erschließt, ohne sich aber darin zu erschöpfen, ihrem Inhaber die Kenntnis bestimmter Sätze zu verschaffen. So führt Sokrates seine Inkompetenz ins Feld, das den Ausgangspunkt bildende Erziehungsproblem zu lösen[52]. Erst recht läßt sie ihn das ihm angetragene Amt eines Schiedsrichters ablehnen, obwohl er ursprünglich gerade der ihm unterstellten Kompetenz wegen zum Gespräch hinzugezogen worden war[53]. Sokrates bekennt sein Nichtwissen indessen immer nur in bezug auf ganz bestimmte Inhalte. Kommt es einmal darauf an, kann er durchaus mit Informationen aufwarten. So führt er im Zuge seiner Kritik an Laches' erstem Definitionsvorschlag Komplementärbeispiele an, die seine Beschlagenheit in militärhistorischen Dingen zeigen[54]. Sie erlaubt es ihm, dem Erfahrungshorizont seines Partners Rechnung zu tragen.

Sokratisches Nichtwissen, also bewußtes Nichtwissen, ist immer bereits das Resultat, allenfalls ein Zwischenresultat einer Erörterung, die einen wahrhaft wissenswerten Gegenstand thematisiert. Es steht niemals am ersten Anfang einer solchen Erörterung. Im *Laches* zeigt sich dies in Sokrates' Eingeständnis, gerade über das Wesen der Tapferkeit, von der im Dialog ständig die Rede war, nicht Bescheid zu wissen[55]. Das ist ein Beispiel für einen Gegenstand, über den zunächst alle, zumal Sokrates' Gesprächspartner, Bescheid zu wissen glauben. Das sokratische Nichtwissen steht daher weniger zum genuinen Wissen im Gegensatz, sondern vielmehr zu einem Scheinwissen, aufgrund dessen man nur zu wissen glaubt, aber gerade nicht wirklich weiß[56]. Dieses Nichtwissen enthält die Einsicht, daß das vermeintliche Wissen, das jeder über die wesentlichen Dinge zu haben glaubt, seine Brüchigkeit gerade dann zeigt, wenn es von seinem Träger nicht mehr verteidigt werden kann, sobald es mit Hilfe von Techniken geprüft und in

---

[52] La. 186c, 200e; vgl. 184c.
[53] La. 180c.
[54] La. 191af.
[55] La. 199e.
[56] La. 190c; vgl. 186d.

Frage gestellt wird, wie sie Sokrates zu Gebote stehen. Obwohl der Inhalt von Nikias' Definitionsvorschlag[57], der die Tapferkeit als eine Gestalt des Wissens versteht, einen Fortschritt darstellt und von Platon gerade in der *Politeia* wieder aufgenommen wird, repräsentiert er schon deswegen kein Wissen, weil sein Urheber nicht auf angemessene Weise mit ihm umgehen kann. Das zeigt sich in seiner Unfähigkeit, der Zeitstruktur des einschlägigen Wissens, die von Sokrates ins Spiel gebracht wird, sowie seiner Reflexivstruktur gerecht zu werden[58]. Das vermeintliche Wissen, über das jeder immer schon zu verfügen glaubt, repräsentiert daher in Wirklichkeit bloß Meinungen. Dessen ist sich Sokrates freilich ganz sicher. Diese Sicherheit zeigt sich in seiner Fertigkeit, Meinungen in ihrer Eigenart gerecht zu werden und mit ihnen umzugehen. Deshalb kommt er auch nicht in Versuchung, endgültiges Wissen in Gestalt von Aussagen zu suchen, da Aussagen von Hause aus ohnehin immer nur Meinungen dokumentieren. So konnte denn auch schon vermutet werden, daß in der Fähigkeit, Meinungen als Meinungen zu identifizieren, das eigentliche Wissen besteht[59]. Wie dem auch sei –, weder das Wissen, nach dem Sokrates sucht, noch das Wissen, das er als bewußt Nichtwissender verkörpert, läßt sich ohne Rest in Aussagen vergegenständlichen und mitteilen. Nicht zufällig vergleicht Sokrates sein Wissen einmal mit der Unfaßbarkeit eines Traumbildes[60]. Das Allgemeine, nach dem er fragt, ist in unserem Reden über beliebige Objekte, vor allem in den Prädikatoren ständig präsent. Es ist aber auch für Sokrates kaum zu fassen, wenn man es selbst zum Objekt zu machen sucht. Auch die Ideen, die Platon später annehmen wird, um das Ziel des sokratischen Fragens zu kennzeichnen, markieren nur eine der Lösungsmöglichkeiten. Über die Folgelasten dieser Annahme läßt Platon selbst immerhin ein klareres Bewußtsein erkennen als die meisten seiner Nachfolger.

Die Schriftkritik des *Phaidros*, eine der Schlüsselstellen jeder Platondeutung, läßt sich ebenfalls in diesem Sinne auswerten[61]. Sokrates lehrt in diesem späten Dialog die Unfähigkeit der Schrift, Wissen zu inkorporieren. Zwar könne sie als Gedächtnisstütze von Nutzen sein. Aus eigener Kraft vermöge sie aber kein Wissen mitzuteilen, da sie, um nicht planlos herumzuirren, auf die Hilfe einer Instanz angewiesen sei, die hinter ihr steht und über das eigentliche Wissen verfügt, das sie befähigt, von ihr den richtigen Gebrauch zu machen. Platon läßt Sokrates hier gewiß nicht nur den Wortlaut mündlicher Rede mit ihrer schriftlichen Fixierung konfrontieren. Der Sache

[57] La. 194e.
[58] La. 198bff.
[59] Vgl. Ebert.
[60] Symp. 175e.
[61] Phaidr. 274bff.

nach unterliegt bereits der der schriftlichen Fixierung lediglich fähige Wortlaut dem Verdikt, wenn das eigentliche Wissen nur bei der mit diesem Wortlaut umgehenden Instanz zu suchen ist. Zwar ist diese Instanz dem gesprochenen Wort immer noch näher als seiner schriftlichen Dokumentation. Aber auch das gesprochene Wort verkörpert ohne diese Instanz für sich allein noch kein Wissen. Die Schriftkritik gibt jedenfalls keinen Anlaß, Platon zu unterstellen, das Ziel des Erkenntnisstrebens im Wortlaut von Sätzen, ob nun aufgeschrieben oder nicht, gesucht zu haben. Diese Kritik ist der Sache nach ohnehin zugleich eine Rechtfertigung der sokratischen Existenz. Sie wird den immensen Kompetenzen, die der redende Sokrates allenthalben bewährt, ebenso gerecht wie seinem bewußten Nichtwissen, auf das er, der sein Philosophieren niemals schriftlich fixiert hat, sich immer gerade dann berufen kann, wenn es darum geht, Wissen in verbaler Gestalt zu vergegenständlichen. So ist das Eingeständnis des Nichtwissens in bezug auf die Tapferkeit im *Laches* das Resultat der vergeblichen Suche nach einer das Wesen dieser Tugend ohne Rest ausdrückenden Formel unter Bedingungen, unter denen Dialogfiguren gezeigt werden, die von dem Begriff der Tapferkeit auf treffende Weise Gebrauch machen können, solange er nicht zum Gegenstand gemacht wird. Woran orientiert man sich dann aber beim Gebrauch dieses Begriffs? Diese Frage wird im *Laches* gestellt, ohne dort noch eine Antwort zu finden[62].

Mißtrauen gegenüber dem Wortlaut verbaler Formulierungen zeigt der *Laches* auf unterschiedlichen Ebenen. Zunächst mag man glauben, von allem, was man weiß, auch aussagen zu können, was es ist[63]. Diesen von Sokrates nicht ohne eine gewisse List gemachten Vorschlag ist Laches sofort zu akzeptieren bereit, ohne zu bemerken, daß der Satz dazu bestimmt ist, durch die Tat falsifiziert zu werden. Bald gerät Laches in Schwierigkeiten, weil er, nach dem Wissen der Tapferkeit gefragt, gerade das nicht objektivieren kann, worauf für ihn ein Stück seines Selbstverständnisses beruht. Nachdem seine Definitionsvorschläge der Prüfung nicht haben standhalten können, muß er unwillig gestehen, was er im Sinn habe (νοεῖν), nämlich was Tapferkeit sei, gerade nicht in einem Satz zusammenfassend ausdrücken zu können[64]. Damit ist bereits die Selbstverständlichkeit erschüttert, mit der die Erörterung ihre Intention zunächst auf die Formulierung von Aussagen richtete. Denn es handelt sich ja nicht nur um eine auf die Person des Laches beschränkte Ausdrucksschwäche, zumal da auch Sokrates selbst am Ende das Fehlen eines in einer mitteilbaren Formel ausgedrückten Ergebnisses feststellen muß[65]. Doch der *Laches* zeigt auch noch andere Gestalten, die

---

[62] La. 197e.
[63] La. 190c.
[64] La. 194af.
[65] La. 201a.

der Hiatus zwischen Gesagtem und Gemeintem annehmen kann. Ein solcher Hiatus liegt auch vor, wenn man, wie es die Redner oft tun, mit leeren Worten Eindruck macht, die nicht ausdrücken, was man im Sinn hat[66]; er tritt auch ein, wenn man etwas sagt, was den Partner nicht erreicht. Gerade Laches zeigt keine Scheu vor dem Eingeständnis, etwas nicht verstanden zu haben[67]; auch er kennt den Unterschied zwischen dem, was einer sagt, und dem, was er eigentlich sagen will. Ein Hiatus liegt ferner dann vor, wenn man absichtlich zurückhält, was man sagen könnte[68]. Gemäß einer im Griechischen gängigen Redeweise schließlich sagt nichts, wer etwas Falsches oder etwas Unsinniges audrückt[69]. Überdeutlich wird schon zu Beginn des Dialoges eine ganz andersartige Divergenz zwischen Gemeintem und Gesagtem akzentuiert: Lysimachos bittet die beiden Militärs, die um ihren Rat in der Erziehungsfrage gebeten werden sollen, ausdrücklich um die Freimütigkeit (παρρησία) der Rede, zu der er auch selbst bereit ist[70]. Diese Freimütigkeit verlangt, mit seiner Meinung nicht hinter dem Berg zu halten, sich zu den eigenen Defiziten zu bekennen und wie unter Freunden nur zu sagen, was man wirklich im Sinn hat. Eine solche Situation ist weit davon entfernt, den Normalfall verbaler Kommunikation zu exemplifizieren, da es zur Lebensklugheit gehört, auf Partner vorbereitet zu sein, die sich verstellen, einem nur nach dem Munde reden und die eigene Meinung verbergen. Der Anfang des *Laches* lehrt, daß die Situation der freimütigen Rede eher die Ausnahme darstellt.

Wer das Ziel des Philosophierens nur in der Erarbeitung und in der Begründung von Lehrsätzen sieht, wird Platons *Laches* vermutlich nur wenig Interesse entgegenbringen. Nicht zufällig war dieser Dialog in der Wirkungsgeschichte des Platonismus kaum von Bedeutung. Auch die Platonforschung liest dieses Werk oft nur im Licht eines „noch nicht", nämlich im Blick auf die hier allenfalls vorbereiteten oder angedeuteten, vielleicht sogar bewußt zurückgehaltenen Lehren, in denen die Tradition den Ertrag von Platons Philosophieren zusammenzufassen pflegt[71]. (Einen Sonderfall bilden die politisch-philosophischen Interpretationen aus der Schule von Leo Strauss[72].) Geht man von einem solchen Ansatz aus, läuft man jedoch Gefahr, das zu übersehen, was ein Werk wie der *Laches* gerade dann zu verstehen gibt, wenn man von den Lösungsmöglichkeiten absieht, die sein

---

[66] La. 196b, 197c; vgl. 195a.
[67] La. 190e, 191e, 194a, 194d, 196a.
[68] La. 197c.
[69] La. 195a, 196bf.; vgl. 199e.
[70] La. 178a; vgl. 179c, 186d, 189a, 196b.
[71] Vgl. Crombie, Ross 1951, Erbse 1968, Kahn 1986, White.
[72] Vgl. Blitz, Griswold, Umphrey 1976b.

Autor erst zu einem späteren Zeitpunkt entdeckt hat. Dann verspielt man allzu leicht die Chance, jenem sokratischen Erbe gerecht zu werden, das Platons Philosophieren in allen Stadien seines Weges geprägt hat.

Zu diesem Erbe gehört das nichtpropositionale Wissen, wie es von Platon mit den Mitteln der Dialogregie oft nur gezeigt wird[73]. Man kann zwar über dieses Wissen mit Hilfe von Sätzen reden; es geht aber selbst nicht in diese Sätze ein und es läßt sich durch sie auch nicht mitteilen. Die sich auf Platon berufende Tradition nahm ein solches Wissen dort an, wo eine Wahrheit erschaut wird, die durch Sätze weder vorstellig gemacht noch vermittelt werden kann. Ohne Zweifel erkennt Platon die Existenz eines Unsagbaren an. Doch er ist weit davon entfernt, einem Kult des Unsagbaren das Wort zu reden. Seine Antwort auf die Entdeckung von Unsagbarem besteht in der Ausbildung einer höchst differenzierten Kultur des Umgangs mit dem Sagbaren, die zugleich dessen Grenzen bewußt macht. Der Eigenart des nichtpropositionalen Wissens und seiner Rolle wird man nicht gerecht, wenn man es nur in Grenzerfahrungen sucht, die wenigen Auserwählten vorbehalten sind. Denn über ein Wissen dieser Art verfügt jeder, der sich auf eine Sache versteht, der Mathematiker ebenso wie der bei Sokrates so beliebte Handwerker. Die Befähigung, über Gegenstände seines Kompetenzbereichs treffend zu reden, ist nur ein Epiphänomen dieses Wissens. Selbst der Waffenkämpfer im *Laches* hat mit der Vorführung seiner Kunst vor dem Beginn des Dialoges eine Probe des ihn auszeichnenden Wissens gegeben[74]. In Verbalisierungen geht es ebensowenig ein wie etwa das Wissen, das den guten Reiter oder den Flötenspieler ausmacht[75]. Das Beispiel des Wissens vom Hören und vom Sehen, das dem guten Ohrenarzt oder Augenarzt eigen ist[76], meint ebenfalls kein definitorisches Wissen. Auch die Kompetenz, die Sokrates im Umgang mit der Rede, besonders aber im Umgang mit Fragen bewährt, geht selbst nicht in die Sätze ein, von denen sie gelegentlich einmal zum Gegenstand gemacht wird. In allen diesen Fällen liegt ein Wissen vor, das seinen Ort im Gebrauch von Dingen und im Umgang mit ihnen hat. Ein solches Wissen läßt sich noch nicht einmal virtuell von seinem Subjekt isolieren, da es nur in dieser Bindung die ihm eigene, nicht mitteilbare Authentizität findet. Es ist ein Wissen von der Art, wie es heute vor allem das Interesse der personalistisch orientierten Erkenntnistheorie auf sich zieht[77]. Mit den Techniken der Dialogregie bringt es Platon auf eine wirkungsvollere Weise ins Spiel, als es durch bloße Aussagen über dieses Wissen möglich wäre.

[73] Wieland.
[74] La. 179 e f., 181 c f., 182 c, 184 c, 193 b.
[75] La. 193 b; 194 e.
[76] la. 189 e f.; vgl. 185 c.
[77] Vgl. Polanyi.

Gerade in der unreflektierten Einstellung pflegt man alle Rede immer zugleich auf den Sprecher und dessen persönliche Glaubwürdigkeit zurückzubeziehen. Sokrates kann daher von Laches gerühmt werden, weil er für ihn die gelungene Harmonie von Worten und Taten verkörpert und weil er dessen, was er sagt, auch würdig ist[78]. Laches wäre andernfalls gewiß nicht bereit, sich auf das für ihn so ungewohnte sokratische Gespräch einzulassen[79]. Die Personalität des von Sokrates verkörperten Wissens erschöpft sich freilich nicht in der auch von Sokrates geforderten Übereinstimmung von Worten und Taten oder in der Verkoppelung der Wahrheit der Rede mit der Wahrhaftigkeit des Sprechers[80]. Denn es geht um ein Wissen, das eine Person zu dem macht, was sie ist, und von dem sie sich nicht wie von einer bloßen Information distanzieren kann. Auch die technischen und die handwerklichen Kompetenzen gehören diesem Typus an. Freilich scheitern bei Platon alle Versuche, die Tugenden nach dem Vorbild des Gebrauchswissens zu verstehen. Aber die ihnen eigene kognitive Komponente läßt sich schon gar nicht im Sinne einer propositionalen Information verstehen. Die Rückbindung des nichtpropositionalen Wissens an sein Subjekt braucht sich andererseits auch nicht in die Paradoxien des Selbstbewußtseins zu verstricken. Aber die reflexive Komponente des Wissens, als das Nikias die Tapferkeit versteht, wird von ihm selbst gar nicht artikuliert. So wird auch nicht ausgesprochen, daß die von Laches angeführten Gegenbeispiele[81] gerade wegen des Fehlens der reflexiven Komponente scheitern. Denn gerade der Tapfere muß wissen, was nicht für irgend jemanden, sondern was für ihn selbst wahrhaft furchtbar ist. Eine andere Gestalt der Reflexivität nimmt Sokrates für den Dialog als solchen in Anspruch: Selbst der Vollzug der Untersuchung macht es nötig, die Tapferkeit, von der die Rede ist, in der Führung des Gesprächs auch selbst ins Spiel zu bringen[82]. Im Rückblick mag daher selbst die am Beginn des Dialoges beschworene Freimütigkeit als eine Gestalt der Tapferkeit erscheinen.

Die vor allem durch die Sokratesgestalt verkörperte Dimension des personalen Wissens gehört zu dem Erbe, das Platon auch dort bewahrt hat, wo im Spätwerk die Sokratesgestalt nicht mehr jederzeit dominiert. Ein arges Mißverständnis wäre es aber, wollte man den „eigentlichen" Platon nur in den Elementen seines Denkens suchen, die nicht zu diesem Erbe gehören. Der Platonismus der Tradition ist freilich über weite Strecken ein Platonismus ohne Sokrates, mithin ein gleichsam halbierter Platon. Dem um sein sokrati-

---

[78] La. 188 cf.; vgl. 181 b, 189 b.
[79] La. 188 e, 194 a.
[80] La. 193 e; vgl. 188 d.
[81] La. 195 b ff.; vgl. 192 e.
[82] La. 194 a.

sches Erbe verkürzten Platon fehlt jedoch nicht nur das eine oder das andere Element, sondern es fehlt ihm eine ganze Dimension. Der Sokrates der Dialoge agiert am Leitfaden von propositionalen Gebilden, von Fragen und von Antworten, wenn er Sätze zu finden und zu formulieren, zu begründen und zu verwerfen sucht. An diesen Sätzen muß sich jeder Versuch einer Rekonstruktion von Platons Denken orientieren. Die propositionalen Strukturen bilden aber immer nur eine Oberfläche, unter der jene Tiefendimension nicht vernachlässigt werden sollte, der Gestalten des Wissens zugeordnet sind, die Platon mitsamt ihren Subjekten oft nur noch zeigt. Die Philosophie glaubt heute eingesehen zu haben, daß sie sich, will sie nicht einer Selbsttäuschung zum Opfer fallen, nicht nur als Doktrin, sondern auch als Tätigkeit verstehen muß. Es ist das sokratische Erbe, das es Platon erlaubt, auch dieser Dimension der Tätigkeit gerecht zu werden. Ihr entspricht die Bereitschaft, selbst dort auf das Fragen nicht zu verzichten, wo niemand die Möglichkeit einer Antwort garantieren kann. Es ist das Fragen, was Platon und durch ihn alle spätere Philosophie von Sokrates gelernt hat.

MICHAEL ERLER

HYPOTHESE UND APORIE: CHARMIDES

Aus den spätantiken Prolegomena zur Philosophie Platons erfahren wir, Platon habe geträumt, er sei ein Schwan, der von Baum zu Baum fliege. Ein Jäger stelle ihm nach, könne ihn aber nicht fangen. Der Sokratiker Simmias habe diesen Traum ausgelegt. Viele Interpreten versuchten Platon zu verstehen, keiner aber habe dabei rechten Erfolg. Jeder lege Platons Werk nach eigener Ansicht aus[1]. Der Traum und seine Deutung illustrieren nicht nur gut die Vielfalt der Platonauslegungen. Das Traumbild greift auch einen Vergleich auf, dessen sich Sokrates' Partner in den aporetischen Dialogen bedienen, wenn sie beklagen, ihnen sei ein Wissen entlaufen, über das sie zu verfügen glaubten[2]. Das gilt auch für den Leser. Trotz aller Bewunderung für Komposition, Charakterzeichnung und sprachliche Gestaltung wird ihn der Inhalt des Dialoges nicht selten irritieren. Und dies ist in besonderem Maße beim *Charmides* der Fall. Zwar ist er in Szenario und Struktur von anderen aporetischen Dialogen Platons kaum unterschieden. Die Frage nach der Bestimmung der Besonnenheit erwächst aus der Rahmenhandlung. Alle Versuche, eine adäquate Definition zu finden, scheitern. Was jedoch Inhalt und Begründung der Thesen angeht, so stehen im *Charmides* Konzepte zur Disposition, werden geprüft und als unhaltbar hingestellt, die gewöhnlich als fester Bestandteil Sokratisch-Platonischer Lehre angesehen werden. Da wird nicht nur am Wissen als Ursache für Glück im Staat und beim Individuum gezweifelt. Die Arbeitsteilung als Bedingung für eine gute Staatsorganisation wird bestritten, obgleich sie in der *Politeia* als Grundlage des Philosophenstaates gelten soll[3]. Mehr noch: Mit der Existenz eines Wissens des Wissens, verstanden als Wissen von dem, was jemand weiß und was nicht, steht zur Disposition, was Platon in der *Apologie* (23e ff.) als das Pragma des Sokrates eindrücklich schildert und in zahlreichen Dialogen vorführt: sein Bestreben zu prüfen, über welches spezifische Wissen Handwerker, Dichter, Politiker und andere Fachleute verfügen. Sprachliche Reminiszenzen im *Charmides* zeigen, daß Platon diesen Zusammenhang geradezu evozieren will[4]. Es stellt sich die Frage, wie Sokrates, der inschriftlichen Aufforderung

---

[1] Anonym. Proleg. 197; Hermann, 3, 4 Westerink.
[2] Vgl. z. B. Lach. 194a8; Lys. 218c; Euthyd. 291b; Euthyph. 11b. 15b; Men. 97d.
[3] Vgl. Charm. 161e–162a mit Resp. 369b–372a; 433a–d.
[4] Vgl. Charm. 170d. 172b und Apol. 22d. 23c. 38a. 41b (ἐξέτασις, ἐξετάζειν), vgl. Kahn 1988, bes. S. 546b; ernstgemeinte Kritik siehe z. B. Schmidt.

in Delphi folgend, versuchen kann, sich selbst zu erkennen, d. h. zu sehen, ob ein Ungeheuer oder Göttliches in einem schlummert (Phdr. 229 e–230 a). Der *Charmides* führt also nicht nur eine Untersuchungsmethode vor, sondern reflektiert auch deren theoretische Grundlage, ja stellt diese in Frage[5]. Drängender noch als bei anderen aporetischen Dialogen stellt sich deshalb beim *Charmides* die Frage, was Platon mit dieser Art Text beim Leser bezweckt. Eine Antwort hängt eng mit der Einschätzung der Aporien des Dialoges zusammen. Für manche Interpreten signalisieren sie objektive, in der Sache angelegte Schwierigkeiten, für andere sollen sie zeigen, daß der Autor zwar ein Problem sieht, eine Lösung aber noch nicht gefunden hat. Die Aporien markieren also eine Stufe einer geistigen Entwicklung[6]. Freilich impliziert der *Charmides* in beiden Fällen – von den Interpreten nicht immer realisiert – eine grundsätzliche Kritik an Sokrates' Methode. Andererseits wird auf den eigentümlichen Schwebezustand aufmerksam gemacht, in welchem die Ergebnisse des Gespräches belassen werden. In der Tat fällt auf, daß manche These erst widerlegt, dann aber doch gelten gelassen, daß manches Ergebnis stringenter Argumentation überraschend relativiert, daß manch entscheidende Prämisse der Argumentation als hypothetisch bezeichnet wird, daß Begründung versprochen, das Versprechen im Dialog aber nicht eingelöst wird. Dies alles deutet darauf hin, daß das letzte Wort noch nicht gesprochen ist und daß Platon genau dies dem Leser nahelegen will. Nicht zuletzt deshalb haben schon Friedrich Schleiermacher und nach ihm andere die Aporien des *Charmides* und auch anderer Dialoge als Teil eines didaktischen Programmes verstanden[7]. Schleiermacher ist sich sicher: Ein intelligenter Leser vermag die Probleme im *Charmides* bei intensiver Lektüre zu lösen. Dabei fühlt er sich durch einen Blick in andere Werke Platons, etwa die *Politeia*, aber auch durch Hinweise im Dialog selbst ermutigt. Als Leitfaden seiner Interpretation wählte Schleiermacher die sogenannte Schriftkritik des *Phaidros* (274 c ff.), deren Relevanz für die Dialoge er richtig erkannte. Ein Blick auf die Geschichte ‚intelligenter‘, d. h. rein immanenter, Interpretation des *Charmides* zeigt jedoch, daß auf diese Weise bisher keine befriedigende Lösung der Probleme des Dialoges gefunden

---

[5] Seit Bonitz 1886 hat man die Aporien des *Charmides* als Absage Platons an die Möglichkeit selbstbezüglichen Wissens verstanden, aber auch positive Ansätze konstatiert; vgl. Gloy 1986, bes. 144 ff. (mit Doxographie). Interesse findet der *Charmides* auch als mögliche Antizipation des für die Philosophie der Neuzeit wichtigen Problems der Reflexion, vgl. Oehler; Tugendhat 759; vgl. Zehnpfennig.

[6] Vgl. z. B. Zeller 323, Anm. 4 und dazu Krämer 1982, 81 ff.; zur Aporie vgl. Erler 1987 a, 4 ff.

[7] Vgl. Schleiermacher 5–36. Zur Einschätzung der Aporie als überwindbares Hindernis vgl. Schulz.

wurde. Eine genaue Analyse ergibt vielmehr, daß hierfür Informationen notwendig sind, die aus späteren Dialogen stammen, wie der heutige Leser leicht erkennen kann. Diese Beobachtung läßt Schleiermachers Ansatz als sehr wichtig und hilfreich, seine Folgerungen jedoch als revisionsbedürftig erscheinen. Deshalb ist der Ansatz, Schriftkritik und Gesamtwerk Platons insbesondere mit Blick auf die aporetischen Dialoge in einem Zusammenhang zu sehen, auch in jüngerer Zeit nachdrücklich verfolgt worden. Platons Ausführungen im *Phaidros* werden als Verständnishilfe für das in den Dialogen vorgeführte Verhalten des Protophilosophen Sokrates[8] oder als Rahmen für eine Funktionsbestimmung der Dialoge und mancher der in ihnen verwendeten Motive verstanden[9]. In letzterem Fall kommt dem Aspekt geistiger Übung und der Frage nach dem intendierten Leser eine wichtige Rolle zu[10]. Schließlich geht es im *Phaidros* zu allererst um die Möglichkeit von Wissensvermittlung und um die Aufgabe, welche Texte dabei sinnvoll zu übernehmen sind.

Von diesem funktionalen Ansatz wollen wir uns in der folgenden Betrachtung des *Charmides* leiten lassen. Dabei soll die im *Charmides* praktizierte Untersuchungsmethode betrachtet und gefragt werden, ob möglicherweise ein Zusammenhang zwischen den oben angesprochenen Beobachtungen: der Relativierung der Ergebnisse, der Problematisierung der Voraussetzungen, dem Inhalt dessen, was da in Frage gestellt wird und der Funktion des Dialoges als Text besteht.

1. Aporie und Vorläufigkeit

Wie bei anderen Dialogen ist auch im *Charmides* zu beobachten, daß Bedeutsames in der Schwebe gelassen, Vorläufigkeit betont und der Leser bisweilen auf später vertröstet wird, ohne daß dieses Versprechen in dem Dialog selbst eingelöst wird[11]. Hinweise, daß die Ausführungen als nur vorläufig anzusehen sind, können geradezu als Leitmotiv des Dialogs gelten. Sei es als kunstvoll gestaltete Leerstelle in Form eines unaufgelösten Rätsels (162a), sei es durch Andeutungen, daß eine Aussage diskussionsbedürftig bleibt, sei es durch beständige Konzessionen, die eigentlich schon Wider-

[8] Szlezák 1985 und 1993.
[9] Vgl. Erler 1987a passim, hinsichtlich der Aporien auf Schleiermacher aufbauend, dessen Folgerungen über die Möglichkeit einer Lösung jedoch modifizierend.
[10] Vgl. Erler 1987a, 60ff.; eher im Sinne Schleiermachers Merkelbach, 5–9 und Heitsch 1992d, 9ff.
[11] Zur Vorläufigkeit vgl. Erler 1987a, 78ff.; vgl. auch Müller.

legtes doch wieder ins Spiel bringen (169d): der solchermaßen erzeugte
Schwebezustand steht in eigentümlichem Spannungsverhältnis zur Bedeutung dessen, was diskutiert wird, und zur Ernsthaftigkeit der Bemühungen
beim konsequent durchgeführten Elenchos.

Vergegenwärtigen wir uns das Gespräch mit Charmides[12]. Als der junge,
kopfschmerzgeplagte Charmides mit allen äußeren Anzeichen einer beson-
nenen Gesinnung auftritt, weckt dies den Wunsch des Sokrates, seinen Ge-
sundheitszustand durch Besingung (157a ἐπῳδαί) zu verbessern, zuvor jedoch
von ihm gleichsam als einem durch sein Verhalten ausgewiesenen Experten
zu erfahren, was die Besonnenheit ist (157d). Ausgangspunkt des Gesprächs
ist Sokrates' Überzeugung: Wer über eine Arete verfügt, muß auch sagen
können, was sie ist (159a). Charmides und der Leser sind also mit der aus anderen Dialogen vertrauten Frage nach der Bestimmung einer Arete konfrontiert. In mehreren Anläufen versucht er eine Bestimmung: Besonnenheit ist
eine gewisse Ruhigkeit (158e–160d). Besonnenheit ist Scheu (αἰδώς 160d–
161b) oder – wie er von anderen gehört hat – Besonnenheit ist ‚das Tun des
Seinen‘ (161b–162d). Alle Versuche scheitern. Doch schon bei der Prüfung
der ersten Definition unterstreicht Sokrates, daß das negative Ergebnis ‚aus
diesem Argument‘ folge (160b ἔκ γε τούτου τοῦ λόγου) – was die Möglichkeit anderer Argumentation suggeriert –, betont wiederholt, Grundlage des
Argumentes sei die Annahme (160d, vgl. 159d), Besonnenheit gehöre zu den
schönen Dingen und – daraus abgeleitet (160e–161a) – sie sei gut und nützlich. Daß Besonnenheit zu den καλά gehört, wird jedem plausibel scheinen.
Charmides stimmt sofort zu. Nicht zuletzt deshalb wird sich der Leser fragen,
warum Sokrates wiederholt gerade auf diese Prämisse mit dem Wort ὑποτίθεσθαι hinweist, warum er unterstreicht, daß das Ergebnis aus diesem Logos
folgt (160b8), warum er nur ahnt (169b4f. μαντεύομαι), daß Besonnenheit
etwas Gutes und Nützliches ist, Bemerkungen, aus denen ein Vorbehalt gegenüber dem Ergebnis der Diskussion herauszuhören ist. Offensichtlich läßt
Platon seinen Protagonisten diese Bemerkung machen, um die anscheinend
plausible These, Besonnenheit sei ein καλόν, mit einem Fragezeichen zu versehen. Der Leser soll merken, daß Nachfragebedarf besteht.

Auch im Gespräch mit Kritias finden wir das Wort ὑποτίθεσθαι im Zusammenhang mit der These ‚Besonnenheit ist Tun des Eigenen‘ (163a), und
der Besonnene weiß, was er weiß oder nicht und daß er über Wissen verfügt
oder nicht, d.h. der Behauptung einer Identität von reflexivem und inhalts-
bezogenem Wissen (171d). Doch erweist sich beides als zumindest problematisch. Dies hindert nicht daran, daß die Existenz eines reflexiven Wissens (ἐπιστήμη ἐπιστήμης) wenigstens ‚für jetzt‘ (νῦν) zu konzedieren ist
(συγχωρεῖν), damit das Gespräch weitergeht. Die Existenzfrage soll später

---

[12] Hilfreich Bloch; Analyse des Dialogverlaufs auch bei Erler 1987a, 170ff.

(αὖϑις) untersucht werden (169 d), ein Versprechen, das im vorliegenden Dialog nicht eingelöst wird. Das Gespräch wendet sich vielmehr dem möglichen Nutzen dieses Wissens zu – dessen Existenz doch fraglich ist –, einem Nutzen, der sich seinerseits als äußerst fraglich erweist. Glück und Nutzen fallen nämlich in die Kompetenz des Wissens vom Guten und Schlechten. Dieses jedoch ist anscheinend mit dem reflexiven Wissen nicht identisch, ist diesem vielmehr untergeordnet (174 d). Am Ende des Gesprächs wird dann von Sokrates seinen Partnern – und dem Leser – nochmals in Erinnerung gerufen, daß das Gespräch nur von Zugeständnissen lebte (175 c). Dennoch insistieren Charmides und Kritias auf der zu Beginn des Gesprächs von Sokrates in Aussicht gestellten ‚Besingung‘ (ἐπῳδή) (176 a ff.). Charmides hat jetzt Zweifel, ob er über Besonnenheit verfüge, und bekräftigt seine Bereitschaft, sich belehren zu lassen (176 a f.), ein Verhalten, das Kritias als Merkmal der Besonnenheit wertet (176 b). Die Prüfung durch Sokrates hat zu einem Problembewußtsein geführt. Dies aber ist erklärtes Ziel der von ihm praktizierten elenktischen Methode. Der Elenchos im engeren Sinn als Überprüfung einer Antwort auf die Frage nach einer Bestimmung (Was ist X-Frage) und im weiteren Sinne, wie er in den Dialogen Platons verwendet wird, will den Partner – und auch den Leser – durch Widerlegung von fragwürdigen Meinungen von Scheinwissen befreien und für Belehrung offen machen[13]. Gerade deshalb mag sich der Leser fragen, warum Sokrates seine Widerlegungen beständig relativiert und ihre Vorläufigkeit betont, warum er nach der ‚Reinigung‘ die belehrende ‚Besingung‘ im Dialog vorenthält, warum Platon die Partner des Sokrates – und den Leser – in der Aporie beläßt, aber den Eindruck erweckt, er könnte sie meiden. Damit ist die Frage nach Sokrates’ Methode und der Ursache der Aporie gestellt. Ist sie das Resultat logischer Versehen, die von Sokrates in Kauf genommen oder gar gewollt werden, oder spielt dabei auch und wesentlich eine Rolle, was sein Partner für den Test an Vorstellungen mitbringt?[14] Vergegenwärtigen wir uns

---

[13] Vgl. Soph. 230 b 4–d 4; vgl. Apol. 21 b–d. 23 c; 29 b–c. d–e; Lys. 218 a b. Men. 79 E–80 d. Auseinandersetzung mit Konventionen vgl. Resp. 348 e. Sokrates’ Andeutungen vielleicht im Sinne der im *Theaitetos* (167 e–168 a) vom Dialektiker verlangten Belehrung des Partners über dessen Fehler, wobei eigentliche Belehrung erst mit der ‚Besingung‘ erfolgt. Belehrung selbst ist nicht Sache des Elenchos (Frede 1992). ‚Elenchos‘ ist bei Platon terminologisch nicht festgelegt. Im engeren Sinn vgl. *Laches*, *Euthyphron*, *Charmides* (1. Teil); die Überprüfung der trotz Widerlegung zugestandenen Existenz reflexiven Wissens auf möglichen Nutzen (172 c ff.; zur Situation vgl. *Menon*) erinnert an die ‚concessio‘ der Gerichtsrede, vgl. Cic., *De natura deorum* I 65. 67. 75. 103 und Schäublin.

[14] Ersteres ist Auffassung von Heitsch 1987, vorgeführt z. B. am *Kratylos* (Heitsch 1984, 11), letzteres betont Erler mit Blick auf die ‚Aporien‘ der frühen Dialoge (Erler 1987 a, passim).

kurz die wesentlichen Prinzipien, auf denen die Diskussionen beruhen, und fragen wir, was die Hinweise auf Vorläufigkeit in diesem Kontext bedeuten.

2. Aporie und Vorverständnis

Wie in anderen aporetischen Dialogen auch folgen Sokrates und Charmides den Regeln der elenktischen Dialektik[15]. Der Elenchos ist ein Frage- und Antwortspiel zweier Partner mit fester Rollenverteilung und einem klaren Ziel. Auf die erste Frage – was etwas ist – bietet der Antwortende eine These oder eine Definition. In den aporetischen Dialogen geht es um die Antworten auf Fragen nach Definitionen von Wertbegriffen wie gerecht, tapfer oder besonnen. Zweck des weiteren Verfahrens ist, die Stichhaltigkeit dieses Angebotes (= 1. Prämisse) zu prüfen. Möglicherweise ist der Antwortende durch Fragen dazu zu bringen, auch das Gegenteil seiner These zuzugeben, so daß er verloren hätte. Der Antwortende hingegen möchte seine These halten.

Nach einer ersten Antwort führt Sokrates einen weiteren Begriff ein (= 2. Prämisse): es handelt sich dabei immer um Begriffe, die den zu definierenden Begriff als empfehlenswert bezeichnen. Gefragt wird, ob die Besonnenheit, Tapferkeit oder Frömmigkeit schön (καλόν), gut (ἀγαθόν) oder nützlich (ὠφέλιμον) ist. Dies scheint den meisten Partnern des Sokrates so selbstverständlich, daß sie ohne Nachfrage zustimmen. Die folgende Diskussion dreht sich darum, ob der vom Antwortenden akzeptierte Begriff ‚schön', ‚gut', ‚nützlich' den vorgeschlagenen Thesenbegriff voll umfänglich qualifiziert. Mit Hilfe von Beispielreihen versucht der Fragende zu zeigen, daß dies nicht der Fall ist. Gelingt dem Fragenden, die Zustimmung des Antwortenden auch nur zu einem Beispiel zu erhalten, bei dem der Thesenbegriff sich als nicht ‚gut', ‚schön', ‚nützlich' erweist, ist ein Widerspruch zur These gegeben, und der Antwortende hat verloren. Es ist also nicht Ziel des Elenchos, didaktisch zu einer Wahrheit hinzuführen, sondern auf mögliche Widersprüche aufmerksam zu machen und zu zeigen, daß der Partner eine These aufgestellt hat, ohne sie richtig begründen zu können. Der negative Ausgang einer Diskussionsrunde besagt nicht, daß der Definitionsvorschlag notwendigerweise falsch war. Die Rollen beim Elenchos sind fest verteilt.

---

[15] Zur Elenktik und zu Bezügen zur Syllogistik des Aristoteles grundlegend Kapp 1965, z. B. 23; hilfreich auch Stemmer 1992, 98ff. Zu Parallelen zu Regeln anderer Formen mündlicher Auseinandersetzung vgl. Erler 1986. Wichtig und vieldiskutiert Vlastos 1983; Vlastos 1991. Seine Hauptthese, mittels des Elenchos sei ethisches Wissen zu gewinnen, ist freilich mit guten Gründen kritisiert worden, vgl. zuletzt Kahn 1992, bes. 245ff.

Indem der Fragende, also Sokrates, Wertbegriffe einführen kann, bereitet er den Boden für die Widerlegung und bestimmt insofern den Verlauf der Argumentation[16]. Andererseits ist zur Durchführung der Strategie das Vorverständnis des Partners wichtig. Der Fragende muß sich nämlich bei jedem Schritt der Zustimmung des Antwortenden – die nicht notwendig auf inhaltliche Übereinstimmung schließen läßt – vergewissern, d. h. er muß sich bemühen, auf dessen Verständnisniveau zu argumentieren. Die vom Fragenden eingeführten Prämissen und seine Fragen reflektieren deshalb in gewisser Weise eine Auffassung, die der Antwortende von den verwendeten Begriffen zu haben vorgibt oder wirklich vertritt. Die Eingangsszene des Dialoges belegt, daß Charmides' Worte zu seinem dort geschilderten Verhalten passen, also seine wirkliche Auffassung wiedergeben[17]. Dieses Vorverständnis des Antwortenden kann sich der Fragende zunutze machen, um den Partner in die Aporie zu führen. Betrachten wir als konkretes Beispiel den ersten Disput des Charmides mit Sokrates. Auf Sokrates' Frage, was nach seiner Ansicht Besonnenheit sei (159 a 3), bietet Charmides als Definition: Besonnenheit ist eine Art Ruhigkeit (159 b 5 ἡσυχιότης τις)[18]. Sokrates eröffnet die Runde mit der Frage, ob Besonnenheit zu den schönen Dingen gehört (159 c), einer Frage, die Charmides mit einem einfachen ‚gewiß doch‘ (πάνυ γε) beantwortet. In der Tat wird ihm hier kaum jemand widersprechen wollen. In einem weiteren Argumentationsschritt bringt Sokrates das von Charmides vorgeschlagene Wort ‚Ruhigkeit‘ mit dem von ihm eingebrachten Begriff ‚schön‘ in Verbindung und fragt, ob ‚Ruhigkeit‘ schön ist. Die Strategie ist klar: gibt es einen Fall, in welchem sie nicht schön ist, dann kann es keine Gleichsetzung von Ruhigkeit und Besonnenheit geben. Anhand von 16 Beispielen aus dem körperlichen und dem geistigen Bereich bringt Sokrates Charmides dazu zuzustimmen, daß Ruhigkeit keineswegs immer schön ist. Also ist sie nicht mit Besonnenheit gleichzusetzen. Charmides' Definition ist widerlegt. Es irritiert deshalb, daß Sokrates mit seinen Bemerkungen über die Vorläufigkeit der Argumentation, deren Richtigkeit er nicht anzweifelt, eine gewisse Distanz zum erzielten Ergebnis signalisiert. Hierfür kann es zwei Gründe geben. Entweder ist die Argumentation nur

---

[16] Der Fragende lenkt die Argumentation, vgl. Arist. Top. VIII 4, 159 a 18 ff. Er muß wissen, wohin er will, und auch, daß und wie konventionelle Auffassungen zu Widersprüchlichkeiten führen. Andererseits muß er auf den Befragten eingehen und ihm auch auf Irrwegen folgen (vgl. Euthyph. 14 c; Alc. I 116 d, Erler 1987 a, 153 mit Anm. 30). Gleichberechtigung der Partner ist also nicht gegeben, und Übereinstimmung signalisiert nicht notwendig Einigkeit (vgl. Euthyph. 6 e, dazu Erler 1987 a, 151).

[17] Dies ist allerdings keine Regel, vgl. Kahn 1992, 251; Stemmer 1992, 102 ff.

[18] Zum Wort vgl. Witte 43 ff.

scheinbar folgerichtig, weil Sokrates oder sein Partner unabsichtlich oder absichtlich einen Fehler gemacht haben. Oder die Argumentation ist tadellos. Dann muß das Problem bei den Prämissen liegen. Die Argumentation des Sokrates aber ist stimmig[19]. Zwar könnte man einwenden, daß Ruhigkeit durchaus etwas mit Besonnenheit zu tun hat, und Sokrates eine fragwürdige Argumentation vorwerfen. Die von Sokrates vorgetragenen und von Charmides sämtlich akzeptierten Beispiele zeigen, daß er unter ,schön' die äußere Qualität einer Tätigkeit ansieht, eine Auffassung, die im Rahmengespräch gleichsam illustriert und durchaus konventionell ist. Demnach manifestiert sich Besonnenheit in äußeren Merkmalen, denen ein eigener Wert zugesprochen wird. Besonnenheit erweist sich in diesem Kontext als Naturanlage (φυσικὴ ἀρετή), nicht als innere Haltung, eine Auffassung, die Platon im *Politikos* analysiert[20]. Diese Auffassung, die auf einen besonderen Aspekt des Begriffes ,Ruhigkeit' rekurriert, bringt Charmides also mit. Sie wird ihm keineswegs von Sokrates unterstellt. Wenn er Charmides auffordert zu sagen, was die Besonnenheit nach seiner Meinung sei (159a), appelliert Sokrates an ein schon vorhandenes Vorverständnis von Ruhigkeit. Dieses korrekte Vorgehen ermöglicht, auf inhärente Probleme einer konventionellen Auffassung aufmerksam zu machen. Verantwortlich für den negativen Ausgang des Gesprächs ist also Charmides' Unfähigkeit, aus seiner Sicht die von ihm vertretene These zu verteidigen. Deshalb folgt aus dem negativen Ausgang nicht zwingend, daß die These gänzlich falsch ist, sondern zunächst, daß Charmides' Vorverständnis der These problematisch ist. Dies läßt die Option einer Verteidigung auf anderer Grundlage zumindest offen. Berücksichtigt man die Spielregeln, wird deutlich: Sokrates' Vorgehen, seinem Partner den richtigen Weg nur anzudeuten, ihn aber nicht belehrend auf den Weg zur richtigen Erkenntnis zu führen, illustriert gleichsam regelgerechtes Verhalten. Gemäß den Spielregeln des Elenchos sind Konsens mit dem Partner über die Prämissen und ihr Verständnis notwendig, nicht jedoch Belehrung. Sokrates' Hinweise, die nahezulegen scheinen, daß man alles auch ganz anders sehen kann, daß ein Weg zur Lösung denkbar ist und daß Sokrates ihn kennt, verlangen nach einer kritischen Reflexion des Gesagten. Die Hinweise z. T. unter Verwendung einschlägiger Terminologie markieren und qualifizieren wichtige Teile des Argumentes mit Blick auf den Diskussionspartner, vor allem aber auf den Leser; sie sind nicht Bestandteil des Prüfungsverfahrens selbst, sondern stellen eine

---

[19] Vgl. zu einem die Stichhaltigkeit des Schlusses nicht tangierenden Fehler nach anderen Stemmer 1992, 86. Eine Äquivokation liegt nicht vor, vgl. Bloch 53 ff.

[20] Vgl. die Reden der Korinther und Kerkyräer in Athen (Thuk. I 32 ff.), der Korinther in Sparta (Thuk. I 68 ff.) und des Archidamos in Sparta (Thuk. I 80 ff.); dazu Witte 25 ff.; Bloch 51 ff.

Art Kommentar durch Sokrates dar[21]. Darüber hinaus dienen derartige Bemerkungen der Illustration angemessenen philosophisch-dialektischen Verhaltens. Wenn Sokrates die Aussage, Besonnenheit sei schön, mit ὑποτίθεσθαι bezeichnet (vgl. 160d), mag man dies zunächst im Sinne von ‚Grundlage' für das Gespräch verstehen, wie es offenbar Charmides tut, ein Wortgebrauch, wie er in der vorplatonischen Mathematik zu beobachten ist. Das weitere Gespräch zeigt jedoch, daß Sokrates wiederholt Unsicherheit hinsichtlich der Grundlage signalisiert. Dadurch wird aus der ‚Grundlage' zumindest für Sokrates eine ‚vorläufige Voraussetzung', die zwar nicht falsch sein muß, aber unbewiesen ist und also noch der Begründung bedarf. Dies wiederum erinnert an den Gebrauch des Wortes ὑποτίθεσθαι im Sinne von ‚vorläufiger Hypothese', der ebenfalls bei Platon eine wichtige Rolle spielt[22]. Das Bewußtsein davon, daß und wann man sich einer Hypothese bedient, und die Fähigkeit, nicht als gesichert anzusehen, was noch der Begründung bedarf, ist Merkmal des dialektischen Philosophen (Resp. 511 b). Indem Sokrates den Spielverlauf gleichsam kommentiert und Andeutungen über die Qualität spielrelevanter Prämissen macht, erweist er sich als dialektischer Philosoph, der die Vorläufigkeit von Prämissen beurteilen kann. Der Inhalt seiner Hinweise macht zudem klar, daß er den Weg zu positiven Aussagen kennt. Schließlich ist darauf hinzuweisen, daß Sokrates in der *Politeia* eindrücklich vor der zerstörerischen Kraft des Elenchos warnt. Junge Leute, die sich beständig durch den Elenchos in ihren konventionellen Vorstellungen erschüttert sehen, laufen Gefahr, an nichts mehr zu glauben und zu falschen Schlußfolgerungen zu gelangen (Resp. 538df.), eine Situation, in der sich Charmides in der Tat befindet. Seine Hinweise hingegen senden dem Leser die Botschaft, sich von den vorgeführten Widerlegungen nicht völlig entmutigen zu lassen, und mildern somit den befürchteten negativen Effekt des Elenchos.

---

[21] Diese Bemerkungen sind wohl Teil einer dramatischen Darstellung, die sich selbst reflektiert, vergleichbar mit Stellen im Drama (z. B. Euripides) und besonders im Spätwerk Platons. Der Autor als ‚poeta doctus' reflektiert philosophische Methode und literarische Gestaltung. Ich hoffe, demnächst darauf zurückzukommen, vgl. vorläufig Erler 1994; Erler 1992a, 159ff.; daß Platon mit dramatischer Illusion zu spielen versteht, zeigt z. B. Phaedr. 278b7, wo mit einer an die Komödie erinnernden Wendung (Aristoph. Thesm. 1227) die Illusion durchbrochen wird; das fiktive mündliche (deshalb eigentlich σπουδή) Gespräch wird als παιδιά bezeichnet, wodurch *Phaidros* als geschriebener Dialog angesprochen wird. Das gleiche gilt Phaidr. 276e1–3, wo auf die *Politeia* angespielt (μυθολογεῖν, vgl. Resp. 376d. 501e), das Gespräch über Gerechtigkeit aber als φαύλη παιδιά (als geschriebener Text) bezeichnet wird; hierzu auch Selbstzitat Polit. 284b.

[22] Zu Elenchos und Hypothese vgl. Robinson; Gaiser 1972, 358ff.; Heitsch 1977; Stemmer 1992, 250ff.

3. Vorläufigkeit als Appell

Aber der Verlauf der Argumentation und insbesondere Sokrates' Hinweise dienen nicht nur der Illustration richtigen Verhaltens. Sie stellen auch
einen Appell an den Leser dar. Wir erinnern uns: Die Gleichsetzung von ‚besonnen' und ‚schön' wird von Sokrates vorgeschlagen und scheint seinem
Partner – und wohl auch dem Leser – plausibel. Eben deshalb wird diese Prämisse nicht eigens diskutiert, wie das mit der anderen Prämisse ‚Ruhigkeit
ist schön' im Gespräch geschieht. Wir haben weiterhin gesehen, daß Charmides' Schwierigkeiten mit dem Vorverständnis dessen zusammenhängen,
was ‚besonnen' und ‚schön' ist. Um eine aussichtsreiche Verteidigung der
These durchführen zu können, müßte das Wort 'schön' so verstanden werden, daß es vielen sinnfälligen Einzeldingen und -handlungen zugesprochen
werden kann, gleich ob sie langsam oder schnell ausgeführt werden. Die
Frage muß lauten: Mit Blick worauf können alle angesprochenen Fälle als
schön bezeichnet werden? Die Antwort auf diese Frage verlangt jedoch eine
Änderung der Blickrichtung fort von sinnfällig gegebenen Einzelfällen hin
zu einem von den Einzelfällen separierten, die Einzelfälle jedoch qualifizie-
renden, allgemeinen Eidos. Die jeweiligen Handlungen erweisen sich dann
als wertindifferent, erhalten ihren Wert von einer übergeordneten Instanz.
Charmides – und der Leser, der sich an einer Verteidigung der These versuchen will – muß also von seinem konventionellen Vorverständnis Abschied
nehmen.

Es ist nun bemerkenswert, daß eine derartige Änderung der Blickrichtung von Platon nicht nur methodisch vorgeschrieben, sondern inhaltlich
durchgeführt oder zumindest angedeutet ist. Den Dialektiker zeichnet nämlich nicht nur die richtige Einschätzung der Hypothese, sondern auch das
Wissen aus, wie man eine Hypothese absichert. Der Dialektiker besteht den
Elenchos, heißt es in der *Politeia* (534b–d), wenn er sich an die Bestimmung
des Wesens hält und von Sinnfälligem absieht. Er nimmt dabei keine Wahrnehmung zu Hilfe, sondern fragt, mit Blick worauf alles Schöne schön wird
(vgl. Phaid. 100c). Genau dies will Sokrates im *Charmides* andeuten, genau
dies ist Voraussetzung, um die Aporie zu meiden. Kurzum, die Frage muß
mit Hilfe der Ideenlehre beantwortet werden. Damit verlassen wir das im
Charmides durch den Partner vorgegebene Niveau. Wir sind im *Charmides*
mit einer Situation konfrontiert, die in gewisser Weise derjenigen gleicht,
wie sie Sokrates im *Phaidon* schildert: Aus Enttäuschung darüber, daß er,
Anaxagoras folgend, die Ordnung der Welt nicht aus den sinnfälligen Dingen selbst ablesen konnte, flieht Sokrates in die Logoi, greift er zur Hypothese (99d–100a), nach der es ein Schönes an sich gibt, also zur Ideenhypothese (100b). Mit ihrer Hilfe meint Sokrates, über die Qualität der sinnfälligen Dinge besser Auskunft geben zu können (100c3). Eben dies ist auch

der Weg, auf welchem sich die Diskussion über Charmides' These zu bewegen hat, besser, auf dem der Elenchos erfolgreich abzuwehren wäre und
sich der Verteidiger als dialektischer Philosoph erwiese. Hierzu paßt, was
wir generell aus dem *Phaidon* über den Umgang mit Hypothesen erfahren.
Demnach gibt es zwei Wege, eine problematische Hypothese zu überprüfen:
a) man diskutiert nicht die Hypothese selbst, sondern ihre Folgen; b) man
stellt die Hypothese selbst zur Disposition und steigt empor zu einer weiteren, höheren Hypothese, die am besten zu sein scheint (101d ἥτις τῶν
ἄνωθεν βελτίστη φαίνοιτο). Dieses Verfahren ist fortzusetzen, bis man zu
etwas Hinlänglichem gelangt (ἐπί τι ἱκανόν). Mit ‚hinlänglich' ist etwas gemeint, das über der ursprünglichen Hypothese steht und dem jeweiligen Gesprächspartner akzeptabel scheint (vgl. Phd. 92d). Wirklich bleibend jedoch
ist die Hypothese erst dann, wenn sie durch ‚Erkennen des Grundes' festgebunden und zu Wissen gemacht ist, das wertvoller als richtige Meinung ist
(Men. 98a). Endgültige Festigkeit freilich ist erst durch den nicht mehr hypothetischen Anfangsgrund, die Idee des Guten, zu gewinnen (vgl. Resp.
511b)[23]. Das zu versuchen hat Charmides unterlassen. Der Leser ist deshalb
an seiner Stelle aufgefordert, die Hypothese, ‚Besonnenheit gehört zu den
καλά, in Frage zu stellen und von einer höheren, nicht an sinnliche Äußer-
lichkeiten gebundene Warte zu begründen. Auf diese Weise kommt man
dem Ziel näher, Sicherheit zu erlangen, d.h. die Vorläufigkeit zu beseitigen
(Resp. 533c). Sokrates führt das in der *Politeia* vor. Dort werden die für das
elenktische Verfahren wichtigen, von Sokrates eingeführten Begriffe ‚gut',
‚schön', ‚nützlich', die im *Charmides* zum Schaden der Untersuchung nicht
diskutiert werden, zum Gegenstand einer Untersuchung gemacht. Im ersten
Buch der *Politeia* geht es um die Frage, was Gerechtigkeit ist. Sokrates und
sein Partner Thrasymachos sind sich einig, welche Handlungen sie als gerecht und ungerecht bezeichnen sollen (344a–b). Nicht einig sind sie sich
hingegen, ob es auch gut ist, gerecht zu sein. Thrasymachos hält es nämlich
für unklug und deshalb für unzuträglich und ungut für den Handelnden, gerecht zu sein (344a). Denn unter Gerechtigkeit versteht er den Vorteil des jeweils anderen (343c), Sokrates hingegen den Vorteil dessen, der gerecht ist.
Man sieht: die anderswo fraglos akzeptierte 2. Prämisse ist hier umstritten.
Der ‚amoralische' Standpunkt des Thrasymachos zwingt dazu, explizit zu
diskutieren, was im *Charmides* als möglicher Dissenspunkt nur angedeutet
war: die Qualifikation der gesuchten Arete als ‚gut', ‚schön' oder ‚nützlich'.
Bezeichnend ist, daß der ‚Wertbegriff' im ersten Buch der *Politeia* zur Ungerechtigkeit tritt: Ungerechte sind intelligent und gut (347eff. 348c9–349a),
bezeichnend ist auch, daß Sokrates die Widerlegung eines ‚amoralischen'
Standpunktes auf der Grundlage konventioneller Prinzipien (348e8f. κατὰ

---

[23] Anders Stemmer 1992, 262ff.

τὰ νομιζόμενα λέγοντες) für unmöglich hält, da diese Prinzipien ja bestritten würden. Es kommt zur Aporie. Im weiteren Gesprächsverlauf der *Politeia* wird die Diskussion über Gerechtigkeit mit Adeimantos und Glaukon fortgesetzt. Entscheidend ist auch hier der erste Schritt über das Sinnfällige hinaus, bis man schließlich zu den Ideen gelangt (Resp. 531 e– 532 a), deren Bestimmung jedoch zunächst nur Skizze bleibt. Voraussetzung für eine Klärung ist der längere Weg über die dialektische Ideenbestimmung auf dem Umweg über die Idee des Guten, der die Idee der Gerechtigkeit oder der Besonnenheit in Vollendung (504 d) und höchster Genauigkeit (504 d) zu erfassen erlaubt. Freilich wird der Umweg nicht beschritten (435 d. 504 b). Deshalb nähert sich die Diskussion den keineswegs abschließenden Bemerkungen über das μέγιστον μάθημα, die Idee des Guten, die auch Schönheit umfaßt und allen Ideen ihre Nützlichkeit erst verleiht. Das Gute ist Prinzip der Ordnung (517 c ff.) und macht sowohl die Dinge selbst brauchbar zur Selbstvollendung als auch nützlich für andere.

Mit Blick hierauf wird deutlich: Wenn Sokrates im *Charmides* den Weg, der zur richtigen Verteidigung führte, zwar andeutet, seine Partner aber nicht darüber belehrt, dann ist Ursache für diese Zurückhaltung nicht nur die Regel des Elenchos, nicht belehren zu sollen, sondern auch der Inhalt dessen, was er zurückhält. Das notwendige, nicht am Sinnfälligen, sondern an den Ideen orientierte Argumentationsniveau würde Charmides überfordern. Mit anderen Partnern – mit einem Adeimantos, Glaukon oder einem Leser, der die πολυθρύλητα Platonischer Lehre schon mitbringt – wäre eine Auseinandersetzung auf höherem Niveau zu führen. Erkennen kann dies freilich nur, wer von der Möglichkeit einer Verteidigung auf höherem, Platonischem Niveau bereits weiß. Die *Politeia* illustriert also den Lösungsweg für Aporien ‚auf höherem Niveau‘. Dieser Leser allerdings wird nicht nur bemerken, daß von höherer Warte eine Überwindung der Aporie möglich scheint, sondern daß Sokrates' Hinweise auf Bedingtheit und Vorläufigkeit genau die Stellen markieren, an denen eine die Thesen verteidigende Interpretation einsetzen müßte. Die Hinweise dienen also nicht nur der Illustration richtigen Verhaltens, sondern appellieren auch an den kompetenten Leser, eine Verteidigung der zur Disposition stehenden Thesen vorzunehmen: ‚Platonische‘ Staatsutopie, Glücksrelevanz des Wissens, Fähigkeit, beim Lernen zu helfen, Sokratisches Pragma wirklich zu versuchen. Dieser Appellcharakter der Hinweise wird durch den Schluß des Dialoges noch gestützt, an dem das vom Beginn des Gespräches bekannte Motiv des Besingens wieder aufgegriffen wird. Betrachtet man nämlich Erwartung und Vorstellung, die mit diesem Besingen verbunden werden, so wird zweierlei deutlich: a) Offenbar handelt es sich bei diesem ‚Besingen‘ um eine Art von Wissensvermittlung, die sich von der bisher praktizierten, prüfenden und widerlegenden Gesprächsführung dahingehend unterscheidet, daß positive Ergebnisse erwartet werden; b) Die Beschreibung des ‚Besingens‘, das als nützlich, verbunden mit schönen Worten und lernbar bezeichnet wird, das im persönlichen Umgang über lange Zeit lernbar ist und Wissen vermittelt und das Heilblätter nur als Hilfsmittel verwendet (155e), deckt sich mit den Vorstellungen, die mit der Platonischen Dialektik verbunden sind: auch für diese ist persönlicher Umgang über langen Zeitraum Voraussetzung, auch ihr geht es um ernste Dinge, auch sie führt mit schönen Worten zu Wissen und verwendet Texte nur als Hilfsmittel[24]. Aus diesen Beobachtungen ergibt sich: Die im Dialog vorgeführte aporetisch-elenktische Dialektik, die zur Reinigung von falschen Vorstellungen geführt hat, verlangt nach der Ergänzung durch eine positiv-belehrende Dialektik, deren Argumentationsniveau ihr aber, will sie zu positiven Ergebnissen führen, überlegen sein muß. Genau dies legen die von Sokrates eingestreuten Appelle nahe, genau dies führt Platon in der *Politeia* vor, genau dies schließlich unterstreicht Platon im *Symposion*. Dort läßt er im Anschluß an Agathons Rede Sokrates mit diesem zunächst ein aporetisch-elenktisches Gespräch über das Wesen des Eros führen (199c–201c) und dann nach dessen negativem Ausgang eine Ergänzung in dem positiv-belehrenden Gespräch Diotimas mit Sokrates über dasselbe Thema, aber auf höherem Niveau folgen (201d–212c). Dabei wird der elenktische Teil im Gewande der Mysterienterminologie als Reinigung, der positiv belehrende Teil als Einweihung bezeichnet[25]. Man sieht: Wie die oben herangezogene *Politeia* bietet auch das *Symposion* eine Art ‚Eigenkommentar‘ Platons, der für Verständnis und Umgang mit aporetischen Dialogen hilfreich ist – auf negativ reinigende Prüfung im Elenchos folgt positive Belehrung auf höherem Niveau – und die durch Beobachtungen im *Charmides* nahegelegte Vermutung bestärkt. Denn mit dem *Charmides* und seiner reinigenden Aporetik haben wir gleichsam den ersten, negativen Teil der im *Symposion* vorgeführten, zweistufigen Initiation vor uns, wobei dem Leser – anders als im *Symposion* – der zweite, positiv belehrende Teil mit Hilfe der Dialektik vorenthalten wird. Doch wird er eingefordert. Die kommentierenden Hinweise des Sokrates sollen zudem andeuten, welchen Weg die Diskussion nehmen muß. Deutlich wird auch, daß dieser Weg zu positiven Ergebnissen führen kann.[26]

---

[24] Vgl. Bloch 1973, 147ff., danach Erler 1987a, 210ff. Szlezák 1985, 142ff. unter besonderer Betonung der Parallelen zum VII. Brief, 149, Anm. 39.

[25] Riedweg 12ff.; Szlezák 1985, 257ff.

[26] Anders Stemmer, der die Dialektik mit der Elenktik gleichsetzt (vgl. Stemmer 1992, 199), Wissen mit ihr nur annäherungsweise erreichen läßt (z.B. 257f.) und den ontologischen Aspekt der Dialektik unterbewertet; Trabattoni 192 denkt an einen „soccorso perpetuo“, doch ist Dialektik nicht formallogisch, sondern inhaltlich zu verstehen; sie soll Erkenntnis der Dinge bieten, wie sie sind (wird z.B. von Wächtern

4. Aporien, Rätsel und ihre Lösung

Ein Blick in den *Phaidon* oder die *Politeia*, also Schriften, die gemeinhin als chronologisch später angesetzt werden, zeigt denn auch, daß und wie eine Interpretation im Sinne des von Platon vorgeschlagenen Umgangs mit Hypothesen möglich und die Aporien des Dialogs überwindbar sind[27]. Einige Stichworte müssen genügen. Im *Phaidon* gilt Besonnenheit als καλόν, insofern zur inneren Verfaßtheit des philosophischen (Phd. 82 c ff.), wahrhaft lernbegierigen Menschen, dessen Interesse sich auf den Bereich der Ideen richtet, Ruhe und Geordnetheit (κόσμιος) gehören, eine Ruhe, die nur gewinnt, wer sich um das Seiende kümmert (Resp. 490 a). Besonnen soll man sein, um in der Philosophie zu leben (Phd. 68 c), und nicht aus Gründen, die sonst gewöhnlich benannt werden (Phd. 83 e). Auch hier also die Ablehnung konventioneller Vorstellungen. Vielmehr wird Besonnenheit zu einem ruhigen Zustand der Seele, aus der verschiedene Handlungen resultieren, die alle als schön anzusehen sind, gleich ob sie sich durch Schnelligkeit oder Langsamkeit auszeichnen, genau das also, was sich für eine Überwindung der Aporie im *Charmides* andeutungsweise als notwendig erwiesen hat. Erinnern wir uns weiterhin an die Diskussion über die Qualifikation gerechter Handlungen in der *Politeia*, die eine Blickrichtung vom Sinnfälligen weg hin zum noetischen Bereich verlangte, dann zeigt sich: Die Diskussion über die hypothetische Gleichsetzung des Definiendums mit gut, schön, nützlich, die im *Charmides* gefordert, in der *Politeia* vorgeführt wird, mündet mitten im Zentrum Platonischer Lehre, der Lehre von der Idee des Guten, die für die Genauigkeit bei der Definition einer Arete sorgt. In diese Richtung weisen auch die impliziten Aufforderungen, konventionelle Auffassungen zu verlassen. Dies erweist sich für alle Argumentationen im *Charmides* als hilfreich – auch z. B. für die als Rätsel bezeichnete Bestimmung der Besonnenheit als Tun des Seinen (161 c), für das ein Hermeneut gesucht wird und im platonischen Philosophen zu finden ist, wie die *Politeia* zeigt[28] – und insbesondere für die Diskussion über den Versuch des Kritias, Besonnenheit als ein reflexives Denken, das auch Inhalte des Denkens erkennen kann, zu verstehen.

Besonnenheit wird demnach als Wissen von Wissen und Nichtwissen und als ein Wissen von dem, was man weiß und was man nicht weiß, verstanden. Die weitere Argumentation des Sokrates läßt es als unwahrscheinlich erscheinen, daß ein solches Wissen existiert. Anhand von Beispielen aus dem

---

verlangt Resp. 479 e. 484 b); Dialektik führt dahin, wo Ruhe und Ziel der Reise ist (Resp. 534 e); vgl. Gaiser 1987.

[27] Erler 1987 a, 171 ff.

[28] Ein anderes ‚Platonisches Rätsel' Euthydem 291 b f., dazu Erler 1987 a, 236 ff.

Bereich der sinnlichen Wahrnehmung und des Begehrens zeigt Sokrates, daß dort an einen Selbstbezug schwerlich gedacht werden kann. Das gilt auch für Relationen wie größer und kleiner, für Stimme und Sehen (168 a ff.). Die Beispiele lassen daran zweifeln, daß es ein Wissen gibt, das sich selbst zum Gegenstand hat. Man wird dies eher für unmöglich halten, wie Sokrates anmerkt. Um so erstaunlicher ist, daß Sokrates die Sache dennoch nicht ganz verloren gibt. Allerdings, so betont er, müßte ein bedeutender Mann her, um die Frage zu lösen. Sokrates will später auf das Problem zurückkommen, ein Versprechen, das im Dialog nicht eingelöst wird (169 a).

Weiterhin erweist sich die Existenz eines Wissens des Wissens im Sinne eines Wissens von dem, was man weiß und was nicht, als problematisch. Denn es ergibt sich, daß der Prüfende nur Wissen auf einem Gebiet prüfen kann, in dem er selbst Experte ist (169 d–171 c). Es ist diese Partie, in welcher unter direkter Anspielung das Pragma des Sokrates in der *Apologie* (26 d) für unmöglich erklärt wird. Doch wird wenigstens die Möglichkeit der Existenz dann doch zugestanden, um den Nutzen dieser Art von Besonnenheit zu untersuchen (171 d). Sokrates entwirft ein utopisches Staatsmodell. Das Wissen des Wissens würde zur Grundlage einer glücklichen, weil arbeitsteiligen Polis, in der es jeder Art von kompetentem Wissen seinen Ort zuweist. Es würde für Fehlerlosigkeit sorgen und dafür, daß ein jeder das Seine tut, anderes aber an Kundigere weiterreicht. Auf diese Weise ist der Staat gut bestellt und sind seine Bürger glücklich (171 d). Aber leider kann dieses Modell nicht wirklich werden, denn das hierfür notwendige Wissen des Wissens existiert ja angeblich nicht. Das gilt auch, wenn man seine Ansprüche herabsetzt und im gesuchten Wissen nur eine Hilfe sehen will, die beim Lernen hinzugenommen werden kann (172 b). Doch nicht einmal dies ist wegen der Nicht-Existenz des gesuchten Wissens möglich. Schließlich ergeben sich für Sokrates generell Zweifel, ob sich aus dem angenommenen Wissen überhaupt Glück ergeben könne (172 e).

Kritias' These bereitet in zweifacher Hinsicht Schwierigkeiten. Zum einen wird – anders als in früheren Diskussionen – die Existenz des definiens ‚Wissen des Wissens' selbst schon zum Problem. Darüber hinaus wird der Nutzen dieses Wissens des Wissens in Frage gestellt. Jedoch wird mit Hinweis auf einen ‚bedeutenden Mann'[29], dessen Aufgabe es sei, bei allen Dingen zu untersuchen, ob es neben fremdbezüglichen auch selbstbezügliche Dinge gibt, und dann, ob Besonnenheit als selbstbezügliches Wissen zu letzteren gehört (168 e–169 a), ein möglicher Ausweg gewiesen. Im Dialog wird dieser freilich nicht eingeschlagen, obgleich mit seiner Hilfe nicht nur die Existenz reflexiven, inhaltsbezogenen Wissens gerechtfertigt, sondern

---

[29] Vgl. Parm. 135 a und Euthyd. 291 a (τις τῶν κρειττόνων παρών).

auch die von Sokrates geschilderte Utopie begründet werden könnte. Wieder ist der Ausweg ein Denken, das sich vom Werden löst und an den Ideen orientiert. Wenn zu den selbstbezüglichen Dingen die selbstbewegende Bewegung gehören soll (168e9), dann ist dies mit Platons Bestimmung der Seele zu vergleichen[30]. Die Annahme eines reflexiven, auch inhaltsbezogenen Wissens, das Grundlage auch der Selbsterkenntnis ist, kann unter Hinweis auf Platonische Psychologie und Ideendenken gerechtfertigt werden. Die Seele ist Ort der Wahrheit und kann in sich Wissensinhalte aufgreifen (Phd. 83a). Zu unterscheiden sind vom Bereich werdender und deshalb nicht rückbezüglicher Dinge die Ideen, bei denen Rückbezüglichkeit gegeben ist. Selbsterkenntnis ist dabei insofern Erkenntnis auch objektiver Strukturen, als sie die Rangordnung von Körper und Seele, von vernünftigen und unvernünftigen Teilen in der Seele erkennt, welche freilich bisweilen durch die Körperlichkeit verdeckt ist (Resp. 611e). Selbsterkenntnis als Erkennen des inneren Menschen (vgl. Resp. 589af.) oder der unsterblichen Seele, welche ihrerseits die Ideen erkennt, ist also insofern mit Ideenerkenntnis verbunden. Auf diese Weise ist reflexives Wissen zugleich ein Wissen von Inhalten. Wenn bei den von Sokrates im *Charmides* angeführten Beispielen die Bedingung, daß das Erkennende etwas vom Wesen des Objektes haben mußte, nicht erfüllt werden konnte, so ist diese bei dem von Platon geforderten Ideendenken erfüllt. In diesem Fall ist Objekt die Idee des Guten und wird das Denken selbst als gutgestaltig bezeichnet (Resp. 509a).

Vor diesem Hintergrund erweist sich Sokrates' Staatsutopie im *Charmides* als vertretbar und nicht als Wunschtraum. In der Tat ist Eudaimonie die Folge, wenn die dialektischen Philosophen herrschen (vgl. Phaidr. 276e–277a) und ein Staat arbeitsteilig organisiert wird (Resp. 420b), wird Fehlerfreiheit garantiert (Resp. 477e), tut jeder ‚das Seine' und wird auch Lernhilfe gewährt. Denn die Dialektik bedient sich beim Aufstieg zum Erkenntnisursprung der Fachwissenschaften als Dienerinnen (Resp. 533c), zieht das Seelenauge aus dem Schlamm des Werdens und läßt dabei alles klarer erscheinen, wie es in der *Politeia* heißt (484c. 511c). Auf der Grundlage eines an Ideen orientierten Wissens des Wissens ist schließlich auch das Pragma des Sokrates, das Prüfen von Wissen und Wissensinhalten, nach Platons Ansicht theoretisch begründbar, ja es wird zum Merkmal der Herrscher im Idealstaat und zur Grundlage der idealen Staatsorganisation. Denn erst die verstandene Selbsterkenntnis ermöglicht, sich selbst zu erkennen und auf

---

[30] Erler 1987a, 192ff.; vgl. zuletzt Szlezák 1994, bes. 264ff. Bedenken zum oft als problematisch angesehenen Übergang von ἑαυτοῦ über ἐπιστήμη ἑαυτῆς bis zur ἐπιστήμη ἐπιστήμης hat unter Hinweis auf Platons Wortgebrauch ausgeräumt Herter 1970.

Grundlage dieser Erkenntnis einen angemessenen Platz im Staatsgefüge einzunehmen. Gerade hierzu aber soll Sokrates' Prüfung verhelfen. Nicht Kritik an Sokrates' Pragma also ist im *Charmides* intendiert, sondern eine Klärung des theoretischen Hintergrundes auf der Grundlage Platonischer Philosophie wird angedeutet. Eine ausführliche Begründung wird aber der mündlichen Diskussion über den Text vorbehalten. Sie müßte von der Ideenhypothese Platons ausgehen und letzte Sicherheit im Denken des Einen und Guten – darauf weist die Wissenschaft vom Guten und Schlechten (Charm. 174b–c) – finden, das seinerseits in der *Politeia* nur angedeutet wird. Soviel jedenfalls sollte deutlich geworden sein: viele Aussagen des Dialogs nehmen Aussagen in späteren Dialogen gleichsam vorweg, wobei sie sich zu Platonischer Lehre wie das Negativ zum Positiv eines Photos verhalten: die Aussagen sind derartig kunstvoll gestaltet, daß sie sich spiegelverkehrt zum Richtigen verhalten. Was den mit auch nur einigen Grundkenntnissen Platonischer Lehre ausgestatteten Leser provozieren muß – das Scheitern richtiger Konzepte wegen mangelhafter Verteidigung im Elenchos –, verliert seinen negativen Charakter, wenn es entsprechend verteidigt wird[31]. Wie Kritias unwillig ist, weil Charmides eine von ihm übernommene Position gegen Sokrates nicht zu verteidigen vermag (162c), so soll der Leser für Kritias – und auch Charmides – einspringen. Methode, Andeutungen über Vorläufigkeit des Gesagten und die inhaltlichen Hinweise durch Sokrates sind so aufeinander abgestimmt, daß deutlich wird: Sokrates und auch der Autor wissen nicht nur, wo die Probleme liegen, sondern auch, daß es einen Ausweg gibt. Klar wird aber auch: ein nur ,intelligenter' Leser im Sinne Schleiermachers wird weder den illustrativen Charakter der Hinweise noch ihre inhaltliche Relevanz erkennen können und nicht in der Lage sein, die gewünschte Verteidigung der These ,auf höherem' Niveau durchzuführen. Er muß ein Vorwissen an den Text herantragen. So befremdend es den modernen, an die Autonomie von Texten gewöhnten Leser vielleicht anmuten mag: Soll man Sokrates' Verhalten als Illustration richtigen Verhaltens verstehen, soll der Text als Grundlage weiterer, ergebnisreicher Diskussion dienen können, dann muß der Leser über gewisse Vorkenntnisse verfügen, die aus dem Text selbst nicht zu gewinnen sind. Der Text erweist sich somit als bewußt unvollständig und ergänzungsbedürftig. Vor diesem Hintergrund gewinnen die Besonderheiten der Darstellung, Vorläufigkeit, Hinweise, Versprechen späterer Ausführung, deren Illustrations- und deren Appellcha-

---

[31] Provokationen für den Leser in den Dialogen konstatiert auch Heitsch 1992d, 9ff. Er versteht darunter offenbar vor allem bewußte oder unbewußte, vom intelligenten Leser zu analysierende, fehlerhafte Argumentation; Heitsch 1992e, 124ff. mit Anm. 22. Doch zeigen die Beobachtungen beim *Charmides*, daß es nicht nur um Argumente, sondern vor allem um Probleme der Metaphysik geht.

rakter wir hervorgehoben haben, an Profil nicht nur als Illustration einer
regelgerecht geführten Untersuchung, sondern als Aufforderung und Wegweiser für ein dialektisches Gespräch, das der Übung der Methode und der
Überwindung der Probleme dient, die im Text zur Sprache kommen.

5. Der *Charmides* als ‚peirastischer' Dialog

Bei Diogenes Laertios (III 63 ff.) wird der *Charmides* innerhalb der dihä-
retischen Dialogordnung zur Gruppe der gymnastischen und insbesondere
der peirastischen Dialoge gerechnet (πειραστικὸς χαρακτήρ)[32]. Dadurch
wird sowohl der Übungscharakter des vorgeführten Gespräches als auch die
Scheinwissen entlarvende, elenktische Methode des Dialogs angesprochen,
die beim Leser ein Bewußtsein des Nicht-Wissens wecken will. Ein Blick in
Aristoteles' *Sophistici Elenchi* (172 a 21 ff.) zeigt, daß die im *Charmides* angesprochene Frage nach der Existenz des reflexiven Wissens, das mit Sachwissen und damit mit der Möglichkeit, andere zu prüfen, verbunden sein
soll, zur Diskussion stand[33]. Es geht um die Grundlage der in der Akademie
praktizierten, von Aristoteles analysierten und in theoretische Form gebrachten ‚Testgespräche' (πειραστικὴ τέχνη). E. Kapp[34] hat gezeigt, daß
Aristoteles' Theorien philosophischer Diskursarten wie etwa seine Analyse
des Syllogismos in engem Zusammenhang mit der in der Akademie geübten
Praxis zu sehen sind. Das gilt auch für die elenktische oder peirastische Dialektik als propädeutische Übung, die nicht der Belehrung, sondern der Ent-
larvung angemaßten Wissens als Unwissen dient und bei der die Übung eine
wichtige Rolle spielt (Top. 159 a 25). Aristoteles bietet mit der Peirastik
Theorie und Methode einer Argumentationsweise, die mit der Elenktik eng
verbunden ist und sich als nützlich für Geistesgymnastik, nicht aber die Belehrung erweisen soll (161 a 25). Wie der Elenktik geht es der Peirastik nicht
darum, Wahrheit zu demonstrieren, sondern Scheinwissen zu demontieren
(Soph. El. 165 b 4 ff.). In diesem Zusammenhang untersucht Aristoteles, wie
ein derartiger Test möglich und was unter einer πειραστικὴ ἐπιστήμη zu verstehen ist. Gefragt wird, nach welcher Methode man anderer Leute Wissen
prüfen kann. Man erinnert sich an den *Charmides* und erkennt: Wie im *Charmides* steht auch bei Aristoteles indirekt Sokrates' Pragma und die in den
aporetischen Dialogen vorgeführte Methode auf dem Prüfstand. Aristoteles
weist darauf hin (172 a 21–b 1), daß das zur Prüfung hilfreiche Wissen nur die
allgemeinen Grundlagen der Technai (κοινά), nicht aber die einzelne

---

[32] Vgl. Nüsser 107 ff.
[33] McKim 1985, bes. 69 ff.
[34] Vgl. Kapp 1965, 23 und die wichtige Arbeit von Hambruch.

Techne prüfen kann. Er spricht der Peirastik die Fähigkeit ab, konkretes Wissen zu testen (172 a 28), eine Aussage, die man als Kritik an Sokrates verstehen kann. Die Frage nach dem Pragma des Sokrates wird also nicht nur aufgegriffen, sondern in einem Sinn beantwortet, wie sie das scheinbar negative Ergebnis im *Charmides* nahelegt. Die Platon für eine positive Begründung hilfreiche Ideenlehre stand Aristoteles ja nicht zur Verfügung. Der Aspekt der Übung spielt auch bei Platon eine wichtige Rolle[35]. Sokrates und seine Partner vertrauen darauf, daß wiederholtes Durchsprechen des Problems eine Lösung näherbringt, und verabreden weitere Gespräche. Zu Recht hat man dies als Aufforderung zu erneutem Durchdenken der Dialoge selbst verstanden. Bedenkt man nämlich den Übungscharakter, den auch Aristoteles der prüfenden Methode zuspricht, und berücksichtigt man den Appellcharakter der im Dialog verwendeten Motive, die Vorläufigkeit signalisieren und dazu einladen, die Elenchoi mit Hilfe der an den Ideen orientierten Dialektik zu bestehen, wird man dem *Charmides* eine Rolle im Rahmen der philosophischen Propädeutik zusprechen dürfen. Danach führen der *Charmides* und andere aporetische Dialoge Übungen im elenktischen Prüfen vorgefaßter Meinungen als Propädeutikum für das ‚Besingen‘ nicht nur vor, sondern sie fordern zu weiterer Übung auf. Dabei wird auch eine Besonderheit gegenüber Aristoteles deutlich: Beim *Charmides* kann es nicht um Übung im Sinne einer Aneinanderreihung immer wieder versuchter Widerlegungsversuche gehen. Erfolg verspricht nach Platons Ansicht allein eine Orientierung an ideengebundener Dialektik, ein Gesichtspunkt, der bei Aristoteles keine Rolle mehr spielt, der aber gut in den Rahmen paßt, den Platon in der Schriftkritik für den Umgang mit Texten vorgibt. Deshalb sei auf sie kurz hingewiesen.

6. Schriftliches Spiel, die Schwester mündlichen Ernstes

Platon hat den *Charmides* also als offenen Text gestaltet, der auf Ergänzungen durch den Leser angelegt ist und als Übungshilfe bei der dialektischen Wahrheitssuche fungieren kann. Diese untergeordnete Funktion fügt sich zur generellen Einschätzung geschriebener Texte, die sich im *Phaidros* im Rahmen der sogenannten Schriftkritik findet (274 b–278 e)[36]. Es geht

---

[35] Vgl. Resp. 503 e f. Parm. 135 d. Auch bei Aristoteles dient Peirastik der Übung (Top. 159 a 25. a 33. 161 a 25 γυμνασίας καὶ πείρας ἀλλ᾽ οὐ διδασκαλίας χάριν), dazu Moraux. Die Funktion des Dialogs als Übungsmodell wird betont auch von Hadot 26 ff. und Usener 221 ff. Eine pädagogische Intention für den potentiellen Leser erwägt auch Trabattoni, z. B. 111 ff.

[36] Zum historischen Hintergrund Erler 1987 a, 38 ff.; Kullmann 1990; Thomas.

Platon um einen gottgefälligen Gebrauch von Schrift (274 bc). Grund für Platons kritische Haltung ist ein zweifacher[37]. Zum einen betont Platon den absoluten Vorrang des mündlichen Gespräches bei der Vermittlung von Wissen. Ernsthaftigkeit (σπουδή) kommt nur dem mündlichen Bereich zu. Dialektisches Gespräch, die Fähigkeit, seine These zu verteidigen, und die Anwesenheit eines geeigneten Partners schaffen die kommunikative Situation, in der Erwerb wirklichen Wissens allein möglich ist. Diesen Ansprüchen wird ein geschriebener Text nicht gerecht, denn Bücher sind nicht in der Lage, Mißverständnisse abzuwehren. Will man in ein Gespräch mit ihnen eintreten, bleiben sie stumm, und bei Angriffen ist die Intervention des Autors notwendig (275 e). Ein weiterer Grund für Platons Zurückhaltung liegt darin, daß die Verbreitung von Texten nicht kontrollierbar ist, so daß Bücher in die Hände von Unbefugten geraten können. Texte können deshalb dazu verführen, sich Wissen nur einzubilden. Für einen gottgefälligen Gebrauch von Texten ergibt sich deshalb, daß der wahre Philosoph seinen Schriften nicht alles anvertrauen wird, womit es ihm ernst ist. Denn er weiß nicht nur als Redner, sondern auch als Philosoph zu reden und zu schweigen, je nach Notwendigkeit (276 a f.). Den Philosophen zeichnet aus, daß er über Wertvolleres (τιμιώτερα) verfügt als das in den Texten Dargelegte. Der Philosoph ist in der Lage, seinen Texten zu helfen, wobei er in eine mündliche Überprüfung ihres Inhaltes eintritt und ihn als minderrangig erweist (278 c). Ob es sich um Erinnerungshilfen für Wissende oder um formal mühevoll ausgefeilte Darstellungen handelt[38], Texte haben im Gegensatz zum Ernst der mündlichen Auseinandersetzung als Spiel zu gelten, das im besten Fall Freude bereiten kann (276 d). Umstritten ist bei diesen Angaben, was der philosophische Autor zurückhält und was der philosophische Leser bei der Diskussion über den Text mitbringen soll[39]. Man

---

[37] Vgl. die hilfreichen Ausführungen von Kullmann 1991; Kullmann 1996, 322 ff.

[38] Dieser Ausdruck meint nicht beliebiges Trennen und Zusammenfügen von Papyrusblättern (so oft nach Birt 269 f.), sondern ist eher Metapher (vgl. Plut. de gloria Athen. 350 d über Isokrates) für mühevolle, obgleich zur παιδιά gehörig nicht a priori abzulehnende und lächerliche Arbeitsweise bei literarischer Gestaltung (Dorandi 1991 a; Dorandi 1992 b, bes. 39 f.), die den Unterschied von Hypomnema und Literatur ausmacht und auf die man als παιδιά durchaus Mühe verwenden darf. Negativ wird sie durch ihre Überbewertung als potentielles Mittel, Defizite der Schrift ausgleichen zu wollen, wie es z. B. Isokrates versucht, vgl. Erler 1992 b.

[39] Ist die Bedeutung des Ausdrucks ‚wertvoller' im *Phaidros* umstritten (inhaltlich zuletzt Szlezák 1994; formal Heitsch 1992 a), zeigen die Beobachtungen beim *Charmides* (und anderer aporetischer Dialoge), daß es sich hier um Inhaltliches handelt, das ausgelassen wird (vgl. Postulat des Zurückhaltens) und mit dessen Hilfe die vorgestellten Probleme zu lösen sind. Homer wird aus inhaltlichen Gründen (z. B. keine Götter, die mit Blick auf Ideen ihre Göttlichkeit erhalten, vgl. Phaidr. 249 c) aus der

erinnert sich jedoch, daß Platon im *Charmides* den Text so gestaltet hat, daß Wesentliches ausgespart wird. Es hat sich gezeigt, daß eine Argumentation, die Hypothese und Vorläufigkeit beseitigen und erfolgreich Verteidigung der keineswegs falschen Thesen gewährleisten könnte, nicht zuletzt aus methodischen Gründen auf einem relativ höheren Begründungsniveau verlaufen muß: konventionelle Vorstellungen sind mit Hilfe dialektischen Ideendenkens zu überwinden. Die Thesen erweisen sich nicht als notwendig falsch, jedoch als minderrangig, weil sie nicht richtig verteidigt oder begründet werden. Dies erinnert an die These von der Frauengemeinschaft in der *Politeia*, die zwar als schlecht dargelegt (φαύλως), weil mangelhaft begründet (449c), aber deshalb noch nicht als falsch bezeichnet wird. Im *Menon* (98a) werden solche Thesen als ‚richtige Meinung‘ bezeichnet, die zwar dazu tendieren, sich davonzumachen, die aber durch richtige Begründung festgebunden und damit zu einem Wissen werden können, das etwas ‚Wertvolleres‘ (τιμιώτερον) als richtige Meinung ist[40]. Dies paßt gut zu den Beobachtungen im *Charmides*. Der Leser des *Charmides* ist also auf den Ernst mündlicher Diskussion verwiesen, und man versteht, was die Belehrung durch die am Schluß geforderte dialektische ‚Besingung‘ zu leisten hat: Sie muß die Mittel bieten, mit deren Hilfe die Begründung richtiger Meinungen erfolgen kann. Diese Mittel aber stehen an Wert relativ über dem, was im Dialog ausgeführt ist.

Für den *Charmides* ergibt sich eine Mehrstufigkeit des Inhaltes und eine Mehrfachfunktion des Textes, je nach Publikum: Orientiert man sich an einem beiläufigen, kontingenten Publikum, so führt der Dialog *Charmides* vor, wie Partner des Sokrates mit Hilfe des elenktischen Verfahrens zur Erkenntnis ihres Unwissens und damit zur Bereitschaft für weitere Belehrung geführt werden, die der Dialog selbst jedoch nicht mehr bietet. Da die Gespräche negativ enden, die Möglichkeit eines Auswegs aber offenbleibt, wird man auf eine werbend protreptische Funktion schließen[41]. Orientiert man sich an einem Publikum, das die Relevanz der durch Sokrates gegebenen Hinweise inhaltlich richtig einzuschätzen und für die Lektüre

Polis verbannt (Resp. 606b. 607a). Natürlich ist auch das Bewußtsein von der prinzipiellen Überlegenheit mündlicher Wissensvermittlung vor der Schrift etwas ‚Wertvolleres‘; doch ist das offenbar nicht hinreichend, wie der *Charmides*, aber auch andere aporetische Dialoge zeigen; vgl. auch das Versagen der Dichter in der *Apologie* (vgl. Apol. 22af. πεπραγματεῦσθαι).

[40] Auch hier meint inhaltlich ‚Wertvolleres‘ Inhalte, vgl. Erler 1987a, 291 mit Anm. 52.

[41] Vgl. Gaiser 1969. Dikaiarch in Philodems ›Academicorum index‹ (col. I Dorandi) weist auf den protreptischen Charakter, allerdings auch auf die Gefahren oberflächlicher Lektüre hin, Plat. Phaidr. 275e somit bestätigend.

fruchtbar zu machen versteht, dann ist der *Charmides* mehr als bloße Werbung. Trotz seines ,Spielcharakters' kann er eine Rolle beim Ernst dialektischer Wahrheitssuche spielen, insofern er Aufgaben stellt und eine – dem mündlichen Bereich vorbehaltene – Lösung zwar nicht bietet, eine solche aber fordert. Indem er Probleme formulieren hilft und an eine besondere Lösungskompetenz appelliert, gibt der Dialog Anregung für die mündliche Überprüfung in Frage und Antwort und dient als Wegweiser. Er fördert ein philosophisches Exercitium, das nicht nur formaler Übung dient, sondern Einsatz, Überprüfung und Festigung solcher Inhalte verlangt, welche dialektische ,Besinnung' vermittelt. Der *Parmenides* kann das illustrieren. In ihm wird paradigmatisch eine mündliche Diskussion über einen schriftlichen Text Zenons vorgeführt, in dem der Autor seine These gegen alle Einwände durchkämpfen will (127c–e)[42]. In der Forschung wird deshalb besonders den späten Dialogen Übungscharakter zugesprochen[43]. Jedoch darf an das Proömium des *Theaitetos* erinnert werden. Hier hören wir zu Beginn, daß Eukleides ein Gespräch des Sokrates mit Theaitetos zunächst in Rohform – als Hypomnema – aufnotiert habe (143a). Dann habe er es in Ruhe ergänzt. Dieser in dramatischer Form gestaltete Logos wird dann vorgelesen: Aus dem Hypomnema ist ein aporetischer Dialog entstanden, der in vielem an die früheren Dialoge erinnert, nicht zuletzt dadurch, daß er über sich hinausweist und zur Diskussion auffordert[44]. Ohne eine werbende Aufgabenstellung für die frühen Dialoge in Abrede stellen zu wollen, legen doch die oben gemachten Beobachtungen nahe, bei den aporetischen Dialogen von einer Mehrfachfunktion auszugehen und in ihnen auch Übungshilfen zu sehen für einen jeden, der weiterzudenken bereit ist. Die Lektüre kann je nach Fähigkeit, das vorgegebene Argumentationsniveau zu überschreiten, zur reinigenden Befreiung von falschen Vorstellungen oder zur Überprüfung und Festigung richtiger Meinungen führen. Für letzteres mag man als Rahmen an die Akademie oder generell an den weiteren Kreis von solchen denken, die dazu dank Vorinformationen in der Lage sind[45].

[42] Vgl. Resp. 534c2; vgl. Erler 1987a, 36; Usener 212ff. Die folgende, sich verselbständigende Diskussion über das Buch im ersten Teil des *Parmenides* mit ihrer ,Ideenkritik' wird zu einem ,aporetischen Dialog' mit allen Merkmalen der frühen Schriften, vgl. Erler 1987b. Zum Aspekt der παιδιά vgl. Gaiser 1984, 89f.

[43] Vgl. Gundert 92ff.

[44] Das heißt nicht, daß die Dialoge Hypomnemata sind. Dagegen spricht schon ihre literarische Gestaltung. Dennoch können sie als φάρμακα ὑπομνήσεως zur Anregung für Diskussionen und Lösungsversuche der in ihnen angesprochenen Probleme dienen, gleichsam als Aufgabe; vgl. zum *Timaios* Baltes, bes. 17f.

[45] "The Theory of Forms (is) acceptable to Socrates and his associates but not, of course, to the man on the street", Ackrill 191. In diesen Kontext paßt der *Charmides* auch aus chronologischen Gründen.

Theo Kobusch

WIE MAN LEBEN SOLL: GORGIAS*

1. Die Redeweise als Lebensweise

Die Einheit des Dialogs *Gorgias*, der von den Interpreten als der „modernste" (Dodds) oder der „dramatischste" (Gundert), aber auch als „verwirrender und unbefriedigender Dialog" (Irwin) bezeichnet worden ist, war schon immer umstritten. Das geht z. B. auch daraus hervor, daß er in der Spätantike einerseits den Titel trug „Gorgias oder über die Rhetorik", andererseits aber – in Alexandrien und in Athen – offenkundig als die platonische „Ethik" angesehen wurde, deren Lektüre nach der Einführung in das Thema der Selbsterkenntnis anhand des „Alkibiades" anstand und zur Ausbildung der sog. „politischen Tugenden" diente. Ein moderner Interpret hat aus dieser scheinbaren Disparatheit der beiden Themen (Was ist Rhetorik? – Wie soll man leben?) sogar geschlossen, daß der *Gorgias* aus zwei Teilen bestehe, die zu verschiedener Zeit, der eine vor, der andere nach der sizilischen Reise abgefaßt worden seien.[1] Eine solche Trennung der beiden Elemente würde jedoch die Grundintention des Dialogs verfehlen, daß die Weise des Miteinanderredens schon offenbar macht, was man für ein Leben führt, oder schlicht: daß die Redeweise selbst schon eine Lebensweise verrät und damit eine Form des sittlichen Lebens darstellt. Indem der *Gorgias* mit der Erörterung über die falsche und richtige Rhetorik beginnt und mit einer Gegenüberstellung der durch den Logos erwiesenen „besten Lebensweise" und der von Kallikles empfohlenen – die „nichts wert" ist – endet, will Platon gerade darauf aufmerksam machen, daß die Frage nach der Rhetorik nicht abstrakt, sondern nur im Zusammenhang mit der Frage nach dem rechten Leben abgehandelt werden kann. In diesem Sinne werden im Verlauf des Dialogs die verschiedenen thematisierten Weisen der Rede als Teile einer entsprechenden Lebensweise aufgedeckt. Auch der Gegensatz von sophistischer Epideixis (Prunkrede) und platonischer Dialektik, der den Verlauf des Dialogs von Anfang an mitbestimmt (vgl. 447 b–c; 448 d; 458 b; 471 d), offenbart so eine im Hintergrund stehende Differenz bezüglich der Frage, wie man leben soll. Die Epideixis ist die, so scheint es, von den Sophisten erfundene und gepflegte öffentliche Prunkrede („conférence publique",

---

* Eine ausführliche Hinführung zum Text des *Gorgias* mit einem Überblick über die Wirkungsgeschichte und einer Bibliographie erscheint demnächst.
[1] Vgl. Tarrant.

M. Canto), die Dialektik dagegen das eigentlich philosophische Gespräch im Sinne Platons, das Ähnlichkeiten hat mit einem vor dem Forum der Vernunft geführten „Kreuzverhör" (Irwin). Was die Epideixis aber am meisten von der philosophischen Dialektik unterscheidet, ist die Tatsache, daß es in ihr überhaupt nicht auf den Inhalt ankommt. Das drückt Platon durch den dem Gorgias in den Mund gelegten Anspruch aus, jede anfallende Frage beantworten zu können. Die Epideixis ist somit die an keinen bestimmten Inhalt gebundene Rede, die Rede ohne Wahrheit. Die Dialektik dagegen ist gerade die Rede mit Wahrheitsanspruch und daher auch die die Gegenrede fordernde Rede.[2] Diese Gegenüberstellung der beiden Redeweisen hat ihr Analogon im Gespräch mit Polos, wo die Macht der Politiker als ein für jeglichen Inhalt offenes und daher an keinen bestimmten Inhalt gebundenes Wollen des Beliebigen bestimmt wird. Platon stellt dem so verstandenen „Glück" seine Auffassung vom Tun dessen gegenüber, was wirklich gewollt wird. Auf diese Weise aber wird deutlich, daß die verschiedene Redeweise in einer je verschiedenen Auffassung von dem, wie man leben soll, gründet, ja selbst eine solche schon offenbart und darstellt. Rhetorik und Dialektik sind dann aber nicht einfach nur verschiedene Methoden, über einen Gegenstand wie das sittliche Leben zu diskutieren, sondern figurieren selbst als verschiedene „Lebensformen".[3] Platon hat den sittlichen Charakter des Miteinandersprechens dadurch deutlich gemacht, daß er in jedem Gesprächsteil eigens den „Elenchos" als eigentlich sittliches Zentrum der Dialektik aufdeckt. Im Gespräch mit Gorgias wird so klargemacht, daß der Elenchos als die Bereitschaft, sich widerlegen zu lassen, jene sittliche Haltung ist, die als notwendige Voraussetzung eines Dialogs im Sinne platonischer Dialektik anzusehen ist. Sie entspricht der Bereitschaft, sich einer Bestrafung zu unterziehen, wenn eine reale unsittliche Handlung vorliegt. Daher bezeichnet Platon beide, den Elenchos wie die Strafe, als die „Befreiung" vom größten Übel (458a; 477a). Auch die im Gespräch mit Polos gemachte Unterscheidung zwischen dem sophistischen und dialektischen Elenchos unterstreicht das noch einmal. Schließlich wird auch im Gespräch mit Kallikles deutlich gemacht, daß das dialektische Gespräch selbst schon den Charakter des sittlichen Seins hat: Zu Kallikles, der das Ergebnis der zwingenden Argumentation des Sokrates nicht akzeptieren will – daß die Zügelung für die Seele besser sei als die Ungezügeltheit –, sagt Sokrates, er sträube sich dagegen, durch das dialektische Gespräch des „Nutzens und der Zügelung" teilhaftig zu werden, die ge-

---

[2] Zur Epideixis als für jede Frage kompetente Instanz vgl. *Hippias minor* 286a; dazu Gomperz 69. Zum Genus der epideiktischen Rede vgl. bes. Kennedy 152–203 und Kerferd 28f.

[3] Vgl. dazu Mittelstraß 145; ferner auch Coventry 179; ähnlich auch Rendall 167: „Dialogue and dialectic are for Socrates ethical as well as cognitive enterprises."

rade auch Gegenstand der moralphilosophischen Erörterung ist (505 c). Das aber bedeutet, daß die Seele den Nutzen und die Zügelung nicht erst durch die Eindämmung bestimmter Begierden, sondern schon durch das philosophische Gespräch erfahren kann. Dieser Gesprächsverweigerung des Kallikles hält Sokrates seine Bereitschaft entgegen, sich dem Elenchos zu stellen, um so die Wahrheit der Sache als bonum commune (505 e) erscheinen zu lassen.

2. Dramaturgie und Philosophie

Die innere Einheit des Dialogs wird über das Dargelegte hinaus dadurch unterstrichen, daß seine philosophische Aussage auch durch das Verhalten der am Dialog beteiligten Personen ausgedrückt wird. Der *Gorgias* hat deswegen vielleicht wie kein Dialog sonst zugleich auch einen dramaturgischen Charakter. Er ist nicht nur ein philosophischer Dialog über das Thema, wie man leben, d. h. handeln soll, sondern ist selbst auch ein Drama in Prosa, das in den personis dramatis darstellt, was ausgesagt wird. Dieser dramaturgische Charakter des Dialogs war zwar schon im letzten Jahrhundert in einem größeren Rahmen von Thiersch andiskutiert und von G. Rudberg in den dreißiger Jahren unseres Jahrhunderts fortgeführt worden, aber das dem Dialog eigentümliche „selbstreferentielle" Element – um einen Ausdruck von A. Spitzer aufzunehmen – ist doch erst in der zweiten Hälfte des Jahrhunderts zur Geltung gebracht worden,[4] allerdings in ganz verschiedener Weise. Adele Spitzer betrachtet den *Gorgias* als einen Dialog, der „in erga zeige", was im theoretischen Diskurs bewiesen wird, indem nämlich die einzelnen Gesprächspartner durch ihr Verhalten die Natur und die Defekte der Rhetorik aufzeigen, während Sokrates dagegen als der wahre Rhetor und Politiker erscheine. Demgegenüber ist Ch. Kauffman, von derselben Prämisse ausgehend – daß Platon im *Gorgias* auch mit Hilfe der Dramaturgie argumentiere –, zu ganz anderen Ergebnissen gekommen: Nach Kauffman verletzt Sokrates selbst die Regeln der Dialektik in verschiedener Weise.[5] Es kann jedoch gar nicht zweifelhaft sein, daß Sokrates die Zustimmung zu seinen jeweiligen Thesen von Gorgias und Polos bekommt. Wenn Polos (480 e) sagt: „Es scheint mir zwar, Sokrates, absurd zu sein (was du sagst), aber es stimmt mit dem überein, was du zuvor gesagt hast", ist das

---

[4] Vgl. Spitzer, Rendall, Algozin, Kauffman und Kahn 1983.

[5] Einen ähnlichen Standpunkt vertritt J. A. Arieti, nach dem Sokrates als Politiker nicht mehr Erfolg hat als Perikles oder Themistokles und auch Kallikles im Gespräch nicht zu überzeugen vermag. Deswegen „Plato wants us to reject both ways – the way of Callicles and the way of Socrates" (214). Aber man wird fragen dürfen, ob nicht doch eher der Wunsch des Interpreten der Vater des Gedankens ist.

nicht eine Verweigerung der Zustimmung, sondern entspricht der platonischen Ansicht vom Logos, der den Mitunterredner zwingt zuzustimmen, obwohl er, in seinen Vorurteilen gefangen, sich noch sträubt. Auch die Tatsache, daß Sokrates zweimal in die „Langrednerei" verfällt, kann nicht als Versagen des Dialektikers angesehen werden. Denn in beiden Fällen sind die langen Reden bedingt durch den Gesprächspartner, der, wie Sokrates 465e seine Entschuldigung begründet, mit seinen Antworten nichts anzufangen weiß und deswegen einer längeren Erläuterung bedurfte oder der, wie es 519e heißt, überhaupt nichts mehr antworten will. Die Verurteilung der langen Reden (449b; 461d) zielt zudem auch nur auf jene sophistische Praxis, durch die ein Gespräch mit Fragen und Antworten ausgeschlossen ist. Die beiden langen Reden des Sokrates aber werden gerade im Rahmen der platonischen Dialektik, also innerhalb der Wechselrede, gehalten, um eine Antwort zu erläutern bzw. um eine fehlende Antwort des Gesprächspartners zu ersetzen. Deswegen kann nicht vom Versagen des Dialektikers Sokrates gesprochen werden. Da aber auch die anderen von Kauffman konstatierten Fälle des sokratischen Versagens als Politiker und Redner mit der Dialektik-Problematik innerlich zusammenhängen, sind diese Vorwürfe hinfällig. Deswegen ist auch die von Kauffman aus dieser Analyse des Dramaturgischen gezogene Schlußfolgerung – Platon proklamiere im Dialog *Gorgias* eine Rhetorik, die als Komplement zur defizienten Dialektik aufzufassen sei – „nichts wert". Vielmehr erhebt die Platonische Philosophie selbst den Anspruch (521d), die wahre Politik und Rhetorik zu sein, die freilich dann, wenn ihr auch die politische Macht zukäme – wenn also die Philosophen Könige oder die Könige Philosophen geworden wären –, mit dem von ihr erhobenen Maßstab, ob sie denn die Bürger besser mache, gemessen werden müßte. Aus diesen Gründen gibt es kein Element in der Dramaturgie des Dialogs, welches zur Argumentation oder zur Aussage desselben gegenläufig wäre. Vielmehr scheint mir die philosophische Aussage in allen Punkten durch das dramaturgische Geschehen unterstrichen zu werden. Das gilt auch für einen zentralen Begriff des Dialogs, der beides, die Dramaturgie und die Philosophie, miteinander verbindet.

3. Der Begriff der Scham

Dieser zentrale Begriff ist der Begriff der Scham. Er spielt, nachdem er 1978 gleichzeitig von Race und vom Verf. als ein „Leitmotiv" des Dialogs entdeckt worden war, besonders in den philosophischen Analysen eine wichtige Rolle.[6]

[6] Vgl. Race und Kobusch 1978; ferner McKim 1988, Niehues-Pröbsting, Johnson, Gigon 1983, Figal 1991.

Das Ende der drei Gespräche des Sokrates mit Gorgias, Polos und Kallikles ist jeweils durch das Schamgefühl bedingt, wenngleich in verschiedener Weise. Die beiden ersten Diskussionen finden ihr Ende, indem ein neuer Gesprächspartner in den Dialog eingreift und dem Vorredner den Vorwurf macht, er habe dem Sokrates zu große Zugeständnisse gemacht, und zwar aus Scham, d. h., weil er an einer bestimmten Stelle des Gesprächs davor zurückgeschreckt sei, die eigene Ansicht gegen die Grundsätze konventioneller Moral zu vertreten. Die Scham ist ja, allgemein betrachtet, das Bewußtsein von einer Abweichung vom Allgemeinen, moralisch gesehen: das Bewußtsein einer Fehlleistung, gemessen an einer vorgegebenen allgemeinen Norm. Auch das Gespräch mit Kallikles, das im eigentlichen Sinne nach C. H. Kahn schon 499b zu Ende ist – danach im Schlußteil des Dialogs ist Kallikles „no longer a real adversary but a passive, often silent interlocutor" (98) –, steht sowohl inhaltlich wie dramaturgisch in Beziehung zum Begriff der Scham. Nur will Platon durch diese Figur gerade zeigen, daß die Position der absoluten Schamlosigkeit, die keinen Respekt vor irgendwelchen Gesetzen der Moral oder des Rechtes zeigt, zum Gespräch im Sinne philosophischer Dialektik unfähig macht.

Der Wechsel der Gesprächspartner Gorgias und Polos vollzieht sich in dem Augenblick, als Sokrates auf eine innere Widersprüchlichkeit der Anfangsthesen des Gorgias mit dem gerade Zugestandenen hinweist. Polos greift ins Gespräch ein, um darauf hinzuweisen, daß Gorgias nur aus Scham zugestanden habe, dem Redner genüge kein bloß formales Wissen. Für Polos ist dieses falsche Schamgefühl noch der Rest einer im Bewußtsein des Gorgias beheimateten konventionellen Moral, die nicht als Begründung des Sittlichen anerkannt werden kann. Für Platon freilich wird durch das Schamgefühl des Gorgias die implizite Anerkennung einer allgemeinen Norm offenbar. Diese Norm besagt, daß die Redekunst, die Gorgias ja von sich aus schon in Verbindung mit den Begriffen des Gerechten und Ungerechten gebracht hatte, notwendig ein inhaltlich gebundenes, ein sittliches Wissen, also Wissen von Gut und Böse sein muß. Daher ergibt sich ein Widerspruch zu der von Gorgias zunächst vertretenen These von der universalen Instrumentalisierbarkeit dieser Kunst. Polos versucht daraufhin, das von Gorgias aus falscher Scham Zugegebene zu revidieren: Die These von der unumschränkten Willkürmacht der Politiker, die sich an keine bestimmten moralischen Inhalte gebunden weiß, ist die Wiederaufnahme der Lehre des Gorgias von der an keine Inhalte gebundenen Redekunst auf einer anderen Ebene. Doch Polos, der Gorgias gegenüber den Vorwurf falscher Scham erhebt, erfährt selbst das Gleiche: Auch Kallikles wirft ihm vor, er habe aus Scham, d. h. aus moralischen Skrupeln dem Sokrates zugegeben, daß ungestraftes Unrechttun schändlicher (αἴσχιον) ist als Unrechtleiden. Offenkundig geht Polos von der Ursprungsbedeutung des Wortes aus. Schändlich ist das, was Schamgefühle verursacht. Da aber Kallikles durchschaut hat, daß der für Polos so wichtige und vom Schlechten unterschiedene Begriff des Schändlichen auf dem der Scham beruht, sucht er durch die Analyse des Schambegriffs das Bedingte und Vorläufige des für „schändlich" Gehaltenen aufzuzeigen. Das Schändliche als das, was Schamgefühle verursacht, ist nämlich immer – nach Kallikles – durch den Nomos, also durch die Satzungen der Menschen bedingt. Kallikles' Unterscheidung zwischen dem „von Natur" aus Bestehenden und dem durch Menschen Gesetzten ist so eine kritische Antwort auf die These des Polos von der unbedingten Schändlichkeit, d. h. von der schamerzeugenden Qualität des Unrechttuns. Was Polos für unhinterfragbar wahr hielt – wegen des Unrechttuns schämt man sich eher als wegen des Unrechtleidens –, wird nun in der Sicht des Kallikles in seiner Bedingtheit durch das menschliche Gesetz bzw. – wie er im Hinblick auf Gorgias sagt – durch das „Ethos der Menschen" (482 d 2) sichtbar. Die Scham ist für Kallikles nichts anderes als die Rücksicht auf die Normen der konventionellen Moral, die eine schwache Majorität aus Ressentiment gegenüber der naturhaften Herrenklasse konstituiert hat (482 e–483 c). Mit Recht ist gesagt worden (vgl. Dodds 11 u. 227 und Canto 38), daß Platon dadurch die Verlogenheit der athenischen „Scham-Kultur" aufzeigen und ihre soziale Hypokrisie und falsche Moral bloßstellen wolle. Allerdings gilt dies nicht nur im Hinblick auf Polos, sondern muß auf alle drei Gesprächspartner bezogen werden. Sie stellen sich alle selbst als von der geltenden Ordnung unabhängige Positionen dar, haben aber in Wahrheit die Werte der „Scham-Kultur" schon längst anerkannt. Im Falle des Kallikles ist das aus jener Szene zu entnehmen, in der Sokrates die kallikleische These von der Identität von Glück und ungebundener Lust aufnimmt und mutmaßt, daß dann das Leben des Knabenschänders glücklich genannt werden müsse. Bezeichnenderweise appelliert Kallikles, entrüstet über so viel Geschmacklosigkeit, ausgerechnet an das Schamgefühl des Sokrates (494 e). Damit will Platon dem Leser deutlich machen, daß auch Kallikles, der Schamlose, ein Schamgefühl besitzt und somit schon bestimmte historisch gewordene Normen anerkannt hat (vgl. Figal 62 f.). Die Scham ist selbst etwas Natürliches. Indem Sokrates zeigt, daß Unrechttun nicht nur der Konvention, sondern auch der Natur nach schändlicher ist als Unrechtleiden, macht er zugleich auch den natürlichen Charakter der Scham offenbar.[7] Deswegen wird auch durch Sokrates im Gespräch mit Kallikles die Scham der beiden vorhergehenden Gesprächspartner ausdrücklich rehabilitiert: „Und was Polos dir schien aus Scham zugegeben zu haben, das war also wahr, daß

---

[7] In dem dem *Gorgias* thematisch engverbundenen 9. Buch der *Politeia* (571 c) wird der wilde begehrliche Seelenteil geschildert als ein von jeder Scham und Vernunft Losgelöstes.

nämlich das Unrechttun um wieviel schändlicher, um so viel auch übler wäre als das Unrechtleiden – und daß, wer ein rechter Redner werden soll, notwendig gerecht und des Rechts kundig sein müsse, was wiederum Gorgias nach Polos' Rede aus Scham soll eingeräumt haben" (508 b–c). Die Rehabilitierung der Scham, d. h. der Aufweis ihrer inneren Vernünftigkeit, beruht auf der platonischen Dialektik. An entscheidender Stelle heißt es, daß die Wahrheit des Satzes, um den sich der Dialog dreht – Unrechttun ist schändlicher und schlimmer als Unrechtleiden – mit „eisernen und stählernen Gründen" (509 a) dargelegt worden ist. Daher ist die Scham auch nicht als Alternative oder Konkurrenz zur platonischen Logik anzusehen (gegen McKim 1988, 37). Vielmehr ergänzen beide einander. In 522 d gesteht Sokrates, er würde sich schämen, wenn jemand ihm in einem Elenchos zeigen könnte, daß er unfähig sei, sich die entscheidende Selbsthilfe durch das Vermeiden des Unrechttuns zukommen zu lassen. Da 461 a aber schon das ἐλέγχεσθαι als ein „Vorteil" für den Betroffenen bezeichnet worden war, zeigt sich auch hier implizit die platonische Rehabilitierung der Scham. Nur ist an dieser Stelle kurz vor Beginn des Mythos klar geworden, daß man sich eigentlich vor dem im Elenchos erscheinenden Logos schämt. Damit aber ist die innere Vernünftigkeit der Scham aufgezeigt.

4. Das Gespräch mit Gorgias (448 b–461 b): Charakter und Gegenstand des rhetorischen Wissens

Was es mit der Rhetorik des näheren auf sich habe, was für eine Art von Kunst sie sei und was der ihr eigentümliche Gegenstand sei, das sind die Fragen, von denen das Gespräch mit Gorgias bestimmt ist. Bemerkenswert ist, daß alle drei anderen Gesprächsteilnehmer im nachhinein einen identischen Satz als das Charakteristische der Position des Gorgias verurteilend oder billigend ausmachen: So unterbricht ja Polos das Gespräch des Sokrates mit Gorgias durch den Hinweis, dieser habe aus Scham der These des Sokrates, der Redner müsse das Gerechte, Gute und Schöne wissen, wenn er es lehrt, nicht widersprochen (461 b). Kallikles bestätigt das: Gorgias habe mit Rücksicht auf das allgemeine Ethos gesagt, daß zum Gegenstandsfeld seiner rhetorischen Lehre auch das Sittliche gehöre (482 c–d). Schließlich stellt auch Sokrates heraus, daß sich das Zugeständnis des Gorgias, die wahre Rhetorik müsse ein sittliches Wissen sein, als wahr erwiesen habe (508 c). Was der Grund für das Zugeständnis sei, ist bei den Interpreten sehr umstritten. Manche Autoren meinen, für Gorgias wäre es eigentlich ein Leichtes gewesen – zumindest wenn er über ihre Logik schon verfügt hätte –, der zwingenden Argumentation Platons zu entgehen.[8] Andere sehen den

---

[8] Vgl. Irwin (Textausgaben) 126–129.

Grund für die Widerlegung des Gorgias in seinen leichtfertigen Antworten, die wenig durchdacht seien.[9] Schließlich wurde behauptet, daß hinter der Widerlegung des Gorgias dessen persönliche Situation stecke: Seine soziale Rolle als Redelehrer habe sich schlechterdings nicht mit seiner These von der Rhetorik als rein instrumenteller Technik vertragen. Was sich hinter der „Scham" verbirgt, ist nach dieser Interpretation lediglich das persönliche Risiko, mit einer amoralischen Konzeption der Rhetorik als Redelehrer nicht mehr anerkannt zu werden, also ein partikuläres Interesse.[10] Doch verträgt sich diese Unterstellung schlecht mit der Aussage des Sokrates über Gorgias und Polos (487 b), sie hätten es aus Scham auf sich genommen, bezüglich der wichtigsten Gegenstände vor vielen Zeugen sich selbst zu widersprechen. Wenn es somit Gorgias' Hauptinteresse wäre, die „öffentliche Feindschaft" und jedes persönliche Risiko zu vermeiden, dann hätte er als Redelehrer sich vor allem nicht vor allen Leuten die Blöße gegeben, sich in Widersprüche zu verwickeln. So wird man wohl in Gorgias' Zugeständnis aus Scham eher eine dramaturgische Bestätigung des im Dialog theoretisch Abgehandelten sehen müssen: Gorgias zeigt gerade durch seinen Respekt vor dem Ethos der Menschen, daß die recht verstandene Kunst der Rede ein sittliches Wissen ist.

Die Unterredung selbst mit Gorgias erinnert in vielem an die aporetischen Frühdialoge. Vor allem auch die Hauptthematik des Gesprächs weist in diese Richtung: die Analogie des technischen und sittlichen Wissens. Man verfehlt jedoch den Sinn dieses ersten Gespräches, wenn ihm eine Theorie der Eigentümlichkeit des Kunstwissens untergeschoben wird (vgl. Moravcsik 1992). Was Platon vielmehr in diesem Teil aufzeigen will, ist die innere Widersprüchlichkeit der von Gorgias zunächst vertretenen These von der universalen Instrumentalisierbarkeit des rhetorischen Wissens. Gorgias bestimmt nach drei Anläufen die Rhetorik als jene Kunst, die in bezug auf Gerechtes und Ungerechtes Glauben zu erzeugen vermag. Die Rhetorik will also nicht das Wissen der Wahrheit vermitteln, sondern sucht nur öffentlich Gefallen zu erregen (vgl. Canto 33). Gorgias erkennt die Überlegenheit des rhetorischen Wissens gerade darin, daß es bei jeder Gelegenheit, zu jedem Zweck und für jeden Inhalt einsetzbar und verwendbar ist. Die platonische Kritik im Munde des Sokrates richtet sich gegen eben diese Vorstellung von der universalen Verwendbarkeit des rhetorischen Wissens, wenn dieses als das Wissen von Gerechtigkeit und Ungerechtigkeit verstanden wird. Sittliches Wissen, also das Wissen von Gut und Böse, ist nach der platonischen Kritik nicht von der Art des Kunstwissens sonst – so viele Parallelen es auch geben mag. Während bei dem „Gesunden und den anderen Gegen-

[9] Grube 52; Guthrie 1975, 287.
[10] Kahn 1983, 83–84.

ständen der anderen Künste" ein allein auf Überredung zielendes Scheinwissen und somit ein formalisiertes Kunstwissen ohne inneren Widerspruch
denkbar erscheint, kann die Handhabung des sittlichen Wissens nicht in gleicher Weise gedacht werden. Sittliches Wissen kann nicht instrumentalisiert
werden. Platon hat darüber hinaus auch angedeutet, daß die wahre Rhetorik, wenn sie denn nicht nur den Schein des Wissens um Gut und Böse, sondern wirkliches Wissen vermitteln will, selbst auch schon wissen muß, wie es
um diese Dinge bestellt ist. Derjenige, der zum Rhetor als Lehrer kommt,
muß eigentlich schon vorher dieses sittliche Wissen haben. „Du wirst nicht
fähig sein, ihn die Rhetorik zu lehren, wenn er nicht vorher schon darüber
die Wahrheit weiß" (459 e). Offenkundig deutet Platon hier die Möglichkeit
eines apriorischen moralischen Wissens an, das als Voraussetzung für die Er-
lernung des Rhetorikwissens angesehen werden muß. Jedenfalls deuten die
Ausdrücke für das apriorische Wissen (προεπίστασθαι 459 e 1, προειδέναι
459 e 7, πρότερον εἰδέναι 460 a 6–7) dem Sinn und Buchstaben nach auf die
Ideenlehre und die damit verbundene Erkenntnisproblematik (vgl. z. B.
Phaidon 74 e).

Aus all dem aber ergibt sich, was später Gorgias zum Vorwurf gemacht
wird und von W. Bröcker treffend zusammengefaßt ist: „Die Rhetorik im
Sinne des Gorgias ist nicht die rein formale, auf beliebige Inhalte anwend-
bare Kunst der Überredung der Unwissenden, sondern die eigentliche
Rhetorik bezieht sich auf das Gerechte und Ungerechte und hat ein Wissen
darüber zur Voraussetzung." [11]

5. Das Gespräch mit Polos (461 b–481 b):
Unrechttun ist schlimmer als Unrechtleiden

Gorgias' Zugeständnis gegenüber Sokrates, der Redner müsse ein sittliches Wissen haben, wird von Polos als falsche Scham vor der konventionellen Moral gedeutet. Es gilt vielmehr, die Ursprungsthese des Gorgias sozusagen schamlos durchzuhalten: Die Rhetorik ist ein an keine bestimmten
Inhalte gebundenes Können und insofern eine Form der Macht, sehr ähnlich
derjenigen der Politiker, genauer der Tyrannen. Wie diese kann auch der
Redner durch sein Wort tun, was ihm beliebt: Er kann töten, berauben, verbannen, wen er will. Das Glück des Tyrannen, z. B. des Archelaos, besteht
aber gerade in seiner unumschränkten Macht, durch die er alles nach Belieben tun und lassen kann. Was Platon dieser Vorstellung entgegenhält, ist
die erste Handlungstheorie (in Kurzfassung) in der Geschichte der Philosophie, die den Begriff der Macht zu klären versucht. Das Tun des Beliebigen

---

[11] Bröcker 87.

zeigt nämlich eher die Ohnmacht als die Macht des Handelnden. Denn er tut nicht, was er eigentlich will. Wer handelt, der tut etwas um eines anderen willen. Wir müssen – so Platon – zwischen der Handlung und dem Zweck der Handlung unterscheiden. Man nimmt z. B. ein Medikament, um die Gesundheit zu erlangen. Die Gesundheit ist bei dieser Handlung das eigentlich Gewollte. Das, was eigentlich gewollt wird, nennt Platon den Zweck oder das Gute. Es ist ein formaler Begriff. Inhaltlich kann es als die Gesundheit, als Reichtum, als Weisheit oder irgendetwas derartiges bestimmt werden, das wir als etwas Nützliches erkennen. Wenn der Mensch handelt, dann tut er also etwas, das auch gewollt, aber nicht eigentlich, nicht letztlich, sondern nur als Bedingung für ein anderes oder als Mittel zu einem Zweck gewollt wird, und verfolgt dabei einen bestimmten Zweck, den er als das Gute, als ein eigentlich Nützliches erkennt und deshalb auch eigentlich will. Nun kann es geschehen, daß einer, wie der Tyrann Archelaos, meint, es sei besser für ihn zu töten, zu rauben, zu verbannen u. dgl., obwohl es in Wirklichkeit für ihn schlechter ist. Ein solcher tut nicht, was er eigentlich will, sondern nur, was ihm gut zu sein scheint. Wahre Macht aber zeigt sich dann, wenn man in der Lage ist, das eigentlich Gewollte auch zu tun. Das Tun des Beliebigen, des nur scheinbar Guten, in Wirklichkeit aber Schädlichen, zeigt so eher die Ohnmacht als die Macht des Handelnden.

Im Gespräch mit Kallikles nimmt Sokrates auf diese kurzgefaßte Handlungstheorie Bezug und faßt sie in dem einen von Polos angeblich zugestandenen Satz zusammen – der auch als das „Sokratische Paradox" bezeichnet wird –, daß niemand Unrecht tun wolle, sondern alle unfreiwillig Unrecht tun (509 e). Vor dem Hintergrund der Handlungstheorie (467 c ff.) besagt dieser Satz, daß das Unrechttun, weil es in jedem Falle schlecht, d. h. schädlich ist, nicht als ein eigentlich Gewolltes gedacht werden kann.

Im Hinblick darauf ist das Unrechttun das größte aller Übel, größer auch als das Unrechtleiden, obwohl auch dies nicht eigentlich gewollt werden kann. Diese These des Sokrates, daß Unrechttun schlimmer ist als Unrechtleiden, ist die Angel, um die sich das platonische Denken dreht. Nicht umsonst nimmt Sokrates später im Gespräch mit Kallikles auf diese These Bezug, die „mit eisernen und stählernen Gründen" gefestigt ist (509 a), und auch im abschließenden Mythos wird sie als der einzig feste Logos bezeichnet (527 b). Dieser Logos ist ein im Gespräch mit Polos durchgeführter Beweisgang, der bis heute die Interpreten zum Widerspruch herausfordert.[12] Er muß vor dem Hintergrund des 474 b Gesagten verstanden werden: Sokrates sagt an dieser Stelle, daß alle Menschen, auch die, die wie Polos sich dessen nicht bewußt sind, das Unrechttun für schlimmer als das Unrechtleiden und das Unbestraftbleiben für schlimmer als die Strafe halten.

---

[12] Vgl. Reiner, Vlastos 1967, Santas 1979, Stemmer 1985 b.

Der Beweis leistet somit nichts anderes, als daß ein nur latent Gewußtes ans
Tageslicht der Reflexion geholt wird.

In diesem Sinne schon immer und von jedermann gewußt ist aber, daß das
Unrechttun „schändlicher" ist als das Unrechtleiden. Das „Schändliche"
(αἰσχρόν), dessen etymologische Verwandtschaft mit „Schande" und analog
im Englischen „shameful" mit „shame" deutlich zu erkennen ist (vgl. Kahn
1983, 96, Anm. 19), ist das, dessen man sich schämen muß. Der besondere
Grund für Polos' bereitwillige Zustimmung zu der sokratischen These von
der größeren Schändlichkeit (= dem mehr Schamerregenden) des Unrechttuns gegenüber dem Unrechtleiden liegt in seiner Abhängigkeit von der allgemeinen öffentlichen Meinung, auf die er sich auch öfter beruft (vgl. Kahn
1983, 94f.). Der Begriff des Schändlichen weist also auf ein ursprüngliches
Wissen von dem, was nicht sein soll.[13] Er umfaßt in gleicher Weise das im ästhetischen Sinne Häßliche wie auch das in irgendeiner Weise Nachteilige.
Die platonische, von Polos akzeptierte These von der Schändlichkeit des Unrechttuns ruft also ein ursprüngliches Wissen vom Schadenscharakter des
Unrechttuns in Erinnerung. Der Schaden, der in diesem Zusammenhang
gemeint ist, betrifft nicht die Gesellschaft, wie Dodds 249 meint, sondern
das menschliche Individuum und besonders die menschliche Seele – Polos
hatte die Unterscheidung zwischen Leib und Seele schon 464 a akzeptiert.
In der Terminologie des 9. Buches der *Politeia* gesprochen (das aufgrund
der inhaltlichen Nähe zur Erläuterung des *Gorgias* herangezogen werden
darf) ist es der „innere Mensch", der durch die Gerechtigkeit, d. h. durch
die Zähmung des vielköpfigen Seelentieres, Nutzen und entsprechend
durch die Ungerechtigkeit Schaden erfährt (582 a/b). Inwiefern die Ungerechtigkeit ein Schaden für die Seele ist, macht freilich erst die später im
Gespräch mit Kallikles entfaltete Metaphysik der Seele deutlich, die den
Grundgedanken der „Ordnung" und inneren Harmonie als Wesenselemente
des Glücks enthält. Wenn aber die Seele durch das Unrechttun in Unordnung gerät und die Übereinstimmung mit sich selbst gefährdet ist, dann muß
auch das etwas Nützliches sein, das diese Ordnung und Harmonie wiederher-
stellt, nämlich die Strafe. Platon versteht sie als die Befreiung von der Ungerechtigkeit und in diesem Sinne als etwas Gutes, d. h. Nützliches und an sich
Gewolltes. Moderne Interpreten, für die solche Metaphysik fremd bleibt,
haben Platon den äquivoken, d. h. willkürlichen Gebrauch der Begriffe der
Lust bzw. des Schmerzes und des Nutzens in diesem Beweisgang vorge-
worfen – mal sei von der Lust oder Unlust eines unbeteiligten Betrachters,

---

[13] Adkins, nach dem αἰσχρόν schon immer mit dem Begriff der Scham zusammen-
hing (vgl. 154ff., 163), hat auf „the new uses", d. h. auf den bei Aischylos sich durch-
setzenden neuen moralischen Sinn des Wortes hingewiesen (181ff.), der sich auch im
Polosgespräch niederschlägt (266ff.).

mal von den Empfindungen des Handelnden selbst die Rede. [14] Doch zeigen
die Texte unmißverständlich, daß sowohl Platon wie auch Polos die Begriffe
der Lust, Unlust, des Guten, des Schlechten, des Nützlichen, des Schädlichen immer nur im Hinblick auf den Handelnden gebrauchen. [15] Niemals
geht es um die Lust- oder Schmerzgefühle eines möglichen Betrachters, sondern – so ist mit Recht gegenüber dieser Behauptung betont worden – um
„die Erfahrung von etwas" (Berman 276), also um die identische Person, die
im Leben Lust oder Schmerz erfährt. [16]

6. Das Gespräch mit Kallikles (481 b–522 e): Wie man leben soll

Zweifellos ist der Höhepunkt des Dialoges das Gespräch mit Kallikles.
Shorey hat mit Recht Kallikles als die lauteste Stimme des Immoralismus in
der europäischen Literatur bezeichnet. Denn durch ihn wird das Moralische
selbst an der Wurzel gepackt, indem es als ein Schamgefühl, das die eigene
Unfähigkeit verbergen will, aufgedeckt wird. Platons Lehre von der Selbstbeherrschung (σωφροσύνη) und den anderen Tugenden ist nichts anderes
als die von „den Vielen" – auf die sich Sokrates ausdrücklich beruft – institu-
tionalisierte konventionelle Moral. Dadurch ist aber nach Kallikles das von
Natur aus Gerechte verschüttet, ja in sein Gegenteil verkehrt worden. Das
von Natur aus Gerechte besteht aber darin, die Begierden nicht zu zügeln,
sondern ihnen freien Lauf zu lassen, ja eher noch, sie künstlich hochzu-
züchten, um sie zu befriedigen. Eben dies aber ist „den Vielen nicht möglich.
Daher tadeln sie solche Menschen aus Scham, indem sie ihr eigenes Unvermögen verbergen, und sagen, schändlich sei die Zügellosigkeit ... und unterwerfen sich so die von Natur aus Besseren" (492 a). Der gesamte Tugend-
kanon der konventionellen Moral ist auf diese Weise entstanden: Unfähig,
ihre eigenen Lüste zu befriedigen, loben die Schwachen die Gerechtigkeit
und Selbstbeherrschung „wegen ihrer eigenen Unmännlichkeit" und instal-
lieren sie so zu festen Elementen eines konventionellen Ethos. Einer, der
die reine Natur wieder zur Geltung bringen will, muß daher die widernatürlichen Satzungen der Menschen abschütteln, die die Bedingung ihrer falschen
Scham darstellen. Die Natur ist dieser Vorstellung gemäß das Ur-

---

[14] Vgl. Vlastos 1967; Irwin 1979 (Textausgaben) 157 ff.; Santas 1979, 236 ff.

[15] Kahn 1983, 89 ff. hat die von G. Vlastos aufgeworfenen und von anderen nach-
erzählten Probleme als Scheinprobleme entlarvt. Trotzdem hat sie Stemmer 505 f.
wiederholt. Zur Kritik an Vlastos, Santas und Irwin vgl. Archie 172 f. und bes.
Berman 272–280. Vgl. auch MacKenzie 85–87.

[16] Vgl. Mill 395. „... for no reader of Plato can be unaware that what Polus here ex-
presses ... was the received opinion and established sentiment of the Grecian world."

sprüngliche, Echte, Unverfälschte und Freie, dem gegenüber alles von den Vielen, Schwachen, Ressentimentgeladenen oder Schamerfüllten Gemachte, die Gesetze, die Konventionen, die Sitten und Bräuche, die darauf beruhende Erziehung usw., als etwas Abgeleitetes, Verfälschendes, Zurechtgemachtes und Sklavisches erscheint. Die Natur ist durch den Nomos desavouiert worden. Deswegen ist es nach Kallikles notwendig, dem von Natur aus Guten und Starken wieder zu seinem Recht zu verhelfen. Denkt man diese Position zu Ende, so läuft sie in der Tat – wie Canto 72 bemerkt – auf einen „Naturalismus des Sozialen" hinaus, der trotz aller Unterschiede im Detail eine deutliche Parallele in der *Politeia* hat. Kallikles argumentiert also im Namen einer von moralischen Normen unbelasteten Natur, dergemäß das Unrechtleiden das Schlimmere gegenüber dem Unrechttun ist. Die Funktion des Kallikles-Gespräches besteht darin, das notwendige Scheitern dieser Position aufzuzeigen. Deutlich wird das zuerst durch die Argumentation, die beweist, daß die Unterscheidung zwischen Gesetz und Natur letztlich unsinnig und nicht durchzuhalten ist. Denn die vielen Schwachen sind ja von Natur aus stärker als die wenigen Starken. Entsprechend sind dann auch die von den Vielen gemachten Festlegungen das von Natur aus Gerechte und Überlegene. In diesem Sinne ist es eine von den Vielen gemachte Festlegung und gilt als Gesetz, daß das Unrechttun schändlicher ist als das Unrechtleiden.

Doch so wichtig die Konsequenzen für die soziale Ethik sein mögen, das eigentlich Wegweisende, das immer noch und wieder Aktuelle dieser Problematik betrifft doch die monastische Ethik: Wie soll je ich leben? (vgl. 492 d; 500 c) – das ist die von Platon erstmals gestellte Frage aller Fragen im Bereich der praktischen Philosophie. Soll ich mich den auf mich einstürmenden Begierden hingeben und ihnen untertan sein, oder soll ich ein Leben der Selbstbeherrschung führen und frei sein, oder schlicht: Soll ich ein gutes oder schlechtes Leben führen? Platon selbst bezeichnet diese Frage im 9. Buch der *Politeia* – das viele Motive aus dem *Gorgias* aufnimmt – als eine „Betrachtung des wichtigsten Gegenstandes" überhaupt. Die beiden Positionen stehen einander unversöhnlich gegenüber. Kallikles argumentiert im Sinne einer „Philosophie des Lebens" (Menzel) für die Erfüllung aller Lüste und Begierden als dem eigentlichen Lebensinhalt, da sonst die von Sokrates beschworene „Ruhe" des Selbstbeherrschten dem Leben eines Steines gliche. Der Logos des weiteren Dialoges zeigt jedoch, daß das Angenehme und das Gute durchaus verschieden sind, ja daß darüber hinaus der Gesichtspunkt des Guten und Schlechten der Lust übergeordnet ist, so daß – was Kallikles 499 b von sich aus, gezwungen durch den Logos, zugibt – zwischen guten und schlechten Begierden und Lüsten unterschieden werden muß. Wie die Handwerker eine bestimmte Gestalt von der herzustellenden Sache vor Augen haben, auf die hinblickend sie ein möglichst vollkommenes, d. h. ge-

ordnetes Ding herstellen – so erklärt Platon mit deutlicher Anspielung auf
die Ideenlehre (503 d ff.) –, so muß auch die wahre Rhetorik, d. h. die Philosophie, auf die Ordnung der Seele achten, die allein durch Gerechtigkeit
und Zucht und die anderen Kardinaltugenden hergestellt werden kann. Da
aber in 499 e gesagt wird, daß alle Handlungen gewissermaßen sub specie
boni vollzogen werden, muß das auch für die willkürlichen, rein durch Lust
bestimmten Handlungen gelten. Also muß zwischen dem scheinbar Guten
und dem wahrhaft Guten unterschieden werden.[17]

So ergibt sich, daß die Suche nach der richtigen Lebensweise immer auch
die Suche nach dem Guten, d. h. der wahren Lust, also letztlich die Suche
nach Wahrheit im Sinne der Übereinstimmung mit sich selbst (482 b–c) ist.
Wer sich jedoch zügellos seinen Begierden, Neigungen und partikulären Interessen hingibt, der ist nicht nur von ihnen hin- und hergerissen, also ohne
Selbstidentität und insofern unglücklich, sondern er führt darüber hinaus
das Leben eines Räubers, denn er ist jeglicher Gemeinschaft und Kommunikation unfähig. Wo aber keine Gemeinschaft, dort auch keine Freundschaft
(507 e). Der Begriff der Freundschaft ist in diesem Zusammenhang auch ein
Hinweis auf die eher dramaturgische Funktion des Gesprächs. Kallikles hat
sich nämlich durch sein Verhalten im Gespräch – indem er mal dies, mal das
nach Belieben sagt – als einer erwiesen, der die für ein vernünftiges Gespräch vorausgesetzte „Freundschaft" enttäuscht hat oder vermissen läßt
(499 c). Das Gespräch mit Kallikles widerlegt daher nicht nur theoretisch
dessen Position, sondern zeigt zugleich auch, wohin sie schon im Gespräch
selbst als einer Version dessen, „wie man leben soll", notwendig führt: nämlich in die Kommunikationslosigkeit und in die Unfähigkeit zum Dialog.
Kallikles vertritt nicht nur theoretisch den Machtmenschen, der sich durch
keinen Nomos einengen läßt, sondern er praktiziert auch im Gespräch jene
Haltung, die nur an der Durchsetzung eigener Interessen orientiert ist und
die Ausrichtung an dem einen, das Gespräch leitenden Logos als dem
bonum commune ablehnt. Platon hat diese Selbstanwendung der philosophischen Theorie auf die Gesprächssituation selbst angedeutet, denn Sokrates sagt, nachdem er das Gezügelt- bzw. Bestraftwerden nach einer bösen
Tat als das für die Seele Beste aufgezeigt hat und Kallikles sich wider diesen
Gedanken sträubt: „Dieser Mann hält es nicht aus, daß er einen Nutzen erfährt und daß er selbst das erfährt, wovon die Rede ist, nämlich gezügelt zu
werden" (505 c; vgl. Friedländer 251 und Gaiser 1969, 159). Dramaturgisch
eindrucksvoll wird das Resultat der Position des Kallikles dadurch angedeutet, daß dieser in Schweigen verfällt (506 c–509), so daß Sokrates gezwungen

---

[17] Zur Diskussion darüber, ob nach Platon das scheinbar bzw. anscheinend Gute
oder nur das wirklich Gute Gegenstand des Willens ist, vgl. neben McTighe bes.
Penner und im Anschluß an Penner Reshotko.

ist, einen Scheindialog weiterzuführen. Das Schweigen des Kallikles ist das notwendige Verhalten einer „despotischen Seele", eines Tyrannen des Gesprächs, der als eigenmächtiger Meister der Wahrheit sich dem gemeinsamen Logos nicht beugen will (vgl. dazu Algozin). Kallikles steht deswegen im Gespräch für den, wovon im Gespräch die Rede ist: Er ist derjenige, der, wie in politicis der Willkürherrscher Archelaos, im Gespräch willkürlich mal so, mal so spricht und, da er dem Logos im Sinne „kommunikativer Vernunft" nicht folgen will, notwendig in die Sprach- und Kommunikationslosigkeit verfällt.

7. Der Mythos (523 a–527 e)

Der eschatologische Mythos am Ende des *Gorgias*, für den Platon verschiedene Elemente der populären und traditionell religiösen Vorstellungswelt verwendet hat,[18] ist ein integraler Bestandteil des Dialogs.[19] Zwar könnte er als ein von alten Frauen überliefertes Märchen erscheinen (wie es heißt), aber da die Untersuchung nichts Wahreres als die Wahrheit dieses Mythos ergab, ist auch er selbst ein Teil des philosophischen Logos. Ausdrücklich bezeichnet ihn deswegen Sokrates als wahren Logos (523 a), der den in der strengen Argumentation erreichten Gedanken aufgreift und bildreich veranschaulicht. Dies ist ohnehin die Funktion der von Platon positiv eingesetzten Mythen.[20] Der einzige nach dem philosophischen Dialog feststehende, durch dialektische Gründe geprüfte Gedanke ist aber der Satz, daß man sich vor dem Unrechttun mehr hüten müsse als vor dem Unrechtleiden und daß deswegen vor allem danach zu streben ist, gut zu sein und nicht nur zu scheinen. Platon selbst hat den Mythos als weiterentwickelnde Veranschaulichung dieses mit eisernen und stählernen Gründen befestigten Logos aufgefaßt (527 a–b).[21] Das geht jedoch auch deutlich aus dem Text hervor. Denn zumindest drei Grundgedanken des philosophischen Logos werden im Mythos wieder aufgenommen: Da das Gute – worin alle Gesprächsteilnehmer einig zu sein scheinen – als das für den Menschen Nütz-

---

[18] Vgl. dazu Dodds 372–376 und Frutiger 249–265.

[19] Vgl. Allen 228: „. . . not a mere postscript to the Gorgias, but part of its argument."

[20] Die von Sokrates vorgetragenen Mythen dürfen weder – im Sinne der These der Habilitationsschrift von R. Hirzel – als die platonische Form der Rhetorik, also des bloß Wahrscheinlichen, mißverstanden noch als eine andere Wahrheit neben der des Logos fehlinterpretiert werden. Vgl. Kobusch 1990.

[21] J. U. Schmidts Behauptung, der platonische Mythos gehe „weit über das im Logos Erweisbare hinaus und diene dazu, eine Art Ersatzmotivation für das menschliche Handeln zu schaffen", mag mit modernen Mythos-Theorien übereinstimmen. Für Platon gibt es keine Wahrheit neben dem Logos.

liche verstanden werden soll, muß, wenn es um das Problem geht, wie man leben soll, auch der eschatologische Nutzen mit in Rechnung gestellt werden. Daher wird auch die eschatologische Strafe – genau wie die inner-weltliche – als eine Form des „Nutzens" für die Seele, die von der Schlechtig-keit befreit wird, verstanden (525 b).

Die zweite Rezeption ist noch deutlicher: Die im Mythos geschilderte Re-form des eschatologischen Gerichtes durch Zeus schafft die „vielen Zeugen" ab, die die Richter mehr verwirren als der Wahrheit näher bringen. Statt dessen soll der Richter „mit der Seele selbst die Seele selbst des Gestorbenen" prüfen. Offenkundig wird so der im Gespräch mit Polos als unzureichend aufgewiesene „rhetorische Elenchos" (471 e ff.) durch den dialektischen, an der Sache selbst orientierten, unter der Zeugenschaft eines einzigen vollzo-genen Elenchos auch im Jenseits ersetzt. Es kann kein Zweifel sein: Das eschatologische Gericht, das wohl als definitive Entscheidung zu denken ist,[22] ist im *Gorgias* als ein unter den Bedingungen der Platonischen Dia-lektik und Ideenlehre stehender Elenchos gedacht.

Das dritte Element, das im philosophischen Gespräch eine wichtige Rolle spielte und im Mythos übernommen wird, ist das Thema der Selbsthilfe. Kal-likles hatte es ins Spiel gebracht. Das Unrechtleiden ziemt einer sklavischen Seele, weil der Mensch in solchem Zustand nicht in der Lage ist, sich oder einem anderen zu helfen (483 b). Aus diesem Grunde ist nach Kallikles auch die Philosophie abzulehnen, die einen Menschen im Falle einer ungerechten Anklage vor Gericht nicht befähigt, „sich selbst zu helfen und nicht einmal aus den größten Gefahren zu erretten". In einem solchen Falle – so deckt Kallikles die Hilflosigkeit der Philosophie in dieser Welt Sokrates gegenüber schonungslos auf – „hättest du nichts, was dir hilft, sondern schwindeln würde dir, mit offenem Munde hättest Du nichts zu sagen" (486 b). Tatsäch-lich ist die Philosophie auch nach platonischer Ansicht in den Angelegen-heiten dieser Welt, z. B. vor den irdischen Gerichten, prinzipiell ohn-mächtig. Wenn es aber darum geht, das ganze Leben bestehen zu können, dann muß nach Platon zwischen bloßer Selbsterhaltung und wahrer Selbst-hilfe, zwischen bloßem Überleben und gutem Leben, also zwischen der phy-sischen und der sittlichen Existenz, unterschieden werden (512 d–e). Die wahre Selbsthilfe ist aus dieser Sicht die Gerechtigkeit, die „Übereinstim-mung mit sich selbst", die Identität nicht der physischen, sondern der sitt-lichen Existenz, die gegebenenfalls auch den Tod aushalten kann. Denn die „Preisgabe der ‚Übereinstimmung mit sich selbst' ist für Sokrates schlimmer

---

[22] Während Dodds 375, 380–81 davon ausging, daß die Reinkarnationslehre zu den Voraussetzungen oder Implikationen des Mythos gehöre, hat Annas 1982, 124–125 gezeigt, „there is a final morally rectifying judgement, unapparent in this world, where rewards come to the just and punishments to the wicked" (125).

als der Tod" (Niehues-Pröbsting 106). Bezeichnenderweise greift Sokrates, nachdem der Fundamentalsatz seiner Ethik mit eisernen und stählernen Gründen befestigt ist, auf die Formulierungen des Kallikles zurück: Die wahre Selbsthilfe und die beste Unterstützung anderer bestehen darin, das größte aller Übel, die Ungerechtigkeit, zu vermeiden und, wenn sie doch geschehen, so schnell wie möglich durch Strafe zu tilgen (509 b–c; vgl. 480 c). Wenn das aber schon für die irdische Gerichtsbarkeit gilt, um wieviel mehr muß dieser Gedanke entscheidend sein im Hinblick auf ein mögliches eschatologisches Gericht. Es ist kein Zufall, sondern belegt vielmehr noch einmal die These vom Charakter des Mythos als eines mit anderen Mitteln durchgeführten Logos, daß Sokrates das Leben im Sinne jenes durch den Logos geprüften Fundamentalsatzes als die eigentliche eschatologische Selbsthilfe versteht und dabei die von Kallikles gewählten Formulierungen ihm selbst entgegenhält: „Und ich sage dir zum Schimpf: Du wirst nicht imstande sein, dir selber zu helfen, wenn die Buße dich trifft und das Urteil, das ich jetzt aussprach. Wenn du vor den Richter trittst, den Sohn der Aigina, und dieser dich greifen läßt, wirst du dort den Mund aufsperren und dir wird schwindeln nicht weniger als mir in diesem Leben." Auf diese Weise gibt der Mythos die Möglichkeit, die Gültigkeit des ethischen Fundamentalsatzes unter den Bedingungen des ganzen irdischen Lebens und eines zukünftigen durch das Bild vom eschatologischen Gericht ausgedrückten definitiven Zustandes zu prüfen und zugleich zu veranschaulichen. Dieser Mythos bekräftigt den Logos, der gezeigt hat, daß die beste Lebensweise die Übung der Gerechtigkeit und der anderen Tugenden ist und daß die von Kallikles vorgeschlagene Lebensweise „nichts wert" ist.

GIOVANNI REALE

DIE BEGRÜNDUNG DER ABENDLÄNDISCHEN METAPHYSIK: PHAIDON UND MENON

1. Eine methodologische Vorklärung

Einige unter den großen Philosophen haben uns bestimmte Metaphern an die Hand gegeben, die symbolische Chiffren ihres Werkes darstellen. In der Neuzeit ist diejenige Metapher, die sich als symbolische Chiffre nicht nur ihres Urhebers, sondern geradezu des gesamten neuzeitlichen Denkens als solchen und teilweise auch des gegenwärtigen durchgesetzt hat, die der „Kopernikanischen Revolution" gewesen, mit der Kant in der › Kritik der reinen Vernunft‹ seinen transzendentalen Kritizismus charakterisiert hat. Eine entsprechende Metapher in der Antike, die sich als symbolische Chiffre nicht nur *seines* Denkens, sondern einer ganzen Epoche und sogar eines großen Teils des westlichen Denkens aufdrängt, ist die der „zweitbesten Seefahrt" (δεύτερος πλοῦς), mit der Platon im *Phaidon* seine Entdeckung der intelligiblen Welt und die Sphäre des meta-physischen Seins charakterisiert hat. An diese Metapher schließt sich eng eine zweite und ziemlich wichtige an, nämlich die der „Wiedererinnerung" (ἀνάμνησις), die gerade im *Phaidon* vorkommt, zum ersten Mal aber im *Menon* anzutreffen ist.

Diese Metaphern führen zum zentralen Kern nicht nur der speziellen Dialoge, in denen sie eingeführt werden, sondern generell zum Herzen des Platonischen Denkens. Ihr angemessenes Verständnis trägt daher folgerichtig nicht nur zur Lösung der speziellen Probleme beider Dialoge, nämlich der Unsterblichkeit der Seele im *Phaidon* und der Lehrbarkeit der ἀρετή im *Menon* bei, sondern auch zu einem adäquaten Verstehen des Platonbildes überhaupt.

Aus diesem Grunde werde ich mich bei dem begrenzten Raum, der mir hier zur Verfügung steht, nach einer allgemeinen Skizze des *Phaidon* auf die metaphysischen Grundlagen konzentrieren, die in beiden Metaphern zum Ausdruck kommen, ohne auf die Systematik und die detaillierte Ausarbeitung der speziellen Konsequenzen einzugehen, die in den beiden Dialogen behandelt werden. Dies ist um so notwendiger, als die erste und teilweise auch die zweite Metapher oft wenig verstanden, wenn nicht geradezu mißverstanden worden sind.

2. Thematik, Aufbau und dramaturgische Dynamik des *Phaidon*

Der Aufbau des *Phaidon*, der bekanntlich eines der künstlerisch schönsten Werke Platons ist, besitzt eine für seine Gattung fast vollkommene Anlage, Gliederung und Entwicklung in allen Einzelheiten.

Den Eingang bildet ein grandioser Prolog, in dem Sokrates, von den Fußfesseln befreit, die herausfordernde These von der Philosophie als „Einübung in den Tod" – Lösung und Befreiung der Seele vom Körper – und als Vorbereitung auf das Leben im Jenseits entwickelt, das für die Guten weit besser sein wird als für die Schlechten (59 D – 69 E).

Die Glaubwürdigkeit dieser These (gegen die Kebes Einspruch erhebt, der zusammen mit Simmias eine Figur des erzählten Dialogs ist) würde einen präzisen Beweis dafür erfordern, daß die Seele nach dem Körpertod nicht nur zu existieren fortfährt, sondern auch ihre Macht und Intelligenz behält (70 A–B).

Es folgt ein erster – großartiger – Beweis (70 C–77 B), der vornehmlich in der Vergangenheit, aber auch noch in neuerer Zeit falsch interpretiert und in zwei oder gar drei Beweise zerstückelt worden ist. Schon Bonitz 1968, 293– 323 hatte die genaue Gliederung der Platonischen Argumentation erkannt, die mit gewissen Präzisierungen festgehalten werden soll. Tatsächlich muß Platon, um die Sokrates im Prolog in den Mund gelegte These glaubwürdig erscheinen zu lassen, zwei Punkte beweisen: 1. daß die Seele *den Körper überlebt* und 2. daß sie *ihre Kraft und Intelligenz behält*.

Der erste Punkt wird folgendermaßen bewiesen: Die alte Lehre der Orphiker, die besagt, daß die Seelen der Menschen, die in dieser Welt geboren werden, aus der anderen Welt kommen, wird auf der rationalen Ebene durch das allgemeine Gesetz bestätigt, das die verschiedenen Kreisprozesse des Werdens und Vergehens beherrscht. Diese Prozesse bewegen sich stets zwischen Gegensätzen und sind für jeden Bereich jeweils zwei an der Zahl: einmal vom ersten Gegensatz zum zweiten, sodann vom zweiten zum ersten; außerdem implizieren die Prozesse einander gegenseitig, denn keiner kann ohne den andern sein. Beispielsweise gibt es zwischen den Gegensätzen von Schlaf und Wachen den Prozeß vom ersten zum zweiten, nämlich das Aufwachen, aber auch den vom zweiten zum ersten, nämlich das Einschlafen. Offensichtlich könnte es nicht nur *einen* davon geben, sonst würde zu einem bestimmten Zeitpunkt alles wachen oder alles schlafen und der Lebenszyklus, dem sie sich einfügen, unterbrochen sein. Entsprechend sind auch Tod und Leben zwei Gegensätze, zwischen denen, wie zwischen allen Gegensätzen, ein doppelter Prozeß stattfindet: einer vom Lebendigen zum Toten, nämlich das Sterben, und einer vom Toten zum Lebendigen, nämlich das Wiederaufleben oder Wiedergeborenwerden. Andernfalls, wenn es keine Rückkehr vom Tod zum Leben gäbe, würde zu einem bestimmten Zeitpunkt alles wachen oder alles schlafen und der Lebenszyklus, dem sie sich einfügen, unterbrochen sein. Entsprechend sind auch Tod und Leben zwei Gegensätze, zwischen denen, wie zwischen allen Gegensätzen, ein doppelter Prozeß stattfindet: einer vom Lebendigen zum Toten, nämlich das Sterben, und einer vom Toten zum Lebendigen, nämlich das Wiederaufleben oder Wiedergeborenwerden. Andernfalls, wenn es keine Rückkehr vom Tod zum Leben gäbe, würde zu einem bestimmten Zeitpunkt alles im Zustand des Todes enden, d. h. alles würde aufhören zu sein. Die alte orphische Lehre wird damit rational begründet, insofern sie sich als Spezialfall des generellen Naturgesetzes der zyklischen Ableitung der Gegensätze aus ihren Gegensätzen erweist (70 C–72 C).

Damit ist jedoch erst der erste Teil der These bewiesen, während der zweite Teil noch des Beweises harrt, nämlich daß die Seele auch nach dem Tod ihre Erkenntnisfähigkeit behält. Gemäß einer orphisch-pythagoreisch beeinflußten Lehre ist Erkennen Wiedererinnerung (ἀνάμνησις). Sie setzt notwendig voraus, daß die Seele in einer präexistenten Epoche gelernt hat, d. h. daß sie schon früher existiert und jene Gegenstände erkannt hat, die sie bei ihrer Geburt zu diesem Leben vergißt und dann der Reihe nach „wiedererinnert". Platon hatte diese These von der Erkenntnis als Wiedererinnerung (ἀνάμνησις) schon im *Menon* bewiesen, und darauf werden wir später zu sprechen kommen. Im *Phaidon* verweist er auf die dort angeführten Argumente, wobei er sie ergänzt und vertieft. Auch diese Argumente werden wir später behandeln und deuten hier nur die Schlußfolgerungen an. Wir besitzen deutliche Begriffe, wie sie die sinnliche Erfahrung aus sich selbst nicht bieten kann. Man muß daraus folgern, daß diese Begriffe nur aus der Seele selber kommen können und daß sie sie „wiedererinnernd" reproduziert, indem sie sie aus einem ursprünglichen Wissensfundus hervorholt, der notwendigerweise schon vor der Geburt gegeben sein und daher einem vorgeburtlichen Leben angehören muß, in dem die Seele schon Intelligenz und Wissen besaß (72 E–77 A).

Wenn man bei diesem zweiten Teil der Argumentation haltmachte, könnte man schließen, daß durch sie lediglich die „Präexistenz" der Seele mit ihrer Kraft und Intelligenz *vor* diesem irdischen Leben bewiesen wird, jedoch nicht auch ihre fortdauernde Existenz *nach* dem Tode. Tatsächlich schließt jedoch der erste Teil der Argumentation eine solche Schlußfolgerung aus, demzufolge das Gesetz des Kreislaufs von Geburt und Tod gilt. Es ist in der Tat bewiesen worden, daß diesem Gesetz zufolge wie vom Lebendigen das Tote, so umgekehrt vom Toten das Lebendige abzuleiten ist, woraus entnommen werden kann, daß die Seele notwendig auch nach dem Tode Bestand haben muß, weil die zyklische Hervorbringung der Menschen sich fortsetzen kann (77 B–D).

Es folgt ein kurzes literarisches Zwischenspiel gleichsam aus der Perspektive des „furchtsamen Kindes". Der ziemlich komplexe Beweisgang überzeugt nämlich Simmias und Kebes nicht. Er läßt in der Seele den Stachel des Zweifels zurück, der in uns wie ein „kleines Kind" wirkt und der daher einer

Beschwörung bedarf. Sokrates wird daher gebeten, eine solche Beschwörung mit einem weiteren Beweis vorzunehmen (77 D–78 B).

Der zweite Beweis für die Unsterblichkeit der Seele ist der knappste und kann unter vielen Gesichtspunkten als der überzeugendste betrachtet werden. Sein systematischer Kern ist folgendes: Die Menschenseele ist fähig, ewige und unveränderliche Gegenstände zu erkennen, und *muß deshalb eine ihnen verwandte Natur besitzen*, andernfalls blieben jene Gegenstände außerhalb ihrer Reichweite. Wie daher die Gegenstände unveränderlich und unzerstörbar sind, so muß auch die Seele unveränderlich und unzerstörbar sein. Die Seele enthüllt sich demnach als unsterblich, indem man begreift, daß sie kraft des Prinzips, daß nur Ähnliches Ähnliches erkennen kann, *dem ihr eigentümlichen Gegenstand der Erkenntnis verwandt ist*, der die Eigenschaft der Unveränderlichkeit besitzt (76 B–79 D).

An diese beiden Beweise, die sich auf präzise philosophische Begriffe gründen, schließt sich der erste große eschatologische Mythos über das Schicksal der Seele nach dem Tode an. Die gereinigten Seelen kehren zum Leben bei den Göttern zurück, während die unreinen auch in Tiergestalten wiederverkörpert werden, die die Lebensformen ihres vorangegangenen Lebensganges analogisch widerspiegeln. Mit diesem Mythos ist eng die folgende ethische Reflexion verbunden: Die wahre ἀρετή des Menschen und die Reinigung der Seele erreicht man durch die Philosophie und die Erkenntnis, die sie verschafft und die die Menschenseele mit dem ihr Verwandten verbindet (80 B–84 B).

In gewisser Weise hat die Diskussion um die Unsterblichkeit der Seele und ihre postmortalen Schicksale ihr Ziel erreicht. Tatsächlich hat Platon jedoch in dieser seiner Schrift einen recht komplexen und reichen Plan verfolgt. Die behandelten Themen nehmen fast die Hälfte der Schrift ein, doch an sie schließt sich eine spiralenhafte Wiederholung an, sei es auf der Ebene der begrifflichen Argumentation, sei es auf der Ebene mythischer Vorstellungen und ethischer Reflexionen. Platon trennt den ersten vom zweiten Teil durch ein glänzendes Zwischenspiel ab (84 C–91 D), das man entsprechend einem Intermezzo in einem großen musikalischen Werk lesen und würdigen kann. Es zerfällt in vier Phasen, zwei poetische und zwei begriffliche: die Metapher vom schönsten Gesang der Schwäne vor ihrem Tod, Symbol für das letzte Wort des Sokrates über die Unsterblichkeit der Seele vor *seinem* Tod (84 C–85 D); die theoretischen Zweifel von Simmias und Kebes (85 E–88 B); die Metapher vom Abschneiden der Haare des Phaidon als Zeichen der Trauer für den Fall, daß die argumentative Wiederholung ihr Ziel verfehlt (88 C–89 C); schließlich die Aufforderung des Sokrates zum Vertrauen in die Vernunft, um nicht vernunftfeindlich und skeptisch zu werden, wobei man sehr wohl versteht, sich von den Grenzen seiner Möglichkeiten Rechenschaft zu geben (89 C–91 C).

Die Wiederaufnahme der komplexen dialektischen Diskussion beginnt mit der Widerlegung des Einwandes von Simmias, daß die Argumentation des Sokrates für das Verhältnis von Leib und Seele sehr wohl auf die Harmonie oder die musikalische Stimmung des Instruments übertragbar sei, das sie hervorbringt. Auch die Harmonie ist unsichtbar und göttlich, während das sie erzeugende Instrument sichtbar und körperlich ist. Aber man kann gewiß nicht von da her argumentieren, die Harmonie sei im Gegensatz zum Instrument unsterblich, weil bei der Zerstörung des Instruments auch die Harmonie und musikalische Stimmung aufhört. Das gleiche ließe sich darum auch für Seele und Körper geltend machen: Die Seele könnte einfach Harmonie der physischen Elemente des Körpers sein, und folglich könnte bei der Auflösung des Körpers auch die Seelenharmonie aufgelöst werden, wie einige jüngere Pythagoreer behaupten. Dieser Einwand, der längst als ein Pendant zu bestimmten neuzeitlichen Thesen erkannt ist, die in der menschlichen Intelligenz ein simples Epiphänomen des Körpers sehen, wird mit zwei Argumenten widerlegt: Zunächst wäre es, wenn dem so wäre, unmöglich, die Theorie der Wiedererinnerung zu akzeptieren, die Simmias ja anerkennt, weil die Seele dafür dem Körper vorhergehen muß, während die Harmonie in keiner Weise *vor* ihren Elementen bestehen kann, sondern nur *nach* ihnen. Zweitens wären Tugend und Laster nicht mehr erklärbar, weil sie jeweils Harmonie und Disharmonie einer Harmonie sein müßten, was absurd ist. Außerdem könnte die These die Tatsache nicht erklären, daß die Seele den Körper beherrscht und lenkt. Tatsächlich beherrscht die Harmonie ihre Elemente nicht, sondern hängt im Gegenteil von ihnen ab (91 C–95 A).

Komplexer und anspruchsvoller ist der Einwand des Kebes. Aus den Argumenten des Sokrates könnte folgen, daß die Seele widerstandsfähiger ist als der Körper, aber nicht in einem absoluten Sinne. Sie könnte sich auch mehrfach reinkarnieren, dennoch sich allmählich erschöpfen und zuletzt erlöschen. Sie könnte also den letzten Körper, in dem sie inkarniert ist, nicht überleben, wie ein Weber das letzte seiner Gewänder nicht überlebt. Um diesem Einwand zu begegnen, der, wie die Gelehrten seit langem erkannt haben, in ontologischer Hinsicht ein Pendant in der modernen Theorie der Entropie besitzt, hält Platon eine gänzliche Neuaufnahme des Unsterblichkeitsbeweises sowie eine strenge Behandlung seiner metaphysischen Grundlagen für notwendig. Insbesondere erfordert eine systematische Antwort auf den Einwurf nach Ansicht Platons die Diskussion *der allgemeinen Frage nach der wahren Ursache der Dinge* mit der Widerlegung der Naturphilosophie und der *Aneignung der Dimension des überphysischen Seins*. An dieser Stelle hat der Schlüssel-Passus des Dialogs mit der systematischen Eröffnung der „zweitbesten Seefahrt" seinen Ort, die Platon zur Entdeckung der übersinnlichen Welt geführt hat (95 E–102 A).

Mit diesem Passus wollen wir uns sogleich in angemessener Weise befassen; hier weisen wir nur auf die Schlußfolgerungen hin, die für die Zusammenfassung des neuen Unsterblichkeitsbeweises notwendig sind. Die wahre und eigentliche Ursache der Dinge läßt sich nicht im Bereich des physischen Seins auffinden, weil die materiellen Elemente lediglich *Mittel oder Mitursachen* sein können, die von der *wahren Ursache* abhängen, die sie übersteigt und die auf der Ebene des körperlosen Seins angesiedelt ist, der Welt der Ideen. Der dritte Unsterblichkeitsbeweis stützt sich eben auf die Ideen und einige ihrer ontologischen Strukturmomente. Entgegengesetzte Ideen können sich nicht verbinden und zusammenrücken, weil sie sich wechselseitig notwendig ausschließen. Doch auch die wahrnehmbaren Dinge, die wesentlich an entgegengesetzten Ideen teilhaben, können nicht zusammenrücken. Wenn dem so ist, dann verschwindet, sobald eine Idee in ein Ding eintritt, notwendigerweise die entgegengesetzte Idee, die demselben Ding anhaftete, und gibt der andern Raum. Dies gilt nicht nur für die Gegensätze an sich, sondern auch für alle die Ideen und Dinge, die, obwohl sie nicht eigentlich gegensätzlich sind, doch in sich Gegensätze als wesentliche Eigenschaften besitzen. Nicht nur schließen sich Kaltes und Warmes aus, sondern auch *Feuer* und Kaltes, *Schnee* und Warmes, *Feuer* und *Schnee*. Wenn wir diese Überlegung auf die Seele anwenden, lassen sich daraus die folgenden Konsequenzen ableiten: Die Seele hat als Wesenseigenschaft das Leben (die Idee des Lebens), insofern sie das Leben in den Körper bringt und aufrechterhält. (Für den Griechen ist dies eine durchaus überzeugende Überlegung schon aus sprachlichen Gründen, weil der Terminus ψυχή (Seele) wesentlich den Begriff des Lebens assoziieren läßt, in vielen Fällen bedeutet ψυχή sogar einfach Leben.) Weil nun der Tod der Gegensatz des Lebens ist, kann die Seele auf der Grundlage des festgelegten allgemeinen Prinzips den Tod nicht in sich aufnehmen, da sie als Wesenseigenschaft das Leben hat, und wird folglich unsterblich sein. Zusammengefaßt kann die Seele, die kraft ihres Wesens das Leben impliziert, den Tod nicht annehmen, eben aus dem systematischen Grund, daß die Idee des Lebens und die Idee des Todes einander wechselseitig radikal ausschließen (102 B–107 B).

Auch auf diesen dritten Unsterblichkeitsbeweis folgt noch eine mythische Erzählung über das Schicksal der Seele im Jenseits und eine abschließende ethische Reflexion. Dieser Jenseitsmythos vom Seelenschicksal ist viel weiter und tiefer ausgeführt als der erste und besticht durch verschiedene Aspekte als der schönste von allen, die Platon darbietet. Seit langem sind Gemeinsamkeiten zwischen ihm und gewissen spezifischen Merkmalen der Unterweltbeschreibung Dantes in der ›Göttlichen Komödie‹ sowie gewissen Jenseitsvorstellungen der Christen aufgedeckt worden. Nach dem Tode steigen die Menschenseelen unter die Erde, um dort gerichtet zu werden, und erhalten für ihr zweites Leben ein entsprechendes Los: Einige, die sich durch unheilbare Schlechtigkeit befleckt haben, werden dazu verdammt, für immer im Tartaros zu bleiben; andere müssen sich von ihren schuldhaften Taten reinigen und völlig davon befreien, und zwar je nach dem Typus der Schuld verschieden, in einer Art von Purgatorium; wieder andere schließlich, die guten, erhalten ihren Lohn in Gestalt eines Lebens auf der „wahren Erde" oder gar an einem glanzvollen und unbeschreiblichen Orte (107 C–115 A).

Der Dialog endet hier jedoch noch nicht. Platon möchte mit einer Botschaft von, um es mit einem modernen Jargon zu sagen, existentiellem Charakter schließen. Er möchte zeigen, daß Sokrates nicht nur nach dem Lebensideal zu leben verstand, das er gepredigt hatte, sondern daß er auch den Tod mit der Heiterkeit und Erwartung des künftigen Lebens anzunehmen wußte, die ihm allein aus dem Glauben an die Unsterblichkeit zufließen konnten. Die letzte Botschaft, die Platon Sokrates in den Mund legt, ist folgende: „Kriton, wir müssen dem Asklepios einen Hahn opfern; gebt ihm den und vergeßt es nicht!" Es ist ein Hinweis auf die Weihgabe eines Hahns, den die Kranken nach ihrer Heilung dem Gott anboten. Hier im *Phaidon* soll dies ein Sinnbild sein, das symbolisch zum Ausdruck bringt, daß Sokrates sich von den Übeln dieses Lebens geheilt fühlte und die Genesung, nämlich die Befreiung der Seele vom Körper im anderen Leben, zu erreichen im Begriff war. (Im Augenblick, da Sokrates diesen Satz ausspricht, ist sein Körper schon völlig durch die vom Schierlingsgift verursachte Lähmung erstarrt und daher seine Seele fast ganz vom Körper befreit, der da spricht.) (115 B–118 A)

Unverstanden bliebe die Botschaft des *Phaidon* bei Lesern und Interpreten, die – wie vielfach geschehen – die Schrift zerstückelten, die beweisenden und dialektischen Teile von den mythisch-dichterischen trennten und dann die ersten bevorzugten und sie allein als philosophisch bedeutungsvoll betrachteten. Was Platon angeht, ist die Position Hegels hermeneutisch verfehlt‹, der in seinen ›Vorlesungen zur Geschichte der Philosophie‹ behauptete, der Mythos mit seinen sinnlichen Bildern bezeuge die Schwäche eines Denkens, das sich noch nicht befreit habe. Wenn der Begriff reif geworden sei, bedürfe er des Mythos nicht mehr, und wenn Platon Mythen benutze, tue er das deswegen, weil sein Denken in der jeweils behandelten Frage noch nicht zur Reife gelangt sei. Verfehlt ist jedoch auch die entgegengesetzte Auffassung beispielsweise des Heideggerianers Walter Hirsch, der umgekehrt den Mythos als den am meisten authentischen Ausdruck der Platonischen Metaphysik bevorzugte. Der Logos, der in der Ideenlehre hervortrete, erfasse das Sein, aber nicht das Leben; der Mythos komme ihm zu Hilfe, um gerade das Leben zu erklären, und so übertreffe der Mythos den Logos und werde zur Mytho-logie.

In Wirklichkeit ist der Mythos bei Platon vom vorphilosophischen Mythos wohl zu unterscheiden. Es ist eine Form des Mythos, die sich dem Logos nicht unterwirft, sondern ihn stimuliert, befruchtet und in gewisser Weise bereichert. Anders gewendet: Es ist ein Mythos, der bei seiner Erzeugung vom Logos seiner bloß phantastischen Elemente beraubt wird, um allein seine intuitiven und anspielenden Kräfte zu behalten. Platon selbst bestätigt dies an einer Stelle, deren zweiter Teil wohlbekannt ist, während der erste übergangen zu werden pflegt, aber für uns wichtig ist. Am Ende des zweiten großen Mythenberichtes erläutert Platon: „Die unbedingte Wahrheit nun dessen, was ich dargelegt habe, behaupten zu wollen möchte in derartigen Fragen einem vernünftig denkenden Mann nicht wohl anstehen. Daß es aber mit unseren Seelen und ihren Wohnstätten so oder ähnlich steht, das dürfte, da ja die Unsterblichkeit der Seele feststeht, ein angemessener Glaube sein, wert, daß man es wagt, sich ihm hinzugeben. Denn das Wagnis ist schön, und wir bedürfen zur Beruhigung dergleichen Vorstellungen, die wie Zaubersprüche wirken. Darum verweile ich denn auch schon so lange bei dieser erdichteten Schilderung" (114 D).

Im übrigen wird die dramaturgische Dynamik, auf der der *Phaidon* als Ganzes aufbaut, durch die klug dosierte Abwechslung zwischen logischem Räsonnement und Mythos konkretisiert. Sie wird sogar ausdrücklich zum Thema gemacht in einer Erklärung des Sokrates am Anfang des Dialogs: „Es ist das Nächstliegende, daß der, der im Begriff steht, nach jener Welt auszuwandern, in theoretischen Betrachtungen *und* in mythischen Bildern darlegt, welche Vorstellungen wir uns von jener Reise und von der anderen Welt zu machen haben" (61 D–E). In späterer theologischer Redeweise könnten wir von einem komplexen Spiel der Vermittlung zwischen „Glauben" und „Vernunft" sprechen. Platon selbst gebraucht, um das auszudrücken, was in ihm dem entspricht, was im christlichen Denken Glauben heißen wird, den Ausdruck „Hoffnung" (ἐλπίς) in einer geradezu programmatischen Weise (vgl. 67 B–C; 68; 114 C), wenn er am Ende des Mythos erklärt, für ein Leben der ἀρετή sei „der Lohn schön und die *Hoffnung groß* (ἐλπὶς μεγάλη)".

An dieser Stelle ist es wie gesagt nicht möglich, diesen komplexen Plan weiterzuverfolgen. Ich muß mich daher auf die Erläuterung der Metapher von der „zweitbesten Seefahrt" und die Schlüsselbegriffe konzentrieren, von denen der Gesamtsinn des *Phaidon* abhängt.

3. Die drei Grundbegriffe, auf die sich das Platonische System stützt

Vor der Untersuchung des Schlüssel-Passus des *Phaidon* empfiehlt es sich, im voraus die Kernpunkte der Metaphysik Platons und seiner ganzen Philosophie herauszuheben. Es sind drei: 1. Die Ideenlehre, 2. Die Theorie der ersten und obersten Prinzipien, 3. Die Lehre von der demiurgischen Intelligenz. Ich habe dies samt den notwendigen Belegen in meinem Buch ›Zu einer neuen Interpretation Platons‹ (Reale 1993) dargetan, und ich verweise darauf für denjenigen Leser, der eine ganze Reihe von Erläuterungen haben möchte, die ich aus Raumgründen hier nicht geben kann.

Daß eben diese Konzepte einem adäquaten Verstehen die größten

Schwierigkeiten entgegenstellen, hat Platon selber in höchst expliziter Weise
ausgesprochen. Über die Ideenlehre hat er geschrieben, daß die große
Menge viele Schwierigkeiten hat, sie zu verstehen, und daß nicht wenige die
Existenz von Ideen leugnen oder behaupten, daß sie, gesetzt, es gäbe sie, für
den Menschen nicht erfaßbar seien, und er hat dies folgendermaßen präzisiert: „Es gehört schon eine besonders gute Begabung dazu, um einsehen zu
können, daß es für jeden Gegenstand eine bestimmte Gattungseinheit und
eine für sich bestehende Wesenheit gibt, und noch mehr Bewunderung verdient der Mann, welcher dies alles selber finden könnte *und* imstande wäre,
es einem anderen in deutlicher und gut gegliederter Darlegung beizubrin-
gen" (*Parmenides* 135 B).

   Über die Theorie der ersten und obersten Prinzipien hat Platon dann be-
kanntlich gesagt, daß sie nur von wenigen verstanden werde und daß diese
wenigen sie vornehmlich im Bereich dialektischer Mündlichkeit verstehen.
Eine Schrift über die Prinzipienlehre ist für die wenigen, die sie verstehen,
nutzlos, während sie für alle übrigen schädlich ist, die sie nicht verstehen.
Folgerichtig hat Platon bekanntlich kategorisch hinzugefügt: „Über diese
Dinge gibt es von mir keine Schrift, noch wird es jemals eine geben" (*Brief*
VII 341 C).

   Zur demiurgischen Intelligenz hat Platon ganz analogen Äußerungen
Raum gegeben wie zur Ideenlehre: „Es ist aber höchst schwierig, den Er-
zeuger und Vater dieser Welt zu finden, und es ist unmöglich, allen gegenüber von ihm zu sprechen" (*Timaios* 28 C).

   Nun haben nur ganz wenige bemerkt, daß Platon im Passus des *Phaidon*
91 C–102 A *auf alle drei Konzepte* ziemlich deutlich *hinweist*, wobei er zwar
der Ideenlehre einen Vorrang einräumt, aber auch sehr deutlich auf die welt-
ordnende Intelligenz aufmerksam macht und zugleich nachdrücklich sowie
unzweideutig auf die Prinzipientheorie anspielt.

4. Die „zweitbeste Seefahrt" (*Phaidon* 91 C–102 A)

   Die metaphysischen Grundfragen bewegen sich um die Probleme des Werdens, Vergehens und Seins der Dinge sowie um die Suche nach der Ursache
(oder *den* Ursachen), die ihnen zugrunde liegt, und lassen sich daher in folgender Frage zusammenfassen: *Warum entstehen, vergehen und sind die
Dinge?* Platon gibt unter der Maske des Sokrates an, in seiner Jugend eben
von diesen Problemen ausgegangen zu sein, indem er versuchte, die Resultate „der Naturforschung" sich zu eigen zu machen, nämlich die Lösungen
dieser Fragen durch die Naturphilosophen gründlich zu prüfen. Aber solche
Lösungen erwiesen sich bald als rein physisch-materialistische und höchst
zweideutige Theorien.

Immerhin sind diese physikalischen Elemente notwendig, um den Aufbau der Erscheinungen des Universums zu erklären, aber sie sind nicht die *wahre Ursache*, sondern lediglich ein Mittel oder eine *Mitursache*, der sich die wahre Ursache bedient. Anaxagoras erlag dem gleichen Irrtum wie der, der behaupten wollte, Sokrates tue alles mit Intelligenz, dann aber die Ursache dafür, daß er ins Gefängnis ging und dort verblieb, mit seinen Bewegungsorganen, Knochen, Nerven und insgesamt mit etwas Physischem identifizieren wollte und *nicht mit der Wahl des Gerechten und Besten durch seine Intelligenz*. Es ist offensichtlich, daß Sokrates ohne seine physischen Organe nicht tun könnte, wozu er sich entscheidet; trotzdem sind seine Organe nur *Mittel und Mitursachen, die von der wahren Ursache in Bewegung gesetzt werden, die in der Wahl des Besten, d. h. des Guten, kraft der Intelligenz besteht.*

Die physischen Elemente der Naturphilosophen und die Intelligenz des Anaxagoras haben also große Bedeutung, genügen aber noch nicht, um die Dinge „zu vereinigen" und „zusammenzuhalten" und können daher nicht *allein* den Kosmos hervorbringen. Es empfiehlt sich daher, eine zweite Dimension des Seins hinzuzunehmen, die die wahre Ursache der Dinge bietet und auf die sich die Intelligenz selbst wesentlich beziehen muß.

Eben den Weg, der zur Entdeckung dieser „wahren Ursache" führt, die einer neuen Dimension des Seins zugehört, hat Platon in der Metapher von der „zweitbesten Seefahrt" vorgeführt. Hier seine eigenen Worte: „Ich nun wäre sehr gern bei jedermann in die Lehre gegangen, der mich über diese Ursache unterrichtet hätte. Da ich mich aber ihrer entschlagen mußte und sie weder selbst finden noch von einem anderen erlernen konnte, ist es Dir, mein Kebes, vielleicht recht, wenn ich Dir eine Schilderung gebe von der *zweitbesten Fahrt*, die ich zur Auffindung der Ursache unternommen habe" (99 C–D).

5. Die „zweitbeste Seefahrt" als Symbol der Annäherung ans Übersinnliche

Die „zweitbeste Seefahrt" ist eine Metapher, die der Seemannssprache entnommen ist und deren Bedeutung die von Eustathios (zur *Odyssee* 1453) überlieferte zu sein scheint, der mit Berufung auf Pausanias erklärt: „Zweitbeste Seefahrt heißt die, die man unternimmt, wenn man bei Windstille mit den Rudern fährt." Diese Bedeutung wird durch Cicero (*Tusc.* IV 5) bestätigt, der das „Segelsetzen in der Rede" dem „Rudern der Dialektiker" entgegensetzt. Die „erstbeste Seefahrt" mit den Segeln am Wind würde dann der Methode der Naturphilosophen entsprechen, die „zweitbeste Fahrt" mit den Rudern hingegen, die viel ermüdender und aufwendiger ist, würde der neuen Methode korrespondieren, die zur Entdeckung des Übersinnlichen führt. Die Segel am Wind der Naturphilosophen waren die Sinne und die Sinneswahrnehmungen, die Ruder, die Platon bei seiner „zweitbesten Fahrt" benutzt, sind umgekehrt die Logoi, die Reden und Vernunftschlüsse, sowie die Voraussetzungen, die durch Reden und Vernunftschlüsse erreicht werden. Bei der Erklärung der Dinge muß man von Fall zu Fall diejenigen Konzepte oder Voraussetzungen zur Grundlage nehmen, die solider erscheinen, und als wahr das beurteilen, was mit ihnen übereinstimmt, und als nicht wahr, was nicht übereinstimmt. Lesen wir den Hauptpassus: „Ich gehe jetzt daran, Dir den Begriff der Ursache klarzumachen, wie ich ihn aufgefaßt habe; ich wende mich also wieder dem viel behandelten Thema zu und beginne mit dem Satz, daß es ein Schönes an sich gibt und ebenso ein Gutes und Großes und so weiter. (...) Sieh nun zu, ob Dir die Folgerungen aus dieser Voraussetzung dieselben zu sein scheinen wie mir. Wenn nämlich außer dem An-sich-Schönen noch irgend etwas anderes schön ist, so ist es meiner Meinung nach aus keinem anderen Grunde schön, als weil es an jenem Schönen teilhat. Und so ist es in allen anderen Fällen. (...) Die anderen Ursachen der Weisen verstehe ich nicht mehr und kann sie nicht mehr anerkennen; sondern wenn mir jemand als Grund dafür, daß irgend etwas schön ist, entweder die blühende Farbe oder die Gestalt oder sonst etwas derartiges angibt, so lasse ich mich auf all das gar nicht ein – denn alles das verwirrt mich nur – und halte mich schlicht und einfach und vielleicht einfältig daran, daß nichts anderes es schön macht als die Gegenwart oder Gemeinschaft – oder wie auch immer man dieses Verhältnis der Zusammengehörigkeit bezeichnen will – jenes Urschönen. Denn über die Art dieses Beisammenseins will ich keine weiteren Versicherungen geben, sondern beschränke mich auf die Behauptung, daß alles Schöne durch die Schönheit schön wird. Dies scheint mir die sicherste Antwort zu sein sowohl für mich selbst wie für jeden anderen. Daran festhaltend, glaube ich vor jedem Fehltritt bewahrt zu sein. Denn die Antwort an mich selbst wie an jeden anderen, daß das Schöne durch die Schönheit schön sei, bietet volle Sicherheit" (100 B–E).

Die „zweitbeste Fahrt" führt also zur Entdeckung eines neuen Ursachentyps, der ausschließlich in der intelligiblen Realität besteht, nämlich im *Eidos*, in der *Idee*. Diese Terminologie wird zwar in dem kommentierten Passus nicht gebraucht, wohl aber wenig später im Zusammenhang des dritten Unsterblichkeitsbeweises herangezogen (103 D, 104 E). Aus dem Existenzpostulat dieser Realitäten folgt die Erklärung aller Dinge nach Maßgabe solcher Realitäten und der Ausschluß der Annahme, daß die physikalischen und wahrnehmbaren Elemente auf der Ebene der „wahren Ursache" angesiedelt werden könnten, mithin die Reduktion des Wahrnehmbaren auf die Stufe des Mittels und der Mitursache im Dienst der wahren Ursache. In der Konsequenz dürfen die schönen Dinge nicht durch die physikalischen Elemente (Farbe, Figur und ähnliches), sondern müssen nach

Maßgabe der Schönheit an sich, nämlich des intelligiblen Schönen, der Idee des Schönen, erklärt werden.

Zusammengefaßt besteht die Etappe der „zweitbesten Fahrt", der wir bisher gefolgt sind, in der Annahme der solideren Voraussetzung, nämlich in der Anerkennung der intelligiblen Realitäten als realer Ursachen, und in der Folge im Fürwahrhalten jener Dinge, die mit dieser Voraussetzung übereinstimmen, und im Nichtfürwahrhalten derer, die nicht übereinstimmen (und mithin im Zurückweisen all der physikalischen Realitäten, die irrtümlich im Zeichen der wahren Ursache angeführt werden, indem man ihre Bedeutung auf die Funktion der Mitursache reduziert).

6. Der Hinweis auf die demiurgische Intelligenz

Aus dem Gesagten versteht es sich, daß Platon über den Verweis auf die Ideenlehre hinaus auf die weltschaffende Intelligenz hindeutet, die er dann vor allem im *Timaios* als solche ansehen und ‚Demiurg' nennen wird. Dennoch läßt er sie *hier* nicht weiter hervorteten, weil er seine ganze Aufmerksamkeit der Ideenlehre zuwendet, denn diese ist es, die in philosophischer Sicht das Problem der Unsterblichkeit der Seele lösen kann.

7. Die zweite Etappe der „zweitbesten Fahrt" und die Theorie der ersten und obersten Prinzipien

Die zweitbeste Fahrt endet jedoch nicht mit der Entdeckung der Ideen, *sondern gelangt zur Entdeckung der ersten und höchsten Prinzipien, von denen die Ideen abhängen.* Bekanntlich informiert uns die indirekte Überlieferung konvergierend, diese Prinzipien seien das Eine, dem das Gute entspricht, und die unbestimmte Zweiheit des Großen-und-Kleinen, der das Schlechte entspricht. Es genügt hier, an Aristoteles *Metaphysik* A 6, 988 a 6–10 und N 4, 1091 b 13–15 zu erinnern.

Nun enthält gerade der interpretierte Abschnitt des *Phaidon* eine Reihe wiederholter und sehr deutlicher Anspielungen Platons – jedoch nicht für jeden beliebigen Leser, sondern nur für solche, die auf anderen Wegen Kenntnis von dieser Problematik bekommen hatten, die der dialektischen Mündlichkeit vorbehalten war und in den Dialogen nur durch Anspielungen vergegenwärtigt wurde.

Wenn jemand die Voraussetzung angreift, auf der die Ideenlehre basiert, was ist dann zu tun? Man hat, erläutert Platon, alle Konsequenzen zu prüfen, die sich aus der Voraussetzung ergeben – noch vor der Widerlegung der Einwände –, um ihre Übereinstimmung oder Nichtübereinstimmung untereinander festzustellen. Und gerade um die Voraussetzung der Ideenlehre zu rechtfertigen, *wird man eine noch höhere Voraussetzung aufsuchen müssen*, indem man einen weiteren Grundsatz annimmt, denjenigen, der einem als der beste unter den höheren erscheint, bis man allmählich auf etwas Hinreichendes stößt: ἐπί τι ἱκανόν (101 D–E).

Offenkundig weist Platon damit deutlich auf den Übergang von den besonderen Ideen zu immer allgemeineren Ideen und zuletzt zum ersten Prinzip, dem Einen-Guten, hin. Ja, er selbst erinnert geradezu terminologisch – wenngleich in ironischer Anspielung und durch das Sagen im Nicht-Sagen – an das „Prinzip" im Anschluß an die eben zitierte Stelle: „Und Du wirst nicht wie die, die in allen Dingen das Pro und Contra diskutieren (die Streitredner), Verschiedenartiges durcheinandermischen, indem Du bald über *das Prinzip* (ἀρχή), bald über die daraus sich ergebenden Konsequenzen sprächest, wenn anders Du etwas von dem finden willst, was wirklich ist. Denn das hält wohl kein einziger von ihnen der Untersuchung oder der Sorge wert. (...) Wenn Du aber Philosoph bist, wirst Du, meine ich, so verfahren, wie ich sage" (101 E–102 A).

Und als ob dies nicht genügte, wiederholt Platon am Ende der Argumentation: „Es müssen auch die ersten Voraussetzungen, selbst wenn ihr davon überzeugt seid, doch noch genauer geprüft werden. Und wenn ihr sie genügend (ἱκανῶς) festgestellt habt, werdet ihr sie, meine ich, in dem Maße verstehen, in dem ein Mensch sie verstehen kann. Und wenn euch dies klar geworden ist, dann werdet ihr nicht mehr weiter suchen müssen" (107 A–B). Oder, um es mit einem Satz der Schrift *Über den Staat* zu sagen, der gerade den dialektischen Aufstieg zum ersten und obersten, nicht mehr bloß vorausgesetzten Prinzip beleuchtet: Wenn man dieses Prinzip erreicht, wird man nicht mehr weiter suchen müssen, weil man bis zu dem Punkt gelangt, „wo man Ruhe vom Marsch und ein Ende der Reise finden wird" (*Pol.* VII 532 E).

Für den, der noch daran Zweifel hegte, daß Platon hier wirklich anspielt auf die Notwendigkeit, von der Ebene der Ideen, die für den Unsterblichkeitsbeweis der Seele genügte, aufzusteigen zur Prinzipienebene, um zur metaphysischen Letztbegründung zu kommen, nennen wir noch zwei Gesichtspunkte, die unserer Meinung nach wirklich unwiderleglich sind. 1. Wir erinnern daran, daß die ersten Prinzipien: die Einheit, das Prinzip des Guten, und die unbegrenzte Zweiheit des Großen-und-Kleinen, das Prinzip des Schlechten, eine *bipolare Struktur* haben (keines ist ohne das andere, wenngleich das Prinzip des Einen-Guten unter Wertgesichtspunkten überlegen ist). Die fundamentale Erkenntnis, die sich als Bezugspunkt der Intelligenz auf allen Ebenen aufdrängt, ist daher nicht nur die des Guten und Besten, sondern wegen der Bipolarität der Prinzipien auch *des Schlechten* und *Schlimmsten*. Platon schreibt: „Auf Grund dieser Überlegung dachte ich, der Mensch sei angewiesen, sowohl in Rücksicht auf den Menschen selbst wie auf alles andere sein Augenmerk ausschließlich darauf zu richten, was *das Beste und Zweckmäßigste* sei. Notwendigerweise müsse der Mensch aber auch die Kenntnis *des Schlechtesten* besitzen, denn es sei *ein und dieselbe Wissenschaft*, welche beides, *das Beste und das Schlechteste*, gleichermaßen umfasse" (97 D). Und Platon wiederholt, daß das, was er so schnell wie möglich zu erkennen gewünscht hätte, eben „das Beste und das Schlechteste" sei (98 B). 2. Und als ob dies nicht genügte, ergeht sich Platon in den Beispielen für den Aufstieg zum Übersinnlichen in ganz spezieller Weise in Aussagen über das Eine und die Zwei sowie über das Große und Kleine (96 D–E, 100 E–101 C), dies mit ganz offenkundigen Anspielungen für diejenigen Leser, die diese Problematik auf anderem Wege kennengelernt hatten. Unter den heutigen Lesern aber könnten – nach der in den letzten Jahrzehnten erfolgten Wiedergewinnung von Sinn und Bedeutung der indirekten Überlieferung über Platons ungeschriebene Lehre – nur diejenigen weiterhin behaupten, nichts davon zu verstehen, die darauf insistieren, Platon in unhistorischer und sogar antihistorischer Weise zu lesen.

8. Die Metapher von der Wiedererinnerung im *Menon* und im *Phaidon* und ihre Bedeutung

Der *Menon* stellt eine Art von Lehrprogramm in Verbindung mit der Gründung der Akademie dar. Für die Lösung des Problems, ob die Arete gelehrt und gelernt werden könne, wird eine Klärung angedeutet auf der Basis einer Theorie des Erkennens, die unter vielen Aspekten neuartig ist und unter der Metapher der Wiedererinnerung eingeführt wird.

Die doppelte Form, mit der Platon seine Theorie des Erkennens als ein „Erinnern" vorführt, hat nicht wenige Interpreten getäuscht, und daher empfiehlt es sich, sie hier zu resümieren.

Die erste Form hat mythisch-religiösen Charakter. Platon bezieht sich damit auf orphisch-pythagoreische Inspirationslehren der Priester, Priesterinnen und inspirierten Dichter. Ihnen zufolge ist die Seele unsterblich und mehrfach wiedergeboren; der Tod ist nur der Abschluß *eines* unter den Leben der Seele im Körper, während die Geburt nur der Wiederbeginn eines anderen Lebens ist, das sich den vorangegangenen anreihen soll. Die Seele hat daher die gesamte Wirklichkeit gesehen und erkannt – von der Unterwelt bis zur Erde. Von daher, folgert Platon, ist es leicht zu verstehen, daß die Seele erkennen und lernen kann: Sie findet lediglich in sich selbst die Erkenntnis, die sie schon „besitzt" – und dies ist „Erinnerung".

Wenn Platon sich *darauf* beschränkte, hätten offensichtlich alle diejenigen recht, die die Wiedererinnerung für einen bloßen Mythos halten, mit nur ge-

ringer Geltungskraft von einem streng philosophischen Standpunkt gesehen, soweit nämlich das, was sich auf den Mythos gründet, selbst nur Mythos
sein kann.

In Wirklichkeit werden in der im Dialog unmittelbar folgenden Diskussion die Rollen umgekehrt: Die Schlußfolgerung aus einem Mythos wird zur
Interpretation eines gleichsam experimentell gesicherten Datums, während
die mythologische Voraussetzung, die der Grundlegung zu dienen schien,
zur abgeleiteten Folgerung wird. Platon läßt Sokrates ein *mäeutisches Experiment* durchführen, das mit Recht berühmt geworden ist. Ein junger Sklave
des Menon, der keinerlei Kenntnis der Geometrie besaß, vermag ein schwie-
riges geometrisches Problem zu lösen, als er nach sokratischer Methode auf
geeignete Weise befragt wird. Unter der Voraussetzung nun, daß der Sklave
vorher keine geometrischen Kenntnisse besaß, und unter der Voraussetzung, daß Sokrates ihn nur befragt, aber ihm nicht die Lösung an die Hand
gibt, bleibt, *soweit der Sklave die Lösung allein zu finden verstanden hat*, nur
die Schlußfolgerung, daß der Sklave die Lösung aus seinem eigenen Innern
hervorgeholt hat, aus seiner eigenen Seele, das heißt, daß er sich daran
„erinnert" hat. Die Basis der Argumentation ist hier evidentermaßen, weit
entfernt davon, mythisch zu sein, die Feststellung eines Faktums und seine
Interpretation. Der Sklave kann – wie jeder Mensch – aus sich selbst, das
heißt aus seiner Seele, Wahrheiten hervorholen, die er nicht (bewußt)
kannte. Darüber hinaus leitet Platon die Unsterblichkeit der Seele daraus
ab, daß die Wahrheit in der Seele ist. Wenn die Seele Wahrheiten besitzt, die
sie nicht zu einem früheren Zeitpunkt in diesem Leben gelernt hat, die aber
zum Bewußtsein wiedererweckt werden können, so bedeutet dies, daß die
Seele sie von jeher zu eigen gehabt hat. Daraus geht hervor, daß die Seele
unsterblich ist, ebenso wie die Wahrheit, die sie von jeher besitzt: „Wenn die
Wahrheit der Dinge schon immer in der Seele ist, ist sie unsterblich" (86 B).

Im *Phaidon* wird diese Lehre wiederaufgenommen und auf der Grundlage einer besser aufgebauten und begründeten Argumentation bewiesen.
Gemeinhin widerfährt es uns, daß wir, wenn wir bestimmte Dinge sehen und
aufnehmen, auch bestimmte andere Dinge ins Bewußtsein rufen, die in
diesem Augenblick nicht unsere Sinne erreichen und zeitlich sowie räumlich
entfernt sind. Wenn ich beispielsweise das Musikinstrument oder das Kleidungsstück sehe, das ich immer von einer bestimmten Person benutzt gesehen habe, fällt mir jene Person ein, und wenn ich zum Beispiel Simmias
sehe, der gewöhnlich mit Kebes zusammen ist, fällt mir auch Kebes ein, und
dieses „Einfallen" ist ein Erinnern. Entsprechend fällt mir eine Person ein,
wenn ich ihr Bild sehe, und ich erinnere mich daher dieser Person selber. Wir
können daher zur „Erinnerung" veranlaßt werden, sei es durch Unähnliches
(das Instrument oder das Kleidungsstück sind unähnlich und verschieden
vom Eigentümer), sei es durch Ähnliches (das Bild und der wirkliche Gegen-

stand, den es abbildet, sind einander ähnlich). Die Psychologie von Hume
an wird diese Verbindung „Assoziation" nennen (Assoziation durch Nähe
im ersten Fall, durch Ähnlichkeit im zweiten). Wir sind daher beim Anblick
einer Sache kraft jener assoziativen Verbindungen gedrängt, auch eine
andere Sache zu denken, d. h. uns daran zu erinnern. Bis hierher ist alles
auf der Basis bloßer Sinneserfahrung erklärbar. – Doch wenn wir gleiche
Dinge vergleichen, geschieht es, daß wir nicht nur an die *empirisch* Gleichen denken, sondern ebenso an ein Gleiches, das von diesen verschieden
ist, nämlich an das vollkommen Gleiche, das *Gleiche an sich*, dem sich die
empirisch gleichen Dinge anzunähern suchen, doch ohne daß dies jemals
völlig gelänge. Tatsächlich haben wir mit der sinnlichen Erfahrung niemals
die Erkenntnis von absolut gleichen Dingen gehabt, sondern lediglich relativ gleiche Dinge erkannt, nämlich solche, die darin in gewisser Weise
(mehr oder weniger) defizitär sind. Doch woher kommt uns dann jener Begriff des Gleichen an sich zu, des vollkommen Gleichen, wenn die Sinne uns
davon nie Beispiele geboten haben? Platon schließt: Es ist offenkundig,
daß wir jenen Begriff des Gleichen an sich besitzen, und wenn er nicht von
den Sinnen herrührt, muß er durch eine Art von „Erinnerung" von der
Seele selber stammen, die bei der Beurteilung der Sinnendinge wieder zu
jener Erkenntnis aufsteigt, die ihr kein Sinnesorgan gegeben hat noch überhaupt geben könnte. Sie erinnert sich also, indem sie jene Erkenntnis aus
ihrem ursprünglichen transempirischen Erkennen hervorzieht. Und der
gleiche Befund läßt sich nicht nur für die geometrischen und mathematischen Begriffe wiederholen, sondern ebenso für alle Begriffe, die ethische
und ästhetische Werte betreffen. Keine Erfahrung ist in der Lage, uns mit
einem adäquaten Pendant zu diesen Begriffen auszustatten, die wir lediglich „in Erinnerung rufen". Man muß darum schließen, daß diese Begriffe
nur aus der Seele selber stammen und daß sie, wenn sie sich ihrer „erinnert", indem sie sie bei Gelegenheit der Sinneserfahrung evoziert, einen ursprünglichen Wissensfundus hergibt, der mit Sicherheit vorgeburtlicher
Natur sein muß und den sie bei der Einkörperung in gewisser Weise verloren und vergessen hat.

Die Quellen, aus denen sich die Wiedererinnerungslehre herleitet, sind
gewiß zwei: die orphisch-pythagoreische Lehre von der Seelenwanderung
und die mäeutische Technik (Hebammenkunst) des Sokrates. Platon selbst
bekräftigt dies sehr deutlich in den beiden Teilen seiner Argumentation im
Menon, die wir behandelt haben. Aber das ausschlaggebende systematische
Gewicht entstammt der Sokratischen Methode, die Platon von Grund auf
neu durchdacht und ausgedeutet hat. Sokrates behauptet, die Wahrheit aus
der Seele seines Unterredners hervorzuholen. Diese Wahrheit muß also in
gewisser Weise ein Erbteil der Seele sein, um auf mäeutischem Wege aus ihr
entspringen zu können. Die Lehre von der Wiedererinnerung stellt sich so

als eine Art von Bewährung und Bewahrheitung, nämlich als systematische Rechtfertigung eben der Sokratischen Mäeutik, dar.

Was ist nun der Sinn und innere Wahrheitsgehalt der Wiedererinnerung? Eine Antwort auf diese Frage kann sicherlich nicht von Nur-Philologen gegeben werden, sondern muß vom Philosophen kommen, der das bloße Wort zu überschreiten und dem Begriff, den es ausdrückt, auf den Grund zu gehen weiß (auch wenn der Nur-Philosoph einen Interpretationsfehler entgegengesetzter Art begehen kann, nämlich im Begriffsgehalt mehr zu sehen als darin gegeben ist). Hegel interpretierte beispielsweise die Platonische Wiedererinnerung als eine „Rückkehr zu sich", ein „Mitsichvertrautwerden" und „Insichgehen" des Geistes. Natorp sah in ihr die Entdeckung des Selbstbewußtseins als der Aktivität, die die reinen Begriffe a priori hervorbringt. Die Erkenntnisse, die die Seele schon immer in sich besäße, wären folglich die reinen Begriffe a priori (die Gesetze des Selbstbewußtseins), die die Gegenstände als Gegenstände unserer Erkenntnis bestimmen und hervorbringen.

Sicherlich kann man von der Wiedererinnerung als *der Entdeckung des Apriori in der abendländischen Philosophie* sprechen, doch nur unter der Voraussetzung, daß man das Apriori nicht im kantianischen oder neukantianischen und überhaupt idealistischen Sinn interpretiert, also im subjektiven – und sei es auch transzendentalen – Sinn, sondern daß man es in *objektiver* Bedeutung auffaßt, nämlich in dem Sinn, den der italienische Philosoph Antonio Rosmini gegen Kant verteidigt hat. Die Ideen und die Prinzipien sind in der Tat objektive und absolute Realitäten, die sich auf dem Weg der Wiedererinnerung nicht schon als Denkformen, sondern als *Gegenstände* und *Inhalte* des Denkens aufdrängen. ‚Wiedererinnerung' kann in gewisser Weise verstanden werden als jene Form *intellektueller Anschauung* (natürlich ohne die extreme Bedeutung, die sie bei Kant bekommt), nämlich *als jene Noesis*, die sich an der Wurzel des metaphysischen Denkens der Griechen durchgesetzt hat und die für jeden Metaphysiker in allen Epochen unleugbar bleibt.

In diesem Sinne sind „zweitbeste Fahrt" und „Wiedererinnerung" gleichsam zwei Meilensteine des abendländischen Denkens, nämlich essentielle Bezugsgrößen, im Positiven oder im Negativen, freilich unverzichtbar.

(Aus dem Italienischen übersetzt von Hans Krämer/Tübingen)

Anmerkung: Die Zitate aus Platons *Phaidon* lehnen sich an die deutsche Übersetzung von Otto Apelt in Meiners Philosophischer Bibliothek, das Zitat aus dem *Parmenides* an die Übersetzung von H. G. Zekl, ebendort, an.

RUDOLF REHN

DER ENTZAUBERTE EROS: SYMPOSION

Platons Dialoge sind, jedenfalls in ihrer Mehrzahl, nicht bloß Dokumente einer bestimmten Philosophie, sondern auch Erzeugnisse der Dichtkunst, Komödien, in deren heiter-übermütiges Spiel die handelnden Personen, aber – sehr zum Leidwesen der Platoninterpreten – in aller Regel auch der Leser mit einbezogen sind. Das gilt im besonderen Maße für einen der vielschichtigsten Dialoge Platons, für das *Symposion*, das zusammen mit *Phaidon* und *Politeia* die Gruppe der mittleren Platonischen Dialoge bildet. Komödienhaft-ausgelassene, dialektisch-strenge und mystisch-kontemplative Elemente in sich vereinend, entwirft dieser Dialog ein facettenreiches Panorama des gesellschaftlichen Lebens der Athener Oberschicht gegen Ende des 5. Jh., in einem Augenblick also, da die glanzvolle klassische Periode der griechischen Kultur ihr Ende fast erreicht hat.

Es ist vor allem die geglückte Verbindung von Philosophie und dramatischer Dichtkunst, die erfolgreiche Umsetzung eines für Platons Philosophie zentralen Lehrstücks, des der Erotik, in eine Komödie, die dem *Symposion* über die Jahrhunderte hindurch einen bevorzugten Platz unter den Dialogen Platons gesichert und das Platonbild bis in unsere Gegenwart entscheidend mitgeprägt hat. Dieses Bild kritisch zu reflektieren ist Absicht der folgenden Überlegungen. Dabei wird die Frage nach dem Philosophiebegriff Platons, genauer: nach dem Verhältnis von Erkenntnis und Dialektik in Platons Philosophie, im Vordergrund stehen. Doch zunächst zum Dialog selbst.

Äußerer Anlaß des Dialogs ist ein Symposion, ein Trinkgelage, zu dem Agathon eine Reihe illustrer Gäste, unter ihnen auch Sokrates und Aristophanes, einlädt, um mit ihnen seinen Sieg bei einem Tragödienwettbewerb zu feiern[1]. Die Teilnehmer dieses Symposions einigen sich nach kurzer Diskussion darauf, den Abend mit einem philosophischen Gespräch zu verbringen und deshalb nur mäßig zu trinken. Thema des Gesprächs, so kommt man überein, soll Eros sein. Man will Lobreden auf Eros halten; denn, so Eryximachos, der das Thema ‚Liebe‘ vorschlägt, „den Eros würdig zu besingen, das hat bis auf den heutigen Tag noch kein Mensch gewagt" (177 c 3– 4). Der Reihe nach werden dann Lobreden auf den Gott der Liebe gehalten. Gepriesen werden seine Schönheit, seine Macht und seine Wohltaten für die

---

[1] Der Tragödiensieg Agathons, den Platon im *Symposion* feiern läßt, fand nach einer Notiz bei Athenäus, 5, 217 a, im Jahre 416 v. Chr. statt. Der Dialog selbst dürfte zwischen 384 und 379 v. Chr. verfaßt worden sein. Zur Datierung vgl. Dover 1980, 10.

Menschheit, doch die Lobgesänge auf Eros reißen unvermittelt ab, als Sokrates an der Reihe ist, den Gott zu preisen, von dem es schon bei Hesiod heißt, er bringe Götter und Menschen um den Verstand[2]. Auch Sokrates möchte den Eros loben, doch er will es tun, indem er die Wahrheit über ihn berichtet, denn bisher, so Sokrates, habe er zwar viel Schönes über Eros gehört, doch nur wenig Wahres. Sokrates' Weigerung, die Reihe der Lobreden auf Eros schlicht fortzusetzen, kündigt die entscheidende Wende im *Symposion* an; denn sie markiert den Übergang von der sophistisch-rhetorischen zur philosophischen Behandlung des Themas. Dieser Übergang, die Ablösung der Rhetorik durch Philosophie, bedeutet aus Platonischer Sicht zweierlei:

Er steht zunächst für einen Wechsel in der Methode: Das unverbindliche und spielerische *Sprechen* wird abgelöst durch ein prüfendes, nach Gründen fragendes *Gespräch*. Sokrates' Zurückweisung der μακρολογία in philosophischen Untersuchungen und sein Insistieren auf einem διαλέγεσθαι, einem Dialog, bilden einen festen Bestandteil fast aller Platonischen Dialoge. Man braucht in diesem Zusammenhang nur an den *Protagoras* zu erinnern, in dem lange darüber gestritten wird, in welcher Form das Thema ‚Tugend' abgehandelt werden soll. Der Sophist Protagoras bevorzugt die μακρολογία als Untersuchungsmethode. Er möchte das Thema anhand einzelner Reden abhandeln. Sokrates dagegen besteht darauf, die Untersuchung in der Form möglichst kurzer *Fragen* und *Antworten* zu führen. Das Gespräch zwischen Protagoras und Sokrates droht an dieser methodischen Frage zu scheitern, doch schließlich gelingt es Sokrates, seinen Gegenspieler mit dem Eingeständnis umzustimmen, Protagoras beherrsche sowohl die μακρολογία als auch das διαλέγεσθαι, während er, Sokrates, sich nur auf das διαλέγεσθαι verstehe. Auch das *Symposion* thematisiert den Gegensatz von μακρολογία und διαλέγεσθαι, doch in sehr indirekter Weise: Es diskutiert ihn nicht, sondern führt ihn vor, man könnte auch sagen: spielt ihn. Zu dieser Inszenierung des Gegensatzes von μακρολογία und διαλέγεσθαι gehört, daß Sokrates

– nicht offen erklärt, keine Lobrede auf Eros halten zu wollen (oder zu können);
– den Versuch unternimmt, Agathon in ein Gespräch zu verwickeln, bevor er überhaupt an der Reihe ist zu sprechen;
– den Agathon scheinheilig um die Erlaubnis bittet, ihm vorher noch „ein paar kleine Fragen zu stellen", als er sich, von den Freunden gedrängt, endlich anschickt, seine Rede auf den Gott zu halten; und
– schließlich gar keine *Rede* auf Eros hält, sondern ein *Gespräch* zwischen ihm und Diotima wiedergibt und daß dort, wo dieses Gespräch längere Monologe enthält, Diotima und eben nicht Sokrates spricht.

---

[2] Vgl. Theogonie 120–122. Ähnlich auch Sophokles, Antigone 780–800.

Offenbar, so läßt sich schließen, stellt der Dialog, stellt das διαλέγεσθαι nicht nur die äußere (und deshalb austauschbare) Form des Platonischen Philosophierens dar, sondern bildet ein integratives Moment dieses Philosophierens selbst. Philosophie und διαλέγεσθαι, so hat es den Anschein, fallen für Platon weitgehend zusammen.

Die Ablösung der Rhetorik durch Philosophie bedeutet aber nicht nur einen Wechsel in der Untersuchungs*methode*, sondern auch eine Veränderung der *Fragerichtung*, einen Wechsel in der *Intention* der Untersuchung. Sehr deutlich wird das schon zu Anfang des kurzen Gesprächs zwischen Agathon und Sokrates. Nachdem Agathon, ein Schüler des Gorgias, seine mit großem Beifall aufgenommene Rede auf Eros beendet hat, bekennt Sokrates, daß auch er von der Schönheit der Rede ergriffen sei, und er fährt fort:

„Als mir aber bewußt wurde, daß ich auch nicht annähernd so etwas Schönes würde sagen können, da wäre ich um ein Haar aus Scheu auf und davongelaufen, wenn ich nur irgendwie gekonnt hätte. Denn mich erinnerte die Rede an Gorgias, so daß es mir geradezu erging, wie Homer es beschreibt: Ich bekam Angst, Agathon würde zuletzt noch das Haupt des Gorgias, des Redegewaltigen, in seiner Rede gegen die meine schwingen und mich damit zu Stein erstarren und verstummen lassen! Und da erst begriff ich, wie töricht es von mir war, daß ich euch zusagte, ich würde, wenn die Reihe an mir sei, in eurer Runde den Eros preisen, und daß ich behauptete, ein Kenner im Reiche des Eros zu sein – wo ich doch augenscheinlich nichts von der Sache verstehe, ja nicht einmal weiß, auf welche Weise man überhaupt eine Lobrede zu halten hat. Ich glaubte nämlich in meiner Einfalt, man müsse die Wahrheit sagen über den jeweils zu preisenden Gegenstand; und das bilde die Grundlage; dann brauche man daraus nur das Schönste auszuwählen und es in möglichst gefälliger Form darzustellen" (198 b 6–d 4).

Sokrates, so macht diese Stelle deutlich, versteht nichts von Lobreden, jedenfalls nichts von dem, was man normalerweise unter einer Lobrede versteht, und er ist auch nicht sonderlich daran interessiert, ob das, was er sagt, schön gesagt ist. Worauf er achtet und was für ihn allein zählt, ist, ob das, was gesagt wird, wahr ist oder falsch; denn der Philosophie geht es um die jeweils zur Diskussion stehende Sache, nicht um die Form, in der über eine Sache gesprochen wird; Philosophie, so der Platonische Sokrates, zielt auf Wahrheit, nicht auf Wirkung. Platon thematisiert hier einen Gegensatz, der sich wie ein roter Faden durch sein gesamtes Werk zieht, es ist der Antagonismus zwischen dem sophistischen Ideal des εὖ λέγειν, als dessen Hauptvertreter hier der Gorgias-Schüler Agathon erscheint, und dem philosophischen Ideal des ἀληθῆ λέγειν, das, wie es Sokrates am Anfang seines Gesprächs mit Agathon formuliert, mit Worten, „wie sie sich gerade fügen", nicht den Vorteil sucht oder den Erfolg um des Erfolges willen, sondern bemüht ist, die jeweilige Sache in den Blick zu bekommen.

Wer über das *Symposion* spricht, auch, wer es unter primär philosophischer Perspektive tut, kann nicht darauf verzichten, einige Bemerkungen zu jenem Teil des Dialogs zu machen, von dem Sokrates meint, er enthalte kaum Wahres, der aber immerhin mehr als die Hälfte des gesamten Dialogs ausmacht, ich meine die Reden über Eros, die Phaidros, Pausanias, Eryximachos, Aristophanes und Agathon halten. Die Funktion dieses umfänglichen Dialogteils, dessen Bedeutung von Philosophen in aller Regel unterschätzt wird, während Philologen eher dazu neigen, seine Bedeutung zu hoch anzusetzen, ist in der Forschung umstritten. Man hat gemeint, Platon habe hier ein breites Spektrum von geläufigen Ansichten über die ‚Liebe' bieten wollen, um die Eigenart seines eigenen philosophischen Eroskonzepts deutlicher hervortreten zu lassen. Es ist aber auch die Meinung vertreten worden, den ersten Reden über Eros komme eine propädeutische Funktion zu, sie bereiteten das, was Platon später entwickle, vor, indem sie bestimmte Basisinformationen böten. Eine dritte Gruppe von Interpreten schließlich geht davon aus, daß der erste Abschnitt des *Symposion* in erster Linie eine dramaturgische Funktion habe: Er sei Teil des künstlerischen Szenarios, in dem sich die philosophische Eroslehre Platons entfalte[3].

Wie immer man die Funktion des ersten Teils des *Symposion* im ganzen deutet, im einzelnen zeigen die Reden, die von Agathon und seinen Freunden gehalten werden, daß

1. die Thematik des Dialogs, Eros, nicht vorschnell ins Philosophische umgebogen werden darf. ‚Eros' steht in diesem Dialog zunächst und primär für das sexuelle Verlangen, für das körperliche Begehren, die Leidenschaft[4];

2. Erotik und Sexualität im *Symposion* in erster Linie unter dem Aspekt der Homosexualität erörtert wird. Die Beziehung zwischen Männern erscheint als die erstrebenswerte Form einer erotischen Beziehung, einer Beziehung, die neben einer pädagogisch-philosophischen auch eine sexuelle Seite besitzt[5];

3. bei allen Rednern eine Tendenz zur Ästhetisierung der Erotik zu beobachten ist. Diese Tendenz darf jedoch nicht (vorschnell) als die Aufforderung zur Entsexualisierung oder Sublimierung der Erotik mißverstanden werden. Was den bei Agathon versammelten Athener Intellektuellen vorschwebt, ist, wie vor allem die Rede des Pausanias verdeutlicht, eher eine

---

[3] Hinsichtlich der unterschiedlichen Deutungen der einzelnen Reden vgl. Rosen 1968 und Anderson. Instruktiv in diesem Zusammenhang auch die Kontroverse zwischen Scheier und Oeing-Hanhoff.

[4] Zur Bedeutung von ἔρως vgl. die instruktive Arbeit von Halperin.

[5] Zur Rolle der Homosexualität im *Symposion* vgl. Dover 1980. Über die Homosexualität in Griechenland allgemein vgl. Dover 1978 und Patzer.

Sexualität, die gewisse Standards einhält, eine Sexualität gleichsam auf hohem Niveau.

Der philosophische Hauptteil des *Symposion*, also der Teil, in dem Sokrates die zentrale Figur ist, besteht aus zwei Abschnitten, dem Gespräch zwischen Sokrates und Agathon und dem Bericht des Sokrates über seine Begegnung mit Diotima, einer, wie es im Text heißt, Priesterin aus Mantineia. Zunächst zu der kurzen Diskussion zwischen Sokrates und Agathon.

Es ist schon gesagt worden, daß das Gespräch zwischen Sokrates und Agathon den rhetorisch-sophistischen Teil vom philosophischen trennt. Das zeigt sich äußerlich an dem Wechsel der Methode: Das Gespräch tritt an die Stelle der Rede; das zeigt sich aber auch in einem Wechsel der Intention, in der Ablösung des εὖ λέγειν durch das ἀληϑῆ λέγειν. Sokrates, das wird sehr schnell deutlich, will nicht loben, sondern untersuchen, er will nicht durch die Schönheit der Sprache beeindrucken, sondern – nach Möglichkeit – Wahres sagen. Inhaltlich hat das kurze Gespräch zwischen Sokrates und Agathon, das dem philosophischen Höhepunkt des *Symposion*, der Diotima-„Rede", unmittelbar vorangeht, vor allem zwei Aufgaben: Es soll die Schwächen des Erosbegriffs in den voraufgegangenen Reden entlarven und die Grundzüge des Platonischen Erosverständnisses entwickeln.

Die Reden Agathons und seiner Freunde waren Lobreden. Sie priesen an Eros die Schönheit, die Macht und die Wohltaten, die er den Menschen erweist. Sokrates hält diese positive Charakterisierung des Liebesgottes für unzutreffend. Für ihn besitzt Eros nicht eine der positiven Eigenschaften, die ihm in den Lobreden zugesprochen wurden, und er demonstriert dies gegenüber Agathon in der folgenden Weise:

Wenn Eros immer Liebe zu etwas ist und
wenn Eros das, worauf er sich bezieht, begehrt
(Agathon räumt beides ein),

dann ist Eros auf etwas aus, verlangt nach etwas, was er selbst nicht besitzt; denn begehren kann man nur das, was man selbst nicht hat. Da Eros, wie in den vorangegangenen Reden behauptet wurde, Liebe zum Schönen ist, fehlt ihm die Schönheit, ist er selbst nicht schön. Und da, so Sokrates weiter, Eros nicht schön ist, das Gute aber schön ist, so fehlt ihm auch das Gute.

Mit dem Aufweis, daß Eros weder schön noch gut ist, endet das Gespräch mit Agathon, und es schließt sich die „Rede" der Diotima über die wahre Natur des Eros an. Dieses Gespräch, dessen überraschendes Ergebnis mit einem Schlag dem Erosbild, das in den vorangegangenen Reden gezeichnet wurde, den Boden entzieht, macht im Blick auf Platons Eroskonzept dreierlei sehr deutlich:

1. Eros ist seiner Natur nach intentional. Er verlangt stets ein Objekt, auf das er sich bezieht.

2. Eros ist ein Begehren, ein Verlangen. Dieser Aspekt kam in den Lobreden auf Eros zu kurz, wenn man die Rede des Aristophanes ausnimmt. Es
ist, so läßt sich etwas überspitzt formulieren, der Platonische Sokrates, der
die erotische Seite des Liebesgottes wieder stärker zur Geltung bringt.
3. Das Platonische Eroskonzept, so läßt sich schon hier erkennen, ist ein
dynamisches Konzept. Wer liebt, besitzt nicht das, was er liebt, sondern er
begehrt es. Ursache der Liebe ist also ein Mangel. Eros' defiziente Natur, die
Tatsache, daß er nicht schön ist, macht Liebe möglich, läßt ihn, wie es im
Text heißt, Jagd machen auf alles Schöne.

Eros ist nicht schön, er ist ein Wesen mit erheblichen Defiziten, das vor
allem hat das Gespräch zwischen Sokrates und Agathon erbracht. Die Frage
aber, wie und was der Gott seiner Natur nach ist, wenn er nicht schön ist und
nicht gut, blieb in diesem Gespräch offen. Sie bildet das Thema des ersten
Abschnitts des Diotima-Teils. Dieser Abschnitt, der nicht ohne Absicht
genau die Mitte des Dialogs einnimmt, stellt das Herzstück des *Symposion*
dar. Formal handelt es sich bei ihm um einen Bericht des Sokrates von einem
λόγος über den Eros, den er von „einer Frau aus Mantineia", der Priesterin
Diotima[6], gehört hat. Λόγος wird hier meist mit ‚Rede' übersetzt, was aber
dem Sachverhalt nicht ganz gerecht wird; denn tatsächlich berichtet Sokrates, wie der Text zeigt, nicht von einer ‚Rede' der Priesterin aus Mantineia, sondern von ihrer Eroslehre, die – und das ist entscheidend – nicht
schlicht *vorgetragen*, sondern in der Form einer *Unterredung* vermittelt
wurde, einer Unterredung allerdings, bei der nicht Sokrates das Wort führte,
sondern Diotima. Der Diotima-Teil ist also nicht nur in inhaltlicher Hinsicht
als eine Fortsetzung der kurzen Unterredung zwischen Sokrates und Agathon zu betrachten, sondern auch in formal-methodischer Hinsicht – ein
deutliches Indiz dafür, daß auch in dem Teil, in dem die Priesterin aus Mantineia ihre höchsten Geheimnisse über Eros preisgibt, die Philosophie des
Dialogs und der Dialektik bedarf.

Eros, so hatte sich gezeigt, ist weder schön noch gut, doch – und das lernt
Sokrates in dem Gespräch mit Diotima – er ist auch nicht häßlich oder
schlecht, sondern er ist „etwas dazwischen", ein τι μεταξύ. Daß Eros in der
Mitte steht zwischen ‚schön' und ‚häßlich', ‚gut' und ‚schlecht', ‚weise' und
‚töricht' usw., wird von Diotima mit seiner Abstammung erklärt. Eros, so erzählt sie, sei aus der Verbindung zwischen dem klugen, nie um einen Ausweg
verlegenen Poros und der nur dürftig begabten, stets Mangel leidenden

---

[6] Die Frage, ob es sich bei Diotima um eine Erfindung Platons handelt oder um
eine historische Persönlichkeit, ist oft (und kontrovers) erörtert worden. Sie ist nicht
sicher zu entscheiden, doch geht die Mehrzahl der modernen Symposioninterpreten
davon aus, daß es sich bei Diotima um eine fiktive, von Platon erfundene Gestalt handelt. Vgl. etwa Nussbaum 177 und Anderson 163, Anm. 2.

Penia hervorgegangen. Deshalb befinde sich Eros, der seiner Natur nach weder Gott noch Mensch, sondern ein Dämon sei, in folgendem Zustand: „Zunächst ist er immer arm; und weit davon entfernt, zart und schön zu sein, wie die meisten Leute glauben, ist er vielmehr rauh und unansehnlich, barfuß und obdachlos; er lagert immer auf der bloßen Erde ohne Decke; vor Türen, auf der Straße unter freiem Himmel nächtigt er; dem Mangel – und darin zeigt sich die Natur der Mutter – ist er ständig ausgesetzt. Andererseits stellt er nach der Art des Vaters allem Schönen und Guten nach, ist tapfer, verwegen und stark, ein gewaltiger Jäger, unerschöpflich im Ersinnen von Anschlägen, dabei beseelt von dem Wunsch nach Erkenntnis, in Mitteln und Wegen ein findiger Kopf, weisheitsliebend sein Leben lang, dazu ein mächtiger Zauberer, Giftmischer und Sophist" (203 c 6–d 8).

Das Bild, das Diotima von Eros zeichnet, ist zwiespältig. Eros ist einerseits ein unvollkommenes Wesen. Er ist weder schön noch gut, noch weise, sondern verkörpert die Sehnsucht nach dem Schönen, Wahren, Guten. Andererseits zeigt sich im Mangel auch die Stärke des Liebesgottes. Dadurch, daß Eros zwischen den Extremen ,schön–häßlich', ,weise–töricht' und ,gut–böse' steht, erweist er sich als ein potentiell philosophisches Wesen; denn, so Diotima, „keiner der Götter philosophiert oder begehrt, weise zu werden, denn sie sind schon weise, und auch wer sonst weise ist, philosophiert nicht. Ebensowenig philosophieren auch die Unwissenden oder streben danach, weise zu werden. Denn das ist ja das Schlimme an der Unwissenheit, daß man, obwohl man weder schön noch gut, noch vernünftig ist, doch meint, man könne sich selbst genügen. Wer nun nicht glaubt, bedürftig zu sein, der begehrt auch nicht das, dessen er nicht zu bedürfen glaubt" (204 a 1–7).

Durch Mangel ist der Platonische Eros reich. Anders als die Götter, die Weisheit und Schönheit besitzen, und anders als die Törichten, die beides nicht vermissen, kann Eros nach Weisheit und Schönheit streben, kann philosophieren – und lieben.

Die Frage nach dem Wesen der Liebe, der Liebe als Eros, von der das Gespräch zwischen Sokrates und Diotima seinen Ausgang genommen hat, ist damit beantwortet. Eros ist seiner Natur nach ein Zwischenwesen, ein Dämon, der, selbst nicht schön, weise oder gut, dem Schönen, Weisen und Guten verfallen ist und ihm unablässig nachstellt. Zur philosophischen Bedeutung dieser Charakterisierung drei kurze Bemerkungen:

1. Der Eros Diotimas (und damit auch Platons[7]) steht im Gegensatz zu dem traditionellen griechischen Erosbild, wie es etwa in den Reden gezeichnet wird, die Agathon und seine Freunde halten. Er ist kein Eros, der

---

[7] Anders Neumann, der zu zeigen versucht, daß sich Diotimas Position von der Platons wesentlich unterscheidet, da „all or part of Diotima's teaching negates the concept of the soul's immortality taught by Socrates in such dialogues as the *Phaedo*, the *Phaedrus*, and the *Republic*" (34).

durch ein schönes Äußeres, durch Anmut und jugendliche Kraft bezaubert, sondern ein dämonisch-triebhaftes Wesen, das durch einen Mangel an Schönheit, durch ein rauhes und ungepflegtes Äußeres auf den ersten Blick eher abstößt als anzieht.

2. Je genauer Diotima das Bild des wahren Eros zeichnet, desto deutlicher wird, daß Eros seiner Natur nach ein Philosoph ist; denn Eros' Liebe zum Schönen umfaßt auch die Liebe zur Weisheit, zum Wissen, zählen doch, wie Diotima betont (204 b), Weisheit und Wissen zum Schönsten überhaupt. Doch Platon begnügt sich im *Symposion* nicht damit, die wahre Natur des Eros zu enthüllen, sondern er bringt seinen neuen Eros gleichsam auch leibhaftig auf die Bühne, jenen rauhen, ungepflegten und barfüßigen Herumstreicher, der seine Tage damit verbringt, allem Schönen nachzujagen. Es ist kaum überraschend, daß dieser philosophische Eros die Züge des Sokrates trägt, jenes Sokrates, der – meist barfuß und im abgetragenen Mantel, dazu das Gesicht eines Silen – auf der Agora Athens täglich seinem Geschäft nachging: der Menschenprüfung; denn für Platon und nicht nur für Platon, sondern für fast alle seine Nachfolger hat die Philosophie in Sokrates ihre ideale Verkörperung gefunden.

3. Wer – wie Eros – weder Weisheit noch Schönheit besitzt, ist nicht ohne weiteres ein Philosophierender oder Liebender. Hinzukommen muß, daß er sich seiner Bedürftigkeit bewußt ist. Dieses Bewußtsein zu wecken ist der Hauptzweck der sokratisch-platonischen Elenktik, jener Methode, die darauf abzielt, durch die Destruktion eines bloß eingebildeten Wissens das Wissen um die eigene Unwissenheit zu erreichen und damit das Streben nach wirklichem Wissen zu ermöglichen. Man erkennt die ,erotische' Dimension der Elenktik: Sie will Menschen zu Liebhabern der Erkenntnis und des Schönen machen, sie gleichsam ,erotisieren', indem sie ihnen ihren Mangel vor Augen führt und ihnen dazu verhilft, sich ihrer wahren Bedürfnisse bewußt zu werden.

Eros als „Liebe zum Schönen" – diese im *Symposion* fast bis zum Überdruß gebrauchte Formel zur Charakterisierung der Natur des Eros ist ebenso griffig wie unverständlich; denn sie ist so allgemein, daß sie mehr Fragen aufwirft als beantwortet, Fragen wie: Was ist mit dem ,Schönen' gemeint?, Was heißt in diesem Zusammenhang ,Liebe'? und vor allem: Was ist die Ursache dieser Liebe, und wozu führt eine solche Liebe, was ist ihr Zweck, ihre Ursache? Es sind dies die Fragen, die zum zweiten Abschnitt des Sokrates-Diotima-Teils hinführen, zu jenem Teil, der die wesentlichen Elemente des Platonischen Eroskonzepts enthält.

Von Sokrates nach dem Nutzen der Liebe für die Menschen gefragt, verrät Diotima, was die Ursache der Sehnsucht des Eros nach dem Schönen ist: Eros erstrebt das Schöne, weil er im Schönen zeugen will, und er will im Schönen zeugen, weil er in sich das Verlangen nach Unsterblichkeit trägt (vgl. 207 a 5–209 e 5). Wie ist dieses orakelhafte Wort der Priesterin aus Mantineia zu deuten?

Die sterbliche Natur, so Diotima, sucht „nach Vermögen, immer zu sein und unsterblich", Unsterblichkeit aber erreichen sterbliche Wesen in gewisser Weise allein im Zeugungsakt, durch den etwas geboren wird, das als ein Teil von ihnen sie selbst überdauert. Diotima: Die Männer, die körperlich zeugen wollen, wenden sich Frauen zu und hoffen, sich durch das Zeugen von Kindern eine Art von Unsterblichkeit zu sichern; diejenigen aber, deren Seelen Zeugungskraft besitzen, zeugen unsterbliche Werke der Weisheit, Tugend und Kunst und entreißen so ihre Namen der Vergessenheit (vgl. 207 d 1–209 a 3).

„Zeugung im Schönen", „unsterbliche Werke der Weisheit, Tugend und Kunst" – die Ähnlichkeit der von Diotima entwickelten Erostheorie mit der ethische, ästhetische und erkenntnistheoretische Aspekte miteinander verbindenden Platonischen Philosophie ist offenkundig; denn diese versteht sich im Kern als Maieutik, als geburtshelferische Kunst. Das zeigt besonders deutlich der von Platon spät verfaßte *Theaitetos*. Sokrates betont dort (vgl. 150 b 6–151 d 3), die Aufgabe des Philosophen bestehe darin, Geburtshilfe zu leisten, wenn er auf jemanden treffe, dessen Seele schwanger gehe mit Wissen, indem er mit ihm einen philosophischen Dialog führe. Philosophie im Platonischen Sinne hat es also – im Gegensatz etwa zur Sophistik – nicht primär mit der bloßen Vermittlung von Kenntnissen zu tun, sondern ihr Ziel besteht darin, im Gespräch dem anderen zu helfen, sich seines Wissens, das er nach der Platonischen Anamnesislehre schon immer latent in sich trägt, bewußt zu werden, es zu ‚entbinden'. Schön beschreibt Diotima den Zustand des vom philosophischen Eros Ergriffenen:

Dieser wird Lust verspüren, zu befruchten und zu zeugen: „Daher geht auch (…) ein solcher umher, das Schöne zu suchen, in dem er zeugen könnte; denn im Häßlichen wird er niemals zeugen. Deshalb erfreut er sich an schönen Körpern mehr als an häßlichen (…), und er freut sich, wenn er eine edle und wohlgebildete Seele trifft, am meisten aber erfreut er sich an jenem, bei dem beides vereinigt ist. Einem solchen Menschen gegenüber wird er sofort von Worten überströmen über die Tugend und darüber, wie ein tüchtiger Mann sein müsse und was er treiben solle; und sogleich unternimmt er es, ihn zu unterweisen; denn ich glaube, wenn er den Schönen berührt und mit ihm verkehrt, dann zeugt und gebiert er, was er schon lange in sich trug. Ob er bei dem Freund ist oder fern von ihm, er denkt daran und zieht so das Erzeugte gemeinsam mit ihm auf; so daß diese eine weit bedeutendere Gemeinschaft miteinander haben als die eheliche und eine festere Freundschaft, wie sie auch schönere und unsterblichere Kinder gemeinschaftlich besitzen" (209 d 3–210 c 8).

Eros als ein philosophisches Ereignis und umgekehrt: die Philosophie als Ausdruck und Praxis des Eros, das ist das Programm des *Symposion*. Dabei kommt es fast weniger darauf an, daß zentrale Lehrstücke der Platonischen

Philosophie, ich nenne nur Elenktik, Maieutik, Anamnesis und Dialektik, ihren Platz in dem von Diotima entwickelten Eroskonzept finden, als vielmehr darauf, daß die erotische Basis der Platonischen Philosophie als Lebensform deutlich wird, und zwar an der Gestalt des Sokrates. Sokrates, der schon zu Beginn des Dialogs bekennt, er verstehe sich auf nichts anderes als auf die Erotik (177d7–8), verwandelt sich im *Symposion* in jenen Dämon, der sich Tag für Tag auf der Agora Athens herumtreibt und Jagd macht auf schöne Menschen, die bereit sind, mit ihm „unsterbliche Kinder" zu zeugen. Der Lehrer Platons erscheint in diesem Dialog als die ideale Verkörperung des philosophischen Eros, eines Eros, der die Weisheit nicht besitzt, sondern liebt, und der im Dialog mit anderen den Versuch unternimmt, dem wahren λόγος zu seinem Recht zu verhelfen. „Im Dialog mit anderen", „gemeinsam mit anderen" – das sind für Platon die wesentlichen Voraussetzungen eines Philosophierens, das den anderen braucht, weil es auf den Dialog, das διαλέγεσθαι, setzt. Platons Philosophieverständnis, so zeigt gerade das *Symposion*, verlangt die Gemeinschaft, die συνουσία, in der die vom philosophischen Eros Ergriffenen im Gespräch miteinander um das Wahre und Schöne ringen, oder anders formuliert: im *Symposion* erweist sich Eros als die Kraft, die die Menschen zusammenführt und philosophisch miteinander umgehen läßt – und „philosophisch miteinander umgehen" heißt für Platon: gemeinsam im Dialog um den besseren λόγος streiten.

Die zentrale Bedeutung des dialogischen Prinzips im *Symposion* ist in neuerer Zeit gelegentlich bestritten worden. Zu nennen ist hier vor allem Th. A. Szlezáks Studie ›Platon und die Schriftlichkeit der Philosophie‹, in welcher der Verfasser die These vertritt, Platon zeige im *Symposion* die „intellektuelle Einsamkeit des Dialektikers" (254) und die Vorgängigkeit des „Nachdenkens" gegenüber dem διαλέγεσθαι (254). Szlezák hebt hervor:

„Im Unterschied zu allen bisher besprochenen Dialogen fehlt im Symposion eines fast ganz: die gemeinsame Suche. Verwundern kann das nur diejenige Art von Platonauslegung, die das platonische συζητεῖν im Sinne gegenseitiger existentieller Öffnung mißversteht. Nach dem Bild des Dialektikers, das die Dialoge sonst bieten, war eher zu erwarten, daß dort, wo die Person des Sokrates zum Thema wird, alle Gemeinsamkeit mit anderen zurücktritt, seine Einzigartigkeit hingegen um so stärker hervortritt" (254).

Szlezák stützt seine Behauptung im wesentlichen auf die Tatsache, daß Sokrates vor dem Eintritt in Agathons Haus zurückbleibt, „um allein nachzudenken" (S. 254), und auf die Ansicht, daß die Unterredung zwischen Diotima und Sokrates „einen neuen Typ von philosophischer Kommunikation (zeigt), der sich in mehrfacher Hinsicht von dem in den Dialogen dramatisch-dialogisch realisierten Normalfall unterscheidet" (257). Dieser neue Typ von Kommunikation hebt sich für Szlezák von einem „normalen" Dialog vor allem dadurch ab, daß er

– das Ergebnis *wiederholter* Gespräche ist,
– eine positive Belehrung in autoritativer Haltung vermittelt,
– als ein planmäßiges Lernenwollen des ‚Schülers' und als Unterricht der ‚Lehrerin' erscheint.[8]

' Für Th. Szlezák, so läßt sich resümierend feststellen, handelt es sich bei der Unterredung zwischen Diotima und Sokrates im strengen Sinne nicht um einen *Dialog*, sondern um ein *Lehrgespräch*.[9]

Doch Th. Szlezáks Ansicht, Platon gehe von einem Gegensatz zwischen διαλέγεσθαι und „Nachdenken" aus, kann nicht überzeugen. Denn Denken – auch „Nachdenken" – ist für Platon, wie er im *Theaitetos* und *Sophistes* betont, ein inneres διαλέγεσθαι „ohne Stimme"[10]. Die dialektische Struktur des (inneren) Denkens spiegelt sich im (äußeren) Dialog (und umgekehrt), doch im äußeren διαλέγεσθαι kommt noch etwas hinzu, was für das eigene Denken unentbehrlich ist, das zweifelnde, korrigierende, fragende und zustimmende Mitdenken des anderen. Gerade das Erotik und Philosophie miteinander verbindende *Symposion* zeigt, daß es Platon nicht um die „intellektuelle Einsamkeit des Dialektikers" geht, sondern um die Unentbehrlichkeit des anderen im philosophischen Erkenntnisprozeß. So wie „nur dank eines anderen, und zwar eines Schönen, Eros als Zeugung möglich (ist)"[11], so ist für Platon Philosophieren in strengem Sinne nur als ein συμφιλοσοφεῖν, als *gemeinsames* Philosophieren, realisierbar.

Sokrates beendet seine ‚Lobrede' auf Eros, indem er davon berichtet, was die Priesterin Diotima in dem Gespräch mit ihm als die „letzten und höchsten" Geheimnisse der Liebe bezeichnet hat (209e6–210a4), den Aufstieg der Seele zur Schau des Schönen selbst. Danach sagt Diotima,

dies sei die „rechte Art, sich der Liebe zu nähern oder von einem anderen dazu angeleitet zu werden, daß man, von dem einzelnen Schönen beginnend, jenes einen Schönen wegen wie auf Stufen immer höher hinaufsteigt: von einem Körper zu zwei Körpern und von zwei Körpern zu allen schönen Körpern und von den schönen Körpern zu den schönen Sitten und Handlungsweisen und von den Sitten zu den schönen Kenntnissen, bis man von den Kenntnissen endlich zu jenem Wissen gelangt, welches von nichts anderem das Wissen ist als von jenem Schönen selbst, und man zuletzt also erkennt, was das Schöne selbst ist" (211c1–9).

Dieser Text gehört zweifellos zu den Höhepunkten des *Symposion*. Er schildert – ähnlich wie das Höhlengleichnis in Platons *Politeia* – den Weg, den die

---

[8] Vgl. Szlezák 1985, 257f.
[9] Vgl. Szlezák 1985, 260, wo die Unterredung zwischen Diotima und Sokrates als ein „planmäßig wiederholte(s) Lehrgespräch zwischen einem Wissenden und einer zum Lernen bereiten ‚verwandten Seele'" bezeichnet wird.
[10] Vgl. Tht. 189e6–190a6 und Sph. 264a8–b1.
[11] Fleischer 15.

Philosophie jenen weist, die der Eros treibt, über das sinnfällig Gegebene hinauszufragen. Die Richtung dieses Weges geht vom Konkreten zum Abstrakten, vom Einzelnen zum Allgemeinen, kurz: von dem, was sich in der Wahrnehmung jeweils als so oder so beschaffen zeigt, zu dem, was, immer mit sich selbst identisch, allein dem Denken zugänglich ist. Wer sich auf diesen Weg einläßt, wird, wie es in der *Politeia* heißt, aufwachen und erkennen, daß es neben dem vielen Schönen die Schönheit selbst gibt und daß das sinnlich Zugängliche nur schön ist aufgrund seiner Teilhabe am Schönen selbst (V 476c3–d4).

Es besteht für Platon eine natürliche Tendenz des Menschen, beim sinnfällig gegebenen Einzelnen nicht haltzumachen, sondern weiterzufragen nach seinem Urbild. Worauf diese Tendenz zurückzuführen ist, erklärt die Platonische Anamnesislehre: Beim Anblick eines (einzelnen) Schönen erinnert sich die Seele an jenes wahrhaft Schöne, das sie einst geschaut hat, d. h. die Seele realisiert im Erkenntnisakt, daß das abbildhafte Einzelne in seiner Defizienz auf ein vollkommenes Allgemeines – ein Urbild, eine Gattung oder Idee – bezogen ist, das nicht empirisch vermittelt ist, sondern von dem die Seele schon immer ein Wissen hat. Doch obwohl jede Seele eine ursprüngliche Kenntnis der Ideen besitzt, gelingt nur wenigen der Aufstieg von den einzelnen Dingen zu den allgemeinen Formen dieser Dinge, denn, wie es im *Phaidros* heißt,

sich „hier an jenes (an die Schau der Ideen durch die Seele, bevor sie einen Körper hatte) zu erinnern, fällt den Seelen nicht (…) leicht, weder denen, die jene (Urbilder) nur kurz geschaut haben, noch denen, die bei ihrem Sturz auf die Erde verunglückt sind, so daß sie in böse Gesellschaft gerieten und – zur Ungerechtigkeit sich wendend – das Heilige vergaßen, das sie damals geschaut. So bleiben denn nur wenige übrig, deren Erinnerungskraft stark genug ist" (250a1–6).

Dem Weg, der von den Dingen zu den Ideen führt, ist also nicht leicht zu folgen. Deshalb ist Hilfe nützlich. Im *Symposion* heißt es, daß man für diesen Weg nicht leicht einen besseren Helfer finden könne als Eros (vgl. 212b1–4).

Diotimas ,Mysterium des Eros' – die Ideenlehre?, oder genauer: die Hinführung zur Idee des Schönen? Wieso ,Mysterium'? und: Warum fürchtet Diotima, Sokrates vermöge noch nicht zu fassen, was sie ihm zu sagen hat, wo Platon die Ideenlehre an anderer Stelle doch als „Allerweltszeug" bezeichnet?[12] Hierzu einige Anmerkungen:

1. Eine der wesentlichen Funktionen des *Symposion* (wie im übrigen auch des *Phaidon*) besteht in der *Einführung* der Ideenlehre. Platon beschreibt diese Einführung im *Symposion* in der Form einer Einweihung in ein Mysterium, um die Bedeutung der Ideenlehre hervorzuheben, ähnlich

---

[12] Vgl. Phd. 76d6–8.

wie im *Menon* das Gewicht der Lehre von der Präexistenz der Seele dadurch betont wird, daß sie auf Erzählungen von Priestern zurückgeführt wird.

2. Die Stufen, die bei der Erkenntnis eines einzelnen schönen Körpers beginnen und bei der Erkenntnis des Schönen an sich enden, stellen nicht nur einen *Erkenntnisweg* dar, der, wie oben gezeigt, vom Einzelnen zum Allgemeinen und vom Konkreten zum Abstrakten führt, sondern sie repräsentieren auch eine *Werteskala*: Das Allgemeine und Abstrakte stellen aus Platonischer Sicht gegenüber dem Einzelnen und Konkreten auch das Höherwertige dar. Auf den Text übertragen, heißt das: Die Schönheit an sich steht über der Schönheit der Seele, und die Schönheit der Seele steht über der Schönheit des Körpers. Und genau hier liegt eines der Probleme; denn dies einzusehen ist nicht allein Sache des Intellekts, sondern setzt beim Erkennenden eine veränderte Seh- und Denkweise voraus, verlangt, um es platonisch auszudrücken, eine „umgewendete", eine philosophische Seele.

3. In der Tatsache, daß im *Symposion* die Hinführung zur ‚Schau' des Schönen an sich in Begriffen beschrieben wird, die aus der Mysteriensprache stammen, sehen eine Reihe von Forschern eine Bestätigung für ihre These, daß die höchste Erkenntnis bei Platon eine Form der Vision oder Offenbarung sei, die sich einer sprachlichen Vermittlung weitgehend entziehe. So heißt es etwa bei Gerhard Krüger:

„Die Erkenntnis des Höchsten kann nicht schulmäßig *gelehrt* werden: das ist der eigentliche Sinn der Ironie, mit der Diotima dem zur Schule gehenden Sokrates bei Beginn der höchsten Weihe begegnet ist (...) So gewiß Diotima ‚sokratisch' lehrt, so gewiß ist sie doch zugleich mehr als ‚Philosophin', denn auch Eros erweckt zwar zur Selbständigkeit –, aber auf dem Grunde des Enthusiasmus. Alle Belehrung bereitet nur vor zur persönlichen Begegnung; alle dianoetische Dialektik in der Zeit führt nur hin zur reinen noetischen Schau, die die Seele ‚plötzlich' ihrer ‚Sonne selbst' gegenüberstellt (...). Dieser ‚Augenblick bebender Schau', wie ihn auch *Augustin*, ganz im Sinne Platos, benennt (...), ist das eigentlich Mysteriöse am ‚Mysterium' des Eros: das *Widerfahrnis der Erleuchtung*, bei dem *jeder einzelne unvertretbar* ist. Wer es nicht selbst erfährt, dem kann es weder Plato noch ein Interpret erklären" (229/230).

Doch wer Platon zum Stammvater eines „amor mysticus" und seinen Erkenntnisbegriff zu einem „Widerfahrnis der Erleuchtung" machen will, verkennt die Bedeutung und die Funktion der Dialektik bei Platon. Die Dialektik ist für Platon kein bloßes Hilfsmittel des Denkens und der Philosophie, sondern sie ist das Medium, in dem sich Denken und Philosophie realisieren. Dialektik und Philosophie – das sind für Platon weitgehend identische Begriffe. Das zeigt vor allem auch das *Symposion*. Sokrates' Insistieren auf einem *Gespräch* mit Agathon, die Tatsache, daß auch Diotima Sokrates im *Gespräch* belehrt, und schließlich der Umstand, daß Eros selbst im *Symposion* als die Kraft verstanden wird, die Menschen im philosophischen *Gespräch* zusammenführt, machen deutlich, daß der Dialektik in Platons Philosophie nicht nur eine propädeutische Funktion zukommt, sondern daß sie in das Zentrum dieser Philosophie gehört.

„Die mystische Weisheit übertrifft das dialektische Suchen nach Weisheit. Deshalb steht die Mysterienpriesterin höher als Sokrates", heißt es in einer neueren Platon-Darstellung[13]. Doch läßt sich dies dem *Symposion* entnehmen? Dialektik, daran kann kaum ein Zweifel bestehen, verträgt sich nicht mit „höherem Wissen". Dialektik und Mystik stehen für Unterschiede in den Inhalten und den Methoden. Deshalb ist es fraglich, ob Diotima im *Symposion* die Funktion hat, ein „höheres Wissen" einzubringen, ein Wissen, zu dem der Dialektiker Sokrates keinen Zugang hat; denn tatsächlich „verkündet" Diotima nichts anderes als die Platonische Ideenlehre, wenn auch in der Sprache der Mysterienpriesterin, und sie tut es in der Form des Gesprächs, in einer Form also, deren sich auch die Philosophen bedienten. Die Einführung des Sokrates in die Liebe (und Philosophie) durch die „der Liebe und anderer Dinge kundige" Diotima gelingt, und sie gelingt, ohne Sokrates zum „Wissenden" zu machen. Zwischen Unwissenheit und Wissen stehend, bleibt ihm auch nach seiner Einführung allein, wozu ihn der philosophische Eros treibt, zum Streben nach Erkenntnis, oder Platonischer: zum Streit mit jenen, die vorgeben, etwas zu wissen, obwohl sie in Wahrheit nichts wissen.

Der Diotima-Teil – zweifellos der sachlich-thematische Kern des *Symposion* – bildet den philosophischen Höhepunkt des Dialogs; den dramatischen Höhepunkt allerdings spart sich Platon bis zum Schluß auf: Es ist der Auftritt des Alkibiades, der als genialer Feldherr, als Lebemann und als korrupter Verräter Athens in die Geschichte eingehen sollte.

Kaum hat Sokrates seinen Bericht beendet, da taucht Alkibiades, uneingeladen und stark angetrunken, mit Zechkumpanen und einer Flötenspielerin laut lärmend vor dem Haus des Agathon auf. Eingelassen, ergreift er unaufgefordert das Wort und hält eine Lobrede auf Sokrates, genauer: Er beichtet seine leidenschaftliche Liebe zu Sokrates. Er erzählt von seinen Nachstellungen und Verführungsversuchen, wie er Sokrates überall auflauerte und kein Mittel scheute, ihn zu verführen. Alles vergeblich, Sokrates widersteht seinen Verführungskünsten. Da greift Alkibiades zu einem letzten Mittel: Er lädt den stadtbekannten Philosophen in sein Haus und:

„Nachdem wir zu Abend gegessen hatten und Sokrates fortgehen wollte, führte ich die Unterhaltung mit ihm fort bis tief in die Nacht. Als er dann gehen wollte, nötigte ich ihn dazubleiben, unter dem Vorwand, es sei schon zu spät. Also legte er sich nieder auf dem Polster neben dem meinigen (...). Als endlich (...) das Licht ausgelöscht war und die Sklaven sich entfernt hatten, da hielt ich es für angebracht, auf alle Verschleierungen und Beschönigungen zu verzichten (...). Ich stand also auf (...),

---

[13] Bormann 88.

legte mich mit ihm unter seinen Mantel, schlang meine Arme um ihn, diesen wahrhaft
dämonischen und wunderbaren Mann – und blieb so die ganze Nacht über neben ihm
liegen (...). Bei all diesen Bemühungen war dieser Mann ein Wunder an Überlegenheit und Verachtung, verbunden mit Spott und Hohn über meine jugendlichen Reize,
auf die ich mir doch wer weiß was einbildete (...). Nachdem ich mit Sokrates die
Nacht über das Lager geteilt hatte, erhob ich mich, ohne daß etwas weiteres geschehen wäre, ganz so, als hätte ich bei meinem Vater oder älteren Bruder gelegen"
(218 b 8–219 d 2).

Auch im Alkibiades-Teil geht es um Philosophie, doch um Philosophie, die
in Szene gesetzt und auf die Bühne gebracht wurde. Das vergebliche Werben
des jugendlichen, reichen und schönen Alkibiades um den 53jährigen, ärm-
lichen und satyrhaft-häßlichen Sokrates enthüllt die Natur des wahren Eros:
Dieser – selbst nicht schön, sondern „struppig", wie es im Text heißt – ist
nicht an einem schönen Körper interessiert, sondern an einer schönen Seele;
denn nur mit der schönen Seele kann er philosophieren und „unsterbliche
Kinder der Weisheit" zeugen – oder anders formuliert: Der wahrhaft Schöne
im *Symposion* ist nicht der schöne Alkibiades, sondern der häßliche Sokrates, der Eros ohne Flügel, dessen Seele zu fliegen gelernt hat.

TILMAN BORSCHE

DIE NOTWENDIGKEIT DER IDEEN: POLITEIA

Die *Politeia* gleicht einem Wellengebirge, und ihre Tradition hat ozeanische Dimensionen. Mein Beitrag kann hier nicht mehr bieten als die Einladung zu einer kleinen Kreuzfahrt.

Ich beginne – einleitend – mit zwei Thesen zur Platon-Interpretation. Dann werde ich – zweitens – die Frage nach der Gerechtigkeit und den Platonischen Ort dieser Frage diskutieren, nicht jedoch die hinlänglich bekannten Antworten, die Platon gibt, wiederholen. Erst danach und im Rahmen dieser Vorerörterungen kommen – drittens und ausführlicher – Probleme der menschlichen Erkenntnis zur Sprache, und zwar geordnet nach folgenden Themengruppen: (1) Wissen, Meinung und ihre Gegenstände; (2) Ideen, Dinge und ihre Namen; (3) wahres Sein und seine Darstellung im λόγος. Mit einer kurzen Reflexion auf den Zusammenhang von Tugend (Gerechtigkeit) und Wissen wird die Skizze schließen.

1. Einleitung: Zwei Thesen zur Platon-Interpretation

Zwei Thesen, die keineswegs neu, wohl aber wegweisend für das sind, was im folgenden ausgeführt werden soll:

Erstens, eine allgemeine These zur Platonischen Philosophie: *Wissensfragen sind Wertfragen*, Wissensfragen, Fragen von der Form, was etwas ist, dienen bei Platon letztlich stets der Bestimmung des guten Lebens. Das gilt nicht nur für die *Politeia*, wird aber in ihr ihres besonderen Gegenstandes wegen besonders deutlich: Was Gerechtigkeit ist, muß (nur) derjenige wissen, der sich in die Lage versetzen will, mit Anspruch auf Wahrheit behaupten und gegen Einwände verteidigen zu können, daß es besser ist, gerecht zu leben als ungerecht. Bereits die Bildung eines besonderen Begriffs des Wissens dient hier dem Zweck, die Frage nach dem guten Leben ,philosophisch' beantworten zu können, d.h. allgemein, verbindlich und unabhängig von den Meinungen der Beteiligten.

Das ,Wissen' steht bei Platon bekanntlich in einem Gegensatz zur ,Meinung'. Beide bezeichnen Haltungen der Seele (περὶ ψυχῆς ἕξεις: IX 585b3f.), die einen Anspruch auf Wahrheit implizieren; die eine, das Wissen, nicht nur zu Recht und nachweislich, sondern unerschütterlich und unabhängig vom Wissenden, die andere, die Meinung, jedenfalls so, daß der Anspruch auf Wahrheit sich nicht ohne Rekurs auf fremde Autorität er-

weisen läßt und immer an die veränderlichen Kenntnisse und Interessen des
Meinenden gebunden bleibt. Platon hat diesen Unterschied zwischen Meinung und Wissen nicht erfunden. Aber er formuliert ihn neu und begründet
die Trennung beider Seiten auf neue Weise. An dieser Trennung hängt sein
philosophisches Interesse.[1] Und aus ihr ergibt sich die zweite, speziellere
These, die mein Thema unmittelbar betrifft: Wenn ‚Wissen' nicht nur eine
Art von Meinung bezeichnen soll, eine Meinung, die vielleicht überzeu-
gender begründet und in diesem Sinn stärker ist als andere, eine Meinung,
die sich dadurch vor anderen auszeichnet, daß es ihr gelingt, sich hier und
jetzt durchzusetzen, dann muß es selbst unerschütterlich sein; unerschütterlich nicht notwendigerweise subjektiv auf seiten des Wissenden, wohl aber
objektiv auf seiten des Gewußten. Aus dieser Forderung ergibt sich zwingend diejenige Annahme, die die sog. ‚Ideenlehre' Platons bei ihren modernen Kritikern in Verruf gebracht hat: *Die Gegenstände des Wissens sind
unveränderlich* – wie das Gute, das wir durch sie zu erkennen streben.

Nun lehrt die sophistische Praxis, in die das Platonische Philosophieren
als in sein zeitgenössisches Medium eingebunden ist, folgendes: Wir besitzen
und verfügen über Wissen nur in Worten (ὀνόματα, λόγοι). Genauer, wir
können unser Wissen nur im Denken darstellen, indem wir es in Worten mitteilen – anderen nicht weniger als uns selbst –, in Worten müssen wir es stets
erneuern, indem wir es – vor uns selbst nicht weniger als vor anderen – gegen
Zweifel und Angriffe verteidigen. Worte aber sind unsicher, unzuverlässig.
Ohne die Hilfe ihres „Vaters" sind sie dem Mißverständnis schutzlos preisge-
geben (vgl. *Phaidros* 275 e).[2] Deshalb darf auch Sokrates im Gespräch über

---

[1] Am Ende der langen Diskussionen des *Menon* über die Tugend, ihre Lehrbarkeit
und insbesondere über die Erklärung des Unterschieds von richtiger Meinung und
Wissen durch Erinnerung läßt Sokrates, wie so häufig, die Einschränkung folgen, daß
er hier nicht als ‚Wissender', sondern als ‚Vermutender' spreche. Dann fährt er in ganz
ungewöhnlich affirmativem Ton fort: „Daß aber richtige Meinung und Wissen etwas
Verschiedenes sind, dies glaube ich nicht nur zu vermuten; sondern wenn ich irgend
etwas behaupten möchte zu wissen, und nur von wenigem möchte ich dies behaupten, so würde ich als eines auch dies hierher setzen unter das, was ich weiß"
(98 b 1–5; vgl. *Timaios* 51 d 3 f, e 1).

[2] Nach Szlezák 1985, 279 ist die Schriftkritik „der einzige authentische Leitfaden
zur Beurteilung der Dialoge". In der Schriftkritik einen Leitfaden zu suchen, das hat
sich in der Tat als ein höchst fruchtbarer Ansatz erwiesen. Nicht zwingend aber erscheint die weitergehende Annahme der Exklusivität, die in ihrer stärkeren Version
besagt, daß der schriftliche λόγος als solcher notwendigerweise das wahre Wissen des
Philosophen verberge, in ihrer schwächeren Version, daß Platon in den schriftlich
ausgearbeiteten und auch veröffentlichten Dialogen sein philosophisches Wissen
immer und überall habe verbergen wollen. Beides erscheint schon deshalb unplau-
sibel, weil auch die mündliche Unterweisung letztlich nur epagogisch sein kann; auch

den Staat die Gerechtigkeit nicht im Stich lassen oder sein Wissen von ihr, so
ungenügend und schwach es auch sein mag, für sich behalten, denn es
„möchte doch frevelhaft sein, zugegen zu sein, wo die Gerechtigkeit ge-
schmäht wird, und sich von ihr loszusagen, ohne ihr zu helfen, solange man
noch Atem hat und einen Laut von sich geben kann" (II 368 b 7–c 2).

2. Wertfragen

2.1 Die Frage nach der Gerechtigkeit

Daß es in der *Politeia* mit der Frage nach dem wahren Begriff der Gerechtigkeit um Wertfragen geht, letztlich um die Frage nach dem guten Leben,
wird gleich zu Anfang des Textes deutlich ausgesprochen. Kephalos, ein be-
tagter und als weise charakterisierter Freund des Sokrates, bezeichnet ein
gerechtes Leben als die beste Alterspflege (γηροτρόφος: I 331 a 2). Gut
leben heißt gerecht leben. Damit ist nicht nur das Thema gestellt, sondern
die Antwort des Textes in der Form eines Weisheitsspruchs auch schon gegeben. Was fehlt, was der folgende Text zu leisten hat, ist die philosophische
Begründung dieser Wahrheit. Kephalos hat wohl recht, doch das Geschäft
der Rechtfertigung überläßt er den Jüngeren.

Immerhin gibt er dem Gespräch den ersten Anstoß, indem er erklärt, gerecht zu sein bedeute, die Wahrheit zu sagen und, was man empfangen hat,
zurückzugeben.[3] Denn hieran entzünden sich die ersten Einwände des Sokrates, die rasch zu dem Zwischenergebnis führen, daß man nicht wissen
und allgemein sagen kann, was eine gerechte Handlung sei. Denn es zeigt
sich, daß jedes unter einem allgemeinen Begriff bestimmbare Tun (ποιεῖν:
I 331 c 5) sowohl gerecht als auch ungerecht sein kann, je nachdem, durch
wen, wann, wo und in welcher Situation es geschieht. Gerechtigkeit ist also
nicht eine Kunst, die jemanden dazu befähigt, das durch die Kunst bestimmte Handlungsziel zu verwirklichen, wie die Heilkunst dazu befähigt,
Kranke zu heilen, oder die Steuermannskunst, Schiffe zu steuern. Insbesondere besteht sie weder in der Kunst, den Freunden zu nützen und den
Feinden zu schaden (Simonides), noch in der Kunst, das, was für den Handelnden selbst als den Stärkeren zuträglich zu sein scheint, durchzusetzen
(Thrasymachos); statt dessen zeigt sich immerhin schon so viel, daß, was als

---

sie muß sich der Worte bedienen und kann die wahre Einsicht des Hörers weder er-
zwingen noch sichern.
[3] (ὅρος δικαιοσύνης): ἀλεθῆ τε λέγειν καὶ ἃ ἂν λάβῃ τις ἀποδιδόναι: I 331 d 2. Es
sei daran erinnert, daß das Geschäft des Dialektikers, das der Wahrheit verpflichtete
Antworten, nichts anderes ist als ἀληθῆ τε λέγειν καὶ λόγον (ἀπο)διδόναι.

gerechtes Handeln gilt, stets an dem sich orientiert, was in einer konkreten Situation als gut erkannt ist. Gerecht zu handeln bedeutet, das Gute zu tun.

Die Erörterung von Buch I zeigt aber auch, daß eine Antwort auf die Frage, was das Gerechte und was die Gerechtigkeit sei, von sekundärem Interesse ist. Das primäre Gesprächsziel ist nicht theoretischer, sondern praktischer Natur. Es geht um die Frage, ob es besser sei, gerecht zu leben oder ungerecht; oder, in den Worten, mit denen Sokrates rückblickend das Gespräch mit Thrasymachos charakterisiert, ob die Gerechtigkeit wohl „eine Schlechtigkeit ist und Torheit oder eine Weisheit und Tugend" (I 354 b 6). Wertfragen also, Fragen nach dem guten Leben, leiten die Suche nach Erkenntnis. In diese Fragen wird Sokrates als Advokat der einen Seite – seine Überzeugung ist allen Beteiligten im voraus bekannt – hineingezogen. In der folgenden Unterredung soll er die Gesprächspartner nicht nur scheinbar – wie im Gespräch mit Thrasymachos, das ohne eine Klärung der Frage, was Gerechtigkeit sei, zu Ende geführt wurde –, sondern wirklich, d. h. aufgrund einer hinreichenden Klärung eben dieser Frage, überzeugen, „daß es auf alle Weise besser ist, gerecht zu sein als ungerecht" (II 357 b 1 f.). Am Ende der beiden längsten Redebeiträge von Gesprächspartnern des Sokrates, die nach dem „Proömium" (357 a 2)[4] des ersten Buchs den großen Hauptteil des Gesprächs vorbereiten, Beiträge, in denen Glaukon die üblichen Argumente gegen, Adeimantos die üblichen Argumente für ein Leben in Gerechtigkeit vortragen, formuliert letzterer den Auftrag an Sokrates: „Zeige uns also in deiner Rede, nicht nur daß Gerechtigkeit besser ist als Ungerechtigkeit, sondern wozu jede von beiden den, der sie hat, macht und daß an für sich selbst die eine ein Übel ist und die andere ein Gut" (II 367 b 3–5).

Der große Auftritt der Brüder Glaukon und Adeimantos zu Beginn des zweiten Buchs soll zeigen, daß der stärkere Widersacher derjenige ist, der wohlwollend, folgsam und mit dem Interesse, das Wahre zu erkennen, am philosophischen Gespräch teilnimmt (vgl. V 474 a 6–b 1). Einer wie Thrasymachos ist leicht zu widerlegen, wenn er nur bereit ist, sich ernsthaft auf ein Gespräch einzulassen und die Spielregeln der Argumentation zu achten (349 a 4–6).[5] Schwerer zu widerlegen sind Freunde, die die Argumente der

---

[4] Die textkritische Diskussion um die historische und kompositorische Stellung von Buch I werden umfassend referiert und kommentiert von Szlezák 1985, 277–285, sowie Kahn 1993.

[5] Daß sophistische Gegner häufig genau dieses verweigern und daß man sie zur Teilnahme am Sprachspiel der Argumentation auch nicht nötigen kann, führt Platon im *Gorgias* ausführlich vor. Da Thrasymachos aber im Gegensatz zu Kallikles insofern sich belehren läßt, als er offenbar mit eigenem Interesse den weiteren Verlauf des Gesprächs verfolgt (450 b 3 f.), kann Sokrates ihn schließlich und vielleicht doch nicht nur ironisch als „Freund" bezeichnen (498 c 9–d 1).

Gegner vortragen mit dem guten Willen, sich widerlegen lassen; so Glaukon das Lob der Ungerechtigkeit, Adeimantos das Lob der Gerechtigkeit, die sie beide aber nur ihrer für den einzelnen vorteilhaften Folgen wegen preisen. Um diese Argumente widerlegen zu können, das eine bezüglich der Sache, das andere bezüglich ihrer Begründung, muß Sokrates genau zeigen und sagen können, was das Gerechte und die Gerechtigkeit sowie dementsprechend das Ungerechte und die Ungerechtigkeit an und für sich selbst sind: das philosophisch formulierte Thema der folgenden Bücher. So bestätigt die Rahmenerzählung der *Politeia* die erste der eingangs genannten Thesen: Die Frage, was Gerechtigkeit ist, wird gestellt, weil sie beantwortet werden muß, wenn wir wahrhaft wissen wollen, ob, warum und – ggf. – wie wir gerecht leben sollen.

2.2 Der doppelte Ort der Gerechtigkeit

Was Platon inhaltlich ausführt, setze ich als bekannt voraus, ich werde es nicht wiederholen. Zur Gerechtigkeit also nur so viel: Allgemein oder strukturell gesprochen, wird sie eingeführt als die angemessene Ordnung eines Herrschaftsgebildes, verstanden nach dem Bild eines Organismus. Ungerechtigkeit wäre demgegenüber die Unordnung oder, genauer gesagt, eine defiziente Weise der Ordnung desselben Herrschaftsgebildes. Es gibt nur jeweils eine beste, aber viele mehr oder weniger defiziente Ordnungen. Gänzlich ohne Ordnung ist keine Seele und kein Staat, denn das Ende ihrer Ordnung wäre der Tod. Nur insofern die Seele und der Staat als Organismen, und das heißt eben als Herrschaftgebilde angesehen werden können, sind beide auch mögliche Orte für die Frage nach der Gerechtigkeit. Innerhalb dieses Rahmens aber, der vorausgesetzt ist und bleibt, stellt sich die Frage nach der Gerechtigkeit in der Form der Frage, wer (oder was) hier über wen (oder was) herrscht bzw. herrschen sollte.

Das Ergebnis der Untersuchung, wiederum nur strukturell gesprochen, ist bekanntlich folgendes: Der- oder dasjenige soll herrschen, dessen Herrschaft dem Ganzen zuträglich ist, nicht (nur) einem Einzelnen, nämlich dem Herrschenden selbst, wie Thrasymachos und andere Sophisten behaupten. An dieser Stelle wird die strategische Bedeutung jener folgenschweren Analogie erkennbar, der die *Politeia* ihr Thema und ihren weiteren Aufbau verdankt: der Analogie zwischen Einzelseele und Polis. Sie wird scheinbar ganz unverfänglich eingeführt, und zwar mit einem Verweis auf den Sprachgebrauch: „Gerechtigkeit, sagen wir doch, findet sich an einem einzelnen Manne, findet sich aber auch an einer ganzen Stadt" (II 368 e 2 f.). Insofern sie als Herrschaftsgebilde verstanden sind, steht der Name der Gerechtigkeit in beiden für die jeweils angemessene Ordnung, die durch die Herrschaft des besten Teils in ihnen ausgeübt und aufrechterhalten wird.

Daß die Gerechtigkeit in beiden Gebilden auch wirklich dasselbe sei, mithin die Berechtigung der Analogie, wird von Sokrates dadurch angedeutet, daß er ihr Verhältnis, freilich ohne es eigens zu thematisieren, als „Ähnlichkeit" (ὁμοιότης: 369a2) bestimmt. Im Fortgang des Textes aber wird an zahlreichen Stellen doch deutlich erkennbar, daß das Verhältnis zwischen der Gerechtigkeit der Seele und der Gerechtigkeit der Polis nicht (nur) als eine logisch strukturelle Analogie, sondern als eine kontingent natürliche Isomorphie zu verstehen ist, eine Isomorphie, die auf komplexen, der freien Gestaltung (insbesondere in der Erziehung) zugänglichen Kausalbeziehungen zwischen den jeweiligen Charakteren (ἤθη: 435e2) beider beruht. Einerseits bildet sich der Charakter der Einzelseele durch ‚Internalisierung' vorgegebener kultureller Leitbilder (vorzüglich in der Früherziehung durch Gymnastik und Musik). Andererseits bestimmen diejenigen einzelnen, die zu politischem Einfluß gelangen, durch ‚Externalisierung' ihrer Tugenden bzw. Laster den Charakter der künftigen Polis. Diese generationsversetzte Wechselwirkung der Charaktere wird in der Darstellung, mehr noch in der Begründung des historischen Kreislaufs der Verfassungen in Buch VIII ausführlich erläutert. Doch schon beim Übergang von der Erörterung der ‚großen' Schrift der Gerechtigkeit in der Polis zur ‚kleinen' Schrift der Gerechtigkeit in der Seele erinnert Sokrates mit folgenden Worten an die notwendige Isomorphie beider Seiten: „Es wäre ja lächerlich, wenn jemand glauben wollte, das Mutige sei nicht aus den einzelnen in die Staaten hineingekommen, die vorzüglich diese Kraft in sich haben, wie die in Thrakien und Skythien und fast überall in den oberen Gegenden, oder das Wißbegierige, was man vorzüglich unsern Gegenden zuschreiben kann, ..." (435e).[6]

Für die Argumentation der *Politeia* ist die Feststellung einer natürlichen Isomorphie zwischen den, wie man zugespitzt sagen könnte, zwei Seiten einer jeden Seele, der inneren (individuellen) und der äußeren (politi-

---

6 Williams unternahm es, die „Analogie" zwischen Seele und Staat, deren politische Konsequenzen für moderne Leser schon immer schwer erträglich waren, als logisch absurd zu erweisen. Erst zwei Jahrzehnte später konnte Lear eine neue Deutung der Platonischen Psychologie vorlegen, mit deren Hilfe jene Analogie als Isomorphie erklärt wird, wodurch der Text der *Politeia* nicht nur konsistent, sondern auch – unter Platonischen Prämissen – plausibel erscheint. Lear führt aus: „roughly speaking, psyche is internalized polis and polis is externalized psyche" (208). Auf diese relecture des Textes stützt sich die hier gegebene Darstellung. – Eine andere Richtung der neueren Platon-Lektüre, die ihrerseits für eine Rehabilitierung der Sophisten plädiert, knüpft gern an die ältere Kritik der Analogie von Seele und Staat an. Sie übt aber nicht logisch-semantische Kritik an der Platonischen Argumentation, sondern philosophische Kritik an der Platonischen Position: vgl. z.B. Cassin 1992, bes. 126–130.

schen), von größter Bedeutung. Denn wenn man erst einmal die Frage nach der Gerechtigkeit als die Frage nach den Lebensbedingungen eines Organismus – Funktionalität der Teile im Dienst der Einheit des Ganzen – ausgelegt hat, dann kann man auf die Frage, worin das gute Leben bestehe, nicht mehr wie Thrasymachos antworten, es liege im Vorteil eines einzelnen Bürgers auf Kosten anderer. Wie die Teile der einzelnen Seele, so müssen sich nämlich auch die Bürger der Polis funktional der ‚Gesundheit' des Ganzen unterordnen, nur so dienen sie auch ihrer eigenen ‚Gesundheit'.[7]

In dieser Verbindung, die mehr sein soll als eine Analogie, liegt der Hebel, mit dessen Hilfe Platon versucht, die sophistische Position zu überwinden. Indem Glaukon und Adeimantos als Anwälte des ungerechten bzw. des nur zum Schein gerechten Lebens die Isomorphie akzeptieren, haben sie den Kampf der λόγοι bereits verloren. Was danach folgt, ist eine konsequente Entfaltung der natürlichen bzw. institutionellen Formen der Herrschaftsgebilde Staat bzw. Seele, zu deren inhaltlicher Ausgestaltung Platon auf allgemein geteilte materielle und sittliche Lebensformen seiner Zeit zurückgreift[8], um sie teilweise kühn und provokativ zu modifizieren, und die man zu anderen Zeiten im Licht anderer Gewohnheiten weiter modifizieren könnte, ohne das Argumentationsschema als ganzes zu gefährden.

So zeigt sich, daß die Verfassung der einzelnen Seele, ihre Tugenden und Laster, ihr Glück und Unglück sich nur im Leben der Polis erfüllen, in der, durch die und für die sie leben. Letztlich ist es der natürlichen Isomorphie von Polis und Psyche zuzuschreiben, daß gerechtes und glückliches Leben nicht nur kompatibel sind, sondern sich auch wechselseitig fordern. Die vollkommene Vermittlung beider aber wird nur durch die *wahrhaft* gerechte Polis geleistet. Erst in ihr kann, in ihr aber wird die gerechte Seele auch glücklich leben (vgl. z.B. VI 497 b 1– d 2). Die Gestalt (Idee/Form) dieser Polis sowie ihre Möglichkeitsbedingungen zu erkennen und zu bestimmen ist als die Hauptaufgabe der *Politeia* anzusehen.

[7] Den alten Streit darüber, ob das Eigeninteresse der Bürger im Platonischen Staat der „Gerechtigkeit", verstanden als das Interesse des Staates, geopfert werden müsse, diskutiert Mahoney am Problem des Philosophen, der sich zur Regierung herabläßt. Unter Ausblendung moderner Vorstellungen von den Ansprüchen des Individuums gegenüber der Gesellschaft kommt er zu dem Ergebnis: „given certain assumptions which are deeply embedded in Plato's philosophy, there can be no conflict between social justice and one's own self-interest" (282).

[8] So schreibt schon Hegel, daß „die *Platonische* Republik, welche als das Sprichwort eines *leeren Ideals* gilt, wesentlich nichts aufgefaßt hat als die Natur der griechischen Sittlichkeit (...)" (Grundlinien der Philosophie des Rechts, Vorrede).

3. Wissensfragen

Die inhaltliche Erörterung der Gerechtigkeit muß ich hier abbrechen. Ich knüpfe an die frühere Feststellung an, daß die Frage, ob wir gerecht leben sollen, nicht entschieden werden kann, bevor man nicht weiß, was sie ist. Es geht um wahres Wissen von der Gerechtigkeit angesichts des sophistischen Plädoyers für eine Instrumentalisierung des Scheins der Gerechtigkeit. Folglich geht es zunächst und allgemein um die Frage, von welcher Art wahres Wissen zu sein hätte und ob so etwas für uns überhaupt erreichbar wäre. Dies aber ist der Ort des Lehrstücks von den Ideen.

Im Horizont des Problems einer Rechtfertigung des Wissens durch den philosophischen Logos ist also zu fragen:

Erstens, zu welchem Zweck führt Platon die Ideen ein, welche Funktion teilt er ihnen zu?

Zweitens, ist ihre Einführung zur Erreichung des Zwecks notwendig?

Drittens, sind dieser Zweck und diese Funktion für uns unentbehrlich oder ihre Erfüllung doch so wünschenswert, daß das Mittel, die Einführung der Ideen, gerechtfertigt erscheint?

Die beiden ersten Fragen werde ich im folgenden gemeinsam erörtern. Die dritte Frage wird unbeantwortet bleiben; sie sprengt den Rahmen, zwar nicht den eines Aufsatzes, wohl aber den meiner Aufgabe: Die beiden ersten dienen der Platon-Hermeneutik, die letzte wäre eine Frage der Platon-Kritik.

3.1 Wissen, Meinung und ihre Gegenstände

Zu Recht wird darauf verwiesen, daß Platon nicht nur nie von einer ‚Ideenlehre‘ spricht, sondern daß auch seine Angaben über die Ideen selbst bemerkenswert spärlich und zurückhaltend ausfallen.[9] Dennoch kann wohl kaum bestritten werden, daß Ideen für ihn im Zusammenhang mit den Fragen des Wissens und Erkennens eine entscheidende Rolle spielen.[10]

---

[9] So besonders deutlich Wieland 95 ff. – Zum Folgenden vgl. ausführlich Borsche 1990, 73–106.

[10] Diese Formulierung genügt für den gegenwärtigen Zusammenhang, ist aber auf Platon im allgemeinen bezogen zu eng. Cherniss 1936 zeigt in einem klassisch gewordenen Aufsatz klar, knapp und überzeugend, wie gerade die „Hypothese der Ideen" nicht nur die epistemologischen, sondern auch die ethischen und die naturphilosophischen Probleme, die sich Platon stellten, zu lösen vermochte. Sie machte es ihm möglich, mit Hilfe einer einzigen Grundannahme in allen drei Bereichen „die Phänomene zu retten".

Grundlegend sind die Ausführungen in der *Politeia* sowie im *Phaidon*, die im *Menon* vorbereitet und in den Spätdialogen nicht widerrufen, sondern angesichts von Problemen, die bei der philosophischen Erörterung der Ideen auftreten, spezifiziert werden.

Die Ideen und sie allein sind der Gegenstand unseres Wissens.[11] Sie werden näher beschrieben als das, „was sich immer auf die gleiche Weise verhält und niemals und nirgends auf keine Weise irgendeine Veränderung annimmt" (*Phaidon* 78 d 6). Diese Formulierung kann man geradezu als die Platonische ‚Ideenformel' betrachten. Sie erscheint – gelegentlich abgewandelt, häufig abgekürzt – immer dann, wenn von Ideen, vom Wissen und vom wahren Sein die Rede ist. Worauf bezieht sich diese Formel, und was besagt sie näher?

Im Zusammenhang mit der aus dem *Phaidon* zitierten Stelle wird dasjenige, worauf sie sich bezieht, durch Definition und Beispiele mit wünschenswerter Deutlichkeit erklärt: Es ist „das Wesen selbst, von dem wir sagen [Rechenschaft geben], daß es ist, indem wir fragen und antworten" (78 d 1 f.). Solches Fragen und Antworten wird in der *Politeia* ausdrücklich als die Kunst der Dialektik und diese als die eigentliche Aufgabe der Philosophie bezeichnet (vgl. VI 484 b 2–4 und VII 534 b–d). Es handelt sich um die vertrauten sokratischen Fragen nach dem, was etwas ist. Als Beispiele für Gegenstände solcher Fragen werden genannt: „Schönes selbst und eine immer sich gleich verhaltende Gestalt [Idee] der Schönheit" (V 479 a 1 f.) oder „das Schöne selbst, nicht die vielerlei schönen [Dinge], oder auch ein jegliches selbst, aber nicht die vielerlei einzelnen [Dinge]" (VI 493 e 2 ff.).

---

[11] Für moderne Freunde Platons gilt es als unfein, ihrem Philosophen diese Behauptung zuzumuten. So argumentieren sie, daß Ideenwissen nicht um seiner selbst willen, sondern nur insofern, als es Bedingung von Dingwissen ist, gesucht werde. Daß Ideenwissen auch diese Funktion erfüllt, ist ohne weiteres zuzugeben, solange Einigkeit darüber besteht, daß man über Wissen im modernen Sinn des Wortes spricht, ohne sich auf die wechselnden und in ihrem Gebrauch problematischen Begriffe Platons einzulassen. Grundlegend für Fragen dieses Wortfeldes bei Platon bleibt die Studie von Snell; vgl. aber auch sehr erhellend zur gegenwärtigen Problematik Wieland 294 f. Sprachanalytische Bestimmungen des Unterschieds von Meinung und Wissen in modernen Sprachen und modernem Denken, wie sie von Ebert, 37–54, durchgeführt werden, können nur sehr indirekt etwas über die Bedeutung Platonischer Begriffe aussagen. Aus den Texten nicht hinreichend begründet ist allerdings die dem modernen Geschmack entgegenkommende Versicherung, daß Platon in erster Linie an diesem sekundären ‚Wissen' interessiert gewesen sei, weil „alle Philosophie bei den sogenannten Dingen anfängt" (so z. B., aber keineswegs allein, Stemmer 1985 a, 96 f.).

Die ‚Idee' oder, wie es häufiger heißt, die ‚Sache selbst' ist „an und für sich eingestaltig" (X 612 a), nicht zusammengesetzt. Das schließt nicht aus, daß Ideen untereinander in Verbindung stehen.[12] Aber solche Ideenverbindungen werden ebenso unveränderlich sein, wie ihre eigene Gestalt an und für sich unveränderlich ist. Die genannten Bestimmungen der Ideen setzen diese in Gegensatz zu den wahrnehmbaren Gegenständen, die „sich nirgends und niemals weder sich selbst noch anderen gegenüber in derselben Weise verhalten" (*Phaidon* 78 e 3 f.).

Wenn allein die unsichtbaren und unveränderlichen Ideen mögliche Gegenstände des Wissens sind, dann kann es auch nur von Ideen Sätze geben, die unabhängig von aller Wahrnehmung wahr sind und in diesem Sinn als ‚Wissen' gelten. Alles, was man über sichtbare Dinge sagen kann, heißt demgegenüber ‚Meinung'. Die sichtbaren Dinge sind veränderlich und vergänglich. Sie bleiben nicht, was sie sind, und was man von ihnen aussagt, ist auf Wahrnehmung gegründet. Zwar gibt es durchaus wahre Meinung, selbst begründete wahre Meinung, zu welcher auch die, modern gesprochen, ‚wissenschaftlich' begründete Meinung zu rechnen ist. Da aber die Gegenstände von Meinungen nicht unveränderlich sind, kann ein Satz, der über diese etwas aussagt, niemals ‚Wissen' genannt werden.

Man hat sich vielfach gegen diese Art der Unterscheidung von Wissen und Meinen ausgesprochen, weil man Platon keine platonistische Zweiweltenlehre zumuten wollte, wie das seit Aristoteles[13] üblich ist. Dem wäre entgegenzuhalten, daß erst unter der Voraussetzung einer Trennung der Gegenstände des Meinens und des Wissens veränderliche Dinge im Denken bestimmt und beurteilt werden können, und zwar von Unveränderlichem her, an dem sie „teilhaben", so wie jede Seele und jeder Staat, selbst die ungerechtesten unter ihnen, an der Gerechtigkeit „teilhaben" und damit überhaupt erst als Staat bzw. als Seele benannt, erkannt und beurteilt werden können. Die Platonische Kluft zwischen Wissen und Meinen, obwohl unüberbrückbar, dient als Maß der Unterscheidung und der Verbindung unserer Begriffe und empfiehlt sich damit als ein kritischer Weg des Denkens zwischen dem logischen Eleatismus einerseits und dem sophistischen Relativismus andererseits. Für ihre Leugnung besteht also, auch sachlich be-

---

[12] Der Gedanke einer κοινωνία der Ideen nicht nur mit den Dingen und den Handlungen, sondern auch „untereinander" wird *Politeia* V 476 a 4–7 beiläufig erwähnt, aber erst *Sophistes* 251 a–257 a eigens thematisiert. Hier eine Parallele zu sehen muß nicht heißen, die Neuigkeit der Thematik des *Sophistes* zu leugnen, wie Stenzel 1931, 50 ff., sehr folgenreich behauptet hat. Es bewahrt lediglich davor, dramatische Wendepunkte im Denken Platons konstruieren zu müssen.
[13] Vgl. Aristoteles, *Metaphysik* 1, 990 a 34–b 8. Zur Kritik vgl. neben den oben, Anm. 11, genannten Autoren auch sehr dezidiert Ebert und Fine 1978.

trachtet, kein hinreichender Grund. Im übrigen ist die Aussage der Texte recht klar[14], die das Wissen dem Sein zuordnen und in ausdrücklichem Gegensatz dazu die Meinung den vielen Dingen, die jeweils an der Selbigkeit des Seins teilhaben, dem Wahrnehmbaren (αἰσθητά) und dem Werden (γένεσις).[15]

Es bleibt jedoch die Schwierigkeit, die Beziehung beider Bereiche zu verdeutlichen. Der Sinn der Unterscheidung liegt in der Beziehung des Unterschiedenen. Gäbe es keinerlei Beziehung, konkreter gesagt, wären die Ideen für uns nicht erkennbar und nicht auch für richtige Meinungen über die Dinge verwendbar, dann wäre ihre Annahme wenig sinnvoll.

3.2 Ideen, Dinge und ihre Namen

Im Wort ist die Beziehung zwischen unserem Denken und den Ideen gegeben. Das Wort, wenn es denn wirklich eines ist, bezeichnet unmittelbar Etwas, Eines, Seiendes. Es ist Name: Alles, was man nennen kann, und zwar so, daß man seinen mit anderen Namen verbinden und auf diese Weise etwas von ihm aussagen kann, ist ein solches Etwas und Eines und Seiendes. Unmittelbar also benennt der Name eine Idee. Aus dieser Sicht ist die Idee nichts anderes als die Bedeutung ihres Namens (vgl. bes. X, 596 a 6–b 11).

Wenn wir gefragt werden, was der Gegenstand eines Wortes sei, überspringen wir in der Regel die Bedeutung und nennen Beispiele von Dingen, die durch das Wort bezeichnet werden. Sokrates wird nicht müde, diese ebenso gewöhnliche wie voreilige und irreführende Art der Antwort auf die Frage, was etwas ist, zu kritisieren. Wohl werden Wörter auch dazu verwendet, Dinge zu bezeichnen, doch können sie dazu allein kraft ihrer Bedeutung verwendet werden. Ursprünglich und notwendig ist die Bedeutungsfunktion des Wortes, von ihr sind mögliche Beziehungsfunktionen abgeleitet. In Platons Ausdrucksweise heißt das, daß Namen auf Dinge nur

---

[14] Die ausführlichste und am meisten erörterte unter den Passagen, die die Unterscheidung von Meinen und Wissen behandeln, findet sich *Politeia* V 476 a–480 a. Vgl. aber auch *Timaios* 27 d 5–28 a 4, 37 b 3–c 3, 51 d 3–52 a 7, u. v. a. – Die Vorschläge zur Deutung dieser Unterscheidung werden in Graeser 1991 umfassend referiert und diskutiert. Auch Graeser kommt zu dem Ergebnis, „daß die sog. orthodoxe Interpretation mit den Gegebenheiten des Textes am besten verträglich ist und insofern zu Recht besteht" (367), obwohl damit nicht alle Probleme der Konsistenz des Textes befriedigend geklärt werden können.

[15] Vgl. V 479 a–e, VI 507 b–c. In Buch VII 534 a findet sich die doppelte Analogie: δόξαν μὲν περὶ γένεσιν, νόησιν δὲ περὶ οὐσίαν· καὶ ὅτι οὐσία πρὸς γένεσιν, νόησιν πρὸς δόξαν.

„homonym" bezogen werden.[16] Insofern und solange wahrnehmbare Dinge sind, was sie sind, führen sie denselben Namen wie die entsprechenden Ideen. Dieser homonyme Gebrauch der Namen ist dadurch gerechtfertigt, daß die Dinge ihren Ideen „ähnlich" sind. Doch es gehört zu ihrer Natur, daß sie sich verändern. Von keinem von ihnen kann man mit Gewißheit sagen, daß ein Name ihm immer und überall zukommen müßte. Bemerkenswerterweise sind davon auch nicht die sonst gern als unvergänglich eingestuften Himmelskörper ausgenommen (VII 530 a 3–b 4). Überall und immer kommt der Name nur einer Idee zu. Sie ist ‚seine' Bedeutung, derart, daß er gar kein Name wäre, sondern ein leerer Laut, wenn er sich nicht auf etwas und eines, das ‚ist', eben auf eine Idee, bezöge.

Wenn der Name unmittelbar nur eine Idee benennt und erst mittelbar über diese Idee auch Dinge bezeichnen und bestimmen kann, so folgt daraus, daß ‚Dingwissen' nur mit Hilfe von ‚Ideenwissen' möglich ist. Den Dingen fehlt an ihnen selbst die Einheit des Begriffs. Nur wenn es gelingt, im unaufhörlichen Fluß des Veränderlichen unveränderliche Gestalten zu erblicken, kann man etwas als etwas isolieren, identifizieren, fixieren und schließlich über es Meinungen formulieren, die mit Hilfe der Wahrnehmung als wahr oder falsch beurteilt werden können.

Daß Dinge nur mit Hilfe von Namen für Ideen und damit nur ‚homonym' bezeichnet werden können, ist eine Sache. Eine ganz andere Sache ist die Frage, unter welchen Bedingungen ein Ding den Namen einer bestimmten Idee zu führen berechtigt ist. Platon erörtert diese Frage in verschiedenen Zusammenhängen und unter verschiedenen Titeln, vor allem denen der Gemeinschaft (κοινωνία) und der Teilhabe (μέθεξις). Doch was ist es, das da in Beziehung zueinander steht?

Wenn schon die Angaben Platons über die Natur der Ideen spärlich sind, so wird man Angaben über die Natur der Dinge ganz und gar vergeblich bei ihm suchen. Das Ding ist kein Gegenstand der Platonischen Philosophie. Es wird gewöhnlich im Plural als „das viele" (τὰ πολλά) oder „das Wahrnehmbare" (τὰ αἰσθητά) bezeichnet. Einerseits wird es damit als eine der zwei Gattungen des Seienden bestimmt (*Phaidon* 79 a 6), andererseits bleibt die Bezeichnung des eigentlichen Seins den Ideen vorbehalten. Das viele ist wohl irgendwie, es ist aber nicht etwas und eines, denn es verändert sich. In keinem Fall bleibt es immer das, was es ist, weder in bezug auf sich selbst noch in bezug auf anderes. Es entsteht und vergeht als das, was es ist. In diesem Sinn sind die Dinge also stets weniger als das, was ihr Name bedeutet, mit dem sie – aber nur zeitweilig – zu Recht bezeichnet werden. In

---

[16] Die einschlägigen Stellen für diesen Gebrauch des Begriffs der Homonymität finden sich nicht in der *Politeia*, sondern in *Phaidon* 78 e 2, *Parmenides* 133 d 3, *Timaios* 52 a 5.

einem anderen Sinn aber sind sie stets mehr als das, was ihr jeweiliger Name bedeutet. Denn jedem von ihnen, das durch einen Namen identifiziert wird, kommen jederzeit viele weitere Namen zu, und zwar sehr viel mehr, als irgendeiner von den Ideen selbst, mit deren Namen sie benannt werden.

Nun ist der Hinweis darauf, daß ein Gegenstand, der als *etwas* identifiziert wird, immer auch anderes ist, weder überraschend, noch lassen sich mit seiner Hilfe sichtbare Dinge von den unsichtbaren Ideen unterscheiden. Bemerkenswert aber ist die Feststellung, daß die sichtbaren Dinge sowohl etwas als auch und zugleich dessen *Gegenteil* sein können. Mehr noch, Platon behauptet ausdrücklich, daß ihnen von zwei gegenteiligen Namen immer beide zukommen. Unter den vielen schön erscheinenden Dingen ist keines, das nicht notwendig auch häßlich erscheinen wird.[17] Es ist eine Frage des mehr oder weniger und der besonderen Hinsichten. Gegebenenfalls darf etwas wohl nur deshalb „mit Recht" (ἐν δίϰῃ: V 478 e 4) als etwas bezeichnet werden, weil es dieses „mehr" (μᾶλλον: V 479 b 7; VII 523 c 2) zu sein scheint als sein Gegenteil, wenigstens zur Zeit und in der genannten Hinsicht.

Logisch betrachtet ist es diese Fähigkeit, gegenteilige Namen in sich zu vereinigen, welche die Dinge von den Ideen unterscheidet. Dieselbe Fähigkeit läßt nun aber auch die Beziehung beider Seiten erkennen. Denn durch Namenspaare, die Gegenteile bezeichnen, wird die Seele zum Denken der Ideen „aufgefordert" (VII 523 a–524 d). Wenn die Wahrnehmung nicht in der Lage ist zu unterscheiden, ob das Wahrgenommene „mehr" das eine ist als das andere, sondern, wenn das eine, dann immer und „gleichermaßen" auch sein Gegenteil (523 c 2 f., 479 b 9 f.), dann muß sie das Denken (νόησις: 523 d 4) zu Hilfe rufen, das die Hinsichten unterscheidet und Feststellungen trifft, die in der Wahrnehmung nicht gegeben sind. Für das Auge etwa ist jedes Ding sowohl groß als auch klein. Erst das Denken unterscheidet, daß es groß ist *relativ* auf ein kleineres, klein *relativ* auf ein größeres. Entsprechendes gilt für Gegenstände anderer Sinne (vgl. 523 e–524 a). In ausgezeichneter Weise aber trifft der Aufforderungscharakter der Wahrnehmung für das Denken auf die *Zahl* des Wahrgenommenen zu. Denn jedes Ding erscheint den Sinnen „als eines und unbegrenzt vieles zugleich" (VII 525 a 4 f.). Was als eines und was als vieles anzusehen ist, wird erst durch die Hinsicht des Denkens bestimmt.

Während Dinge an entgegengesetzten Ideen teilhaben, schließt jede Idee ihr Gegenteil aus (vgl. *Phaidon* 102 d–103 c). Dies ist die Kehrseite der soeben erläuterten logischen Unterscheidung beider. Die Erinnerung an die

---

[17] *Politeia* V 479 a 5–b 2; vgl. auch die Unterscheidung von wirklichem und gedachtem Kreis, *Siebter Brief* 343 a 5–9, und die Frage nach der Schönheit der schönen Mädchen, *Hippias maior* 289 a–c.

Gegensätze der Ideen leitet über zur anderen Art von Gemeinschaft oder Teilhabe, derjenigen der Ideen selbst.[18] Daß auch in der *Politeia* eine Gemeinschaft der Ideen untereinander erwähnt wird, wurde schon gesagt. Zu ergänzen wäre nun, daß schon im *Phaidon* auf notwendige Verbindungen zwischen Ideen in einer der Dihairesis-Methode des späteren *Sophistes* vergleichbaren Weise ausdrücklich reflektiert wird (vgl. 103c–e), eine Methode, von der in der *Politeia* (auffällig etwa bei der „Jagd' auf die Gerechtigkeit: V 432b–434c) ebenso wie in anderen Dialogen häufig Gebrauch gemacht wird. Zwar ist und bleibt die Idee an und für sich selbst, was sie ist, und verändert sich nicht. Das hindert aber nicht, daß sie mit anderen in Gemeinschaft steht oder an ihnen teilhat. Wie sie selbst, so bleiben auch ihre Verbindungen, diejenigen, die jeder Idee als dieser besonderen zukommen, immer dieselben. Diese Verbindungen sind *notwendig*, insofern sie, von aller Wahrnehmung unabhängig, im Prinzip immer gedacht werden *können*; notwendig auch, insofern sie eine Verbindung mit der jeweils entgegengesetzten Idee jederzeit ausschließen. Verhielte sie sich anders, wäre sie nicht Idee; ebensowenig wie ein Name, solange man nicht wirklich etwas von ihm aussagen kann, wirklich als ein Name verstanden ist.

3.3 Wahres Sein und seine Darstellung im λόγος

Alle Verbindungen und Trennungen von Ideen, sowohl die durch das Denken allein erkannten als auch die mit Hilfe der Wahrnehmung erkannten, werden im λόγος dargestellt. Derjenige λόγος, der die in der Teilhabe der Ideen untereinander gründenden, d. h. die immer möglichen und insofern notwendigen Verbindungen zwischen Ideen darstellt, hat einen besonderen Namen: Er ist *Wesensaussage* (λόγος τῆς οὐσίας: VII 534b3f.; vgl. *Nomoi* X 895d4). Dieser ausgezeichnete λόγος spricht niemals von Dingen, auch nicht homonym, sondern, wie sein Name sagt, vom Sein selbst, d. h. von einer Idee. Die Idee wird an erster Stelle durch ihren Namen genannt, und von diesem wird sodann ausgesagt, was er bedeutet. Diese besondere Form des „sterblichen"[19] λόγος ist das einzige Mittel, das wir haben, um das

---

[18] Man hat die Erörterung der sog. Spätdialoge über die Teilhabe der Ideen untereinander als Selbstkritik ihres Autors verstanden, weil Platon diese Art der Teilhabe erst hier einräume, während er früher die Ideen nur isoliert für sich betrachte. Nun ist es zwar richtig, daß er im *Phaidon* und in der *Politeia* die Ideen μονοειδεῖς nennt, um ihre Einfachheit von der Komplexität der Dinge zu unterscheiden, doch wird diese Charakterisierung später keineswegs widerrufen.

[19] Auch das Wissen gehört nach Platon zu den „sterblichen" Dingen. Es entsteht und vergeht. Wir sind genötigt, es immer wieder zu „erneuern", um es zu „retten", so daß es wenigstens „dasselbe zu sein scheint" (vgl. *Symposion* 208a).

(unsterbliche) Wesen einer Sache darzustellen oder ihren Namen zu erklären. Wesensaussagen zu suchen ist die Aufgabe des Dialektikers, die eigentlich philosophische Aufgabe nach Platon (vgl. VII, 534b–e).[20] Die Wesensaussage – und nur sie – erfüllt die Bedingungen, die Platon an das Wissen stellt. Sie wird, wie jeder λόγος, im Denken und Sprechen erzeugt. Hier liegt ihre Stärke, denn sie stellt unsichtbare Ideen als unser Erzeugnis, mithin als für uns verständlich dar. Aber hier liegt auch ihre Schwäche, denn die λόγοι sind, wie alles, was der Seele angehört, wandelbar und vergänglich. Diese allgemeine Eigenschaft der λόγοι ist unproblematisch, wenn es um die Darstellung vergänglicher Gegenstände geht, zum Problem wird sie aber im Blick auf Wesensaussagen. Für die Wahrheit eines λόγος spielt es zwar keine Rolle, ob dieser sich dem Wahrnehmbaren oder dem Denkbaren zuwendet, dabei „feste und wahre Meinungen und Glauben erzeugend" oder „notwendig Vernunft und Wissen vollendend" (*Timaios* 37 b 9, c 2 f.), denn alles Wissen und Meinen gehört der gewordenen Seele an. Doch die Rangordnung seiner Gegenstände, die von der Endlichkeit des Denkens unberührt bleiben, wird dadurch leicht verdeckt. Umgekehrt wird die Rangordnung der Wahrheiten, die der Rangordnung ihrer Gegenstände entspricht, nur scheinbar gestört durch den in den Gesprächen mit Sokrates typischen Fall, daß sich Wesensaussagen, die sicher zu sein schienen, als ebenso unsicher erweisen wie Aussagen über Wahrnehmbares. Diese Kehrseite bestätigt nur die Tatsache, daß die Ordnung des Denkens eine andere ist als die seiner Gegenstände. Und das Denken ist unaufhebbar unsicher.

Das Problem der Wesensaussage, der Darstellung wahren Wissens, liegt demnach darin, daß sie Aussage (λόγος) ist. Wie jede Aussage kann sie, im Prinzip, wahr *und* falsch sein. Doch man kann ihr nicht ansehen, ob sie, in einer konkreten Äußerung, wirklich wahr *oder* falsch ist. Die Wahrheitsfrage weist im Sonderfall der Wesensaussagen ebenso über den λόγος selbst hinaus wie in den Fällen gewöhnlicher Aussagen, in denen sie sich auf die Wahrnehmung stützen kann und muß. Kein Satz kann an und für sich selbst seinen Wahrheitsanspruch einlösen. Wohin aber kann sich der Verstand (διάνοια), das Vermögen der λόγοι, wenden, wenn er nach der Wahrheit von Wesensaussagen sucht, von der er eingesehen hat, daß sie die Voraussetzung aller Wahrheit ist, auch der Wahrheit von empirischen Aussagen? Es bleiben ihm nichts anderes als die Ideen selbst. Eben deshalb und, weil es unmöglich zu sein scheint, ohne diesen Rekurs auf unveränderliche Ideen Wahrheit

---

[20] In den *Nomoi* wird der Zusammenhang zwischen dem Wesen einer Sache, seinem Namen und seiner Erklärung noch einmal klar und knapp zusammengefaßt (vgl. *Nomoi* X, 895 d 1–896 a 4): Der Name benennt das Wesen, das der λόγος aussagt. Beide sind gegeneinander austauschbar.

überhaupt zu begründen, stellt sich für Platon die Annahme der Ideen trotz
aller mit ihr verbundenen Schwierigkeiten als unvermeidlich dar.

Wenn der Verstand (διάνοια) das Vermögen der λόγοι, d. h. der Verbindung und Trennung von Ideen, ist, welches Vermögen hat die Seele den
Ideen selbst gegenüber? Hier verweist Platon auf die Vernunft (νοῦς). Allein die Vernunft befähigt die Seele, Ideen zu erfassen. Das Erfassen der
Ideen durch die Seele wird „vernehmen" (νοεῖν) genannt. Zur Erklärung
des „Vernehmens" verwendet Platon eine Analogie, und zwar die der Wahrnehmung im allgemeinen und im besonderen die des Sehens. Νόησις und
αἴσθησις haben dies gemeinsam, daß sie ihre Gegenstände direkt erfassen,
nicht indirekt im „Spiegel" der Worte wie das diskursive oder dianoetische
Denken (vgl. *Phaidon* 99 d 4–e 6). Was die vernehmende Seele unmittelbar
erfaßt, ist als solches nicht in einem λόγος aussagbar. Denn es ist eines und
nicht vieles, einfach und unteilbar; der λόγος aber ist stets eines und vieles
zugleich, teilbar und zusammengesetzt. Es kann aber durch einen Namen
benannt werden. Doch ist, bevor man diesen in eine Rede übersetzt, und
zwar durch andere Namen, die die vernehmende Seele unmittelbar versteht,
noch nichts ausgesagt. Während man also die Idee selbst nicht aussagen, sondern nur nennen kann, kann man doch vieles *über* sie sagen – wenn man sie
erst einmal mit dem „inneren Auge der Seele" (durch νόησις) erfaßt hat.
Man kann dann nämlich sagen, ob sie mit bestimmten anderen Ideen eine
notwendige Verbindung eingeht oder ob sie von ihnen notwendig getrennt
bleibt. Das Wissen von einer Idee versetzt den, der es hat, in die Lage, Sätze,
die das Wesen aussagen sollen, als wahr oder falsch zu erkennen, oder zu
‚sehen', ob eine vorgeschlagene Ideenverbindung (Wesensaussage) wahr ist
oder nicht.

Ideenwissen als solches kann so als Bedeutungswissen verstanden werden. Denn es geht um ein Wissen darüber, was etwas ist, etwas, das uns nur
durch seinen Namen als dessen angenommene Bedeutung gegeben ist. Von
seiner Gegebenheitsweise her betrachtet, handelt es sich um das Wissen,
was ein bestimmter Name bedeutet.

Dieses Wissen kann, soweit es reicht, es muß sogar in Sätzen ausgedrückt
werden, in Sätzen, die eine notwendige Verbindung von Ideen darstellen.
Andererseits kann kein Satz und keine Reihe von Sätzen das wahre Wissen
über eine Idee vollständig und für alle Zeit erschöpfend darstellen. Ziel ist
stets die im Horizont der jeweiligen Gesprächssituation „hinreichende"
(ἱκανῶς) Erklärung.[21]

---

[21] Die Frage, wann eine Frage als „hinreichend" beantwortet gilt, findet ihre Antwort im Blick auf den Horizont des Gesprächs und der Gesprächsteilnehmer. Ein
Wunsch zu wissen eröffnet diesen Horizont. Im gewöhnlichen Gespräch wird er
durch das, was als selbstverständlich gilt, den νόμος, im wissenschaftlichen Gespräch

Selbst der beste λόγος stellt das Wissen nicht nur nicht vollständig, sondern weder für alle noch jederzeit zwingend dar. Denn er muß sich bestimmter überlieferter Namen bedienen, die zwar immer mit einer Bedeutung versehen verwendet werden, niemals aber aus sich heraus sicherstellen können, daß sie nicht in anderer Bedeutung verstanden werden. In Anbetracht dieser Unsicherheit der Darstellung ist der Wissende derjenige, der stets „Herr der Situation" zu bleiben versteht.[22] Er wird im wirklichen Gespräch oder, wie es dramatisch heißt, im „Kampf" der Worte und Meinungen jedem ernsthaft vorgebrachten Zweifel gegenüber in der Lage sein, das Wissen, das er hat, zu verteidigen. Dabei hängt der Wissende nicht an Namen (vgl. VII 533 d). Er wird, nach einer Formulierung des *Menon*, „nicht nur das Wahre antworten", sondern wird dies auch durch solche Worte und Bestimmungen tun, „die der Fragende ebenfalls zu verstehen zugibt" (75 d 5–7). Um jene „Wortfechter" und „Schaukämpfer", die nicht verstehen wollen und nur aus Streitlust allem widersprechen, wird er sich nicht kümmern. Der Wissende weiß, daß er niemanden zwingen kann, die Ideen zu erkennen, auch nicht, wenn er sie in seinen λόγοι – für wohlgesinnte und verständnisfähige Hörer – hinreichend zur Darstellung bringt (vgl. z. B. I 345 b). Platon ist sich der Macht des von Gorgias überlieferten Diktums bewußt, das besagt, es gebe nichts, und gäbe es etwas, so wäre es nicht erkennbar, und wäre es erkennbar, so könnte man es nicht aussagen. Diese skeptischen Behauptungen, die Platon auf die Ideen bezieht, sind nicht zwingend zu widerlegen.[23] Umgekehrt ist es aber auch nicht möglich, mit ihrer Hilfe die

---

durch die jeweiligen Grundsätze, die ὑποθέσεις, der Disziplin begrenzt. Für die Dialektik, die ausdrücklich als die „Wissenschaft freier Menschen" bezeichnet wird (Sophistes 253 c 7 f.), gilt keine der Voraussetzungen, mit denen sie gleichwohl beginnen muß, als unantastbar. Charakteristisch für die Platonische Dialektik ist vielmehr der Umstand, daß der anfängliche Horizont einer Frage plötzlich, zumeist an aporetischen Wendepunkten, auf unerwartete Weise und zur Irritation der Gesprächspartner, erweitert wird. Was zuvor als hinreichende Antwort gelten konnte, hat sich als ungenügend erwiesen. Es geht im dialektischen Gespräch um ein rückwärtsschreitendes Aufheben von Voraussetzungen bis zum „voraussetzungslosen Anfang" (ἀρχὴ ἀνυπόθετος: 510 b) als dem „Anfang von allem" (τοῦ παντὸς ἀρχή: 511 b). Zum Zusammenhang zwischen dem ersten voraussetzungslosen Anfang und der letzten hinreichenden Antwort in einem dialektischen Gespräch vgl. Borsche 1990, 98, 105 f.

[22] Es genügt nicht, wahres Wissen für sich zu besitzen, man muß es auch im Gespräch mit anderen verteidigen können. Die wissende Seele ist der „Vater" des λόγος (vgl. *Phaidros* 275 e; *Theaitetos* 164 e). Aus dieser Bestimmung ist die sog. Platonische Schriftkritik zu verstehen (vgl. Borsche 1986, 319–21).

[23] Vgl. *Parmenides* 135 a 3–b 2. Auch *Timaios* 28 c 3–5 bedient er sich in abgekürzter Form einer ganz ähnlichen Denkfigur.

Annahme der Ideen zu widerlegen. Für den Wahrheitssuchenden aber ist nicht der allgemeine sophistische Zweifel interessant, der dem λόγος gegenüber jederzeit möglich ist, sondern allein ein alternativer λόγος, einer, der die anstehenden Fragen „besser" (vgl. *Sophistes* 259 b 9) zu lösen verspricht. Dieser Umstand nötigt zum ernsthaften Dialog und zeigt zugleich die Bedingungen und Grenzen des Philosophierens.

4. Wissen und Gerechtigkeit

Auch am Ende einer längeren Forschungsreise durch das gewaltige Werk erfährt der Leser nicht, was gerecht und was die Gerechtigkeit ist. – Doch worüber sonst, wird man einwenden, handeln denn die ›zehn Bücher über die Gerechtigkeit‹, die nach Meinung der meisten Platon-Leser der vergangenen Jahrhunderte[24] das dogmatische Hauptwerk ihres Autors darstellen? – Nun, sie führen aus, wie die einzelne Seele erzogen werden und disponiert sein bzw. die Polis eingerichtet sein und regiert werden müssen, damit sie, jede auf ihre Weise, nicht nur gerecht handeln können, sondern auch gerecht handeln werden – ohne weitere Gesetze[25]. Denn *was* gerecht ist, weiß und tut, *wer* gerecht ist. Anordnungen, die die (wissende) Vernunft für die Kräfte der Seele bzw. der (wissende) Herrscher für die Bürger der Polis treffen, sind gerecht, insofern sie im Blick auf die Idee der Gerechtigkeit getroffen werden. Weitere Gesetze, die das Leben der Polis bzw. der Seele regeln sollen, sind (nur) so lange erforderlich, wie ungerechte Zustände und unwissende Machthaber herrschen – d. h. für alle gegenwärtigen Zeiten. Sie dienen dazu, den Aufruhr (στάσις) der Seele bzw. der Polis zu mäßigen und langfristig ihre Krankheit zu heilen. Eine vollkommene Heilung würde die Gesetze überflüssig machen.

Die Gerechtigkeit ist dem Wissen ähnlich. Beide spezifizieren Haltungen der Seele, die diese zum Denken bzw. Handeln disponieren, nicht bestimmte (Arten von) Handlungen bzw. Behauptungen. Blickt man auf letztere allein, wird es immer schwer sein, den Schein von der Wahrheit zu unterscheiden, denn alle treten gleichermaßen mit dem Anspruch auf Wahrheit auf. In dieser Lage ist es der sophistische Diskurs antagonistischer Eigeninteressen, der in der Seele wie in der Polis regiert. Er gibt seine Schwäche

---

[24] Zur Rezeptionsgeschichte vgl. den kurzen, aber informativen Überblick Neschke-Hentschke IX–XIV.

[25] Alle bislang erörterten Einrichtungen und Gesetze des idealen Staates gelten Sokrates als gering (πάντα φαῦλα), wenn nur das Eine beachtet wird, auf das es ankommt und das genügt (ἱκανόν), das aber ist die Erziehung (παιδείαν καὶ τροφήν) (IV 423 e 1–3).

aber dadurch kund, daß er am Schein des Wissens und der Gerechtigkeit doch orientiert bleibt. Demgegenüber fordert der philosophische Diskurs, die Orientierung an vorgängigen Eigeninteressen als an dem, was mir gut zu sein scheint, aufzugeben. Es gilt für alle Tugenden der Seele, vor allem aber für die Gerechtigkeit, ebenso wie es für das Denken gilt, daß erst eine Orientierung am Urbild der Idee des Guten das, was wahr und gerecht ist, erkennen und zugleich danach handeln läßt.

Thomas Alexander Szlezák

MÜNDLICHE DIALEKTIK
UND SCHRIFTLICHES ‚SPIEL': PHAIDROS

1.

Recht genau in der Mitte jenes Abschnitts am Ende des *Phaidros*, der als ‚Kritik der Schriftlichkeit' in letzter Zeit einige Berühmtheit erlangt hat, wird das ‚Spiel' des Mannes beschrieben, der ‚Wissen' von den ‚gerechten, schönen und guten Dingen' hat – das Spiel jenes besonderen Typus also, den Platon φιλόσοφος oder διαλεκτικός nennt. Die Beschreibung erfolgt im Rahmen eines Vergleichs: Wie ein Bauer einen Teil seiner Saatkörner auch einmal statt in einen Acker in Körbchen oder Tonschalen säen kann, obwohl er weiß, daß das keinen Ertrag bringen wird, so kann auch der Philosoph seine ‚Saatkörner' (σπέρματα) in die Schrift säen. Der Bauer wird das tun „um des Spieles und des Festes willen" (παιδιᾶς τε καὶ ἑορτῆς χάριν, 276b5) – gemeint ist ein Ritus beim Adonisfest, nach dem jene Tonschalen, von denen von vornherein kein Getreide zu erwarten war, ‚Adonisgärten' hießen[1]. Ganz wie der Bauer wird auch der Philosoph seine schriftlichen Adonisgärten um des Spieles willen (παιδιᾶς χάριν, d2) anlegen. Während andere sich auf Trinkgelagen vergnügen, spielt er ein ungleich schöneres Spiel: Er erzählt in seinen Schriften von Gerechtigkeit, vom Schönen und vom Guten.

Unmöglich kann aber der Bauer sein gesamtes Saatgut in Adonisgärten säen, denn so könnte er keinen Ertrag erzielen und wäre *eo ipso* nicht mehr der *vernünftige* Bauer (ὁ νοῦν ἔχων γεωργός, 276b1–2), von dem Platon redet. Dasjenige Saatgut, mit dem es ihm ernst ist und von dem er Ertrag erhofft (ἐφ᾽ οἷς (sc. σπέρμασιν) ἐσπούδακεν 276b6, ὧν σπερμάτων κήδοιτο καὶ ἔγκαρπα βούλοιτο γενέσθαι b2–3), sät er in geeigneten Boden unter Anwendung der Regeln der Kunst des Landbaus (276b1–8). Streng parallel dazu ist das ernste Tun des Philosophen geschildert. Es besteht darin, daß er sich eine geeignete Seele sucht und in ihr unter Anwendung der Kunst der Dialektik mit Wissen, Reden und Argumenten (λόγοι) pflanzt und sät, die in der Lage sind, sich selbst und dem Pflanzenden zu helfen und die nicht ertraglos bleiben, sondern ‚Körner' tragen, aus denen andere Reden in anderen Charakteren erwachsen, die diesen Prozeß für immer in Gang halten können. Wer diese Logoi hat, den machen sie glücklich, soweit das für einen Menschen überhaupt möglich ist (276e5–277a4).

---

[1] Zum religionsgeschichtlichen Hintergrund s. Baudy.

In dieser doppelten Gegenüberstellung sind die sich entsprechenden Wendungen τῇ γεωργικῇ χρώμενος τέχνῃ (276b6) und τῇ διαλεκτικῇ χρώμενος (e5–6) jeweils eindeutig dem ernsthaften Tun zugeordnet: Die Kunst des Landbaus kommt beim spielerischen Pflanzen im Adonisgarten nicht zur Anwendung, und die Kunst der Dialektik nicht beim Schreiben – sie ist ganz und eindeutig der Mündlichkeit zugeschlagen. Das bedeutet nicht, daß man Schrift und Dialektik in gar keiner Weise in Beziehung zueinander setzen könnte – kurz vorher hieß es ja, der geschriebene Logos sei ein Abbild (εἴδωλον, 276a9) der lebendigen Rede des Wissenden, und Abbildhaftigkeit ist gewiß auch eine Beziehung. Aber mehr als diese Beziehung, die für die Schrift nicht sehr schmeichelhaft ist, läßt der Text nicht zu. Man sollte also nicht versuchen, die Schrift mit dem Argument aufwerten zu wollen, daß die Kunst, die das Anlegen von Adonisgärten leitet – nennen wir sie die Gärtnerkunst – sachlich doch als Unterart der Landbaukunst ausgelegt werden könnte, so daß wir dann auch analog sagen könnten, in der Schrift des Philosophen sei auch die Dialektik (anders als nur abbildhaft) präsent: Für solch einen Ausweg sind die Zuordnungen, die der Text vornimmt, zu eindeutig. Wenn wir nicht lediglich die Vorurteile des 20. Jahrhunderts zugunsten der Schrift in den Text hineinlegen wollen, müssen wir den Willen des Autors anerkennen, Landbau und Adonisgärten, Dialektik und geschriebene Philosophie getrennt zu halten.

Doch mit dem Anerkennen der klar erkennbaren Intention Platons hat es seit fast zweihundert Jahren so seine Schwierigkeiten. Seit Friedrich Schleiermachers Einleitung zu seiner Platonübersetzung von 1804 reißt die Reihe der Versuche, den Unterschied von Mündlichkeit und Schriftlichkeit bei Platon in irgendeiner Form einzuebnen, nicht ab. Es ist hier nicht der Ort, auch nur die wichtigsten dieser Versuche zu skizzieren oder gar im Detail am Text zu messen[2]. Es sei nur daran erinnert, daß sie einem starken emotionalen Bedürfnis entspringen: Gegen die Vorstellung, irgend etwas Wesentliches, oder gar das Ernsthafteste (τὰ σπουδαιότατα, Epist. 7,344c6), könnte der Mündlichkeit und damit nur wenigen privilegierten Hörern vorbehalten gewesen sein, sträubt sich unser modernes liberales und demokratisches Empfinden. Diese Vorstellung aus Platon herauszubekommen, würde ihn uns näher rücken, ihn in höherem Maße zu einem von uns machen – und das ist ein starkes und in gewissen Grenzen auch berechtigtes Bedürfnis der Interpretation. Es ist daher nicht zu erwarten, daß die Versuche zur Eliminierung jeglichen Vorrangs des mündlichen Philosophierens so bald aufhören werden. Heute ist es beliebt, entweder zu leugnen, daß es überhaupt eine Kritik der Schriftlichkeit bei Platon gibt (kritisiert werde vielmehr jedwede

---

[2] Eine Kritik des Ansatzes von Schleiermacher und einiger daraus entwickelter Positionen findet sich in Szlezák 1985, 331–375.

Fixierung des Wortes, ob nun schriftlich oder mündlich[3]), oder zu bestreiten, daß der φιλόσοφος, der nach der abschließenden Erklärung der Schriftkritik allein imstande ist, seiner Schrift mündlich zu helfen und dabei das Geschriebene als ‚von geringem Wert' zu erweisen (278 c d), ein Philosoph im platonischen Sinne sein muß, d. h. ein Denker, dessen Erkenntnisinteresse auf die Ideen und deren Prinzipien gerichtet ist[4]. Auf beide Weisen würde man in der Tat um eine mündliche Philosophie Platons herumkommen – wenn diese Auffassungen denn mit dem Text vereinbar wären. Und wenn diese Irrtümer überwunden sein werden, so werden aus dem genannten emotionalen Bedürfnis heraus andere ähnlich gerichtete Versuche nachwachsen.

Statt uns um vergangene, gegenwärtige und künftige Ausflüchte zu kümmern, wollen wir den Versuch machen, Platons offenkundige Intention, den mündlichen ‚Ernst' der Dialektik getrennt zu halten vom schriftlichen ‚Spiel', zu akzeptieren und im Rahmen des Dialogs und im Blick auf das Ganze der platonischen Philosophie zu erläutern.

2.

Der Aufbau des Dialogs ist vielleicht am besten als dreiteilig zu beschreiben. Im kurzen ersten Teil (227 a–230 e) lockt der junge Phaidros Sokrates aus der Stadt heraus mit dem Versprechen, ihm eine aufregende literarische Neuigkeit, das jüngste Meisterwerk des fähigsten modernen Autors – des δεινότατος τῶν νῦν γράφειν (228 a 1–2) –, nämlich des Lysias, vorzustellen. Sie lassen sich am Flüßchen Ilissos an einem idyllisch-numinosen Ort im Schatten einer Platane nieder[5]. Das Gespräch bei der Suche nach dem geeigneten Platz macht die unterschiedliche Einstellung der beiden Männer zu geistigen Dingen und damit auch die unterschiedlichen Erwartungen an das Werk des Lysias deutlich. Auswendig vortragen, wie er es ursprünglich wollte, darf Phaidros das Meisterwerk nicht: Sokrates zwingt ihn, es wörtlich zu verlesen.

Der zweite Teil (230 e–257 b) bringt daher zunächst den Wortlaut der Rede, eines ἐρωτικὸς λόγος, in dem ein nichtverliebter Verehrer um die Gunst eines schönen Knaben wirbt und dabei seine Konkurrenten, die verliebten Verehrer, schlechtmacht; sodann ein kurzes Gespräch über die Rede, in dem klar wird, daß Sokrates Phaidros' Begeisterung für das mediokre Produkt ganz und gar nicht teilt; drittens eine improvisierte konkur-

---

[3] Sayre 173–177; Blank 423–425; Trabattoni 63 ff.
[4] Heitsch 1992 a, 169–180, bes. 173 Anm. 15 und 179 Anm. 43.
[5] Görgemanns 122–147.

rierende Rede des Sokrates, in der er ganz wie Lysias die Liebe als eine Art von Verrücktheit herabsetzt; viertens ein Gespräch über diese Rede, in dem Sokrates sein Mißbehagen wegen seiner abwegigen Herabsetzung des Eros ausdrückt und den Entschluß äußert, eine Palinodie nachzureichen, und fünftens diese Palinodie selbst: eine zweite improvisierte Rede, diesmal von erheblichem Umfang und in anspruchsvollem Stil gehalten – die berühmte große Eros-Rede des Sokrates, die den Beweis der Unsterblichkeit der Seele aus dem Begriff der Selbstbewegung sowie das Bild vom dreiteiligen geflügelten Seelengespann und von der Auffahrt solcher Seelenwagen zum Ideenhimmel enthält und in der der Eros immer noch als Wahnsinn (μανία) beschrieben wird, jetzt jedoch als die höchste Form unter vier Formen von gottgesandtem Wahnsinn, dem Menschen zu seinem Heil gegeben; der Schluß dieser Rede schildert das Leben des Philosophen, der den Eros als Antrieb zum Philosophieren erfährt und so das höchste dem Menschen erreichbare Glück erreicht.

Es folgt der dritte Teil des Dialogs (257 b–279 c), in dem nun wieder in recht nüchternem Ton erörtert wird, ob das bloße Verfassen von schriftlichen Logoi in sich schon schimpflich sei, wie manche sagen, sodann, wie die drei Reden des mittleren Teils zu beurteilen seien, was der Wert der gängigen Rhetorik und ihrer Vorschriften und Kunstmittel sei und welchen Bedingungen eine künftige Redekunst, die diesen Namen wirklich verdiente, genügen müßte, schließlich welches Verhältnis ein Autor zu seiner Schrift haben müsse, um des Namens φιλόσοφος würdig zu sein.

So weit der Gang des Dialogs in groben Zügen. Der Umschlag der Stimmung beim Übergang von der stilistisch überhöhten, im Zustand des Enthusiasmos gehaltenen zweiten Eros-Rede des Sokrates zur Erörterung der Grundlagen einer wahren Kunst der Rede im letzten Teil wurde stets als hart empfunden und beeinflußte das Urteil über die Komposition des Dialogs als eines Ganzen: Darin sei der *Phaidros* „verfehlt", schrieb etwa E. Norden in seinem einflußreichen Werk über die antike Kunstprosa[6]. Wer so urteilt, steht ganz unter dem Einfluß der großen Eros-Rede als eines in sich geschlossenen Literaturwerkes, und aus dieser Perspektive kann man in der Tat bemängeln, daß das darauf Folgende der enthusiastischen Verzauberung dieser Rede eher entgegenwirkt. Um indes beurteilen zu können, ob Platon sich hier wirklich nicht in der Lage zeigte, „ein großes Ganzes gut zu komponieren" (Norden), müßte man wissen, welche Einheit er in dem scheinbar schlecht komponierten Ganzen anstrebte. Daß jeder Logos eine quasi organische Einheit haben muß, über Körper, Kopf und Gliedmaßen verfügen muß, die zueinander und zum Ganzen passen, hat gerade Platon als erster ausgesprochen, und gerade hier im *Phaidros* (264c, vgl. Gorg. 505d1, Tim.

[6] Norden 112.

69b1). Dennoch erzeugte die Frage der thematischen Einheit eine nicht abreißende Kette von immer neuen Versuchen, eine Antwort zu finden[7]. Der Begriff Eros verbindet die drei geschlossenen Reden, der Begriff Seele ist prominent in der zweiten Rede des Sokrates, spielt aber auch im letzten Teil eine Rolle, den man am einfachsten unter den Begriff Rhetorik stellen würde. Eros – Psyche – Rhetorik: läßt sich das wirklich in eine thematische Einheit zwingen, die eine organische Einheitlichkeit der literarischen Gestaltung ermöglicht?

Bedenken wir nun, daß ein platonischer Dialog in erster Linie ein Werk der Gattung Drama ist und als philosophischer Dialog ein Drama der Gedankenfindung und Gedankenführung sein muß, so werden wir die stimmungsmäßige Einheit (gegen die ja offenbar bewußt verstoßen wird) und auch die thematische Einheit zunächst zurückstellen und statt dessen nach wiederkehrenden, also einheitsstiftenden Mustern der Gedankenführung sowie nach der durchgehenden Handlung – sofern der Dialog eine solche aufzuweisen hat – fragen.

3.

Eine gedankliche Bewegung kehrt immer wieder, durchzieht den ganzen Dialog: Sokrates weitet den Blick immer wieder aus, lenkt die Rede vom Zufälligen und Begrenzten zum Allgemeinen und Notwendigen, vom allbekannten Phänomen zu den nicht ohne weiteres erkennbaren Ursachen. Hier die wichtigsten Beispiele dieses Bewegungsmusters.

Nach der Verlesung des ἐρωτικὸς λόγος des Lysias läßt sich Sokrates dazu drängen, seinerseits dasselbe Thema durchzuführen. Seine Rede gerät indes nicht zur bloßen Variation der lysianischen Vorlage. Zwar legt sie bewußt den gleichen Begriff von Eros zugrunde, nämlich Eros als krankhafte menschliche Verrücktheit, zugleich aber verwandelt sie diesen Begriff, indem sie ihn tiefer fundiert: Eros ist eine Form der Begierde (ἐπιθυμία), die ihren Platz in der Gesamtheit der menschlichen Begierden angewiesen bekommt (238aff.). Die Herrschaft der Begierden über den Menschen wird als Hybris definiert und dieser die Besonnenheit gegenübergestellt. Lysias' triviale Vorstellung von der Verrücktheit der Liebe ist in wenigen Schritten Teil eines wohldurchdachten ethischen und anthropologischen Gesamtbildes geworden, wonach zwei Grundkräfte im Menschen wirksam sind, die angeborene Begierde nach Lust und das hinzuerworbene Streben nach dem Besten (237d8–9). Wir sind damit bereits im Vorhof der Platonischen Seelentheorie, denn die beiden Grundkräfte sind, wie sich später zeigen wird, identisch mit den beiden unteren Seelenteilen.

---

[7] Zuletzt Brisson 1992, 61–76.

Eine Ausweitung des Horizontes von ganz anderer Art ist in der Schilderung der Weise, *wie* Sokrates seine erste Rede hält und wie er selbst – nicht sein Zuhörer – auf sie reagiert, gegeben. Die die Verliebtheit herabsetzende Rede (die aber zum Glück nicht so weit geht wie die des Lysias, die nur wenig verhüllt zur homosexuellen Prostitution auffordert) hält Sokrates mit verhülltem Haupt, denn er schämt sich zu sagen, was er des Wettstreits mit Lysias wegen sagen muß. Als er nach der Rede den Platz verlassen will, hindert ihn sein Daimonion daran (242 b c): Er hat das Gefühl, sich gegen den Gott Eros vergangen zu haben, und daher das Bedürfnis, sein Vergehen durch die Palinodie wiedergutzumachen. Mit diesen Mitteln macht Platon deutlich, daß es einen rein ästhetisch-technischen Gebrauch des Wortes, wie Phaidros ihn sich wünscht, indem er zum bloß rhetorischen Wettstreit mit Lysias antreibt, nicht geben kann: Der Gebrauch des Wortes ist ein Handeln, für das der Mensch vor dem Bereich des Göttlichen verantwortlich bleibt.

In der zweiten Rede des Sokrates wird die in der ersten begonnene Art der Erweiterung des Gesichtsfeldes vorangetrieben: Die Seele besteht keineswegs nur aus den dort genannten zwei Grundkräften. Diese erscheinen vielmehr jetzt in bildlicher Umwandlung als das schlechte und das edle Pferd des Seelenwagens; über ihnen steht der Lenker des Gespanns – ein durchsichtiges Bild für die Vernunft der Seele (247 c 7–8). Von den Teilen des Seelenwagens ist nur dieser Lenker menschengestaltig. Nur die Vernunft (der νοῦς) ist also das eigentlich Menschliche am Menschen (vgl. Politeia 588 b ff.), in Platons Sprache freilich zugleich das Göttliche in ihm (Phdr. 230 a 5, Politeia 518 e 2, 589 d 1, e 4 u. ö.). Eben dieses Element fehlte im bisherigen Bild – kein Wunder, daß auch das Bild vom Eros unvollständig war. Jetzt kommt eine neue Art des Wahnsinns in den Blick, die nicht menschliche Schwäche und Krankheit ist, sondern göttliche Gabe. Solcher Wahnsinn zerfällt in vier Arten (244 a–245 c), die vier Göttern zugeordnet sind (265 b). Die schönste dieser göttlichen Mania-Gaben ist der Eros, dem Menschen zu seinem höchsten Glück gegeben. Die Einführung der den Menschen auszeichnenden Rationalität ist also nicht getrennt vom Lobpreis der irrationalen, manischen Kraft des Eros. Platon ist ebensosehr ,Rationalist' wie ,Irrationalist'. Beides gehört notwendig zusammen: seinen νοῦς kann nur voll entfalten, wer die Fähigkeit hat, der Mania des Eros zum Opfer zu fallen.

Mit dem göttlichen Vernunft-Teil der Seele wird auch eine neue Art von Wirklichkeit sichtbar, auf die sich dieser Teil seiner Natur nach richtet: Das wahrhaft seiende Sein, farblos, formlos, dem Tastsinn nicht erreichbar, das am Ort über dem Himmel, am ὑπερουράνιος τόπος (247 c), zu finden ist. Mit der Wiedergewinnung der vorgeburtlichen Schau der Ideen im Ausgang von der Erinnerung daran, die jede Seele in sich trägt, ist das Ziel des Eros und damit auch des menschlichen Glücks- und Vollkommenheitsstrebens benannt (249 c).

Ganz neu setzt die Reihe der gezielten Ausweitungen der Gesichtspunkte, der Probleme, der Denkmittel und der Zielsetzungen im dritten Teil
ein. Aus der Befürchtung des Phaidros, Lysias könnte, eingeschüchtert
durch die Eros-Rede des Sokrates, mit dem Schreiben von Reden aufhören,
zumal ihn jüngst schon jemand als Redenschreiber (λογογράφος) be-
schimpft habe (257c), entwickelt Sokrates das Thema des dritten Teils: Erst
stellt er in Frage, daß ‚Redenschreiber' für sich genommen überhaupt ein
Schimpf sein kann, denn alle schrieben doch Reden und Schriften, auch die
Politiker. Zustimmung zu dieser Überlegung wird möglich durch die Ausweitung der Begriffe λόγος und σύγγραμμα: Auch Volksbeschlüsse und Gesetze
fallen jetzt darunter (258a–d) – Sokrates ist also nicht bereit, länger allein
beim Bereich der literarisch-epideiktischen Reden zu verweilen. Sein
Fragen bezieht ausdrücklich alles Geschriebene mit ein, politische und
nichtpolitische Literatur, Dichtung und Prosa, und nicht nur das schon vorhandene Schrifttum, sondern sogar alles künftige (258d9–11).

Nachdem also gezeigt ist, daß das Redenschreiben als solches nicht zu
einem Vorwurf taugt, sondern allenfalls das schlechte Schreiben, formuliert
Sokrates die von jetzt an leitende Frage, worin denn das richtige Reden und
Schreiben bestehe (258d, 259e). Unvermerkt hat er dabei den Untersu-
chungsbereich erneut ausgeweitet und das Reden hinzugenommen: Offenbar hält er es nicht für möglich, das Schreiben allein angemessen in den
Blick zu bekommen, ohne zurückzugreifen auf seinen Ursprungsbereich,
das Reden. Für dieses aber gibt es bereits eine Kunst oder τέχνη, die Leit-
linien bereithält: die Rhetorik, von der Phaidros glaubt, sie erstrecke sich
auf das Gestalten von Gerichts- und Volksreden (261b). Abermals ist eine
Erweiterung des Blickfeldes dringend erfordert: Sokrates macht Phaidros
klar, daß für *alle* Rede *eine* Kunst zuständig sein muß (περὶ πάντα τὰ λεγό-
μενα μία τις τέχνη, 261e1–2). Das wesentliche Erfordernis dieser neuen,
grundlegenden Kunst der Rede ist, daß das Denken des Redners „die Wahrheit" über seinen Gegenstand kennen muß, daß er also „hinreichend philosophieren" muß, um zu „wissen, was ein jegliches Seiendes ist" – die Sprache,
die Platon hier verwendet, ist eindeutig die Sprache der Ideentheorie[8]: εἰδέναι τὸ ἀληθές, ἱκανῶς φιλοσοφεῖν, γνωρίζειν ὃ ἔστιν ἕκαστον τῶν ὄντων

---

[8] Einige Parallelen habe ich zusammengestellt in Szlezák 1995b, 108. – E. Heitsch
(s. Anm. 4) erkannte nicht die Präsenz der Ideen-Terminologie und erschloß daher
– wohl wegen Formulierungen wie ὃ ἔστιν ἕκαστον τῶν ὄντων 262b7–8 und τὸ
ἀληθὲς ἑκάστων πέρι 277b5 – als Erfordernis der Kunst der Rede „das jeweils einschlägige Sachwissen", das mit Ideenerkenntnis nichts zu tun habe. Doch ein „Sachwissen" etwa über ἀγαθὸν καὶ κακόν (260c6), das nicht auf Ideenwissen gegründet
wäre, wäre für Platon wertlos und bloße δόξα. Über die gängige Rhetorik würde dergleichen jedenfalls nicht hinausführen können.

(259 e 5, 261 a 4, 262 b 7–8) bezeichnen Bedingungen, die nur der Ideenphilosoph erfüllen kann, dessen Erinnerung an die vorgeburtlich geschauten Ideen stark genug ist, um seiner Seele wieder ‚Flügel‘ wachsen zu lassen (249 c 4–5, vgl. 250 a 5), d. h. die nach ‚oben‘, zu den Ideen tragende geistige Kraft zu entwickeln (246 d 6–e 2).

Die Forderung der Kenntnis der Wahrheit durch die künftige Redekunst bedeutet gegenüber der beschränkten Sehweise der gängigen Rhetorik eine Erweiterung des Gesichtsfeldes in zweifacher Hinsicht: Einmal lehrten die Rhetoren bisher, daß man nur die Meinungen der Hörer, also letztlich das durchschnittlich Wahrscheinliche, nicht aber die Wahrheit über die Dinge kennen müsse, um die Menge im eigenen Interesse manipulieren zu können – demgegenüber zeigt Sokrates, daß gerade dies, die Manipulation durch geschicktes Spiel mit dem Gängigen und Wahrscheinlichen, derjenige am besten beherrscht, der die Wahrheit kennt (262 a b, vgl. 273 d); sodann ist die Kenntnis des ὅ ἔστιν ἕκαστον τῶν ὄντων als Ideenerkenntnis die Eröffnung jener der bloßen δόξα nicht erreichbaren neuen Dimension der wahrhaft seienden οὐσία (247 c 7), die eben deswegen zuvor im Mythos eingeführt worden war, damit wir wissen, was es heißt, der Redner müsse „die Wahrheit" kennen.

Reden und Schreiben unterstehen also derselben Grundforderung. Wer die Wahrheit kennt (ὁ εἰδὼς τὸ ἀληθές, 262 d 7, vgl. 276 a 8, 278 c 4–5), vermag das vielfach Zerstreute zu einer Gestalt (εἰς μίαν ἰδέαν) zusammenzusehen, ebenso das zur Einheit Zusammengefaßte nach den von Natur vorgegebenen Einschnitten zu zerlegen (265 d 3–e 3): Bei dieser Beschreibung der Kunst der Dialektik versäumt es Platon nicht, darauf hinzuweisen, daß sie ein ‚göttliches‘, d. h. ‚emporführendes‘ Vermögen ist (266 b 7, wozu 249 c 4–6 und 246 d 6–e 1 hinzuzunehmen sind). Die ‚zerlegenden‘ und ‚zusammenführenden‘ Schritte der Dialektik bedingen nicht nur das (richtige) Reden (und damit implizit auch das [richtige] Schreiben), sondern davor schon das vernünftige Denken (das φρονεῖν: 266 b 4–5). Sokrates ist also dabei, alles Intendieren von Inhalten einheitlich in den Blick zu fassen. Dialektik erweist sich als die eigentliche Bedingung der Möglichkeit einer Kunst der Rede, die diesen Namen verdient.

Der wahre Redner muß die Wahrheit über die Dinge kennen, die er behandelt, ebenso aber auch die Seelen, die er anspricht – die Natur der Seele aber läßt sich nicht hinreichend erkennen ohne die Natur des Alls (270 c). Wir blicken also wieder auf einen neuen umfassenden Problembereich hinaus: die Kosmologie als Rahmen der Seelentheorie. Aber ist das wirklich neu? Der Unsterblichkeitsbeweis zu Beginn der Eros-Rede (245 c–e) galt der Weltseele, nicht der Einzelseele, und der Satz ψυχὴ πᾶσα παντὸς ἐπιμελεῖται τοῦ ἀψύχου (246 b 6) weist auf eine Kosmologie, in der Kenntnis des Alls und Kenntnis der Seele untrennbar miteinander verbunden sind – auf die Kosmologie, die Platon im *Timaios* genauer ausgeführt hat.

Nachdem nun der Horizont mit Dialektik und Kosmologie weit genug abgesteckt ist – soweit es im theoretischen Bereich überhaupt möglich ist –, erinnert Sokrates zum Schluß noch einmal an die seit der Erwähnung des Daimonions (242 bc) über dem ganzen Gespräch liegende ethische Dimension: Unsere Reden sollen nicht nur dank Ideen- und Seelenkenntnis ‚kunstmäßig‘ (τέχνῃ) gesprochen sein – vor allem soll, in bezug auf die Reden, unser Handeln und Reden gottgefällig sein (274 b 9–10). Im Rahmen *dieser* Überlegung wird die Schrift des Philosophen gegenüber seinem mündlichen dialektischen Philosophieren als bloßes Spiel eingestuft und die Fähigkeit, bei der mündlichen Hilfe für die eigene Schrift Wertvolleres (τιμιώτερα) aufzubieten und dadurch die Schrift als gering zu erweisen, als auszeichnendes Merkmal allein des Philosophen definiert (278 c d).

Blicken wir nun zurück auf das konstante Bemühen des Sokrates, der Beschränktheit des Literaten und Rhetorenschülers Phaidros entgegenzuwirken, so können wir sagen: Alles, was er tut, ist ein ‚Emporführen nach oben‘ (ein ἀνάγειν ἄνω), ein Vermeiden der schnellen pragmatischen Lösung und eine Aufforderung, den langen Umweg (μακρὰν περιβαλλομένους) nicht zu scheuen (vgl. 272 d mit 274 a). Das ἀνάγειν, das Emporführen zu oder Zurückführen auf den Ursprung oder das Prinzip, ist freilich auch sonst das platonische Verfahren. So heißt es emblematisch gleich nach den ersten Gedankenschritten der *Nomoi*: „indem du den Logos in richtiger Weise auf den Ursprung zurückführtest, machtest du ihn deutlicher" (τὸν γὰρ λόγον ἐπ᾽ ἀρχὴν ὀρθῶς ἀναγαγὼν σαφέστερον ἐποίησας, 626 d 5–6). Der Rückgang zu den „noch höheren Prinzipien" (τὰς ἔτι τούτων ἀρχὰς ἄνωθεν) wird im geschriebenen Werk zwar regelmäßig begrenzt – so auch im *Timaios*, aus dem die soeben zitierte paradigmatische Wendung stammt (53 d 6) –, aber daß eben dieses Hinaufsteigen und Zurückführen die eigentliche Aufgabe des Philosophen ist, wird immer und überall klar, am einprägsamsten im Höhlengleichnis, in Diotimas Rede und hier im *Phaidros* in der zweiten Eros-Rede des Sokrates.

Gegen diesen platonischen Hang zum Zurückführen auf die ἀρχή steht der Geist der Rhetorik. Ihre Vertreter ermahnen uns, die Sache nicht so zu überhöhen noch sie aufs Prinzipielle zurückzuführen auf langem Umweg: οὐδὲν οὕτω ταῦτα δεῖν σεμνύνειν οὐδ᾽ ἀνάγειν ἄνω μακρὰν περιβαλλομένους (272 d 3).

Gegen das platonische ἀνάγειν ἄνω und gegen das Zusammensehen des (scheinbar) Zerstreuten richtet sich aber auch der jüngste deutschsprachige Kommentar, der uns versichert, (1) daß der Philosoph, auf dessen Verhältnis zu den Logoi die ganze Erörterung hinausläuft und von dem gesagt wird, daß er mündlich seiner Schrift werde helfen können (278 c–e), kein „Anhänger" der Ideenlehre sein und kein „Bekenntnis" zur platonischen Ontologie ablegen müsse, auch keine Kenntnis der platonischen Prinzipienlehre haben müsse, (2) daß vom idealen Redner bei Platon keine Kenntnis der metaphysischen Seelenlehre gefordert sei, sondern nur eine pragmatisch orientierte Psychologie „im Rahmen der empirischen Welt", (3) daß von dem, der die Seele kennen will, keine „naturphilosophische Gesamtdeutung", also keine Kosmologie mit der Seele als Zentralbegriff, zu verlangen sei und (4) daß für die den Menschen auszeichnende Fähigkeit zur Begriffsbildung die Lehre von der Erinnerung (ἀνάμνησις) nichts beitrage[9]. Hier ist konsequent anhand von vier zentralen Interpretationsproblemen die Notwendigkeit geleugnet, das jeweils in Frage Stehende mit seinen Ursprüngen und Bedingungen zu verbinden, es ,emporzuführen', es im größeren Kontext des umfassenden Entwurfs zu sehen, den Platon vorlegt, um die ontologische, gnoseologische und ethische Sonderstellung des Menschen, seine Verhaftung an die Sinnenwelt und seine ,Verwandtschaft' mit der Ideenwelt (Politeia 611 e 2, Phd. 79 d ff., Tim. 90 a 5, vgl. Phdr. 247 d 1–3 und 252 e–253 a) einheitlich verstehen zu können. Man fragt sich freilich, wozu Platon wohl die Erinnerung an die Ideenschau eingeführt hat, wenn sie doch für die spezifisch menschliche Erkenntnisleistung überflüssig ist, wozu der φιλόσοφος im Eros-Mythos ganz durch seine Ausrichtung auf die Ideenwelt bestimmt ist (248 d 2–3, 249 c 4–8, 253 a 1–2 und passim), wenn am Ende auch jeder andere Typ φιλόσοφος heißen kann, und wozu das Bild vom dreiteiligen Seelengespann so breit ausgeführt ist, wenn der ideale Redner, der kein anderer ist als der Dialektiker, für seine Aufgabe dieses metaphysischen Theorems am Schluß gar nicht bedarf.

4.

Vergessen wir nun diese Tendenz zur διαίρεσις ohne συναγωγή, wie sie in der Tat vergessen zu werden verdient, so öffnet sich der Blick für die Einheit des Dialogs. Es geht um den richtigen Umgang mit Logoi, zunächst mit schriftlichen und zur Verbreitung bestimmten Logoi von ästhetischem Anspruch, also mit dem, was wir ,Literatur' nennen. Literatur braucht Rezipienten. Platon beginnt denn auch nicht mit dem literarischen Werk, sondern mit zwei individuellen Rezipienten, die ihr unverwechselbares Naturell und ihre sehr verschiedenen Erwartungen an Literatur mitbringen, und mit den Umständen und Bedingungen der Rezeption: Es macht offenbar einen Unterschied, ob man ein Werk in einem geschlossenen Raum (227 a b) in einem Kreis von Literaten memoriert oder ob man es an einem numinosen Ort im Freien im Schatten einer Platane einem zu philosophischem Eros fähigen Mann vorträgt, dessen zentrale Sorge das γνῶθι σαυτόν ist (229 e

---

[9] Heitsch, loc. cit. (oben Anm. 4); ders. 1987, 20f.; ders. Platon, Phaidros. Übersetzung und Kommentar, Göttingen 1993, 113, 172, 217.

5–6). Das ist der Grund, warum ich den gewöhnlich als bloße ‚Einleitung‘ geführten Gang zur Platane eher als selbständigen Teil betrachten möchte: Platons Text leistet der Vernachlässigung des Rezeptions-Aspektes über dem werkästhetischen Aspekt keinen Vorschub. Im zweiten Teil werden dann gleich drei literarische Werke vorgeführt – nicht isoliert für sich stehend, sondern eng aufeinander bezogen und vom Gespräch erst der zwei Rezipienten, dann eines Rezipienten und eines Produzenten begleitet, denn Sokrates wird ja im Verlauf des Gesprächs selbst zum Autor. Dazu bringt ihn der Wettstreit mit Lysias: *aemulatio* und *imitatio* sind entscheidende Triebkräfte der Literaturproduktion, das durchschnittliche Literaturwerk verdankt seine Existenz und das meiste seiner Form und seines Inhalts einem vorangegangenen Literaturwerk.

Den soeben zum Autor gewordenen Sokrates weist sein Daimonion auf seine Verantwortung für das Gesagte hin: Literatur schwebt nicht im luftleeren Raum jenseits von Gut und Böse. Oder – da man ja schon längst bemerkt hat, daß ‚jenseits‘ von ‚Gut-und-Böse‘ nur noch das Böse ist – eine Literatur, die ihre Verantwortung vor dem Bereich des ϑεῖον nicht wahrhaben will, läuft Gefahr, so tief zu sinken wie die Rede des Lysias, die, wie erwähnt, nichts anderes ist als eine verkappte Aufforderung zur Prostitution.

Und der neue Autor Sokrates spricht im Zustand des Enthusiasmos (238 d, 241 e, 262 d, 263 d). Damit wird die seelisch-geistige Verfassung des Autors als eigener Faktor der Literatur thematisiert, der gewiß nicht weniger wichtig ist als die Befindlichkeit des Rezipienten. Literatur läßt sich nicht ‚machen‘ (245 a 5–8).

Im literarischen Wettstreit des Sokrates mit Lysias wird bereits der Übergang vom Schriftlichen zum Mündlichen vollzogen. Der theoretische dritte Teil vollzieht einen analogen Übergang. Er beginnt mit der sozialen Wertung des Autors von geschriebenen Logoi und zeigt, daß seine pauschale Herabsetzung ungerechtfertigt und heuchlerisch ist (257 b–258 d). Nachdem der gesellschaftliche Dünkel gegen den Logographen abserviert ist, wendet sich das Gespräch dem einzig relevanten Kriterium zu: dem des sachlichen Ranges und der ‚Kunstmäßigkeit‘ der Gestaltung von ‚Reden‘ im weitesten Sinn. Sofort zeigt sich die Philosophie als der sachlich erforderliche Hintergrund. Es gibt keine Literatur ohne implizite Philosophie – dann ist es aber besser, das ‚Wissen‘ des Autors gleich explizit zum Kriterium seines Umgangs mit Logoi zu machen. Das angestrebte εἰδέναι τὸ ἀληθές kann aber kein *hinreichendes* Philosophieren (kein ἱκανῶς φιλοσοφεῖν, 261 a 4) sein ohne Ideenerkenntnis: darauf hat uns die Eros-Rede vorbereitet. Über dem ‚Wissen der Wahrheit‘ wird aber der Rezeptions-Aspekt, mit dem der Dialog begann, nicht vergessen: Da die Seelen der Rezipienten so grundverschieden sind, wie der eschatologische Teil der Eros-Rede andeutete, muß der, der mit Logoi kunstgemäß (τέχνῃ) umgehen will, Kenntnis von Struktur und Beschaffenheit der Seelen haben, die er erreichen will. Und wie für die Kenntnis der ὄντα, von denen der Logos spricht, so ist auch für die Kenntnis der Seelen, zu denen er spricht, die Eros-Rede der Bezugsrahmen, dem zu entnehmen ist, was ,Sein', was ,Wissen', was Struktur und Zustand der Seele bedeuten.

Die Unterschiede in der Rezeption von Logoi, die von den Unterschieden der Seelen herrühren, lenken den Blick ungezwungen zurück zum Aspekt der Verantwortung: Logoi einzusetzen ist ein Handeln, ein πράττειν, nicht nur ein λέγειν (vgl. 274 b 9–10). Wer die Seele kennt, von ihrem Ursprung und vom Ziel ihres Sehnens, der οὐσία ὄντως οὖσα, weiß, wird sein Handeln nicht am Applaus der Menge ausrichten, wie die gängige Rhetorik, sondern an dem, was den Göttern gefällt (273 e–274 a). Das Thema des gottgefälligen Handelns schließt daher den Dialog ab. Da Wort und Schrift radikal verschiedene Bedingungen der Rezeption bieten, muß auch das Handeln des Philosophen in beiden Bereichen völlig verschieden sein: Sein ernsthaftes Tun ist dem Mündlichen vorbehalten, sein spielerisches Vergnügen ist die Schrift.

5.

So weit wurde die Einheit des Dialogs beschrieben als die zwar facettenreiche, in ihren Teilen jedoch eng verwobene Entfaltung der Frage nach den Faktoren und Bedingungen, die die Rezeption und Produktion von Logoi bestimmen oder bestimmen sollten. Noch deutlicher zeigt sich die Einheit in Begriffen der dramatischen Handlung.

Die durchgehende Handlung des ganzen Dialogs ist gespiegelt im mittleren Teil, im Vorwurf der Eros-Reden: Es gilt, eine Seele zu gewinnen durch eine Rede, und zwar zu gewinnen für die Liebe. Fragt sich nur: was für eine Seele durch was für eine Rede, und vor allem: für welche Art von Liebe. Die Seele, um die Lysias wirbt, ist notwendig unbekannt, unbestimmt: Der geschriebene Logos kann sich grundsätzlich seinen Adressaten nicht selbst suchen. Daß Sokrates die Rolle des nichtverliebten Bewerbers nicht einmal als literarische Fiktion übernimmt, sondern in seinem Sinne ,liebend' zu Phaidros ganz persönlich spricht, ist schon mit der Situation und der Gestimmtheit des Gesprächs gegeben und wird auch wörtlich ausgesprochen (243 e 4–8, vgl. 237 a 5 mit b 3–5). Lysias kennt das Wesen des Eros nicht, Sokrates' Reden dagegen enthalten ,Beispiele' für die Art, wie der Dialektiker verfahren würde (262 d–263 d): Sie erweisen sich damit als Reden des ,Wissenden' (ungeachtet seines Nichtwissens, das er wie immer vorschützt: 262 d 2–6). Und die ,Liebe', für die Lysias seinen nichtverliebten Liebhaber werben läßt, ist nichts als sexuelle Befriedigung; Sokrates' Eros ist das Philosophieren als die höchste dem Menschen erreichbare Lebensform, dies unter ausdrücklichem Ausschluß der widernatürlichen homosexuellen Lust (256 a b; παρὰ φύσιν ἡδονή: 251 a 1).

Das Bild der kalten sinnlichen Liebe, das die Rede des Lysias bietet, ist, wie man längst gesehen hat, eine Chiffre für die gängige Kunst der Rede, deren derzeit glänzendster Vertreter Lysias selbst ist. Auch diese wirbt mit Reden ohne Sach- und Seelenkenntnis um die Menschen, ohne an ihrem wirklichen Wohl interessiert zu sein. Die durchgehende Handlung des Dialogs besteht also in der konkurrierenden Werbung von Rhetorik und Philosophie, von Lysias und Sokrates, um die Seele des Phaidros, den der eine unpersönlich und schriftlich, der andere persönlich und mündlich anspricht. Die Gebete am Ende des zweiten und des dritten Teils (257 a b, 279 b c) zeigen, daß die Handlung, wie es sein muß, mit dem Sieg der Philosophie über die Rhetorik und der mündlichen Rede über die schriftliche endet.

6.

Daß Philosophie ein wesentlich in der Mündlichkeit sich vollendendes Geschäft ist, liegt also in der Handlung selbst. Die Schriftkritik stellt es mit großer Eindringlichkeit erneut heraus. An ihrem Ende steht bedeutungsvoll der Name φιλόσοφος. Wer das ist, der Platonische φιλόσοφος, ist dem Leser, der bis zu diesem Punkt gelangt ist, längst nicht mehr unklar. Er ist der, der die menschenmögliche Eudaimonie findet durch Einsatz der Kunst der Dialektik im mündlichen Umgang mit einem geeigneten Partner, in dessen Seele er μετ' ἐπιστήμης, mit sicherem Wissen, lebendige und sich helfen könnende Reden pflanzt (276 e–277 a). Diese Kunst der Dialektik ist natürlich identisch mit der Dialektik als höchster Form des Wissens, die nach 265 d ff. sich des Dihairesis-Verfahrens zur Erarbeitung von Definitionen bedient und die nach *Politeia* 534 b c auch zur Erkenntnis der Idee des Guten als des höchsten Erkenntnisgegenstandes (μέγιστον μάθημα, 504 d–505 a) vorzudringen vermag – selbstverständlich ist hier nicht, wie man es sich aus seltsamen Mißverständnissen heraus zurechtlegen wollte[10], eine andere, mindere διαλεκτική gemeint, die den Rang einer bloßen τέχνη hätte: Denn woher soll die menschenmögliche Eudaimonie kommen, wenn nicht von der *höchsten* Erkenntnisform? Wer nicht die Eros-Rede willkürlich von der Schriftkritik abtrennen will, wird auch das Wort einbeziehen, daß der Philosoph kraft der Intensität seiner Erinnerung an die Schau der Ideen „stets in vollkommene Mysterien eingeweiht als einziger wahrhaft vollkommen wird" (τελέους ἀεὶ τελετὰς τελούμενος τέλεος ὄντως μόνος γίγνεται 249 c 7–8). Daß die ‚Mysterien' die Ideenschau selbst meinen, wird, obschon im

---

[10] Heitsch, Kommentar (s. o. Anm. 9) 202, Anm. 448.

Kontext der Stelle nicht zweifelhaft, kurz darauf noch einmal eigens verdeutlicht (250 b 5–c 6); wie im *Symposion* (210 a–212 a) werden diese ‚Mysterien‘ als reale Möglichkeit für den philosophierenden Menschen hier im diesseitigen Leben verstanden[11].

Platon hätte den für ihn so bedeutungsvollen Namen φιλόσοφος mit Sicherheit niemandem zugestanden, der diese Möglichkeit und diese Aufgabe des τέλεον γίγνεσθαι durch Ideenerkenntnis geleugnet hätte. Das hat man auch nie verkannt. Erst der Platonexegese unserer Zeit blieb der originelle Einfall vorbehalten, Platon habe den Namen φιλόσοφος auch jedem anderen, der Ideenphilosophie gänzlich fernstehenden Autor sozusagen zum ermäßigten Tarif „anbieten“ wollen, sofern er nur eine distanzierte Haltung zu seiner Schrift einnehme[12].

Von diesem φιλόσοφος – vom bekannten, überall gleich gezeichneten Platonischen φιλόσοφος – ist also gesagt, er verfasse seine Schriften als Wissender (als εἰδὼς ᾗ τὸ ἀληθὲς ἔχει, 278 c) und im Besitz der Möglichkeit, ihnen mündlich zu Hilfe zu kommen und sie dabei als φαῦλα, geringwertig, zu erweisen. Wie es zugeht, wenn der Dialektiker einem Logos zu Hilfe kommt, wissen wir aus zahlreichen Beispielen aus den Dialogen: Es handelt sich gerade nicht um das glättende und zurechtrückende Weiterdiskutieren auf gehabtem Niveau, sondern um den Rückgriff auf grundlegendere Zusammenhänge, um das charakteristisch Platonische ἀνάγειν ἄνω[13]. Wer freilich mit einer selbstgefertigten Vorstellung vom ‚Helfen‘ an den Text herantritt, wie es einst G. Vlastos tat, wird konsequenterweise finden müssen, daß Platons Auffassung von der Überlegenheit des Mündlichen „probably false“ sei[14].

Und beim ‚Helfen‘ des Philosophen kommen τιμιώτερα, d. h. Wertvolleres als das, was er schrieb, zum Vorschein (278 d e). Daß dieses Wort nur neue und bessere Inhalte meinen kann, machen Bezüge innerhalb des Dialogs[15] über jeden Zweifel hinaus klar und wird mittlerweile auch von der Mehrzahl der Interpreten anerkannt[16]. Und kann man noch länger ignorieren, daß τίμιον bei Platon und in der Alten Akademie terminologisch für den Rang steht, der sich vom Prinzip herleitet[17]? Am höchsten zu ‚ehren‘ (τιμητέον) ist die Idee des Guten, sie ragt an Würde – πρεσβεία (das Wort ist deutlich ein Synonym für τιμιότης) – noch jenseits von οὐσία hinaus[18].

---

[11] Vgl. z. B. Chen.

[12] Heitsch 1989, 281 Anm. 11.

[13] Nachweise in Szlezák 1985; vgl. auch Szlezák 1992, 93–107.

[14] Vlastos 1963, 653 und Vlastos 1973, 396.

[15] Τιμιώτερα meint nichts anderes als ἄλλα πλείω καὶ πλείονος ἄξια 235 b 4–5 (ähnlich 234 e 3, 235 d 6–7, 236 b 2) oder μείζω 279 a 8.

[16] Vgl. Szlezák 1990, 75 ff.

[17] Eine vorläufige Zusammenstellung von Belegen findet sich in Szlezák 1993, 73–75.

[18] Politeia 509 b 9 οὐκ οὐσίας ὄντος τοῦ ἀγαθοῦ, ἀλλ’ ἔτι ἐπέκεινα τῆς οὐσίας

Ein τιμιώτερον als ,die Bildung der Seele' (ἡ τῆς ψυχῆς παίδευσις) gibt es nicht, lesen wir im *Phaidros* selbst (241 c 5–6). Worin diese besteht, wissen wir aus dem Höhlengleichnis (denn dieses handelt von unserer Befindlichkeit hinsichtlich Bildung und Unbildung: παιδείας τε πέρι καὶ ἀπαιδευσίας, Pol. 514 a 2): im Aufstieg zur Erkenntnis der Ideen, letztlich zur Idee des Guten. τίμια sind für die Seelen die Ideen (Phdr. 250 b 1–2 – Beispiele sind die Ideen von Gerechtigkeit und Besonnenheit), wie denn überhaupt „die bedeutendsten und ranghöchsten Dinge" (τὰ μέγιστα καὶ τιμιώτατα) im Bereich des unkörperlichen Seins zu finden sind (Politikos 285 e 4). Innerhalb dieses Bereichs gibt es Rangunterschiede, τιμιώτερα und ἀτιμότερα μέρη (Politeia 485 b 6). Daß der Prinzipienbereich hierbei der ranghöchste sein muß, dürfte auch ohne *Politeia* 505 b 9 unstrittig sein, und Aristoteles stellt denn auch nüchtern fest, daß den Platonikern an den Prinzipien mehr lag als selbst an der Existenz der Ideen (Met. A 9, 990 b 17–22).

Im platonischen Sinn verstanden, evozieren βοηθεῖν und τιμιώτερα je für sich schon die Gedankenbewegung des ἀνάγειν ἄνω. Den Namen φιλόσοφος verdient, wer über die sichere Fähigkeit verfügt, im mündlichen Gespräch stets inhaltlich über seine Schrift hinauszugehen. Das hätte selbst ein Platon nicht gewährleisten können, hätte er seine Konzeption von den Bereichen und Wegen der Dialektik (vgl. Politeia 532 e 1), von den „noch höheren Prinzipien" (Tim. 53 d 6) und vom Hinausragen des Guten „noch jenseits des Seins" (Politeia 509 b 9) jemals in einem geschlossenen Entwurf schriftlich fixiert.

Wir wissen, daß er das nicht getan hat. Dies aber nicht zufällig, aus Zeitmangel etwa oder aus Mutlosigkeit[19], sondern aus klarer Erkenntnis der Schwierigkeiten und Risiken mündlicher und schriftlicher philosophischer Kommunikation. Solche Dinge sind ἀπόρρητα, d. h. Dinge, die bei vorzeitiger Mitteilung nichts klarmachen würden (Nom. 968 e 4–5), deren Niederschrift daher für die Menschheit letztlich auch keinen Nutzen brächte (Epist. 7,341 d e) und folglich vom verantwortungsvollen Autor unterlassen wird (ib. 344 c). Auf dieses bewußte Unterlassen machen die Aussparungsstellen der Dialoge aufmerksam, von denen zwei bedeutsame Beispiele auch im *Phaidros* zu finden sind (246 a, 274 a).

Dieses Unterlassen war Platons gottgefälliges Handeln im Umgang mit Logoi. Was ἀπόρρητον ist, soll man nicht ,hinauswerfen', sondern ,ehren' (ἐκβάλλειν – σέβεσθαι, Epist. 7,344 e). Sein gottgefälliges Handeln war –

πρεσβείᾳ καὶ δυνάμει ὑπερέχοντος – hier nimmt πρεσβείᾳ die Formulierung von 509 a 4–5 auf: ἀλλ᾽ ἔτι μειζόνως τιμητέον τὴν τοῦ ἀγαθοῦ ἕξιν. Aristoteles sah das offenbar nicht anders: Er variierte die Formulierung von 509 b 9 zu δυνάμει καὶ τιμιότητι πολὺ μᾶλλον πάντων ὑπερέχει, EN 1178 a 1–2 (vom Nus gesagt).

[19] Zu Ferber vgl. meine Rezension Szlezák 1996.

natürlich – zugleich sein vernünftiges Handeln: Er verhielt sich wie der Bauer, der, so wahr er ein vernünftiger Bauer bleiben will, nicht all sein Saatgut im Adonisgärtchen vergeuden wird.

ANTONIA SOULEZ

DAS WESEN DER φωνή.
DIE RELEVANZ EINES PHONETISCHEN SYMBOLISMUS
FÜR EINE BEDEUTUNGSLEHRE: KRATYLOS*[1]

1. Sokrates zwischen Hermogenes und Kratylos:
eine komplementäre Sichtweise

Man kann Platons Konzeption der Sprache im Dialog *Kratylos* anhand der Diskussionen begreifen, die Sokrates mit Hermogenes und Kratylos führt. Was Hermogenes betrifft, wird von Linguisten allgemein anerkannt, daß er der erste Vertreter der ‚Theorie der Beliebigkeit' von Zeichen ist. Der Neuherakliteer Kratylos hingegen wird als der Vertreter der natürlichen ὀρθότης der Namen angesehen.

Durch Bewertung beider Ansichten gelingt es Sokrates, den brauchbaren Teil jeweils von irrelevanten Aspekten zu isolieren. Die Art und Weise, wie Hermogenes den konventionellen Charakter der Namen betont, veranlaßt ihn dazu, die Tatsache zu übersehen, daß es gerade der Gebrauch ist, der die Konvention ausmacht, und nicht nur individuelle Entscheidung. Die Namen sind nicht etwa nur wegen des ‚fiat' des Sprechers richtig. Indem er den Gebrauch berücksichtigt, hütet sich Sokrates davor, die Beliebigkeit, die der συνθήκη zukommt, mit der Konvention zu verwechseln, die dem natürlichen Gebrauch (χρῆσις) entstammt – oder dem Gebrauch, der durch ein spezielles instrumentelles Verhältnis zwischen Namen und benanntem Ding motiviert wird. Die Konzeption des Sokrates weist jedoch noch eine andere Facette auf, durch die sich diese von derjenigen des Kratylos unterscheidet. Diese Facette verträgt sich besser mit der konventionellen Theorie der Richtigkeit der Namen, die das Verständnis der Zeichen durch ihren Gebrauch auf der Basis der Übereinstimmung zwischen zwei Gesprächspartnern erklärt. In der Tat verteidigt Sokrates eine These, die sich aus zwei Ergänzungen zu der naturalistischen und der konventionellen Konzeption der Richtigkeit zusammensetzt. Seine These läuft auf die Behauptung hinaus,

* Aus dem Englischen übersetzt von Carolin Boßmeyer und Dr. Orrin F. Summerell (Bochum).
[1] Dieser Text ist partiell die deutsche Version eines Artikels, der dem Linguisten Istvan Fonagy gewidmet ist. Er wird in einem Sammelband unter dem (provisorischen) Titel ›Hommage à Fonagy‹, hrsg. von P. Boltanski und P. Perrto (Paris), erscheinen.

daß es der ‚naturalisierte' Gebrauch ist, der Bedeutung hervorbringt, indem im Austausch von Sprachstücken etwas bezeichnet wird.[2]

Wenn wir nun den Dialog *Kratylos* als ganzen betrachten und auf die verschiedenen Stadien des Dialogs zurückblicken, scheint ein Hauptargument einen entscheidenden Stellenwert zu erhalten, der zu einer eher unerwünschten Konsequenz führt. Kratylos behauptet, daß die Namen vollkommene Abbildungen der Dinge seien. Diese Behauptung führt zu einer Verdoppelung der Namen selbst bis zu dem Punkt, an dem man die Abbildungen von den Originalen nicht mehr unterscheiden kann (432 d). Diese Verlegenheit ist tatsächlich die Folge der vereinfachten Form der Abbild-Theorie der Richtigkeit, die Sokrates selbst Kratylos in den Mund legt. Dabei hat er einen Vorteil im Sinne, der strategischer Art ist.

2. Die Pseudo-Frage nach dem Ursprung der Namen

Was die Bedeutung in ihrem Prozeßcharakter angeht, schafft die Behauptung, daß ein Bereich von Dingen wahrheitsgetreu wiedergegeben wird, eine formale Schwierigkeit. Diese Schwierigkeit nimmt die Form einer unbeantwortbaren Frage an. Sie lautet: Was kommt zuerst, der Gebrauch der Zeichen oder die stillschweigende Kenntnis ihrer Bedeutung? Wir sehen uns hier einer *de iure* Frage gegenüber, erwarten aber fälschlicherweise, daß sie *de facto* beantwortet werden könne durch historische Informationen über den tatsächlichen Anfang der Sprache.

Diese Frage ist nicht einmal eine, die in einer Aporie endet. Sie ist eine Pseudo-Frage, und als solche sollte man ganz auf sie verzichten. Sokrates wirft sie jedoch auf, um auf *theoretische* Schwierigkeiten wie die folgenden aufmerksam zu machen: Um Namen zu verwenden, muß man schon ihre Bedeutungen kennen; wie aber ist es möglich, die Bedeutungen von Namen zu kennen, bevor es die Namen überhaupt gibt? Ist es nicht so, daß man eine Vorkenntnis des Bezeichneten besitzen muß?

So bemerkt David Pears[3] in bezug auf eine Bemerkung Wittgensteins: Jeder, der die Frage nach dem *Ordnungszusammenhang* von Sprache und Denken stellt, ist bereits in einem Teufelskreis verfangen. Diese Frage ist offenkundig unlösbar oder, um es mit Wittgenstein zu sagen, ein Urbild unlösbarer Probleme. Folgt man Wittgenstein, haben alle Probleme dieser Art eine Sokratische Form und sind gemacht, um den Geist zu beschäftigen, der glaubt, nicht ohne permanente Entitäten auskommen zu können. Und das

---

[2] Zur Interpretation von Platons Ansichten über die Sprache im *Kratylos* vgl. Soulez 1991 a, besonders den ersten Teil.

[3] Vgl. Pears 273.

ist als kritischer Einwand zu verstehen, der gegen ein solches Bedürfnis gerichtet ist. In unserem Zusammenhang geht es jedoch um etwas anderes. Die Kritik an der Tendenz, die angebliche Schwierigkeit zu ,intellektualisieren', beabsichtigt nicht, das Sokratische Fragen zu zerstören, sondern vielmehr die Hypothese der vollständigen Kriterien der Intelligibilität (d. h. des Verstehens der Bedeutung) so zu unterstützen, daß man darauf verzichtet, die Namen *vor* dem Gebrauch oder den Gebrauch *vor* den Namen anzusiedeln. An diesem Punkt verfolgt die Aufdeckung der Frage nach dem, was zuerst kommt, als Pseudo-Frage eine pragmatische Strategie. Es wird versucht, den Prozeß gerade in seiner Prozeßhaftigkeit zu begreifen.

Dennoch erscheint die Schwierigkeit als eine oberflächliche und formale nur in einer bestimmten Hinsicht. Weil die Frage von Anfang an im Mythos eines archetypischen νομοθέτης verwurzelt ist, der die ursprünglichen Namen erschaffen hat, darf sie sehr wohl als eine Frage nach dem Ursprung der Bedeutung betrachtet werden. Dieser übervereinfachten Lesart kann man relativierend entgegentreten. Sokrates' Behauptung einer dialektischen Funktion an dieser frühen Stelle wäre dann als eine Art vorweggenommener Lösung für die Verdinglichung einer ursprünglichen Namensgebung zu begreifen.

Die Annahme eines Experten im Gebrauch der Namen impliziert folgendes: Man schafft sich eine Situation, die die Vorkenntnis von Bedeutungen unabhängig von der Frage nach dem Ursprung der Sprache verlangt. Nur wenn man keinen solchen Experten annimmt, bleibt das Problem der Zirkelhaftigkeit ausgeliefert, die wir schon erwähnt haben.

So sollte die mangelnde Kenntnis über den Ursprung der Sprache, so wie er metaphorisch im Paradigma des νομοθέτης gefaßt wird, uns von ebensolchen zum Scheitern verurteilten Versuchen abbringen. Es ist jedoch typisch für Sokrates, einen unpassierbaren Weg einzuschlagen, um seinen Gegner zu beunruhigen. In der Tat zeichnet Sokrates selbst verantwortlich für die sterile Intellektualisierung eines solchen Pseudo-Problems, das sich in der Frage ,Was steht am Anfang der Sprache?' artikuliert.

3. Sprache, ein bedeutungsbezogenes Problem

Indem wir einen Überblick über den Dialog gewonnen haben, sehen wir ein, daß es keine andere Möglichkeit gibt, den Zirkel zu vermeiden, der durch das direkte Verhältnis von Namen und Dingen hervorgerufen wird, als die theoretische Frage nach der Möglichkeit eines solchen Verhältnisses zu verwerfen. Wie die dualistische Ansicht des Kratylos zeigt, wird die paradoxe Konsequenz einer Verdoppelung von Namen und Dingen durch die rein intellektuelle Dialektik eines formalen Verhältnisses von Namen und

Dingen bewirkt. Diese Dialektik formalisiert einen klaren Unterschied zwischen Namen und Dingen, der ihre eigentliche Wechselbeziehung verdeckt. Dadurch wird verkannt, daß in der Praxis gerade auch mit dem Verstehen von Sprache ein Kriterium ihrer Richtigkeit gegeben ist.

Diese Schwierigkeit deutet schon voraus auf jene, die sich in bezug auf die Ideen im ersten Teil des *Parmenides* abzeichnet. Wenn man verdeutlichen kann, wie die Natur des Teilhabenden beschaffen sein muß, damit es an einer Wesenheit teilhaben kann, ist das ebensowenig hilfreich, wie wenn man die Natur der partizipierten Ideen aufzeigte. Insofern Partizipation an Ideen, ausgedrückt durch Verhältnisbegriffe, sich als ein Prozeß herausstellt, besteht die Lösung des Begriffs der Bedeutungsrelation darin, daß die Beziehung der Benennungsinstrumente zu den gemeinten Wesenheiten den Charakter der Wirksamkeit hat.

So kann Sokrates nur vor dem Hintergrund einer derart unzulässig vereinfachten Ansicht von Bedeutung, die er kritisch gewissermaßen als Sprachrohr des Kratylos bewußt auf die Spitze treibt, schließlich den Weg weisen zu der semantischen Frage nach dem Zusammensetzen sinnvoller Wortgefüge, indem er die Rolle des Gebrauchs für die Entstehung der Bedeutung betont. Jedoch bedarf ein solches Unterfangen einiger Vorbereitung, um den Weg gangbar zu machen. Insofern wir andererseits die „exigences essentielles" (V. Goldschmidt)[4] eines solchen semantischen Aufstiegs zur Bedeutung als Prozeß immer noch nicht kennen, ist die erste Frage, die es zu beantworten gilt, nicht so sehr, worin der Bedeutungsprozeß besteht, als vielmehr, worin er nicht besteht.

4. Was können wir von Sprachelementen als ‚Ausgangspunkt' erfahren?

Eine Möglichkeit, ohne zusätzliche linguistische Daten auszukommen – weil wir an dieser Stelle mit Hermogenes den Unterschied zwischen Sprache und Ding nicht mehr berücksichtigen sollten –, ist, die Namen und ihre Elemente als Ausgangspunkt zu nehmen. Zu diesem Zweck müssen wir uns auf die Sprache in ihrem Entstehungsprozeß konzentrieren und dürfen sie nicht als fertiges Objekt behandeln. Sobald wir die Sprache unter dem Aspekt ihrer Bildung untersuchen, verzichten wir darauf, den Ursprung von Sprache schlechthin erklären zu wollen. Damit entgehen wir dem Risiko, das ein außersprachlicher Zugriff mit sich bringt. Es bleibt dann nur die Sprache als physische, undurchsichtige Materie, durch die wir uns einen Weg bahnen müssen.

Somit kommen wir zu einer Erforschung der Sprache, die ihre interne

---

[4] Vgl. z. B. den ‚hypothetischen' Status der Ideen im *Phaidon*.

Struktur verstehen und ihr Darstellungsvermögen von innen heraus erfahren will. Ihrerseits erfordert diese Erforschung, daß wir tief in den Stoff
der Sprache eindringen – in der Hoffnung, schließlich ein Licht in der Dunkelheit zu erblicken. Hier kommt die von Sokrates entwickelte Tafel der
phonemischen Werte zum Zuge.

Dem Leser wird auffallen, daß die Hypothese eines Wesens der φωνή, das
in diesem Falle durch Nachahmung wiedergegeben werden soll, am Ende
des Gespräches zwischen Sokrates und Hermogenes auftaucht. Bald danach
tritt Kratylos wieder in den Dialog ein, und es überrascht nicht, daß die Einführung der außersprachlichen Gegenstände in die Debatte mit seiner Teilnahme am Gespräch zusammenfällt. Aber warum dieses Thema schon zu
einem Zeitpunkt im Dialog, bevor Kratylos wieder aktiv am Gespräch teilnimmt?

Gérard Genette[5] nennt «socratylisme» die Art von Position, die Sokrates
im *Kratylos* einnimmt – damit will er eine Verschmelzung beider Ansichten
zum Ausdruck bringen. Dieses Etikett läßt fälschlicherweise vermuten, so
denke ich, daß Sokrates letztlich das Gegensatzpaar von Namen und Ding,
das Kratylos aufstellt, unverändert stehenläßt, obwohl er, Sokrates, eine andere Interpretation der natürlichen ὀρθότης formuliert. Gemäß Genettes
Lesart liegt der einzige Unterschied zur Ansicht des Kratylos darin, daß Sokrates einräumt, es gebe einen irreduziblen konventionellen Bestandteil im
natürlichen Prozeß der Angleichung der Namen an die Dinge.

Meines Erachtens verhält sich die Sache ganz anders. Schon an einer
Stelle des *Kratylos*, die ich als ein «dénouement»[6] betrachte, wird das binäre
Verhältnis der Benennung progressiv durch einen dreiwertigen *relationalen
Prozeß* der Bedeutung ersetzt. Dieser besteht aus: 1. dem Zeichen = dem
Namen; 2. dem Bezeichneten = dem äußeren Objekt (vgl. das stoische
τυγχάνον); und 3. der διάνοια des Sprechers – oder dem ‚was ich denke‘
(435 a). Die interpretative Funktion der letzten Komponente gewährleistet
die Korrelation von Name und Ding (434 e–435 a). So wird Sprache als ein
Prozeß aufgefaßt, dessen Ergebnis die Bedeutungen sind, und nicht als eine
abgeschlossene Totalität von fertigen Etiketten für die Dinge.

Nun kann Platon Sokrates wesentliche Bemerkungen über die Möglichkeit falscher Darstellung in den Mund legen, die zu einer nochmaligen kritischen Bewertung des Status führt, den die gemeinten Dinge im Gegensatz
zu den genannten haben. Wie Gilbert Ryle[7] deutlich gezeigt hat, profitiert
der *Sophistes* von diesem ersten Schritt. Jeder, der, wenn er die verschiedenen Stadien der Diskussion im *Kratylos* durchwandert hat, den Exkurs

---

5 Vgl. Genette 1038.
6 Vgl. Anm. 2.
7 Vgl. Soulez 1991 b, 215 ff.

des Fremden über den Logos im *Sophistes* liest, wird in der Tat einen klareren Begriff dessen bekommen, was unter der kleinstmöglichen συμπλοκή der Einheiten zu verstehen ist, die einen sinnvollen Satz bildet. Die verbale Komponente des ῥῆμα läßt uns erkennen, inwiefern sich das Meinen von etwas durch das Zusammenfügen von Namen von der einfachen Benennung dieser Entitäten als permanenter Essenzen oder Ideen unterscheidet. Der Wechsel von der Benennung zum Aussagen beeinflußt die Art und Weise, wie wir die Natur der gemeinten Dinge verstehen sollten. Es ist jetzt klar, daß die These, es gebe außersprachliche Entitäten – seien es Platonische Ideen oder Kratylische ὄντα –, die für das Gemeinte stehen, nicht mehr aufrechtzuerhalten ist.

5. Eine Grammatik der Laute: eine Verlockung

Aus folgendem Grund habe ich mich dazu entschieden, diese unglaublichen Erwägungen des Sokrates bezüglich des Ausdrückens sinnvoller Sprachstücke allein auf der Basis einer phonemischen Konzeption von συμπλοκή wiederaufzugreifen: In Abwesenheit von bereits vorgegebenen Entitäten, die nur noch zu benennen sind, muß Sokrates eine Art Experiment versuchen. Indem er auf eine konsequente Auffassung von Syntax zielt, nimmt er sich zuerst das Recht, die Sprache auf die gleiche Art zu erforschen, die er später im *Phaidon* kritisiert, mit dem gleichen Risiko, das Phänomen aus dem Blick zu verlieren, wie jener Physiker, der sich ausnahmslos für die materielle Welt interessiert und seine Aufmerksamkeit allein auf die körperliche Welt richtet.

Die Art von Syntax, die er gewinnt, ist keinesfalls eine Grammatik, deren Regeln uns ermöglichen, Sinneinheiten wiederum sinnvoll miteinander zu verknüpfen. Dennoch läßt sich etwas aus dieser Konstruktion phonemischer Symbole – oder eher ihrem Scheitern – lernen, das auf Platons Lehre von den Beziehungen zwischen Ideen als obersten *genera* im *Sophistes* vorausweist. Diese Zeilen im *Kratylos* über ‚das Wesen der φωνή' muten in der Tat wie eine Parodie auf die Verbindung von *genera* auf der Stufe der einfachen Laute an.

Wie steht es dann um die zukünftige *grammatikalische* τέχνη[8], die im *Philebos* erwähnt wird und deren Erfindung dem ägyptischen Theuth zugeschrieben wird (18 a–c)? Höchstens ist sie ein schwächeres Paradigma dessen, wonach auf der Ebene der Bedeutung gesucht wird. Man muß schon

---

[8] Eine solche Grammatik, die als eine τέχνη auf Äußerungen (d. h. signifizierende Termini im Gegensatz zu dem Bezeichneten) angewendet wird, erscheint später als ein genuin technisches Feld in der niederen Dialektik, die bei den Stoikern ein Teil der Logik ist.

den Sinn der höheren Entitäten kennen, auf die sich die Sprache beziehen soll, um die einfachen Laute zu beherrschen, wenn nicht sogar, wie Sokrates in diesem Dialog andeutet, die φθόγγους, z. B. Geräuschfetzen der Artikulation, die vielleicht nicht einmal hörbar sind.

Wie lächerlich auch immer die Hypothese einer Grammatik der einfachen Laute sein mag – man muß verstehen, in welchem Ausmaß das Denken, insofern es sich die Gestalt der Sprache gibt, der Sprache als Rohmaterial verpflichtet ist, aus welchem dann schließlich artikulierte Begriffe hervorgehen. Es liegt sicherlich ein Betrug vor, wenn eine Grammatik der Laute vorgibt, eine vollständige Grammatik zu sein. Sind wir einmal im Besitz einer Grammatik der Bedeutung auf der Stufe von bedeutsamen Wesenheiten (so wie im *Sophistes*), erweist sich eine rein materialistische Grammatik der εἴδη der φωνή als nützlich. Platons Pointe hier ist, daß – wenn es um Sprachregeln geht – wir uns davor hüten sollten, eine Grammatik der Laute mit einer wirklichen Grammatik der Bedeutung zu verwechseln.

Den meisten Forschern scheint es nicht der Untersuchung wert zu sein, ob der begrifflich interessierte Philosoph den empirischen Stoff der Sprache in gleichem Maße schätzt, wie das, was er hauptsächlich im Blick hat. Ist es nicht unter dem Niveau eines Experten für seriöse Fragen, die ideelle Gedankeninhalte betreffen, sich um diese dunkle Seite der resonierenden Lautgebilde zu kümmern? Tatsächlich sind wir mehr daran gewöhnt, auf die argumentative Struktur der Sprache zu achten, als sich einer irrationalen Freude am Erkunden der Möglichkeiten der Sprache hinzugeben.

Platon ist bekanntermaßen nicht jemand, der solchen Versuchungen verächtlich aus dem Wege geht. Im Laufe der erhabensten Argumentation gelingt es ihm häufig, sich Zeit für scheinbar irrelevante Exkurse und Fiktionen zu nehmen, die den ernsthaftesten Sucher nach Wahrheit irrezuleiten vermögen.

Diese phantasievollen Gemälde bilden zweifellos ein Gegengewicht zu vernünftigen Erklärungen. Im Zusammenhang der Schlußdiskussion mit dem Befürworter der konventionalistischen These verleiht dieses Gegengewicht dem Dialog gleichsam eine beeindruckende, karikaturistische Wirkung. Wir genießen eine bildreiche Schau, bevor die harte theoretische Arbeit anfängt, die sich dem scharfen naturalistischen Gegensatz von Namen und Ding widmet. Die Hypothese aus dem Mund des Sokrates ist um so überraschender, als er selbst unaufhörlich gegen das vereinfachende, dichterfreundliche Schema der Mimesis kämpft. Hat er sich nicht schon darüber lustig gemacht mit seinen eigenen etymologischen Plänkeleien? Im Rahmen einer mimetischen Interpretation der Richtigkeit der Namen, die auf den ursprünglichen Elementen der Sprache gründet (422 c), führt das analytische Prinzip, dem gemäß man das Ganze durch seine Teile kennt, von denen jenes abgeleitet wird (ein in sich widersprüchliches Prinzip, wie der *Theaitetos* zeigt), in eine Sackgasse.

6. Der Blick in den Sprachstoff

Bei Abwesenheit einer vorgegebenen Objektivität außerhalb des Reiches der Sprache – was ist dann ein Name? Ein Name – das ist ein Element der Imitation, um mit Hilfe der Stimme das nachzuahmen, was wir benennen. M. a. W., die Namensgebung ist eine Art Mimesis, d. h. wir benennen das, was wir nachahmen. Die benannte Entität resultiert aus einem internen Akt der Mimesis durch die Stimme (423 c); sie ist keinesfalls ein ‚Objekt‘. Es erübrigt sich, darauf hinzuweisen, daß die dargestellten Dinge nicht mehr als der Ertrag der Mimesis sind, wobei dieser durch die internen Eigenschaften des Vermögens der Nachahmung, nämlich der Stimme, begrenzt ist. Es gibt kein dargestelltes Objekt, sondern nur instrumentelle Mittel oder Organe der Darstellung, aufgrund deren Struktur man stets hinter dem angestrebten Effekt zurückbleibt. Es scheint, als spiegelten sich die Eigenschaften des Organes selbst in dem ausgestoßenen Laut als seinem stimmhaften Bild. Deshalb ist der „Ausgangspunkt" (424 b) hier das, was der Nachahmer im Zuge der Nachahmung benötigt und gebraucht, sonst nichts.

An dieser Stelle wird der Leser wohl ahnen, daß das gleiche, nämlich die physische Materie des linguistischen Stoffes, aus dem der Name besteht, zum Zweck 1. der Äußerung von Lauten dient, 2. der Benennung und 3. der Darstellung dessen, was mit Hilfe der Laute ausgesprochen wird. In dem weiten und unüberschaubaren Feld der Sprachlaute erweisen sich Name und dargestellte Entität als ein und dasselbe. Nun wird es einfacher zu verstehen, wie, ausgehend von dieser Ununterscheidbarkeit, das Bedürfnis nach einer dualistischen These der Richtigkeit auf Kosten der Entzauberung einer unhaltbaren These entsteht.

7. Ausdruck ohne Darstellung: ein ontologischer Skandal!

Wenden wir uns nun 424 b 7 bis 427 d zu, wo der Gedanke der expressiven Kraft der Sprache entwickelt wird. Sokrates stellt sich vor, was es für die Sprache bedeutet, im ungeschliffensten und unmittelbarsten Sinne des Wortes imitativ zu sein. Trotz der Absurdität der These schlüpft Sokrates in die Rolle des professionellen Hermeneutikers, des Geistlichen. Das Experiment dauert scheinbar an, bis Sokrates von einer vorübergehenden Begeisterung befreit wird. Trotzdem gibt es keine klare Trennung zwischen seinem pathologischen Bedürfnis, ein solches Kartenhaus zu errichten, und dem vernünftigen Versuch, haltlose Argumente zur Seite zu schieben zugunsten einer Grammatik des Zusammensetzens einfacher Laute.

Eines ist hingegen sicher: Es ist notwendig, den Weg freizumachen für eine Annäherung an die Bedingungen des Bedeutungsprozesses, indem man die falschen Erklärungen im Keim erstickt.

An einer Stelle wird das Ende der visionären Konstruktion eines Lautsymbolismus angekündigt, indem Sokrates behauptet, daß er nach dem „suchen müsse, was wirklich ist, *ohne die Hilfe von Namen*" (438e; Hervorhebung von der Verfasserin). Dies steht genau im Gegensatz zur Erforschung der Nachahmung *mit Hilfe von Sprache*. Man sollte darauf achten, daß sich Platon in beiden Fällen gelegentlich erlaubt, das Weglassen oder das Heranziehen von Namen als Instrumenten auszudrücken, indem er die Präposition διά (438e5) verwendet. Dieser instrumentelle Gebrauch sei mit dem von Sinnesorganen wie den Augen vergleichbar.

Im *Theaitetos* 184c–d findet eine berühmte Diskussion über die sinnliche Wahrnehmung statt, in der zwei instrumentelle Gebrauchsweisen unterschieden werden: Einmal drückt διά aus, daß ein Sinnesorgan gewissermaßen wie ein Kanal funktioniert, das andere Mal (in der Dativform) ist von einem Vermögen die Rede, somit der Seele. Dagegen nutzt es hier nichts, mit einer solchen Nuance zu arbeiten, weil wir im materiellen Stoff der Sprache vertieft sind. Das Vermögen, „mit dem" wir nach der Wahrheit suchen – wenn dies überhaupt der Fall ist –, läßt uns in der gleichen Weise gewissermaßen eine stimmhafte Art von Sinnesorgan benutzen, „durch die" wir ausdrücken, was wir nachzuahmen beabsichtigen. Daraus ergibt sich die Zweideutigkeit von Namen: Einerseits werden sie als Richtschnur für die Forschung gebraucht (436b1), andererseits sind sie in ihrer ursprünglichen Form Hörwerkzeuge (gemäß der „ungerechtfertigten" Hypothese des Sokrates in 426c–d).

Eins ist sicher: Der Ausdruck ‚das Wesen der φωνή' (423e) ist ein Skandal. Aus Platonischer Perspektive ist es einfach schockierend, Worte wie ‚Wesen' und ‚φωνή' derart zu kombinieren. Um präzise zu sein, muß man hinzufügen, daß Sokrates die Anwendung des Prinzips, daß es ein Wesen für *jedes* Ding gibt, auf Farben und Laute ausweitet. In diesem Zusammenhang kommt alles auf das Wort ‚jedes' an; denn dieses ermöglicht es, die wahrnehmbaren Qualitäten auf der gleichen Ebene anzusiedeln wie die anderen Dinge, denen mit Recht ein eigenes Wesen zugeschrieben werden kann. Die Verallgemeinerung des Prinzips führt Sokrates dazu, aufgrund der distributiven Eigenschaft des Wortes ‚jedes' die ‚Platonische' Konzeption zu überschreiten, die gewisse Qualitäten, welchen im System ein entsprechendes Wesen zuzuschreiben ist, von denen (den sinnlichen) scheidet, welchen keine ontologische Ehre gebührt.

Die allseits bekannte Kritik im *Theaitetos* an einer sensualistischen (d. h. Protagoreischen) Konzeption der ἐπιστήμη macht es schwierig, den Ausdruck ‚das Wesen der φωνή' hinzunehmen, da es für Platon zu einer Kategorie gehört, die wir heute als die Kategorie der logisch falschen Ausdrücke bezeichnen. Wenn es unmöglich ist, die Dinge zu benennen, während sie noch mitten im physischen Prozeß des Werdens begriffen sind, wie Sokrates gegen seinen Herakliteischen Gegenspieler lebhaft vorbringt, wie soll man dann über das ‚Wesen' irgendeiner physischen Eigenschaft sprechen? Liegt hier nicht ein Kategorienfehler vor?

Man trifft an dieser Stelle auf das gleiche Argument, das Sokrates gegen diejenigen vorbringt, die Qualitäten ontologisieren. Durch den Gebrauch von Ausdrücken für diverse Seinsqualitäten wie z. B. ‚weiß' wird man dahingehend irregeleitet zu glauben, es verberge sich ein Wesen hinter solchen Namen. Zu behaupten, daß eine Farbe oder ein Laut ein eigenes Wesen besitzt, entspricht der Position, die Sokrates selbst in seiner Kritik an der Hypostasierung von ποιότης im *Theaitetos* (182a) widerlegt. In diesen Zeilen, in denen Sokrates Theaitetos zeigt, daß abstrakte Namen, wie z. B. dieses „ungewöhnliche sowie unverständliche ὄνομα", d. h. ποιότης, leer sind, entdecken wir einen Vorgänger der logischen Grammatik.

Leitet uns nicht die grammatikalische Form selbst in die Irre, derweil sie uns zu glauben veranlaßt, daß es ein unabänderliches Wesen oder eine Identität gibt, die hinter aller Veränderung liegt und die wir mit einem Namen belegen? Dasselbe gilt, wie Sokrates hinzufügt (182e), für jegliches Ertastete, Gesehene und Gehörte[9]. (Wenn ich einen zugegebenermaßen anachronistischen Vergleich anstellen darf, so betrachte man Bertrand Russells Ontologie der Attribute.)

In seiner Studie über den Status der Sinneswahrnehmung in den eben zitierten Zeilen des *Theaitetos* kommt Michael Frede[10] zu dem Schluß, daß Sokrates' Analyse der Sinneswahrnehmung als eines passiven Geschehens dieser eine ziemlich eingeschränkte Kompetenz einräume. Im Gegensatz zu dieser restriktiven Annäherungsweise impliziert die Tafel der symbolischen Lautwerte im *Kratylos*, daß der ästhetische Bereich immer umfassender wird in Form einer aus sich selbst heraus expandierenden Klangpyramide.

Indem Sokrates es sich erlaubt, seine Meinung über die ursprünglichen Namen zum besten zu geben, vernachlässigt er offenkundig ganz bewußt die inneren Schwierigkeiten, die jede These bedrohen, laut deren die Namen physischer Eigenschaften oder Relationen selbständige oder – um es mit Russell zu sagen – „externe" Entitäten bezeichnen. Seine trotzige Stimmung führt ihn gar noch über seine früheren etymologischen Spielereien hinaus: Hier gibt es keinerlei Raum, um irgendein Objekt durch Namen außerhalb

[9] In bezug auf Aristoteles' Kategorie der ποιότης in den *Kategorien* 8, 10b 26–11a 14 vgl. Narcy 206.
[10] Frede 1987, 8.

von Namen aufzuzeigen, wie z. B. durch die Namen von der Heiligkeit göttlichen Handelns oder von Moralbegriffen oder von was auch immer. Die etymologische Methode ist somit außer Kraft gesetzt (426 a); denn wie könnten
wir die Richtigkeit abgeleiteter Namen aufgrund ursprünglicher unbe-
kannter Namen erkennen?

8. Die Fiktion der materialistischen Kausalität der Bedeutung: der Grammatiker als Physiker

Wenn wir Lautsymbole zusammensetzen und somit συνθέσεις herstellen,
verhalten wir uns wie Physiker der linguistischen Laute, die sich mit der
Akustik in ihrer Anwendung auf die Stimme beschäftigen. Was diesen Physiker interessiert, ist weder das Dargestellte noch die Intention des wahrneh-
menden Subjekts, sondern ausschließlich die strukturellen Eigenschaften
des Stimmorganes und ihr kausales Verhältnis zum Ausgesprochenen. Wir
werden an den Physiker erinnert, dessen Forschungsmethode – wie oben bereits bemerkt – Sokrates im *Phaidon* kritisiert. Ein solcher Grammatiker
würde nach den Vernunftgründen für die Verknüpfung sinnvoller Sequenzen
suchen, indem er eine Sphäre erforscht, die allein die physischen Aggregate
der Stimmelemente in sich begreift. Er würde die Ursachen sinnvoller Verknüpfung gleichsetzen mit den Gründen, die das kommunikative Bezeichnen von etwas ermöglichen.
    Zudem wird auch versucht, die Lautelemente der Aussprache εἶδος für
εἶδος zu ‚rekonstruieren‘, und zwar ausgehend von einer elementaren Basis
bis hin zu Gefügen, die aus einem „Zeichen mit einem Namen" bestehen
(siehe unten). Zu welchem Zweck würde aber unser Grammatiker, der sich
allein auf Laute stützt, Laute zu einer Pyramide aufhäufen? Er tut dies, um
die Namen zu erhalten, die von den ursprünglichen abstammen – d. h. um
sich mit Hilfe der Rekonstruktion zu vergewissern, daß die Synthese von
Lautelementen auf gerade dies hinauslaufe. Diese Illusion ist typisch für ein
rekonstruktivistisches Verfahren. Man reduziert das Ganze auf seine Teile
und setzt aus diesen wieder das Ganze zusammen, als ob man eine Totalität
in den Händen hält, wenn man nur genügend Atome aneinander fügt, auf
die sich diese Totalität scheinbar zurückführen läßt. Zusätzlich zu diesem
Prinzip der materialistischen Schichtung macht die expressive Kraft der
στοιχεῖα, definiert als die hörbaren Minima, die Lautgefüge sinnvoll – so
zumindest der Anspruch.
    Eine Syntax der Lautsymbole enthält Elemente, deren Eigenschaften
nichts mit dem Bezeichneten gemeinsam haben. Dieses bildet einen ersten
Unterschied zur Etymologie, der zufolge man am Bezeichneten die ihm zu-
geschriebene Bedeutung ablesen kann. Es unterscheidet sich auch von einer

Grammatik, die Bedeutungsregeln für das Bezeichnen von Entitäten liefert, und dies unabhängig von einfachen physischen Gefügen, denn Laut und Bedeutung stehen hier in unmittelbarem Bezug ohne ein vermittelndes Drittes. (Auf dieser Stufe gibt es z. B. keinen Platz für die διάνοια des Sprechers.)

Daß eine solche physikalische Rekonstruktion der Lautelemente nicht im entferntesten eine lebendige Syntax liefert, die ein guter Grammatiker zu Recht erwarten würde, scheint die richtige Schlußfolgerung zu sein – eine Schlußfolgerung, die der Sprache als Prozeß in der Tat einen gehobenen Status gegenüber den anderen natürlichen Prozessen zuweist.

Als Schlüsselwort fungiert hier der Terminus ὄργανον, der das Mittel der Aussprache bezeichnet. Als Einheit des Hörbaren betrachtet, drückt der Buchstabe, d. h. das γράμμα, die Eigenart des jeweiligen Organs aus, trägt aber nichts zur Darstellung der Züge des außersprachlichen Objekts bei.

Es versteht sich von selbst, daß γράμματα nicht stillschweigend gelesen werden können. Sie sind sichtbare Korrelate der phonemischen Atome, nicht aber geschriebene Einheiten im Gegensatz zu verbal ausgesprochenen Einheiten. Dennoch erzeugt das Erblicken dieses oder jenes Buchstabens auch seine ihm eigene Aussprache. Wie wir oben vorgeschlagen haben, gibt es eine Art Kausalität, die bewirkt, daß sich das Erblicken von Buchstaben, die schwarz auf weiß auf dem Papier stehen, in einem Aussprechen derselben niederschlägt. So gesehen, wirkt der Buchstabe als Stimulanz auf das Sprechorgan. Andersherum ist der Charakter des geschriebenen Buchstabens nicht mehr als die Projektion einer bestimmten stimmhaften Geste. Von daher kommt die Rede von ‚Abbildung‘ im Zusammenhang mit Lauten (426e: ἀπεικάζει). Sokrates' Einbildungskraft bietet hier einige interessante Einsichten in die kognitiven Abläufe beim Lesen und führt uns somit in die sinnliche Welt des Gehörten und seine Grenzen ein auf der Ebene der Wahrnehmung unterhalb der Stufe der symbolischen Kommunikation[11].

Unter φωνή dürfen wir nicht so sehr den Klang der Stimme als vielmehr die Lautbildung eines Organs verstehen, mit dessen Hilfe und durch das ein Buchstabe ausgesprochen wird. In erster Linie geht es hier um die Rolle der γλῶττα (426a), nicht um das sprechende Subjekt. Deshalb ist es nicht angemessen, von dem zeitgenössischen psycho-phonetischen Standpunkt eines Istvan Fonagy aus die phonetischen Einsichten des Sokrates zu beurteilen[12]. Lautelemente wie z. B. Buchstaben sind resonierende Sprach-Minima, die einem amorphen semiotischen Kontinuum (Hjelmslev) entnommen sind[13].

[11] Vgl. McAdams/Bigand.

[12] Vgl. Fonagy.

[13] Es handelt sich hier um eine topologische Perspektive, der gemäß der semiotische Charakter der Sprache auf einem amorphen phonemischen Feld fußt. Der Linguist Greimas nennt „kontinuierlich" jede unartikulierte Größe.

In diesem Zusammenhang bedeutet ‚Sprache‘ das, was die Franzosen ‹langue› nennen im Gegensatz zu ‹langage› im Sinne eines Mittels, das die Kommunikation über Ideen erlaubt.

Auf dieser Stufe ist alles Bewegung, ein Widerstreit der Elemente, der zu einer dauerhaften στάσις führt. Auf dem Schlachtfeld der elementaren Laute erspähen wir sozusagen die Hesiodischen Werke (ἔργα 427c) der γράμματα. Das Werk z. B. des Buchstabens ϱ, durch dessen Hilfe das Griechische verbale Aktivitäten wie ῥεῖν („fließen“), τρέμειν („zittern“) usw. ausdrücken kann, ist ein glaubhaftes Zeugnis für die innere Bezeichnungskapazität, die der entsprechende Laut besitzt. Auf die Frage, was unter der vokalen Bewegung bzw. ihrem Einhalt – wenn die Zunge stillsteht – zu verstehen ist, könnte man antworten: die Signifikante der Zunge selbst in einem Zusammenspiel mit anderen Sprechorganen, eingeschlossen Stimmbänder und diverse Muskeln. Es gibt aber eine Grenze der Hörbarkeit, die von gewissen γράμματα überschritten wird (ἄφωνα καὶ ἄφθογγα 424c), weil sie kaum faßbar sind, gleich unsichtbaren Atomen. Dies trifft zu für die stimmlosen γράμματα, die eine eigene Art (εἶδος) ausgesprochener Buchstaben neben anderen bilden, wie paradox auch immer dies anmuten mag. Darüber hinaus kann der Selbstlaut ein Gefüge von Buchstaben (z. B. eine Silbe) hörbar machen, indem er gewisse Konsonanten verbindet.

Die Bewegung erklärt alles, was in der Sprache geschieht, insofern diese als physisches Ereignis betrachtet wird. Selbst die Tatsache, daß ein Buchstabe einen Verschlußlaut enthält, gehört dem allgemeinen Phänomen der Bewegung an. Diese Ansicht nimmt auf interessante Weise den zeitgenössischen Zugang zur Rolle der Laute in der Musik vorweg, insofern diese als ein Geschehen oder eine Bewegung im resonierenden Objekt definiert wird[14]. Durch seine verbindende Kraft ermöglicht der Selbstlaut die Harmonie zwischen den phonemischen Kräften. Unter diesem dynamischen Aspekt betrachtet, deutet der Vokal auf der Ebene der Laute die Rolle an, die im *Sophistes* das Verb auch noch in der kleinsten συμπλοκή von Namen übernimmt, nämlich die Rolle der Verknüpfung.

Warum dann sollten wir nicht Regeln für die angemessene Verknüpfung von Lauten annehmen, genau wie es auch Regeln für die Verknüpfung von allgemeinen Ideen auf der Ebene der Semantik gibt? Sind nicht Ruhe (στάσις) und Bewegung (κίνησις) – hier manifestiert sich eine innere Spaltung – in diesem Abschnitt des *Kratylos* die phonemischen Gegenstücke zu den entsprechenden *genera* im Bereich der Ideen?

Die Analogie zwischen den unterschiedlichen εἴδη der Laute im *Kratylos* und den Namen der formalen Relationen unter den Ideen im *Sophistes* hat ironischerweise zur Folge, daß die φωνή einen semantischen Charakter er-

---

[14] Vgl. Casati/Dokic 34.

hält, während auf der anderen Seite die Verknüpfung von *genera* den physischen Bedingungen wohlformulierter Ausdrücke gehorchen muß. Wenn der Körper das Instrument ist, mit dessen Hilfe oder durch das die ψυχή „kundgibt, was immer sie kundgibt" (400 b–c), ist es nicht weniger wahr zu behaupten, daß die Verbindung eines Zeichens (eines Buchstabens) mit einem Namen (einer Silbe) (427 c) das phonetische Gebilde belebt, genau wie das Bild des Malers durch die Mischung von Farbkomponenten lebendig wird (425 a).

9. Die ironische Wirkung der Wesensannahme in der ‚Laut-Grammatik'

In diesem Sinne können wir einen „linguistischen oder grammatikalischen Idealismus" (G. E. M. Anscombe) hinter dem Topos des ‚Wesens der φωνή' entdecken. Die Ironie der konventionalistischen Theorie besteht somit darin, daß eine solche Behandlung beliebiger Lautstücke genau das bewirkt, was verhindert werden sollte, nämlich „das Einführen des Wesens in die Grammatik"[15].

Diametral entgegengesetzt zur Erwartungshaltung des Lesers findet sich hier keinerlei Hinweis auf einen Naturalismus. Es ist offenkundig, daß, wenn man die Methode der Rekonstruktion in diesem Maße ausdehnt, der radikale Konventionalist zum λογοθέτης im Sinne des Urhebers einer künstlichen Sprache werden muß. Wie Genette sagt: Derselbe, der erkennt, daß Sprache nicht auf natürliche Weise nachahmend ist, wird die Sprache als künstlich mimetisches System verstehen[16].

An dieser Stelle haben wir es nur mit materiellen Kräften wie z. B. Bewegung und Unterbrechung von Bewegung innerhalb des Prozesses zu tun, in dem Lautgefüge artikuliert werden, um das ‚Wesen' der Elemente zu enthüllen. Hier ist hervorzuheben, daß die Rede von Bewegung und anderen physischen Eigenschaften bei Platon paradoxerweise nichts ‚Naturalistisches' an sich hat. Das gleiche gilt für die Sprache.

K. Bühler hat erkannt, daß näher betrachtet solche Nachahmungen wie z. B. die onomatopoetischen Worte ‚ächzen', ‚jauchzen', ‚kichern', ‚wiehern', ‚kuckuck' usw. symbolische Interpretationen ersten Ranges und nicht etwa naturalistische Äquivalente sind[17]. Bühler meint, daß lautmalerische

---

[15] Vgl. Anscombe 1981 c, 112. Diese Bemerkung spiegelt Wittgensteins Behauptung wider, „Wer über das *Wesen* spricht, konstatiert bloß eine Übereinkunft". Wittgenstein I, 74.

[16] Vgl. z. B. die „symmetrische, aber umgekehrte Position" Leibniz' gegenüber derjenigen des Sokrates, in: Genette 1976, 59 ff., besonders 61, wo Leibniz zeigt, daß ein reiner Konventionalist zum Urheber einer künstlichen Sprache werden kann.

[17] Bühler 1969, 113. Vgl. auch Bühler 1934.

Ausdrücke nicht als Einwand gegen den Konventionalismus dienen können. Wider alle unmittelbare Erwartung entsprechen sie nicht einem Prinzip naturalistischer Darstellung von etwas außerhalb der Sprache, sondern legen konventionelle Regeln für den akustischen Ausdruck nahe.

10. Ein (indirektes) Plädoyer für eine idealistische Philosophie der Sprache

Am Schluß seiner Aufstellung erinnert uns Sokrates daran, daß diese Rekonstruktion weniger Frucht *seiner* Arbeit als vielmehr der eines fiktiven νομοθέτης ist, eines νομοθέτης, der ein Physiker und bloßer Urheber der Laute ohne Kenntnis des objektiven Inhaltes der ursprünglichen Namen ist, der allein arbeitet, statt mit jenem Dialektiker zu kooperieren, der in der ersten nomothetischen Hypothese auftaucht (388 d ff.). Es ist interessant, daß Sokrates die Errungenschaften des νομοθέτης in konventionalistischem Zusammenhang darstellt und dabei vom Geist einer physischen Idealisierung geleitet wird. Seine Absicht ist es, einen Begriff von Richtigkeit ohne irgendwelche objektive Kriterien für Richtigkeit zu entwickeln. Diese Art von Richtigkeit stellt einen Grenzfall dessen dar, was man überhaupt unter einem richtigen Namen verstehen kann, insofern er jegliche Anpassung eines Namens an ein Objekt und damit jeglichen externen Maßstab ausschließt.

Es stellt das Hauptanliegen dieser Passage dar, einen Anti-Platonismus im Bereich der Sprache zu präsentieren. Der Leser ist eingeladen, sich vorzustellen, welches Licht der kausale Aspekt der ‚physischen' Dimension der Sprechorgane auf die Elemente der Sprache wirft. Dieses Gedankenexperiment liefert eine Sicht von Sprache als physischem Objekt, das lediglich innere Qualitäten stimmhafter Entitäten ausdrückt und das allen kognitiven Inhalts entbehrt. Wenn wir uns auf diese Weise von jedem externen Vergleichspunkt verabschieden, können wir mit Recht fragen, ‚mit' welcher und ‚durch' welche Art von nicht-darstellendem Sprachstoff wir die Bedeutungsfunktion eines Lautgefüges mit Rücksicht auf diese oder jene Eigenschaft ausdrücken sollen. Schließlich befinden wir uns in einer Situation, in der uns eine echte Grammatik fehlt, die wahrnehmbare Eigenschaften angemessen ausdrücken kann.

ANDREAS GRAESER

WIE ÜBER IDEEN SPRECHEN?: PARMENIDES*

1.

Kein Dialog oszilliert so stark zwischen extremen Deutungen wie der *Parmenides*; und kein Dialog hat seine Leser so stark polarisiert wie dieser.[1] Die einen erblickten in ihm das Dokument einer Philosophie des Absoluten[2] – andere ein Sammelsurium interessanter[3] oder aber eher merkwürdiger logischer Übungen.[4] Galt der *Parmenides* seit den Zeiten der Neuplatoniker, wenn nicht gar schon vorher,[5] immer wieder als Dokument einer Theologisierung ideeller Verhältnisse,[6] so haben sich im 20. Jh. neue Verständnis-Tendenzen herausgeschält. Hier begegnen wir auf der einen Seite dem entdogmatisierenden Zugriff, der vor allem mit dem Aufkommen der sog.

---

* Der Vortragscharakter des Textes bleibt hier im Interesse der Allgemeinverständlichkeit unangetastet. – Hinzugekommen sind die Anmerkungen, die in erster Linie auf die Forschungslage verweisen, sowie ein Anhang, in dem einige spezielle Gesichtspunkte zur Sprache kommen, deren Erörterung den Duktus der Gedankenführung im Haupttext wohl stören würde. – Eine ausführliche Auseinandersetzung werde ich im *Parmenides*-Band der Platon-Reihe der Mainzer Akademie vorlegen.

[1] Wie Guthrie 1978, 32–33 gehe ich davon aus, daß der *Parmenides* dem *Theaitetos, Sophistes* und *Politikos* vorausgeht. Wichtige Hinweise zur Interpretationslage findet sich bei Koumakis, Zekl 1 ff., Gloy 1981, 25 ff. und – speziell auch im Blick auf die englischsprachige Diskussion – Hägler. Dieses Buch sollte einen *terminus a quo* der Auseinandersetzung bedeuten, desgleichen die kommentierte Übersetzung von Brisson 1994, 293–306, die zudem eine Bibliographie zu den einzelnen Einheiten aufweist (ebd., 312–321). Nützlich ist auch die Studie von Gardeya.

[2] Hier hat auch die Autorität Hegelscher Äußerungen zum *Parmenides* ihre Wirkung nicht verfehlt. Hegelsche Interpretamente werden in den *Parmenides* hineingetragen z. B. von Trienes 1989, ders. 1990, 118–125 und Iber 195–212. – Eine gewisse Distanzierung versucht Düsing 169–191.

[3] Russell 355 bemerkte, daß der *Parmenides* „perhaps the best collection of antinomies ever made" sei.

[4] Im 19. Jh. wurde der *Parmenides* gelegentlich als unechter Dialog betrachtet, in diesem Jahrhundert gelegentlich als Scherz empfunden.

[5] Eine Beurteilung dieser Frage hängt davon ab, wie weit man diesen Aspekt neuplatonischen Denkens in die platonische Schule zurück verlegt.

[6] Diese Art von Interpretation findet sich z. B. bei Wyller 1960, ders. 1967, ders. 1970 und ders. 1990, 239–265. – Die neuplatonische Verständnisweise wird nun von Halfwassen 1992 a und ders. 1992 b, 43–73 vertreten.

Hermeneutischen Philosophie Gestalt gewann.[7] Diese Interpretationslinie ist in der Praxis dadurch gekennzeichnet, daß Platon nicht als Autor gelesen wird, der Thesen verficht oder genuine Überzeugungen hat, die er in die Waagschale wirft, und daß seine Äußerungen, z. B. zur Existenz zweier Welten, ent-ontologisiert und damit philosophisch verharmlost werden (s. u. Anm. 14). Auf der anderen Seite haben wir so etwas wie einen neo-dogmatischen Zugriff, nämlich das Bestreben analytisch orientierter Philosophen, die Dialoge Platons und so auch den *Parmenides* als Etappen auf dem Wege fortschreitender begrifflicher Klärungen zu lesen.[8]

Im nachfolgenden möchte ich zunächst zeigen, (II) welche dieser Interpretationsrichtungen zurückgewiesen werden müssen. In einem weiteren Schritt (III) werde ich die Annahme ins Spiel bringen, daß Platon mit dem ersten Teil des *Parmenides* auf schulinterne Diskussionen reagiert und zu zeigen versucht, daß die Einwände gegen die Ideenlehre im wesentlichen dann aufkommen, wenn die Ideen als Dinge betrachtet bzw. dem Status von Gegenständen angeglichen werden. Die Figur des Parmenides bzw. die Philosophie des Eleatismus dient hier als literarische Verstellung der Tendenz zur Vergegenständlichung. Im vierten Abschnitt (IV) geht es um die Frage nach der Funktion des zweiten Teils des Dialoges. Hier gilt es zu sehen, daß das Übungsprogramm, das zur Wahrheit führen soll, *de facto* zu unterschiedlichen Wahrheiten führt: Für den, der wie der literarische Parmenides in den Fängen der Vergegenständlichung verstrickt ist und die Widersprüche als Quelle tiefer Beunruhigung empfindet, bleibt der Monismus des historischen Parmenides; für den, der die Tendenz der Vergegenständlichung früher oder später als unsachgemäße Weise der Konzeptualisierung erfaßt, verlieren die Probleme des ersten Teils ihren Schrecken; er sieht, daß man über die Ideen anders denken muß, und erkennt hier eine philosophische Aufgabe. Doch ist die Lösung dieser Aufgabe nicht mehr Teil des Programms dieses Dialoges. – In einem abschließenden Passus (V) sollen die Er-

---

[7] Hier ist in erster Linie an Gadamer 1991 a zu denken, aber auch an Wieland 1982, der im Blick auf *Politeia* V sagt: „Doch wird man gut daran tun, die ohnehin nur hodegetischen und propädeutischen Zwecken dienende Zweiweltenvorstellung auch hier nicht zu strapazieren" (291). Zum 2. Teil des *Parmenides* äußert sich der Autor nicht; auch Gadamer 1991 b, 313–327 bietet keine näheren Feststellungen zur Funktion des 2. Teils. Dies leistet z. T. die interessante Studie von Figal 1993, 29–47. Mit diesem Autor stimme ich hinsichtlich zahlreicher Einzelbeobachtungen überein, nicht aber in der Beurteilung der philosophischen Ambitionen Platons.

[8] Hier ist als *spiritus rector* G. Ryle (siehe Ryle 1939) zu nennen. Die eigentlich großen Autoren, die aber insbesondere auch als Lehrer beträchtliche Wirkung entfalten, sind G. E. L. Owen (siehe Owen 1986) und G. Vlastos (siehe Vlastos 1973 sowie ders. 1991) und später J. Moravcsik 1992 [Kpt. 4: ‚The Parmenides: Forms and Participation reconsidered']).

gebnisse zusammengefaßt und unsere Betrachtung des *Parmenides* in den weiteren Zusammenhang des Denkens Platons gestellt werden.

2.

Die entdogmatisierenden Tendenzen haben wohl nur eines für sich, nämlich das Prinzip der klassischen Hermeneutik, wonach man einem Autor keine Auffassungen zuschreiben soll, die man selber für absurd hält. Doch kreiert diese Deutungsrichtung mehr Probleme, als sie zu lösen vermag. Einem Autor, der wie Platon so viel und so eindrücklich von der Unsterblichkeit der Seele spricht, den metaphysischen Zuschnitt der Zwei-Welten-Lehre absprechen, heißt, die Perspektive leugnen, in der die Probleme als Probleme situiert sind. Speziell auf den *Parmenides* bezogen können wir auf jene Stelle verweisen, wo der Greis Parmenides sagt: Wer die Existenz von Ideen leugnet, raubt dem Denken seine Bezugspunkte und hebt die Möglichkeit sinnvoller Rede auf (135 b 5–c). [9] Damit ist impliziert, daß selbst die Ideenkritik, wie erfolgreich sie auch immer gewesen sein mag, die Annahme der Existenz von Ideen als Bedeutungen in irgendeiner Form voraussetzt; und es ist ferner impliziert, daß auch für den Fall, daß die im Vorangehenden geübte Kritik an der Ideen-Annahme triftig sein sollte, nicht die Annahme der Existenz von Ideen problematisch ist, sondern allenfalls unsere Auffassung derselben. M. a. W.: Aufklärungsbedürftig sind jene Fragen, die *mutatis mutandis* auch vis-à-vis von Freges Erörterungen des sog. ‚Dritten Reiches' neben der Welt des Physischen und der Welt des Mentalen auftauchen; [10] und so wenig Freges Annahme eines dritten Bereiches dadurch hinfällig wird, daß – was übrigens bei Frege selbst geschieht – den Ideen ‚Wirklichkeit' abgesprochen wird, so wenig wird die Rede von einer Zwei-Welten-Lehre Platons [11] deshalb obsolet, weil diese Rede womöglich nicht

---

[9] Diesen Punkt habe ich in Graeser 1975 a, 224 ff. betont. – Doch stellt sich die Frage, mit welchem Recht Parmenides als Monist dieses zentrale Argument zur Geltung bringen darf. Hier scheint es wichtig, die Aussage in VS 28 B 4 in Betracht zu ziehen; sie scheint eine Position zu bergen, die besagt, daß der Pluralismus als These einer Logik des Verstandes in einen Monismus als Sicht einer Logik der Vernunft überführt werden könne. Doch hängt hier vieles davon ab, wie radikal der Monismus des historischen Parmenides interpretiert werden muß. Siehe dazu Meixner 59–75, bes. 70 mit der Ablehnung solcher Deutungen, die die Annahme eines holistischen Monismus in Frage stellen.

[10] Vgl. Burge 633–650. Zur Unterscheidung zwischen ‚objektiv' und ‚wirklich' siehe Dummett 97–125 (Kpt. 6: ‚Objectivity and Reality: Lotze and Frege').

[11] Zur Frage der Transzendenz der Ideen siehe jetzt die Diskussion von Devereux,

ganz wörtlich zu verstehen ist: Immerhin bleibt das Problem der ‚Objektivität' im Raum; und die Ideen-Annahme ist, wie die Ideen-Beweise der Akademiker[12] zeigen, u.a. eine Antwort auf die seit Gorgias' Essay *Über das Nicht-Seiende*[13] virulente Frage, wie die Objektivität der Erkenntnis erklärt werden kann. Diese und andere Fragen werden von den Autoren der hermeneutischen Richtung weder gestellt noch überhaupt diskutiert. Sie interessieren sie nicht. Damit bleibt fraglich, ob von hier her überhaupt ein philosophischer Beitrag zur Lösung der Probleme erwartet werden kann.[14]

Aber auch die dogmatisierende theologische Interpretation scheint verfehlt. Denn diese Interpretation steht und fällt mit der Annahme, daß die erste Argumentation des zweiten Teiles unseres Dialoges zwangsläufig zur Konklusion führe, bei dem Einen handle es sich um ein jenseits von Raum und Zeit befindliches Absolutes, welches sich jedem diskursiven Zugriff entziehe. Doch hat diese Annahme kein Fundament.[15] Sie ist schon deshalb unglaubwürdig, weil die Gesprächspartner am Ende von 142a die Richtigkeit des Ergebnisses in Frage stellen. Dieser Punkt wird von den alten und neuen Platonikern in der Regel mit Schweigen übergangen. Wichtiger und triftiger aber scheint, daß die Konklusion selber an bestimmten Prämissen hängt, denen der Gesprächspartner – hier der junge Aristoteles – nicht hätte zustimmen dürfen. Dies nicht etwa deshalb, weil seine Zustimmung aus moderner, womöglich unhistorischer Sicht ungerechtfertigt wäre – was sie tatsächlich ist –, sondern, weil sie mit Annahmen kollidiert, die Platon anderswo formuliert.

Die These zum Ende des ersten Beweisganges versieht uns mit einem

63–90, sowie Dancy ('Study I: Predication and Immanence: Anaxagoras, Plato, Eudoxus, and Aristotle').

[12] Siehe die Zeugnisse *Ueber Ideen* Fr. 3 in Ross 1955, 122 und 124.

[13] Nur am Rande sei hier daran erinnert, daß Platon Gorgias' drei Thesen (1. ‚Das Seiende ist nicht', 2. ‚Selbst wenn es ist, ist es nicht erkennbar', 3. ‚Selbst wenn es erkennbar ist, ist es nicht mitteilbar') sozusagen als Folie seiner Argumentation im ersten Teil des *Parmenides* verwendet. (Siehe generell Hays 327–337). Darin, daß Platon seinen Parmenides mit der anti-eleatischen Strategie Gorgias' versieht, liegt ein besonderes Raffinement, das dem Leser nicht verborgen bleiben konnte.

[14] Insofern scheint es gerechtfertigt, hier sogar von einer Destruktion der Probleme der Philosophie zu sprechen (vgl. dazu Gadamer 1991b, 29 mit Bezug auf das, was man bei Heidegger lernen konnte). Anders als Grondin 57 kann ich der Sache nichts Positives abgewinnen; ob es sich dabei um eine, wie der Verf. behauptet, *sokratische* Destruktion handelt, bleibe ebenso dahingestellt wie die Frage, ob dieses Verfahren mit den in ›Wahrheit und Methode‹ vertretenen Positionen kompatibel ist, bzw. welche Rückschlüsse die Praxis der Dekonstruktion auf die Einschätzung der Programmatik von ›Wahrheit und Methode‹ erlaubt.

[15] In der Beurteilung dieses Sachverhaltes stimme ich mit Hägler 99–104 überein.

Gebilde namens Einheit, welches ähnlich wie das reine Sein zu Beginn der
›Logik‹ Hegels als völlig bestimmungslos hingestellt wird; und diese Charakterisierung ist die Folgerung aus der These „Auf keine Weise also ist das
Eine" (141 e 9–10 οὐδαμῶς ἄρα ἔστι τὸ ἕν).[16] Diese These wiederum, die in
der Wirkungsgeschichte offenbar frühzeitig mit der Annahme in *Politeia*
509 b verbunden wurde, wonach das Gute selbst als Seinsgrund nicht Teil des
Seienden ist, sondern an Würde und Bedeutung noch über es hinausragt
(ἐπέκεινα τῆς οὐσίας)[17], scheint uns so etwas wie ein Absolutes nahezulegen. Doch hängt die These „Auf keine Weise also ist das Eine" ihrerseits an
einer Voraussetzung. Dabei handelt es sich um den Gedanken, daß ‚sein‘
ausnahmslos *sein in der Zeit* signalisiere und Teilhabe an Zeit bedeute oder
mitbedeute. So fragt Parmenides in 141 e 8–9: „Kann aber auf irgendeine andere Weise etwas an Sein teilhaben als auf eine von diesen?" – und der junge
Aristoteles antwortet bedenkenlos: „Nein, auf keine." Diese Annahme ist
nicht akzeptabel. Denn wir haben in der natürlichen Sprache Verwendungen
des ‚ist‘, die keinen Bezug auf Zeit enthalten. So im Kontext von Definitionen, so auch im Kontext von Existenzbehauptungen bestimmter Art, wie
„es existiert eine Primzahl zwischen . . .". In diesen und anderen Fällen verwenden wir das Wort ‚ist‘. Indes beabsichtigen wir dabei keinen Bezug auf
zeitliche Verhältnisse; und in der Tat wäre es absurd, hier zeitliche Verhältnisse invozieren zu wollen.

Nun ist dieser Punkt vermutlich nicht einmal das Produkt unhistorischer
Kritik. Denn zumindest nach einigen Interpreten hätte der Vorsokratiker
Parmenides in seinem Lehrgedicht (VS 28 B 8, 5 νῦν ἔστι ὁμοῦ πᾶν) das „ist"
der Mathematiker gewissermaßen ontologisiert, d. h. die Eigenschaft einer
Aussage auf das übertragen, worüber die Aussage handelt, und so einen Begriff von Zeitlosigkeit ins Auge gefaßt.[18] Falls diese Interpretation korrekt
wäre, hätten wir in der literarischen Inszenierung Platons hier die interessante Situation, daß die Konzeption des Einen in der ersten Hypothese
hinter der des Parmenides zurückbleibt.[19] Doch braucht uns dieser Punkt
nicht weiter zu beschäftigen. Wichtiger ist nämlich die Tatsache, daß Platon
selber im *Timaios* zwischen solchen Sätzen unterscheidet, die wir über ewige
Dinge formulieren, und solchen, die wir über Dinge in der Zeit äußern. Und
hier sagt er lapidar, daß das Wort „ist" rechtmäßig (κατὰ τὸν ἀληθῆ λόγον,

---

[16] Ich orientiere mich im Nachfolgenden an der Übersetzung von F. Schleiermacher.

[17] Gegen diese Interpretation, die traditionell auch Bestandteil des Verständnisses
der These von der ungeschriebenen Lehre ist, siehe Graeser 1974, 71–87.

[18] Dies war die These von Owen 1966, 317–340.

[19] Dies würde für die weiter unten vertretene These sprechen, daß in Platons literarischer Inszenierung Parmenides' Reise durch das Meer der Argumente seinem
eigentlichen Entscheid zum Monismus vorauslag.

37 e 6–38 a 1) nur auf ewige Gebilde Anwendung findet. Hier also haben wir einen Sinn von ‚sein‘, der entgegen dem im *Parmenides* Behaupteten ausdrücklich als unzeitliche Verwendung identifiziert wird.[20] Dieses Verständnis der zeitlosen Verwendung des ‚ist‘ im *Timaios* wird interessanterweise von Plotin notiert und ausdrücklich als Korrektur der unpräzisen Rede über den Demiurgos in Begriffen „er war gut" (ἦν γὰρ ἀγαθός) verstanden (III 8, 6, 50–57). Auch insistiert Plotin, daß Platons gelegentliche Charakterisierung der Ideen als „immer Seiendes" didaktische Funktion habe und an die philosophisch Ungebildeten gerichtet sei, die noch nicht wissen, daß ‚sein‘ im strikten Sinn seiner Verwendung eben keinen Bezug auf Zeit habe (VI 2, 1 2, 20 ff.).[21] Um so mehr erstaunt, daß Plotin diese Idiosynkrasie der begrifflichen Setzung im *Parmenides* nicht notiert.

Wie dem auch sein mag, die Tatsache, daß das Resultat der ersten Hypothese an einer Voraussetzung hängt, die unter Platonischen Voraussetzungen nicht gilt, sollte uns zur Vorsicht bestimmen. Hier ist nicht von einem neuplatonischen Guten die Rede. Was wir gewinnen, ist die Einsicht, daß temporale Rede Bedingungen schafft, die zu absurden Konsequenzen führen können. (Vielleicht sollte in Betracht gezogen werden, daß der Advokat der theologischen Interpretation möglicherweise nicht ganz geschlagen ist. Er könnte argumentieren, daß der *Timaios* keine Platonische Philosophie präsentiere; oder er könnte geltend machen, daß der *Timaios* entweder nicht mehr Platonische Meinung darstelle, weil die Sache durch den *Parmenides* überholt sei, oder umgekehrt die Position des *Timaios* erst nach dem *Parmenides* Gestalt gewinne. Alle diese Überlegungen stellen allerdings aufwendige Rückzugsstrategien dar und bedeuten methodisch schwierige Hypotheken; außerdem wären wir genötigt, Platon mit einem Gedanken auszustatten, der uns philosophisch anrüchig erscheinen muß.)

In diesem Sinn scheint klar, daß ein hermeneutisch vertretbares Verständnis darin bestehen müßte, Platon von einem derartigen Gedanken zu entlasten und im Gegenteil davon auszugehen, daß Platon hier eine Rede inszeniert, die Fallen enthält, welche der Gesprächspartner und Leser erkennen sollte. Tatsächlich ist ja der 2. Teil des Dialoges ausdrücklich als Übung (γυμνασία) deklariert, nämlich als Übung, die einen jungen Philosophen wie Sokrates in die Lage versetzen soll, Probleme zu durchschauen, an denen er im 1. Teil noch scheiterte.

[20] Dieser Punkt wurde bereits von Cornford 130 betont; siehe auch Allen 214 und Miller 1986, 90–91.
[21] Dazu siehe Graeser 1987, 127–133 sowie in viel weiterem Kontext Sorabji 98 ff.

3.

Um welche Probleme handelt es sich da? Nun, es scheint klar, daß der Leser des 1. Teils den Eindruck gewinnen muß, daß so gut wie alle Punkte um das Problem der Vergegenständlichung kreisen. Mit ‚Vergegenständlichung' sei hier die Tendenz charakterisiert, über Eigenschaften und Begriffe so zu sprechen, als handle es sich um Dinge.[22] M. a. W.: Wir haben es hier mit Kategorien-Fehlern zu tun, die unser Denken in große Probleme verstricken. Solche Probleme zu entwirren, unternahm in unserer Zeit Frege in seinem Aufsatz ›Über Begriff und Gegenstand‹ (1892), sodann Russell in seiner Theorie der Beschreibung ›On Denoting‹ (1905) und später Ryle in seinen Ausführungen über systematisch irreführende Ausdrucksweisen (1931). Hegel-Leser kennen entsprechende Versuche, die traditionelle Rede vom Absoluten als Spezimen substanz-orientierter Vorstellungen zu diagnostizieren. Daß Platon derartige Fragen bereits vor Augen standen, zeigt der sog. ‚erkenntnistheoretische Exkurs' im *VII. Brief*. Hier wird die inhärente Schwäche der Sprache (λόγοι) mit dem Hinweis erläutert, daß begriffliche Rede die Tendenz habe, das Was-Sein (τί ἐστιν) einer Sache als ein Wie-Beschaffenes (ποιόν τι) darzustellen[23] (342 e 7–343 a 1, 343 b 7–c 3).[24] Dies bedeutet, daß der begriffliche Gehalt in der Rede über es verdinglicht und damit dem Status eines Gegenstandes angeglichen wird.

Die Tendenz der Vergegenständlichung war in der griechischen Sprache gewissermaßen eingebaut.[25] Dies läßt sich leicht erkennen, wenn bedacht wird, daß ein Ausdruck wie „das Schöne" (τὸ καλόν) sowohl das Ding bedeuten kann, welches schön ist, als auch dasjenige, was am Ding schön ist, also eine Eigenschaft, sowie, wie bei Platon, das Abstraktum Schönheit. Was bedeutet es also, Aussagen über dieses und jenes Schöne zu machen? Sind die Eigenschaften, die wir der Schönheit zusprechen, Eigenschaften eines Gegenstandes oder Merkmale eines Begriffes? Wie verhalten sich jene Bestim-

---

[22] Wolfram Hinzen bemängelte, daß ich an dieser Stelle kein präzises Kriterium zur Bestimmung meiner Rede von Vergegenständlichung nenne. Ich denke, daß diese Kritik berechtigt ist, lasse sie aber im Raum stehen. Aus den Bemerkungen im Anhang wird klar, daß ‚vergegenständlichen' im Kontext der hier vorliegenden Interpretation primär soviel heißt, wie abstrakte Gebilde so zu behandeln, als seien sie physikalische Dinge.

[23] Wolfram Hinzen machte mich auf Wittgensteins Bemerkung „Ein Satz kann nur sagen, wie ein Ding ist, nicht was es ist" (Tractatus 3. 221) aufmerksam (vgl. auch Philosophische Bemerkungen. Schriften II 119 und Philosophische Grammatik. Schriften IV 208).

[24] Siehe dazu Graeser 1989. Ähnliche Erwägungen hinsichtlich der logischen Form stellt Schulthess an.

[25] Dazu siehe Graeser 1977, 358–388. – Eine Reihe von wichtigen Thematiken in diesem Umkreis diskutiert Denyer.

mungen, die eine Idee als Idee hat, zu den Bestimmungen, die einer Idee als jener Gehalt zukommen, der sie ist? Und was kann es heißen, als Idee Gegenstand der Teilhabe zu sein? Geht es hier um eine Beziehung, die der analog ist, welche Frege als Fallen unter einen Begriff deutete bzw. als Unterordnung eines Begriffes unter einen anderen, oder aber um eine reale Beziehung zwischen Dingen?

Diese und andere Probleme sind ausgesprochen technischer Natur und fallen aus dem Rahmen, an den sich der Leser der sog. ‚mittleren Dialoge' gewöhnt haben mochte; und sie kommen, zumindest für den außenstehenden Leser der Platonischen Dialoge, vielleicht aus heiterem Himmel. Einige Philosophen der englischsprachigen Welt empfanden diesen Einschnitt als so auffällig, daß sie den *Parmenides* als Dokument der Selbstkritik Platons diagnostizierten und Platon als Philosophen porträtierten, der Probleme registriert, die ihn zwingen, die sog. ‚Ideenlehre' wenn nicht aufzugeben, so doch zu modifizieren.[26] Diese Vorstellung zehrt sehr stark vom Bild und Selbstverständnis britischer Philosophen, die sich permanent mit Einwänden auseinandersetzen – mit selbstgemachten Einwänden ebenso wie mit solchen von Kollegen – und so betrachtet stets an der Arbeit sind.

Vielleicht war dies das Schicksal Platons. Zumindest der Austausch unter den hellenistischen Philosophen scheint unserer Vorstellung permanenter Diskussion recht nahezukommen. Doch drängt sich ein anderes Bild auf: Platon registrierte mit diesem Dialog eine Diskussion, die er vorfand.[27] Wie auch z. B. der *Philebos* hinter einem Gewebe literarischer Verstellungen für den Insider klar erkennbar auf Personen und Positionen in der Akademie verweist, so nimmt auch der *Parmenides* hintergründig auf Punkte Bezug, die damals kontrovers behandelt wurden. Zu diesen Punkten zählten z. B. auch Eudoxos' Vorschlag, die Teilhabe-Relation als Mischungsverhältnis zu

---

[26] Hier sind neben Ryle 1939 in erster Linie Vlastos 1954 und Owen 1953 zu nennen. Ersterer glaubte, im 1. Teil des *Parmenides* Probleme namhaft gemacht zu haben, die Platon vor unüberwindliche Schwierigkeiten stellten – letzterer meinte, daß Platon nach dem *Parmenides* auf den Paradeigmatismus verzichtet. Beider Annahmen haben sich, wie H. F. Cherniss richtig voraussagte (siehe unten, Anm. 42), nicht bewährt. Doch ist unbestreitbar, daß beide Aufsätze die Platon-Forschung in besonderer Weise förderten. – Zu den Autoren, die annahmen, daß die Schwierigkeiten des 1. Teils des *Parmenides* Platon beeindruckten und zu Modifikationen der Ideen-Lehre veranlaßten, gehört u. a. Prior 82.

[27] Dies wirft natürlich die Frage nach der Datierung des *Parmenides* auf. Folgen wir dem Aufsatz von Flashar 285, so wäre der *Parmenides* (ähnlich wie auch Aristoteles' Text ›Über Ideen‹) etwa 360 entstanden, vielleicht bald nach Platons Rückkehr aus Sizilien. Eine Reihe von Datierungsvorschlägen diskutiert Fine 1993, 39–41, 260– 261. – Ich denke, daß ›Über Ideen‹ dem *Parmenides* voranging, sehe aber keine Möglichkeit, diese Annahme zu erhärten.

deuten,[28] die Tendenz einiger Philosophen, die Ideen konzeptualistisch bzw. nominalistisch zu deuten[29], und u. a. auch die Frage, von was es Ideen gebe und von was nicht.[30] Dabei ging es Platon darum, zu zeigen, wie jene Gedanken mißverstanden worden sein mochten, die in den sog. ‚mittleren Dialogen' thematisch wurden, und worin diese Probleme bestanden. Daß er die Ideenlehre nicht etwa aufgab und auch keinen Grund sah, sie aufzugeben, zeigt bereits die eingangs zitierte These über die Ideen als Garanten der Möglichkeit sinnvoller Rede. Daß er aber auch nicht von Zweifeln der Selbstkritik beseelt oder aufrichtig perplex war[31], zeigt die Art und Weise, wie er das erste Regreß-Argument[32] einführt: „Wenn dir nämlich vielerlei Dinge groß zu sein scheinen, so scheint dir das Große vielleicht ein und dieselbe Gestalt zu sein, wenn Du auf alle siehst, weshalb du glaubst, das Große sei eines." – „Ganz richtig." – „Wie aber nun, wenn du das Große selbst und die anderen großen Dinge, wenn du die ebenso mit der Seele zusammen überschaust, erscheint hier nicht wiederum ein Großes, wodurch notwendig alles dir groß erscheint?" – „Das leuchtet ein" (132b1–9).

Hier hätte Sokrates seine Zustimmung versagen müssen.[33] Denn Parmenides insinuiert, daß die Idee mit den Dingen, die an ihr teilhaben, auf gleicher Stufe steht. Diese Behauptung ist jedoch nicht statthaft. Unstatthaft ist insbesondere die Annahme, daß wir die großen Dinge und das Große selbst in genau der gleichen Weise erfassen wie eben noch die großen Dinge. Dies ist nicht nur phänomenologisch falsch. Es ist auch Platonisch falsch.[34] Denn

---

[28] Fr. 1–2 in der Ausgabe von Lasserre 12–13 und der Kommentar 149–151. Diese Deutung wurde wahrscheinlich auch von Aristoteles in › Über Ideen‹ genannt (vgl. *De Ideis* Fr. 5 Ross, Metaph. 1079b18–23. Hierzu siehe speziell Cherniss 1946, Appendix VII). Eudoxos war 267 wohl interimistisch Leiter der Schule, im selben Jahr also, in dem Aristoteles 17jährig der Akademie beitrat.

[29] Die Auffassung der Ideen als Gedanken [vgl. *Parmenides* 132b3ff. (νοήματα)] ist sicher klärungsbedürftig. Daß sie in der Akademie eine Rolle spielte, geht aus Aristoteles, › Über Ideen‹, hervor (Frg. 3 Ross) und aus Diog. Laert. 3, 13 (letzteren Hinweis verdanke ich Dr. F. Ferrari). Der Sokrates-Schüler Antisthenes gilt, zumindest im Urteil späterer Berichterstatter, als jemand, der sie den leeren Einfällen zurechnete (vgl. Graeser 1983, 117–118). Platons Neffe Speusipp scheint eine Art von Konzeptualismus vertreten zu haben (vgl. Halfwassen 1992b, 44ff. unter Hinweis auf die einschlägigen Arbeiten von Krämer 1973, 119ff.).

[30] Dieser Punkt wurde in der Akademie ebenfalls diskutiert, auch in Gestalt der Frage, welchen Termini Ideen gegenüberstehen (vgl. *De Ideis* Fr. 3 Ross).

[31] Das unterstellte Vlastos 1954.

[32] Neuere Analysen der Regreß-Argumente finden sich bei Mignucci 143–184 und Scaltsas 216–232.

[33] Im *Philebos* ist von „falschen Zugeständnissen" die Rede, die „zur Aporie führen" (15c2).

[34] Dieser Punkt wurde richtig von Miller 1986, 212 gesehen.

die einschlägigen Formulierungen der metaphysischen Trennungsthese im *Phaidon*, im *Symposion* und in der *Politeia* spezifizieren, daß wir die raum-zeitlichen Dinge mittels der Wahrnehmung erfassen, die Ideen freilich nur im reinen Denken erkennen können.[35] M. a. W.: Platon konstruiert hier eine Situation, die in doppelter Hinsicht funktionsträchtig ist. Erstens führt sie uns den Kategorienfehler vor Augen, der darin besteht, daß die Dinge und die ihnen zugeordneten Ideen einander assimiliert werden. Zweitens läßt sie verstehen, daß bestimmte Formen des Regreß-Argumentes eine bestimmte Art von Fehler voraussetzen, nämlich die Betrachtung der Idee als Ding. Dieser Fehler steht auch im Hintergrund des zweiten Regreß-Argumentes. Es beruht auf der Annahme, daß Gebilde unterschiedlicher Ordnung über-haupt in eine Relation der Ähnlichkeit zueinander eintreten können.[36] In besonders auffälliger Weise wird die Betrachtung der Idee als Ding da perni-ziös, wo die Annahme der Teilhabe-Beziehung unter Beschuß gerät: „Also muß entweder das ganze Eidos oder einen Teil davon jedes Teilhabende in sich aufnehmen. Oder kann es außer diesem noch eine andere Weise des Teil-habens geben?" – „Wie sollte es wohl, entgegnete er" (131 a 4–6). Auch hier hätte der junge Philosoph protestieren müssen. Denn Parmenides' Alterna-tive steht und fällt mit der Annahme, daß die Idee ein Ding sei und die Teil-habe-Beziehung entsprechend in Begriffen des Habens der ganzen Torte oder eines Torten-Stückes zu sehen sei. Diese Art der Betrachtung paßt sehr wohl zu Parmenides' eigener Ontologie, in der die Wirklichkeit als kom-paktes Ding erscheint (VS 28 B 8, 22–25).[37] Sie paßt aber nicht zu Gebilden anderer Ordnung, wie Eigenschaften oder Begriffe es sind. Hier würde die Teil/Ganzes-Beziehung anders funktionieren. Wenn ein Begriff Teile hat, so geht es um Merkmale, die den Begriff als das ausmachen, was er ist und was Gegenstände, die unter ihn fallen, als Eigenschaften aufweisen; und unter einen Begriff fallen oder ein Universales exemplifizieren bzw. instantiieren, heißt offensichtlich nicht, Begriffe oder Spezies zum Teil exemplifizieren.

---

[35] Siehe dazu Graeser 1991, 365–388.

[36] Offenbar ließ sich Platon von dem Symmetrie-Charakter der Ähnlichkeit nicht beeindrucken. – Zur generellen Problematik siehe Patterson 1985.

[37] Die Ausdrucksweise legt den Gedanken nahe, daß Parmenides' Monismus den Geist einer materialistischen Ontologie atmet; und tatsächlich wurde Parmenides in der Antike auch so verstanden (vgl. Tarán 269 ff. [Kpt. 4: ‚Parmenides in the Ancient Philosophical Tradition']). Doch sind derartige Einschätzungen genaugenommen un-historisch bzw. anachronistisch. Denn eine eigentlich terminologische Formulierung des Gegensatzes ‚körperlich'/‚unkörperlich' scheint erst rund hundert Jahre später vollzogen zu werden, nämlich bei dem Eleaten Melissos (VS 30 B 8).

4.

Von hieraus gewinnt nun auch der 2. Teil des Dialogs eine Kontur. Die Übung,[38] die Parmenides dem jungen Philosophen vorschlägt, führt nicht unmittelbar zur Therapie. Schon gar nicht versieht sie uns mit einem Ensemble wahrer Aussagen über die Welt und die Ideen. Dagegen spricht, von sachlichen Gründen wie der problematischen Einengung der Verwendung des ‚ist' zur Bezeichnung zeitlicher Verhältnisse abgesehen, auch die Tatsache, daß die Unterredung nun in den Händen des Parmenides und Aristoteles liegt. Letzterer fällt dadurch auf, daß er sich alles bieten läßt und keinen Vorschlag ablehnt. Hier stellt sich die Frage, ob Platon mit der Wahl dieses Namens nicht doch eine kalkulierte Bosheit inszeniert;[39] und am Rande sei hier erwähnt, daß Aristoteles diesen Dialog nirgendwo nennt und da, wo er wie schon in *Über Ideen* von Regreß-Argumenten spricht, in keiner Weise zu erkennen gibt, daß Platon selber die Vergegenständlichung – nämlich aristotelisch gesprochen die Idee als τόδε τι zu betrachten[40] – offensicht-

---

[38] In der Sekundärliteratur wird der Text der Skizze des Übungsprogramms selten genauer beachtet; dabei liegt hier wenn nicht gar der Schlüssel zum Verständnis des 2. Teils, so doch ein wichtiges Beurteilungskriterium. Zu den wenigen Autorinnen bzw. Autoren, die diesem Passus Aufmerksamkeit schenken, gehört neben Hägler 79–98 ›Die Bemerkungen zur Methode‹ Meinwald 28–45 ›The Dialectical Scheme‹. Die Untersuchung von Frau Meinwald ist insofern wichtig, als hier die Begriffe ‚in bezug auf sich' bzw. ‚in bezug auf anderes' als Charakterisierungen zweier unterschiedlicher Prädikationsweisen gedeutet werden, deren Beobachtung gerade im Blick auf die *prima facie* widersprüchlichen Aussagen im 2. Teil wichtig sind. Die Unterscheidung verschiedener Prädikationsweisen betrifft, auf der einen Seite, Sätze (‚A ist B'), die spezifizieren, was ein Ding ist, *qua* Ding, welches es ist, und, auf der anderen Seite, Sätze (‚A ist B'), die ein Ding nicht in Begriffen spezifizieren, welche in den Bereich des Subjekts-Terminus fallen. Diese Unterscheidung, die Züge der *per se* bzw. *per accidens*- oder *Analytisch/Synthetisch*-Unterscheidung antizipiert, wird im *Sophistes* aufgenommen. Die Autorin hält dafür, daß es sich bei Satzverbindungen von der Art (‚A ist B' & ‚A ist nicht B'), die sich im oben angezeigten Sinn als Konjunktion der Spezimina unterschiedlicher Prädikationsweisen analysieren lassen, nicht um *tatsächliche*, sondern um *scheinbare* Widersprüche handelt; und sie weist mithin jene Deutungen und Interpretationen zurück, die den 2. Teil als Konstruktion tatsächlicher Widersprüche verstehen.

[39] Einer der wenigen Autoren, die die Nennung Aristoteles in dieser Art verstehen, ist G. Ryle. In seinem 1963 verfaßten Postskriptum zu „Plato's Parmenides" wies er auf die Dialektikkurse hin, die Aristoteles in der Akademie hielt, und vertrat die Auffassung, daß der 2. Teil des *Parmenides* als "pedagogic exemplar for Aristotle's *Topics* classes" bestimmt war (vgl. auch Ryle 1965, 294).

[40] Interessanterweise betont Aristoteles selber, daß das Argument vom Dritten Menschen nicht nur durch die Herausstellung (τὸ ἐκτίθεσθαι) des gemeinsamen Faktors eintritt, sondern durch die Betrachtung derselben als τόδε τι (Soph. El. 22, 179 a 3–4).

lich als Fehler entlarvt hatte. Ersterer hingegen, Parmenides, ist jener Philosoph, dessen These von der absoluten Nicht-Existenz und Undenkbarkeit
des Nicht-Seienden (VS 28 B 2) im Dialog *Sophistes* (241 d 5–7) abgelehnt
und dessen Monismus im selben Dialog als unglaubwürdig zurückgewiesen
wird (244 b 6–245 e 5).[41] Dies allein nährt den Verdacht, daß es sich bei dem
literarischen Parmenides im gleichnamigen Dialog nicht um jenen Denker
handeln dürfte, der Sokrates oder irgend einem der jungen Studenten in der
Akademie helfen könnte, die Schwierigkeiten in der Rede über Ideen tatsächlich zu überwinden. Denn die Wahrheit, die Parmenides vor Augen
steht (135 d 6), ist die Wahrheit des Monisten, nicht aber die des Ideenphi-
losophen.

Was aber soll und kann die Übung konkret erbringen? Die Beantwortung
dieser Frage hängt davon ab, aus welcher Sicht man die Übung betrachtet –
aus der Sicht des Parmenides oder der des Verfassers dieses Dialoges. In
beiden Fällen gelangt man zu sehr unterschiedlichen Einschätzungen. Ober-
flächlich betrachtet, konfrontiert die Übung den jungen Philosophen mit
einem Spektrum von Problemen und Aporien; und sie definiert einen Bereich von Fragen, die von ihm durchdacht und gelöst werden müssen, will er
nicht wieder jenen Irrtümern zum Opfer fallen, die der erste Teil des Dialoges dokumentiert. Zu diesen heilsamen Einsichten gehört, negativ gesehen, die Explikation verdinglichender Rede. In diesem Sinn läßt sich der
zweite Teil des Dialoges in weiten Stücken als Explikation jener Bewußtseinsgestalt verstehen, welche jener Betrachtungsweise zugrunde liegt, die
im ersten Teil zu den bekannten Problemen führte. Positiv betrachtet, lassen
sich einige begriffliche Unterscheidungen namhaft machen; so z. B. die an
wenigstens vier Stellen verwendete Unterscheidung zwischen ‚ist' als Zeichen der Identität einerseits und ‚ist' als Zeichen der sog. ‚Copula' bzw.
der Ding/Eigenschaftsbeziehung andererseits (158 a 5, 159 b 1–2, 143 b 1–3,
147 b 9 c 2). Die Beobachtung dieser Unterscheidungen, die im Kontext der
Übung freilich keinen systematischen Stellenwert erlangen, würde Sokrates
in die Lage versetzen, sich den Fängen selbstprädikativer Rede (‚das Schöne
ist schön') zu entziehen.[42] Auch findet sich im Gewühl der Argumente die
Erwägung, ‚nicht-sein' im Sinne von ‚anders sein als …' zu verstehen
(160 c 4–d 2) –, ein Gedanke, der für die Thematik des *Sophistes* zentrale
Bedeutung erlangen wird. Doch gilt es zu sehen, daß die Lösung dieser Probleme ebensowenig Teil der Übung ist wie die Antwort im Blick auf eine
korrekte und kohärente Formulierung der Ideen-Hypothese. Die Übung
– genauer das Übungsprogramm – beschränkt sich darauf, eine Gruppe von

---

[41] Die Eleatismus-Kritik wird gut von Bordt 493–529, bes. 503 ff. herausgearbeitet.

[42] Dies wurde von Cherniss 1965, 370 (siehe auch ders. 1977, 331) geltend gemacht.

widersprüchlichen Aussagen zu präsentieren; diese Widersprüche stehen und fallen mit einer bestimmten Bewußtseinsgestalt.[43] Dabei ist die Figur des Parmenides bzw. des Eleatismus hier nicht mehr und nicht weniger als die literarische Verstellung und Distanzierung einer Denkweise des common sense[44] – einer Denkweise nämlich, die Gegenstände und Eigenschaften gleichermaßen als Dinge versteht[45] und Eigenschaften als Teile jener Gegenstände ansieht, deren Eigenschaften sie sind; einer Denkweise zudem, die den Unterschied zwischen Gegenständen und Begriffen verschleift und Begriffe als Dinge behandelt. Diese Denkweise versagt insbesondere dort, wo es im Blick auf die Ideen wie Einheit, Identität, Verschiedenheit offensichtlich darum gehen müßte, formale Begriffe als Begriffe eigener Art kenntlich zu machen.

Doch liegen diese Einsichten nicht im Horizont des Parmenides,[46] der die Argumentationen entwickelt und damit – in der literarischen Inszenierung Platons – jene Reise durch das Meer von Argumenten (137 a 5–6) wiederholt, die er vor vielen Jahren bewältigt hatte.[47] Sie liegen im Horizont

---

[43] In der deutschsprachigen Literatur besteht die Tendenz, die Widersprüche als solche zur Kenntnis zu nehmen, aber nicht zu fragen, wie sie zustande kommen bzw. welche Trugschlüsse ihnen zugrunde liegen. Hier bedeutet Hägler eine Ausnahme. Mit diesem Autor stimme ich (z. B. gegen Robinson) darin überein, daß es sich bei den typischen Irrtümern wie der Konfusion von Identitäts- und Prädikationsaussagen oder der Verwechslung eines Attributes mit seinen Instanzen und dem Fehlschluß der Nichtexistenz nicht um Platons Fehler handelt.

[44] Pointiert formuliert läßt sich sagen, daß Platon hier im *Parmenides* ähnlich vorgeht wie im *Theaitetos*. Im *Theaitetos* versucht er, Protagoras' Sensualismus als philosophische Position dadurch verständlich werden zu lassen, daß er eine „geheime Lehre" konstruiert, die dem Sensualismus zugrunde liegt; im *Parmenides* hingegen exemplifiziert Platon Spezimina einer Denkweise, die im gegebenen Fall zu einem falschen Verständnis der Ideen-Lehre führen muß.

[45] Daß diese eleatisierende Art der Betrachtung seinerzeit einflußreich war und skurrile Thesen nach sich zog, zeigt die Diskussion um die Möglichkeit der Prädikation. Siehe näher Graeser 1983, 48–57.

[46] Parmenides wird von Platon zwar nie anders als mit dem Ausdruck besonderer Hochachtung genannt. Doch gibt es genaugenommen keinen Grund zu der Annahme, daß Platon diesem Denker zutraute, tatsächliche oder scheinbare Probleme im Zusammenhang des Ideenansatzes zu lösen oder einer Lösung auch nur näher zu bringen. – Der moderne Leser läßt sich hier, in der Regel, allzu sehr von der Stelle beeindrucken, an der Zenon und Parmenides einander anblicken (130 a 6–7) und sinngemäß zu verstehen geben, daß man die Ideen-Dialektik, die Sokrates für unmöglich erachtet (129 b 5–130 a 7), schon bewerkstelligen werde. Doch trägt dieser Gestus der Überlegenheit nicht weit. Denn zur Ideen-Dialektik (im Hegelschen Sinn) kommt es nur deshalb, weil Parmenides die Ideen nie anders denn als Gegenstände bzw. Dinge behandelt (siehe auch Anhang 2).

[47] Platons Schilderung der Problematiken, mit denen sich Parmenides konfron-

dessen, der sich die Übung als sorgfältiger Leser vornimmt und den Gedankengang analysiert. Wenn dies so ist, dann stellt sich die Frage, was diese Übung eigentlich an sich hat, daß ihre Analyse solche Einsichten erbringen kann – und dies möglicherweise gegen die Intentionen des literarischen Parmenides, der sich ja *ex officio*, wie bei der Formulierung des Übungsprogrammes betont wurde, für *sein* Eines interessiert (137b3–4).[48] Die Antwort auf diese Frage ist nicht schwer: Parmenides' Kreuzfahrt durch das Meer von Argumenten erweist sich schlußendlich als Geflecht widersprüchlicher Thesen. Dabei sind nicht nur die Folgerungen je paarweise inkompatibel, dergestalt, daß ein und dieselbe Prämisse zu Schlußfolgerungen führt, die zusammen nicht wahr sein können; Widersprüchlichkeit durchfurcht das Meer der Argumente auch insofern, als das Verhältnis von Hypothesis (Vordersatz) und Nachsatz zueinander das der Inkompatibilität ist –, wenn P, dann Nicht-P. Diese Struktur ist absichtsvoll und kunstmäßig organisiert. Insofern dürfte es sich hier auch nicht einfach um einen Spaß handeln. Näher liegt die Annahme, daß Platon, der von Parmenides ja auch später, im *Sophistes*, nur mit großer Bewunderung spricht und erst im *Sophistes* den geistigen Vatermord inszeniert, hier eine Konstellation entwickelt, auf die man unterschiedlich reagieren kann. Wir haben es mit einem Geflecht von Paradoxien zu tun, die eliminiert werden müssen. Dies heißt konkret, daß bestimmte Thesen zurückgewiesen werden müssen.[49] Welche das sind, das heraus-

tiert sah, hat sicher, wie Cherniss 1977, 281–297 sagte, parodistische Züge. Sie ist aber insofern ernsthaft, als die Skizze dieser Übung auch den Versuch darstellt, ein Bild jener Konstellation zu zeichnen, die jemanden wie Parmenides letztlich zur Konsequenz des Monismus bestimmt haben mochte.

[48] Dieser Punkt ist wichtig. Denn er bestimmt das Verständnis der Art von Gegenständlichkeit, die Parmenides' Rede im Nachfolgenden zugrunde liegt (siehe Anhang). Zwar schickt sich Parmenides an, die Ideen allgemein als Gegenstände der Hypothesis in Betracht zu ziehen (135e2ff.), und dies hat zahlreiche Interpreten in der Annahme bestimmt, daß die Thesen in den acht Hypothesen (siehe Anhang) von Platonischen Ideen handeln. Doch scheint diese Betrachtung zu kurz zu greifen. Denn die Art und Weise, in der Parmenides über das Eine spricht bzw. sprechen wird, zeigt, daß er keine angemessene Vorstellung von den Ideen als Ideen hat. Daran ändert auch die Tatsache nichts, daß Parmenides wiederholt auf solche Ausdrucksweisen wie λόγῳ (135e3), διανοίᾳ (143a7, 158c2) usw. rekurriert.

[49] Dieser Gedanke bedarf sicher einer besonderen Argumentation. Denn er setzt voraus, daß die hier notierten und zusammenfassend (166b7–c5) erwähnten Widersprüche *wirkliche* Widersprüche sind und nicht etwa, wie paradigmatisch im *Sophistes* (256a10–b4) dargelegt („Bewegung ist dasselbe und ist nicht dasselbe"), als *scheinbare* Widersprüche diagnostiziert werden sollen; und dies setzt wieder u. a. voraus, daß die Gegenstände, bezüglich derer widersprüchliche Thesen artikuliert werden, tatsächlich dieselben Gegenstände sind bzw. daß z. B. der Ausdruck ‚das Eine' in

zufinden, ist Sache des Philosophen, der nach Klarheit strebt und, wie es heißt, die Wahrheit zu ergründen trachtet. Was Parmenides angeht, so scheint die Sache klar: Das Geflecht widerstreitender Aussagen reflektiert die Situation derer, die, wie es im Lehrgedicht heißt, sowohl *ist* als auch *ist nicht* denken (VS 28B6,8) und damit in Schwierigkeiten geraten. Diese Schwierigkeiten räumte Parmenides seinerzeit dadurch aus, daß er sich für den Weg des *ist* entschied (VS 28B8,15; vgl. 2,5) und das Seiende in Begriffen beschrieb, die keinen Bezug auf die Annahme der Existenz anderer Dinge haben.[50] Es ist diese Form des Monismus, die Platon im *Sophistes* an prominenter Stelle als unglaubwürdig charakterisieren wird (244b6–245e5). Was den Philosophen der Ideen angeht, so ist die Situation wohl weniger klar. So wenig die Annahme der Existenz von Ideen eliminiert wurde, so wenig wird deutlich, wie das Verhältnis von Idee und Gegenstand nun genau gedacht werden soll. Aber vielleicht bieten auch hier der *Sophistes* und *Philebos* weitere Klarheit.

5.

Fassen wir zusammen: Der Dialog *Parmenides* ist das Dokument einer Reaktion auf schulinterne Dispute über die Ideenannahme. Diese Reaktion ist, wie auch die Kontroverse über die wahre Natur des Seienden im *Sophistes*, literarisch verstellt und steht so bis zu einem gewissen Grade unter den Bedingungen, die Platon mit der Wahl der Personen schafft. Dies zu sehen und zu bedenken ist wichtig. Der junge Sokrates vertritt eine Position, die äußerlich betrachtet derjenigen Position ähnlich ist, die der alte Sokrates kurz vor seinem Tode im *Phaidon* entwickelt. Indem Platon den jungen Sokrates mit derjenigen Position versieht, die uns als das Paradigma der Ideenlehre der mittleren Dialoge gilt und Akademie-intern als Referenzpunkt fungiert haben dürfte, will er nicht etwa seine eigene Ideenlehre desavouieren und als unseligen Irrtum deklarieren. Er will vielmehr bedeuten, daß der Advokat der Ideenlehre des *Phaidon* und der *Politeia* seit langem über die

Hypothese I und Hypothese II dasselbe bedeutet. Aber eben diese Voraussetzungen sind keineswegs selbstverständlich (siehe Meinwald 19ff.).

[50] Die Attribute des einen Seienden in VS 28B8 sind sozusagen analytisch im Seins-Begriff impliziert; entsprechend läßt sich VS 28B4 dahingehend deuten, daß Begriffe, die auf unterschiedliche Segmente und damit auf eine Pluralität von Dingen und jedenfalls auf eine komplexe Wirklichkeit zu verweisen scheinen (ἀπεόντα), in Wirklichkeit zusammenhängen und der Pluralismus mithin keine zwingende Antwort darstellt. In diesem Sinn scheint die Formel πρὸς αὑτό, die einen der beiden Orientierungspunkte im Übungsprogramm markiert (136a7 u.ö.), soviel zu besagen wie ‚in eigenen Begriffen‘.

Implikationen des Ideenansatzes nachdachte und daß die Darstellung des Ideenansatzes dort Ausdruck einer wohlerwogenen Position gewesen sei.[51] Damit ist zugleich impliziert, daß Sokrates für seine Person die richtigen Schlüsse aus dem Übungsprogramm zog und die Probleme als Schwierigkeiten durchschaute, die erst mit der Vergegenständlichung auftauchen. Falls diese Einschätzung der Intention Platons korrekt ist, wären die Erörterungen des *Parmenides* – zumindest die des ersten Teils – u. a. auch als Grundlage zu einem philosophischen Kommentar zur Diskussion des Ideenansatzes des *Phaidon* zu verstehen – nämlich als Hinweis darauf, wie die Aussagen des *Phaidon* zu lesen sind und wie nicht; die Erörterungen des zweiten Teils wären entsprechend als eine Art Anamnese der Bewußtseinsgestalt der Verdinglichung zu sehen – eine *demonstratio ad nauseam*, die ihre Wirkung kaum verfehlen kann.

Nun scheint klar, daß dieser Vorschlag zur Beurteilung der Einlassungen Platons zum Disput des Ideenansatzes nicht besagen muß, Platon habe über das hinaus nichts weiter zum Ideenansatz mitzuteilen. Diese Schlußfolgerung scheint schon deshalb verfehlt, weil Platon mit *Sophistes* und *Philebos* weitere Dimensionen eröffnet und u. a. über die Frage nachdenkt, in welchem Sinn Ideen Teile haben können oder ihrerseits sein können und in welchem nicht. Doch sind auch diese Punkte nicht etwa gänzlich neuartige Philosopheme.[52] Vielmehr handelt es sich um Ausarbeitungen von Gedanken, die in früheren Kontexten zwar latent sind, aber aus dialoginternen Gründen nicht thematisch werden mußten und deshalb auch nicht als Probleme eigener Art angesprochen zu werden brauchten. So scheint bereits in *Politeia* V der Gedanke Gestalt zu finden, daß Ideen Beziehungen zueinander aufweisen (476 a 6–7);[53] und der sog. IV. ‚Unsterblichkeitsbeweis‘ des *Phaidon* arbeitet mit der These, daß eine Idee mit einer anderen in Verbindung steht, dergestalt, daß ein Ding, welches an der einen teilhat, auch an der anderen teilhaben muß. Wie diese Verbindung zwischen Ideen vorzustellen sei, wird im *Phaidon* nicht zu einem eigenen Thema – und es bestand dort auch kein Anlaß, diesen und anderen Fragen weiter nachzuspüren. Das Gleiche gilt für den Begriff der Teilhabe, der im *Phaidon* bewußt vage und mit verschiedenen Ausdrücken angedeutet wird. Hier wird also der Raum für spätere Problematisierungen geschaffen. In diesem Sinn scheint der *Parmenides* über den aktuellen Anlaß hinaus auch programmatische Züge zu

---

[51] Mit dieser Auffassung befinde ich mich im Gegensatz zur Ansicht von Sayre 1983, der von Platons „Break with the Middle Period" spricht (Kpt. I).

[52] Insofern scheint es mir verfehlt, formell von einer neuen Theorie zu sprechen, wie das z. B. Anscombe 1981 a, 9–20 und dies. 1981 b, 21–33 tat.

[53] Dieser Punkt ist vielleicht kontrovers, siehe Owen 1986, 174, Anm. 33: „Good and bad cannot ‚communicate‘ in the *Sophist* sense (252 d)".

haben: Er sichert die Perspektive und den Horizont, in der bzw. in dem über die Ideenannahme weiter nachgedacht werden soll.

6. Anhang: Einige Thesen zum II. Teil des Parmenides

1. *Wieviele Hypothesen?* Im zweiten Teil des *Parmenides* finden sich acht, nicht etwa neun Argumentationsgänge. Bei der Argumentation, die 155 e 4 einsetzt und bis 157 b 5 verläuft, handelt es sich nicht, wie oft angenommen, um eine eigene Beweisführung. Dagegen spricht, daß hier formell über die Resultate der beiden ersten Hypothesen nachgedacht wird (155 e 4–8) und einige isolierte Konsequenzen erwogen werden, die sich auf der Basis einer Annahme der Konjunktion beider Schlußfolgerungen ergeben.[54] Dabei fällt auf, daß Parmenides das Resultat der ersten Hypothese hier als respektables Ergebnis zugrunde legt; 142 a 6–7 wurde die Möglichkeit, daß es sich mit dem Einen so verhalte, bezweifelt und sogar in Abrede gestellt. Dieser Punkt ist um so auffälliger, als es eben diese Ablehnung des Resultats war, die die Gesprächspartner überhaupt erst veranlaßte, den zweiten Gang zu versuchen (142 b 1 ff.). – So scheint es, daß der dritte Anlauf (155 e 4) hegelianische Züge trägt. (In der Tat basiert Hegels Verständnis der Entwicklung philosophischer Positionen im besonderen und die Auffassung der Dialektik im allgemeinen auf dieser Stelle.[55]) Doch bedarf diese Einschätzung eines Kommentars: Wenn es so ist, daß Parmenides' Reise durch das Meer der Argumente gedanklich dem Entscheid zum Monismus bzw. dem Entscheid für den Weg des *ist* vorausliegt, kann es sich bei der Konjunktion des *ist* und *ist nicht* nicht um einen philosophisch akzeptablen Weg handeln.[56]

2. *Von welchen Gegenständen ist die Rede?* Viele Interpretationen und Interpreten sind der Meinung, daß die Dialektik im zweiten Teil des *Parmenides* die Ideen angehe. Für diesen Punkt kann man sich auf das in 135 e 1–3 Gesagte berufen,[57] – wie

---

[54] Es handelt sich also um eine Überlegung anderer Ordnung. Insofern ist es vielleicht problematisch, von dem Abschnitt 155 e–157 b als „Vermittlung zwischen erster und zweiter Position" (Gloy 1981, 75) zu sprechen.

[55] Diesen Punkt werde ich in einer gesonderten Arbeit diskutieren.

[56] Wolfram Hinzen macht mich darauf aufmerksam, daß meine Schlußfolgerungen, zumal die gegen eine ‚hegelianische' Deutung des Zusammenhalts der ersten beiden Schritte, zu harsch sein dürften und daß der Einsatz des zweiten Schrittes durchaus als Korrektur des Ansatzes im ersten Schritt gelesen werden könne.

[57] Allerdings stellt sich hier die Frage, wie restriktiv die Aussage des Parmenides gemeint ist. Wie Allen 1983, 183–184 bin ich der Meinung, daß vom Sprachlichen her eine restriktive Lesart verlangt sei (anders sah dies Cornford 104). Nur hat dieser Punkt für meine Interpretation kein besonderes Gewicht. Denn entscheidend ist nicht, ob sich Parmenides nominell zu den Ideen als Gegenständen dialektischer Prüfung äußert, sondern ob er die Ideen als Gegenstände behandelt oder nicht (s. u.). – Die Problematik ist damit noch nicht ausgelotet. Denn bei der Verwendung solcher Ausdrücke wie ‚im Denken' (siehe oben, Anm. 48) bliebe zu fragen, ob hier von Platon ein hintergründiger Verweis auf die Unterscheidung zwischen *dianoetisch* und

überhaupt dramatisch betrachtet die Pointe der Sache darin besteht, jene Widersprüche, die Sokrates im Bereich der vielen raum-zeitlichen Dinge mit Hilfe des Ideenansatzes eliminierte (128e5–130b2), nun innerhalb des Ideen-Bereiches wieder auftauchen zu lassen. (Dieses Phänomen wird dann im *Sophistes* durch die Annahme besonderer Teilhabe-Verhältnisse höherstufiger Art entschärft werden.[58]) Entsprechend würde es sich bei dem *Einen* und dem *Anderen* durchwegs um Ideen handeln. Doch wäre dieser Punkt nach all den Problematiken, die im ersten Teil hervortraten, wohl wenig informativ. Da Parmenides bedeutet, er werde *sein* Eines zugrunde legen (137b3–4)[59], bliebe immer noch zu fragen, welche Auffassung bezüglich der Ideen zugrunde gelegt wird und ob diese Auffassung ihrerseits kohärent *und* wahr ist. Daß Parmenides keine kohärente Konzeption entwickelt, ist offensichtlich: Daß er als Repräsentant der Vergegenständlichungs-Tendenz kaum in der Lage ist, eine (platonisch) wahre Konzeption der Idee zu artikulieren, wurde bereits gesagt. Doch mag diese Charakterisierung des Eleaten auf Widerstand stoßen; deshalb ist es zweckmäßig, auf Punkte im zweiten Teil des Dialoges hinzuweisen, die Zweifel an der Vorstellung aufkommen lassen müssen, Platon inszeniere hier eine genuine Ideen-Dialektik.

(a) In 164d1ff. wird das Andere in Begriffen von Massen betrachtet. Der Terminus ὄγκοι findet sich bereits im Lehrgedicht des Parmendies (siehe oben, S.155) und scheint bei Zenon von Elea der Terminus für Körperlichkeit gewesen zu sein (VS 29 A 28). Daß ὄγκος desgleichen Terminus für atomare Gebilde wurde (vgl. Timaios 54d1, 65d3) und so auch von dem Platoniker Herakleides von Pontos verstanden wurde, sei hier am Rande erwähnt.[60] Daß Parmenides hier von Ideen spricht, scheint undenkbar; falls er es doch tut, so wohl mit keiner angemessenen Auffassung derselben.

(b) Das seiende Eine der II. Hypothese wird als komplexes Gebilde betrachtet, und zwar (i) als Ganzes, welches das Eine und Seiende als Teile enthält (142d4–9). (ii) Im Weiteren ist von beliebig vielen Teilen dieses Ganzen die Rede, dergestalt, daß jeder Teil seinerseits aus zwei Teilen (i. e. Einheit und Seiendheit) besteht und das seiende Eine mithin der „Menge nach unendlich" sei (143a3).

Die Auffassung (i) scheint ziemlich absurd und läßt sich weder auf Ideen noch auf Dinge, geschweige denn auf Begriffe von Ideen anwenden. (a) Selbst wenn *sein* ein reales Prädikat wäre und insoweit eine Eigenschaft wie jede andere sein könnte,

---

noetisch in der *Politeia* intendiert ist. Der springende Punkt wäre der, daß bestimmte Ideen, nämlich Gebilde auf der Ebene des Dianoetischen, sehr wohl quantitative bzw. räumliche Betrachtungen gestatten, Ideen auf der Ebene des Noetischen hingegen nicht.

[58] Zur Frage der Ideengemeinschaft siehe Clarke 35–62.

[59] Es ist nicht ganz klar, was dieser Hinweis – Meinwald 177, Anm. 16 spricht hier von einer „minor infelicity", was ihren Ansatz nicht als vertrauenswürdig ausweist – genau besagen soll. Denn der Ausdruck ‚das Eine' könnte als Bezeichnung des Gegenstandes (i. e. des einen Seienden) verwendet sein oder als eine Art Begriffswort. – Ich denke, daß dieses Wort systematisch äquivok verwendet wird.

[60] Fr. 118–122 (Wehrli 38–39, 101–103).

bliebe zu fragen, mit welchem Recht Parmenides hier Eigenschaften als Teile konstruiert (vgl. L. Wittgenstein, Philosophische Grammatik, Schriften IV, S. 200; ders.
1964, S. 144 sowie der explizite Hinweis auf „Platons Auffassung der Eigenschaften
als Ingredientien eines Dinges" in den ‚Bemerkungen über die Grundlagen der Mathematik', Schriften VI, S. 63).[61] (b) Die Fragwürdigkeit dieses Unterfangens tritt um
so mehr hervor, als Einheit *und* Sein hier als Teile des Gegenstandes aufgefaßt
werden und damit Einheit im Prinzip zur Eigenschaft jener Sache wird, die durch den
Ausdruck ‚Das Eine' markiert wurde (142 d 8). (c) Diese Auffassung (b) bedingt, daß
das Eine *ipso facto* – in Russellscher Sprechweise – zu einem Element seiner eigenen
Klasse wird.

   (ii) Die Auffassung, daß die Teile des seienden Einen ihrerseits jeweils aus zwei
Teilen bestehen – jede Portion Einheit ist also mit einer Portion Seiendheit behaftet
und umgekehrt jede Portion Seiendheit mit einer Portion Einheit ausgestattet –, ist in
bezug auf begriffliche Entitäten insofern unakzeptabel, als die Merkmale, die einen
Begriff konstituieren, ihrerseits nicht wiederum teilbar sind und sich also auch nicht
gegenseitig als Eigenschaften aufweisen können. Sie ist allenfalls dann akzeptabel,
wenn das zu Teilende den Status eines körperlichen Dinges hat. Doch krankt die im
Text dargestellte Auffassung daran, daß die weitergehende Teilung ja jene Portionen
angeht, die das Ganze als Ganzes konstituieren.

   3. *Das Hypothesis-Verfahren:* Ob das von Platon hier zum Einsatz gebrachte Verfahren mit dem Verfahren auf gleicher Stufe steht, welches im *Phaidon* und in der
Politeia verwendet wurde,[62] bedarf einer gesonderten Untersuchung. (i) Dabei wäre
zu fragen, welcher Folgerungsbegriff 135 e 8–136 a 2 im Raume steht. Offensichtlich
ist nicht nur an logische Folgerungen gedacht, sondern an Voraussetzungen, die angenommen werden müssen, wenn die These, die behauptet wurde, wahr sein soll.[63] (ii)
Dieser Punkt scheint auch deshalb wichtig, weil er, bis zu einem gewissen Grad, die
Verwendungen negativer Hypothesen verständlich machen kann.[64] Wenn Platon, wie

[61] Auch hier gilt es zu sehen, daß Platon nicht in eigener Sache spricht, sondern,
wie Künne 138 richtig betont, eine Auffassung porträtiert, die Aristoteles Anaxagoras
und Eudoxos zuschrieb (Metaph. A 9, 991 a 15–19) und kritisierte.

[62] Hier ist auf die vorzügliche Studie von Stemmer 1992, § 15 zu verweisen.

[63] Dieser Sinn von ‚folgen', der auch von Hägler, 81–82 beobachtet wird, spielt
auch in Pappos' Darstellung der analytischen Methode eine Rolle. Vgl. Hintikka/
Remes 13.

[64] Vordergründig betrachtet ist dieser Punkt vielleicht nicht einmal auffällig.
Denn Parmenides behauptet, daß sich sein Verfahren in Übereinstimmung mit dem-
jenigen Zenons befinde (135 d 8); und Zenons Verfahren wurde, von der inhaltlichen
Zielsetzung her, als Zwilling der Darlegung des Parmenides betrachtet (siehe dazu
Szabo 3). Nun ließe sich sagen, daß Zenons These (136 a) ‚Wenn Vieles ist' logisch der
These äquivalent sei ‚Wenn das Eine nicht ist' und daß insofern ein Rahmen gegeben
sei, der die Verwendung negierter Existenzsetzungen durchaus plausibel mache.
Doch scheint diese Erklärung an Grenzen zu stoßen. Denn Zenons Verfahren ist
durch seine elenktische Absicht gekennzeichnet, die mittels *reductio ad absurdum* erreicht wird. Genau dies läßt sich für das Vorgehen des Parmenides im 2. Teil des Dialoges nicht sagen.

K. M. Sayre sagte,[65] mit seinem Verfahren hier eine Methode vor Augen hat, die es ihm gestattet, notwendige und hinreichende Bedingungen namhaft zu machen, so läßt sich aus ‚Wenn Nicht-P, dann Q' schließen: ‚Wenn Nicht-Q, dann P'. Hier hätten wir einen Schritt von der Etablierung notwendiger Bedingungen zu der Etablierung hinreichender Bedingungen. Doch stellt sich dann die Frage, wie diese Deutung der Verwendung negierter Annahmen hinsichtlich der Hypothesen V–VIII tatsächlich funktionieren könnte.[66]

4. *Widersprüche:* Die Einschätzung der Art der Widersprüche, die im II. Teil des Dialoges Gestalt gewinnen, hängt weitgehend davon ab, wie Platons Verwendung von ‚ist' und ‚ist nicht' beurteilt wird. Dieser Punkt hat namentlich in der Diskussion der Frage eine Rolle gespielt, wie sich das *Eine* der ersten und das *Eine* der zweiten Hypothese zueinander verhalten.[67] Nun hat die Frage nach der Verwendung des ‚ist' bzw. ‚ist nicht' in der modernen Literatur wichtige Antworten erfahren.[68] Sie alle konvergieren in der Annahme, daß Platons Verwendung nicht in Analogie zu den Unterscheidungen der zeitgenössischen Logik verläuft und so insbesondere auch die Verwendung von ‚ist' und ‚ist nicht' als einstelliges Prädikat nicht ohne weiteres im Sinne unseres ‚existieren' gedeutet werden kann.[69]

Von den Details dieser Diskussion abgesehen läßt sich zeigen, daß die Haupt-Diskrepanzen folgendes Aussehen haben:

(a) Hypothese I endet mit dem Befund, daß es keine Eigenschaft gibt, die dem Einen zukommt, Hypothese II hingegen mit dem Ergebnis, daß das Eine alle Eigenschaften hat (155 e 1). Beide Ergebnisse verhalten sich zueinander wie konträre Sätze. Nun ist aber Hypothese I bereits durch eine interne Diskrepanz gekennzeichnet. Denn zumindest für eleatische Verhältnisse gilt: ‚Wenn das Eine ist ... dann ist das Eine nicht.' Dieser Widerspruch ist kontradiktorischer Art. Hingegen scheint die Diskrepanz, die Hypothese II charakterisiert, als Verhältnis der Subkontrarietät gekennzeichnet: ‚Wenn das Eine ist [i. e. nur über die Eigenschaft verfügt, zu sein] ... dann hat das Eine alle Eigenschaften.'

(b) Die Argumentationen der III. bzw. IV. Hypothese lassen sich folgendermaßen charakterisieren: Hypothese III führt zu dem Ergebnis, daß das Andere über untereinander ausschließende Eigenschaften verfügt (m. a. W.: das Andere als „vollständiges Ganzes, welches Teile hat" [157 e 4–5] weist Züge des von Zenon im ersten Teil des Dialoges abgelehnten pluralistischen Universums auf), Hypothese IV hingegen resultiert darin, daß das Andere über keine Eigenschaften verfügt. Wie im Falle (a) ist hier ein Verhältnis der Kontrarietät gegeben.

(c) Die Argumentationsstruktur der Hypothese V weist die nämliche interne Diskrepanz auf, die im Falle der Hypothese I zu beobachten war (hier: ‚Wenn Nicht-P ... dann P'), und ist im Resultat dadurch gekennzeichnet, daß der Gegenstand hier wie in

---

[65] Siehe Sayre 1983, 38–39.
[66] Siehe Miller 1986, 224–225.
[67] Hierzu vgl. insbesondere die Erörterungen bei Koumakis 97–129 und Hägler 111–120.
[68] Generell sind hier die Arbeiten von Kahn zu nennen (z. B. Kahn 1981, 105–134) sowie Frede 1967 und Owen 1991, 223–264.
[69] Siehe Kahn 1976, 323–334. Siehe auch Graeser 1982, 29–42.

Hypothese II über sämtliche Paare einander ausschließender Eigenschaften verfügt (163 b 2–5). Hypothese VI endet wie Hypothese I mit dem Resultat, daß der Gegenstand keinerlei Eigenschaften hat. Beide Resultate stehen in einem konträren Verhältnis.

(d) Die Hypothesen VII und VIII führen zu dem Resultat, daß das Andere im einen Fall wie in III über sämtliche einander ausschließende Eigenschaften verfügt, im anderen Fall wie in IV keinerlei Eigenschaften aufweist.[70]

[70] Für kritische Bemerkungen danke ich Dr. A. Bächli, Dr. F. Ferrari, Dr. I. Freudiger und W. Hinzen, M. A., für wichtige Hilfe Dr. K. Petrus.

Burkhard Mojsisch

„DIALEKTIK" UND „DIALOG": POLITEIA, THEAITETOS, SOPHISTES

Da der Begriff *Dialektik* wegen seines unter philosophiehistorischer Perspektive schillernden Gehalts heute nahezu verpönt ist oder häufig dann verwandt wird, wenn sich konfuses Denken noch als philosophisch relevant gerieren will, dürfte es geradezu angebracht sein, dem *Entstehungsprozeß* des Terminus *Dialektik* noch einmal nachzugehen, dies im Blick auf Platons Schriften. Meine These ist folgende: Platons Philosophie entwickelte sich aus dem Sokratischen Dialog (διάλογος), dem Sokratischen Gespräch (διαλέγεσθαι), hin zu sich selbst, zu sich als Dialektik im strengen Sinne des Wortes, als dialektischer Methode (ἡ διαλεκτικὴ μέθοδος; Pol. 533 c 7) des Wissens (ἐπιστήμη), das auf seinen Gegenstand, das wesentliche Sein (οὐσία), und auf seinen Ursprung, die Idee des Guten, zielt, sich dieser Wissensinhalte vergewissert, um sich dann im Bereich der Phänomene *wissend* zu bewegen. Platon ist bei dieser Art von Dialektik jedoch nicht stehengeblieben: Die Dialektik als dialektische Wissensmethode war ihm zu starr, zu schematisch, man kann auch sagen: zu unphilosophisch. Zwar hielt sich auch der *späte* Platon im Rahmen seiner dihairetischen Methode noch an diese Deszendenzdialektik, indem im Ausgang von einer höheren Gattung über mittlere Gattungen hinabgestiegen – dabei zugleich freilich auch hinaufgestiegen – und die jeweils gesuchte niedrigste Gattung ermittelt wird – explizit spricht er bei diesem Trennen nach Gattungen von einem „dialektischen Wissen" (Soph. 253 d 2–3) –; er ergänzte diese Methode jedoch um das Verfahren des *Denkens als eines Dialogs*, das sich mit *wichtigsten* (oder *umfangreichsten*) Gattungen (Soph. 254 b 7–d 2) auseinandersetzt, das zeigt, *wie* diese wichtigsten Gattungen miteinander und auseinander entstehen, und das durch den Aufweis dieser wichtigsten Gattungen selbst auch erst als das sich-unterredende Denken oder als denkendes Sich-Unterreden *entsteht*. Platon wußte selbst, daß er mit diesem Ansatz seiner Philosophie Neuland betrat: „Ich wenigstens glaubte, als ich jünger war, auch das, was uns jetzt in Nöte bringt, das Nicht-Seiende, wenn jemand davon sprach, präzis zu verstehen. Nun aber siehst du, in welcher Verlegenheit wir damit sind … Vielleicht aber begegnet uns in unserer Seele dasselbe nicht weniger auch mit dem Seienden" (Soph. 243 b 7–c 3).

Was hat sich getan?

1. Gegen Parmenides, aber auch gegen sich selbst in einem früheren Denkstadium sucht er, Platon, zu erweisen, daß das Nicht-Seiende auch *ist*,

das heißt, daß das Nicht-Seiende durch seinen Bezug zum Seienden ein *seiendes* Nicht-Seiendes ist, dies als wichtigste Gattung.

2. Der Aufweis des Seins des Nicht-Seienden dient der *sprachphilosophischen* Widerlegung der Sophisten, die behaupten, in Sätzen begegne kein Nicht-Seiendes, da jeder Satz nur Seiendes zum Ausdruck bringe und somit wegen der von Parmenides behaupteten Identität von Seiendem und Wahrem immer wahr sei. Sätze, so Platon, können aber wahr oder falsch sein. Wenn gezeigt wird, daß die Gattung oder die Idee des Nicht-Seienden auch *ist*, kann in jedem einzelnen Satz auch Nicht-Seiendes auftreten, und der Satz kann falsch sein. *Daß* die Idee des Nicht-Seienden auch *ist*, läßt sich aber im dialogischen Denken oder denkenden Sich-Unterreden erweisen. Im *Logos über Seiendes und Nicht-Seiendes*, so Platon (Soph. 254c7), also im Denken als einem fragenden und antwortenden Sich-Unterreden, in der Dianoia als einem Dialog (Soph. 263e3–5), gilt es, den notwendigen Zusammenhang von Seiendem und Nicht-Seiendem aufzudecken, um die Sophisten ihrer sprachtheoretischen Scheinweisheit zu überführen.

3. Auch Heraklit bleibt beim späten Platon nicht ungeschoren: Die Bewegung ist keine bloße Erscheinung, kein bloßes φαινόμενον, sondern eine Idee, eine wichtigste Gattung. Denn das Seiende ist nicht nur unbewegt, sondern auch bewegt, insofern es nämlich *erkannt wird*. Leben, Seele, Vernunft – Prinzipien der Selbstbewegung – dürfen dem Seienden nicht fehlen; dann ist aber auch die Bewegung als Idee anzusehen, als wichtigste Gattung, die dem Seienden nicht etwa subordiniert, sondern ihm äquivalent ist (Soph. 248e6–249a2). Sprachphilosophisch heißt das: Wenn alles ruhte, gäbe es nur Bedeutungsidentität; erst die Bewegung ermöglicht Bedeutungsdifferenzen. Den Aufweis für die notwendige Verknüpfung von wichtigsten Gattungen wie dem Seienden, dem Nicht-Seienden, der Ruhe und der Bewegung erbringt aber der Logos als Dialog, das sprachlich als Sich-Unterreden konzipierte Denken.

Platons Theorie der Dialektik entwickelt sich somit *aus dem Dialog* als einem *äußeren* Gespräch *über die Methode des Wissens* mit ihren primären Inhalten *Sein* und *Idee des Guten* oder den dihairetischen Gehalten *hin* – oder wenn man so will: *zurück – zum Dialog*, der dann aber als *inneres* Gespräch der Seele mit sich selbst, als denkendes Sich-Unterreden oder sich-unterredendes Denken, gefaßt wird und nun erst den Gehalt von *Dialektik* erschöpfend aufweist: Das dialogische Denken beginnt mit einem Satz, läßt weitere Sätze folgen, die zugleich den ersten Satz erhellen, und gelangt schließlich sogar zu einem Satz, der dem ersten Satz einen *neuen Gehalt* zuerkennt. All diese Sätze lassen das dialogische Denken selbst auch erst *werden*, so daß gilt: *ohne diese Sätze kein dialogisches Denken, ohne das dialogische Denken keine Sätze. Sprache und Denken durchdringen sich so wechselseitig*, dies auch und gerade im Blick auf den neuen eidetischen Gehalt, das *Nicht-Seiende*. Es wird zu prüfen sein, wie es Platon gelingt, das Nicht-Seiende aufzuwerten, um gerade es als die Instanz zu erweisen, die insofern für die Dialektik als das dialogische Denken konstitutiv ist, als es die wichtigsten Gattungen voneinander verschieden und zugleich aufeinander bezogen sein läßt; indem das Nicht-Seiende aber dadurch, daß es überhaupt *ist*, auch in jedem einzelnen Satz begegnen und Sätze falsch werden lassen kann, wird deutlich werden, wie – zumindest nach Platon – gerade die Dialektik als dialogisches Denken mit einem ihrer Inhalte, nämlich dem Nicht-Seienden, zu verbürgen vermag, daß die Rede von falschen Sätzen und der Nachweis der Falschheit von Sätzen möglich und rechtfertigbar sind.

Das *Sokratische Gespräch*[1] zeichnet sich in der Darstellung Platons durch folgende methodische bzw. inhaltliche Motive aus:

1. Es sucht zu überzeugen, nicht zu überreden. Gelingt dieser elenktische Akt nicht unmittelbar, vertagen sich die Gesprächspartner, ohne über den aporetischen Ausgang des Gesprächs Unmut zu empfinden: Was an einem Tag nicht zu leisten ist, könnte ja an einem anderen gelingen.

2. Sokrates war gegen langes Geschwätz. Sein Schlüsselwort hieß *Brachylogie*, prägnante, ohne Weitschweifigkeit verfahrende Rede, die den Gesprächsinhalt auf den Punkt bringt. Im Dialog *Protagoras* treibt Sokrates diese seine Haltung auf die Spitze: Hätte der Sophist Protagoras nicht Einsicht gezeigt, hätte es Sokrates nicht länger in dieser Gesprächsrunde gehalten; er wäre gegangen (Prot. 234c7ff.).

3. Inhaltlich hatte Sokrates in seinen Gesprächen mit seiner eigenen Theorie zu kämpfen: Wie konnte er den Gesprächspartnern, die – wie die Politiker, die Dichter und die Handwerker – stets glaubten, in allem Bescheid zu wissen, davon überzeugen, daß sie – wenn überhaupt – nur in eingeschränkter Weise wissen, da weder sie noch er *das Wissen selbst wissen?* Das Wissen selbst oder die mit ihm konvertiblen sittlichen Vollkommenheiten, die Tugenden, in ihrer Reinheit konnten nicht gewußt werden, da nur dies gewußt werden konnte, daß das Wissen als solches nicht gewußt werden konnte. Sokrates, selbst nur ein auf nicht-wissende Weise Wissender (Apol. 22c9–d1), mußte im Gespräch versuchen, die Instanz des Wissens denen zu vermitteln, die vom Wissen als Wissen auch nichts wissen konnten, anders als Sokrates aber *glaubten*, im Besitz des Wissens zu sein. – Für Platon konnte Sokrates' Unterfangen nicht gelingen; denn Sokrates' Rede, nur auf nicht-wissende Weise das Wissen selbst zu wissen, krankte daran, daß eben stets vom Wissen geredet, somit implizit ein *Wissen* des Wissens beansprucht wurde.

---

[1] Sichirollo 65–68.

Platon gelangte über die mythologisierende Theorie der Anamnesis, der Wiedererinnerungslehre, schließlich selbst zu einer philosophischen Theorie des Wissens, in der sowohl das Wissen als auch die Gegenstände dieses Wissens sollten gewußt werden können.

In der *Politeia* (Pol. 531 c 9–535 a 2) expliziert er den Weg zum Wissen, auf den die Nicht-Wissenden durch den Periagogen gebracht werden, der als Umlenker der Seele den äußeren Anstoß gibt, daß sich der Mensch über seine eingeschränkten Erkenntnis*weisen* zum Wissen erheben möge. Diese nur perspektivisch operierenden Erkenntnisweisen sind das *wahrnehmende Vermuten*, der *dafürhaltende Glaube* und das an den mathematischen Disziplinen orientierte *Denken*. Diese Erkenntnisweisen *glauben* stets, *das Wissen selbst zu sein*, täuschen sich jedoch in dieser ihrer *Absolutsetzung*: Der Wahrnehmung, dem vorstellenden Glauben und dem mathematischen Denken fehlt die Einsicht in das *Sein*, das *wesentliche Sein* (οὐσία), wenngleich gerade diese Erkenntnisweisen des Seins bedürfen, damit sie und ihre Gegenstände überhaupt *sind*. Dieses Sein selbst aber wird allein durch das Wissen (ἐπιστήμη) gewußt, durch das – so Platon – *dialektische Wissen*. Dieses dialektische Wissen transzendiert aber sogar noch sich selbst, indem es zu seinem Ursprung, der jenseits des Seins und Wissens angesiedelten Idee des Guten, vordringt, diese Idee als sein Prinzip erkennt und gerade aufgrund dieser Idee des Guten es trotz anfänglicher Weigerung für gut hält, sich auf die niederen Erkenntnisweisen einzulassen, um sie einerseits ihres Scheincharakters zu überführen, andererseits aber überhaupt erst als Wahrnehmungs-, Vorstellungs- und Denkerkenntis zu ermöglichen. Das Wissen als dialektisches Wissen korrespondiert somit nicht nur dem Sein, sondern ist zugleich der Weg vom Sein und von sich selbst fort zu den nun *gewußten* Erkenntnis*weisen* samt ihren Inhalten, dies mit der praktischen Intention der Sorge um den Staat bzw. öffentliche Angelegenheiten.

Vom Sokratischen *äußeren* Dialog ist bei dieser Art von Dialektik nichts mehr übriggeblieben, von Sprache überhaupt zwar noch der Hinweis, daß die Dialektik es mit Fragen und Antworten zu tun habe (Pol. 534 d 8–10), was impliziert, daß es sich bei ihr stets um ein in *Sätzen* prozedierendes Verfahren handelt; was aber Sätze sind, wie und wann sie wahr oder falsch sein können – davon ist keine Rede, auch nicht von folgenden Problemen, die Platon ebenfalls erst in der Spätphase seines Philosophierens bewußt geworden sind:

1. Wenn das dialektische Wissen dem Sein korrespondiert, ist es als es selbst zugleich vom Sein *verschieden*. Diese Verschiedenheit wurde von Platon aber nie thematisiert.

2. Das Sein ist ein mit sich selbst identischer ewiger Gehalt; Bewegung ist Abfall vom Sein, dem ewigen Sein in seiner Ruhe fremd. Wird aber das Sein *erkannt* und ist Erkennen eine *Bewegung*, kann Bewegung dem Sein, das

zwar *auch* ruht, nicht fehlen: Bewegung ist primär selbst eine Idee wie das
Sein und die Ruhe, ist nicht nur der Welt des Werdens zugehörig. Sein oder
Seiendes – beides für Platon identische Termini –, Ruhe *und* Bewegung sind
dann Ideen, sogar *wichtigste* Ideen oder Gattungen – alles auch erst Einsichten des späten Platon.

3. Daß das Sein stets mit sich selbst identisch ist, impliziert die Notwendigkeit, auch von der Idee der *Identität* zu sprechen; erst wenn die Idee der
Identität als Idee begriffen wird, kann *gerechtfertigt* etwa von der Identität
des Seins mit sich selbst die Rede sein.

4. Der späte Platon mußte also zeigen, wie die fünf wichtigsten Gattungen
Ruhe, Bewegung, Seiendes, Identität und *Verschiedenheit* als Ideen etabliert
werden können, das heißt: Er mußte zeigen, wie jede dieser Ideen sich von
den anderen *unterscheidet.* Der *Gattung der Verschiedenheit* kommt dann ein
besonderer Stellenwert zu: *Da das Verschiedene stets das Verschiedene eines
Verschiedenen ist*, ist jede Idee, noch indem sie von den anderen Ideen verschieden ist, zugleich auf sie *bezogen.* Ist gezeigt, wie jede Idee *wegen der
Verschiedenheit* von allen anderen Ideen verschieden ist, kann gezeigt
werden, wie jede Idee *ebenfalls wegen der Verschiedenheit* auf jede von ihr
verschiedene Idee notwendig bezogen ist. Alle Ideen sind somit zwar jeweils
mit sich selbst identisch, stehen mit allen anderen zugleich aber in einem
notwendigen Verknüpfungszusammenhang.

5. Nicht nur unter inhaltlicher, sondern auch und besonders unter metho-
dologischer Perspektive mußte Platon mit seiner Theorie dialektischen Wissens unzufrieden sein. Es war zu inflexibel konzipiert, zu schematisch, zu
unsprachlich. Lebendige Gedankenbewegung manifestiert sich aber am
ehesten im Dialog mit seinem Hin und Her der Sätze, der λόγοι. Der äußere
Sokratische Dialog wurde jetzt für das innere Selbstgespräch der Seele mit
sich selbst reklamiert und insofern in eine neue Theorie transformiert, so
schon im Dialog *Theaitetos*, dann besonders im Dialog *Sophistes.*

Im *Theaitetos* kommt Platon im Zusammenhang mit seiner Frage nach
dem Wesen des Wissens (Theait. 145 e 8–9) auch auf das Denken zu sprechen. Wissen ist nach Platon nicht auf Wahrnehmung reduzierbar, Wahrnehmung wohl aber für das Wissen unverzichtbar. Die Seele als eine gewisse
eine Idee (Theait. 184 d 3) synthetisiert aktiv die mannigfaltigen Wahrneh-
mungen, wobei sie sie als Werkzeuge gebraucht, um wahrzunehmen, was
immer wahrnehmbar ist (Theait. 184 d 4–5). Was allen voneinander divergie-
renden Wahrnehmungsvermögen im Blick auf ihre Inhalte aber *gemeinsam*
ist, läßt sich selbst nicht wahrnehmen. Neben der Wahrnehmungsfunktion
eignet der Seele eine zweite Funktion, die des Denkens. Dieses Denken ist
für Platon selbst freilich kein Vermögen der Seele (Theait. 185 d 9), sondern
der ihr eigentümliche Vollzug, so daß die Seele selbst durch sich selbst

einiges erforscht, anderes jedoch vermittels der verschiedenen Vermögen des Körpers (Theait. 185 e 5–7). Was sie selbst durch sich selbst aber denkend ermittelt, ist das alle Wahrnehmungsinhalte Transzendierende und ihnen zugleich Immanente, *das in allem allem Gemeinsame* (Theait. 185 c 4–5): das wesentliche Sein und das Nicht-Sein, Ähnlichkeit und Unähnlichkeit, das Selbe und das Verschiedene, das der Zahl nach Eine und Viele, das Gerade und Ungerade (Theait. 185 c 9–d 4), auch das Schöne und Häßliche, das Gute und Schlechte (Theait. 186 a 8). In den körperlichen Eindrücken als solchen liegt jedenfalls kein Wissen, wohl aber im denkenden Rekurs (Schluß) auf sie (Theait. 186 d 2–5).

Dieser wichtigen Passage ist folgendes zu entnehmen:

– Wissen läßt sich nicht gewinnen durch bloßes Wahrnehmen oder bloßes Denken; vielmehr müssen die allgemeinen Denkinhalte auf die singulären Wahrnehmungseindrücke appliziert werden, damit dem Wissen auch ein Nutzen (Theait. 186 c 3) zugesprochen werden kann[2].

– Wissen erschöpft sich freilich nicht im von der einen Seele als Idee ermöglichten Zusammenspiel von Denken und Wahrnehmen; wie der *Sophistes* zeigt, liegt Wissen auch in Vorstellungs- und Einbildungssätzen, denen stets unausdrücklich allgemeine Denkinhalte innewohnen.

– Die Denkinhalte gehören, wie A. Graeser[3] richtig gesehen hat, „unterschiedlichen Ebenen" an; als wichtigste Denkinhalte sind anzusehen: das wesentliche Sein und das Nicht-Sein, Ähnlichkeit und Unähnlichkeit, das Selbe und Verschiedene, das Eine und das Viele – wie auch der *Sophistes* ausweist, wo darüber hinaus von Ruhe und Bewegung die Rede ist; alle anderen Denkinhalte sind nachrangig, wie etwa auch das Große und Nicht-Große im *Sophistes* (Soph. 257 b 6–7).

– Das Neue im *Theaitetos* aber ist dies: Neben das Sein tritt als allgemeiner Denkinhalt auch das Nicht-Sein – dies der wohl wichtigste Fortschritt gegenüber der *Politeia* –, neben das Selbe auch das Verschiedene, neben das Eine auch das Viele. All diese Denkinhalte sind notwendig aufeinander bezogen, sind in ihrer Bipolarität korrelationale Inhalte; jede Extrapolation eines dieser Denkinhalte verbietet sich.

Hinzu kommt nun, daß das Denken als *sprachliches Denken* begriffen wird: Das Denken ist ein Selbstgespräch der Seele; wenn sie denkt, dialogisiert sie, indem sie sich selbst fragt und antwortet, etwas behauptet oder ver-

---

[2] Cooper 123–146 (mit gelungener Kritik an Cornfords und Cherniss' Positionen). – Wissen läßt sich aber nicht zurückführen auf ein Zentralorgan (so Heitsch 1988 a, 88). Für Platon ist der Werkzeug-Begriff Wahrnehmungsvollzügen vorbehalten.

[3] Graeser 1992, 108. – Das Gute und Schlechte, das Schöne und Häßliche werden – korrekterweise – ebenfalls nicht als wichtigste Denkinhalte angesehen von: Kanayama 67.

neint; Resultat dieses Selbstgesprächs der Seele ist ein Vorstellungssatz, ein zwar gesprochener, aber schweigend gesprochener Satz (Theait. 189 e 6–190 a 6).

Es ist bemerkenswert, daß Platon einerseits das Denken als λόγος begreift und diesen λόγος als διαλέγεσθαι, andererseits das Vorstellen mit λέγειν identifiziert und die Vorstellung ebenfalls mit λόγος. Schon hier begegnet somit λόγος in zweifacher Bedeutung: Der λόγος ist in seiner Identität mit dem Denken das Selbstgespräch der Seele (Dialog), in seiner Identität mit der Vorstellung aber eine singuläre Aussage, somit Satz, nicht Sätze des Gesprächs der Seele mit sich selbst. Der Grund, warum der Dialog *Theaitetos* schließlich aporetisch endet, ist auch darin begründet, daß auf den Gehalt des λόγος als des sich mit sich selbst unterredenden Denkens nicht mehr rekurriert wird. Festzuhalten bleibt jedoch, daß bereits im *Theaitetos* nicht von *Dialektik* die Rede ist, wohl aber von διαλέγεσθαι als von dem jeden einzelnen Satz fundierenden sich mit sich selbst unterredenden Denken.

Wenn das Denken freilich auf das Niveau des Vorstellens herabgeschraubt wird (Theait. 187 a 7–8), so manifestiert sich darin ein dialogtechnischer Kunstgriff, da der Problematik der richtigen bzw. falschen Vorstellung nachgegangen werden und geprüft werden soll, ob das Wissen nicht mit der richtigen Vorstellung zu identifizieren sei. Für Platons eigenen Begriff von *Wissen* behalten seine Explikationen zum Zusammenspiel von Wahrnehmen und Denken jedenfalls ihre Gültigkeit, wie A. Graeser[4] richtig vermutet, ohne dafür so recht einen Anhalt im Text Platons selbst zu finden; das liegt daran, daß Graeser Platons Reduktion des Denkens auf Vorstellen nicht als dialogtechnischen Kunstgriff erkennt, sondern für bare Münze nimmt und daher wenigstens die Möglichkeit in Betracht zieht, Wahrnehmung sei für Wissen nicht konstitutiv. Wissen ist für Platon jedenfalls weder nur Wahrnehmung noch nur richtige Vorstellung, noch nur richtiges Denken, sondern das Zusammenspiel von wahrem Denken als Dialog und seinen Inhalten mit der wahren Vorstellung und ihren Inhalten, der wahren Einbildung mit ihren Inhalten oder der wahren Wahrnehmung mit ihren Inhalten. Darin spiegelt sich freilich noch einmal der Stufenschematismus der *Politeia* wider, aber in korrigierter Form: Das Wissen ist nicht gleichsam eine separate Hypostase in ihrer Bezogenheit auf das Sein oder die Idee des Guten, das sich erst nachträglich auf die Wissensweisen einläßt, sondern stets das genannte Zusammenspiel, wobei besonders der Sprache eine eminent wichtige Rolle zuerkannt wird, da die Dialektik durch den Dialog, singuläre Wissensvollzüge durch singuläre Sprachvollzüge ersetzt werden.

Wenn bei Platon selbst der Begriff des λόγος schließlich nur noch aus der Perspektive der Vorstellung diskutiert wird – so am Ende des *Theaitetos*

---

[4] Graeser 1992, 109.

(Theait. 206 d 1 ff.) –, mußte der Dialog ein aporetisches Ende nehmen, um im *Sophistes* eine Fortsetzung zu erfahren.

Man mag nun unzufrieden sein mit der bloßen Enumeration der dem Vielen immanenten allgemeinen Denkinhalte, da nicht gezeigt wird, wie sie überhaupt erst auseinander entstehen. Man mag ferner unzufrieden sein mit der von Platon noch nicht durchdachten Parataxe von Nicht-Sein und Nicht-Identität, obwohl Nicht-Sein und Nicht-Identität (Verschiedenes) identisch sind. Man mag schließlich bedauern, daß Platon sprachphilosophisch nur Andeutungen bietet. Es ist aber anzuerkennen, daß er in einem Dialog Probleme aufwirft und sie nur partiell löst, in einem anderen Dialog sie jedoch umfassend zu lösen versucht. So folgt auf den *Theaitetos* ohne Zweifel der *Sophistes*, in dem auch die Dialektik durch den Dialog abgelöst wird. Dieser Dialog als Denken, als inneres Gespräch der Seele mit sich selbst, ist es nun, dem die Aufgabe zufällt, dem Sich-auseinander-Entwickeln der wichtigsten Gattungen oder Ideen nachzugehen, jede Gattung als mit sich selbst identisch zu erweisen und zugleich die notwendige wechselseitige Verknüpfung dieser voneinander freilich verschiedenen Gattungen aufzuzeigen.

Platons Argumentation im *Sophistes*[5] kann hier nicht in extenso entfaltet werden; einige Motive sollen jedoch hervorgehoben werden, die erkennbar werden lassen, welch bedeutender philosophischer Ertrag dadurch erzielt werden konnte, daß der starre Schematismus dialektischen Wissens der neuen Methode dialogischen Denkens Platz machte.

Platon sucht – wie bemerkt – mit dem dialogischen Denken primär zu erkunden, daß das Nicht-Seiende auch *ist*; dieser Nachweis gelingt durch die Betrachtung von wichtigsten Gattungen. Als exemplarisch berücksichtigte fünf wichtigste Gattungen, die sich aus den Aporien beim dialektischen Wissen ergeben haben, werden genannt: Ruhe, Bewegung, Seiendes, Selbes und Verschiedenes. Der Gang der Argumentation verläuft dann in *zwei* Schritten: Zunächst wird die *Verschiedenheit* all dieser Gattungen aufgezeigt, dann am Beispiel der Bewegung ihre *notwendige wechselseitige Verknüpfung* demonstriert.

Für den Aufweis der Verschiedenheit dieser Gattungen ist ein Satz grundlegend: *Ruhe und Bewegung sind gänzlich voneinander geschieden* (Soph. 250 a 8 f.). Der terminus technicus für diese Geschiedenheit lautet: ἐναν-

---

[5] Mojsisch 1986, 35–63. – Hennigfeld 54–66 (zum *Theaitetos* und *Sophistes*). Hennigfelds Ausführungen zu Platon finden meine volle Zustimmung. Ich vermisse allerdings eine Auseinandersetzung mit Platons vorrangigem Anliegen, den Zusammenhang von wichtigsten Gattungen mit dem Denken als Dialog zu explizieren. – Diesem schon für den *Theaitetos* wichtigen Zusammenhang schenkt auch keine Beachtung: Burnyeat 84.

τίον, unvereinbar entgegengesetzt. Diesen Terminus gilt es im Auge zu behalten, zunächst deshalb, weil die Geschiedenheit von Ruhe und Bewegung allen Argumenten für die Unterschiedenheit aller Gattungen zugrunde liegt. Das stets wiederkehrende Argument: Weil sowohl die Ruhe als auch die Bewegung *sind*, mit sich selbst *identisch* sind und voneinander *verschieden* sind, können weder das Seiende noch das Selbe, noch das Verschiedene entweder nur der Ruhe oder nur der Bewegung zugesprochen werden, da sich dann die Ruhe in die Bewegung oder die Bewegung in die Ruhe verkehrte, eben weil Seiendes, Selbes und Verschiedenes jeweils beiden, der Ruhe und der Bewegung, zukommen, beide aber gänzlich verschieden sind. Also sind Seiendes, Selbes und Verschiedenes von der Ruhe und der Bewegung verschieden, somit neben Ruhe und Bewegung wichtigste Gattungen für sich.

Wenn nun der Gehalt des Verschiedenen als einer der wichtigsten Gattungen gewonnen ist, setzt sich eben dieses Verschiedene an die Stelle des Entgegengesetzten; terminologisch heißt das: Das ἕτερον, das Verschiedene, verdrängt das ἐναντίον, das Entgegengesetzte oder Geschiedene (Soph. 258 a 11–b 3). Platon wird nicht müde, immer wieder darauf hinzuweisen, daß das *Verschiedene*, das er mit dem Nicht-Seienden identifiziert, nicht ein Entgegengesetztes des Seienden, sondern eben nur ein vom Seienden *Unterschiedenes* sei (Soph. 258 e 6–259 b 6). Der Grund: Von einem absoluten Nicht-Seienden kann nicht gesprochen werden, da ein derartiges Nicht-Seiendes zumindest in Beziehung zur Sprache stünde und schon dadurch Bezüglichkeit aufwiese. Außerdem besäße ein absolutes Nicht-Seiendes kein Sein, was aber dem Verschiedenen als Nicht-Seiendem zuzuerkennen ist, denn es ist ja das Verschiedene eines Verschiedenen, im Blick auf das Seiende also das vom Seienden Verschiedene; als das vom Seienden Verschiedene ist es aber zugleich auf das Seiende bezogen, *ist* Nicht-Seiendes. Dieses Bezogen-Sein ist der Garant dafür, daß das Nicht-Seiende *ist*, also am Seienden teilhat.

Wenn nun das Verschiedene nichts anderes ist als das Verschiedene eines Verschiedenen, seine Selbstidentität also darin gründet, von sich fort auf anderes zu verweisen, dann nimmt es nicht wunder, daß auch Ruhe und Bewegung nicht etwa gänzlich geschieden, sondern nur verschieden und damit zugleich aufeinander bezogen sind (Soph. 256 b 6–9). Das dialogische Denken hat sich des Gehalts des Verschiedenen vergewissert, hat ihn auf das Verhältnis von Ruhe und Bewegung appliziert und kommt dann zu dem Schluß: Mögen Ruhe und Bewegung auch verschieden sein, so sind sie doch niemals gänzlich geschieden; gerade weil sie verschieden sind, sind sie auch aufeinander bezogen, denn das Verschiedene ist in seiner Selbstidentität nichts anderes als Verweis auf das Andere seiner selbst.

Gleiches gilt nun für das *dialogische Denken selbst*. Es selbst hat in Sätzen

die wichtigsten Gattungen in ihrer *Verschiedenheit* aufgewiesen, hat gleichfalls *durch das Verschiedene* ihre wechselseitige Bezogenheit ermittelt und
hat sich selbst schließlich als das gewonnen, was es ist: dialogisches Denken
in seiner Verschiedenheit von den und damit in seiner Bezogenheit auf die
wichtigsten Gattungen. Das dialogische Denken hat sich insofern selbst als
eine der wichtigsten Gattungen etabliert. Ohne es keine Philosophie – das
aber wäre das stärkste Stück (Soph. 260 a 6–7). Jetzt können die wichtigsten
Gattungen auch als *Begriffe* bezeichnet werden, da sie als Inhalte erkannt
worden sind, die *niemals ohne Denken* ihren Gehalt erkennen lassen. Das
dialogische Denken als eine der wichtigsten Gattungen ist somit für die anderen Gattungen weder konstitutiv noch im Verhältnis zu ihnen rezeptiv:
Vielmehr hat das dialogische Denken sich mit den anderen Gattungen entwickelt und hat diese Gattungen zugleich sich entwickeln lassen. Platon ist
somit weder Neukantianer (Denken als konstitutiv für seine Inhalte) noch
Neuaristoteliker (Denken als seinen Inhalten gegenüber rezeptiv): Denken
setzt sich vielmehr mit seinen Inhalten auseinander, ohne produktiv oder
passiv zu sein. Denken ist ein fragender und antwortender Prozeß der Ver-
ständigung über seine Inhalte.

Zusammenfassend sei noch einmal bemerkt: Dialektik als dialogisches
Denken ist Prozessualität, nicht statisch konzipiertes Wissen. Besonders dadurch, daß der Gehalt des Verschiedenen überhaupt erst ermittelt wurde,
ließ sich der Gedanke der Bezogenheit denken (und das ist der zweite
Schritt): Ruhe und Bewegung sind zwar voneinander verschieden, deshalb
gerade aber aufeinander bezogen; Seiendes und Nicht-Seiendes sind zwar
voneinander verschieden, deshalb gerade aber aufeinander bezogen; dialogisches Denken und alle anderen Gattungen sind zwar voneinander verschieden, deshalb gerade aber aufeinander bezogen; dies alles, weil das Verschiedene stets Relationalität impliziert, besser: gar nichts anderes meint als
Bezogenheit. N. Hartmann, R. Rehn und S. Rosen[6] haben verdeutlicht, daß
auch Ruhe und Bewegung in einem notwendigen Verknüpfungszusammenhang stehen, damit Platons Anliegen, die Ermöglichungsbedingungen für
falsche Sätze zu eruieren, erfolgreich sein kann. Denn nur unter der Bedingung eines notwendigen Konnexes aller Gattungen, also auch der Ruhe und
Bewegung, ist Platons Nachweis nachvollziehbar, daß falsche Sätze möglich
sind.

Von nicht geringer Bedeutung dürfte aber auch die Einsicht sein – also
mein spezifisches Anliegen hier –, daß Platon nur im Rahmen eines dialogischen Denkens seine Theorie der wichtigsten Gattungen entwickeln konnte,

---

[6] Hartmann 129. – Rehn 127 f. – Rosen 1983, 279. – Dafür, daß „... Bewegung nur
Dingen zukommt, niemals aber Ideen", plädiert: Peterreins 189. Das mag sein, widerspricht aber Platons Theorie, der Peterreins ohnehin nichts abzugewinnen vermag.

eines Denkens, das diese Gattungen auseinander entstehen ließ und in diesem Entstehungsprozeß auch sich selbst als dialogisches Denken überhaupt erst gewann. Daher seine Bemerkung: „Durch die Verknüpfung der idealen Gehalte (oder Gattungen) untereinander ist uns der Logos geworden" (Soph. 259 e 5–6). In seiner Identität mit dem Denken bedeutet der hier angesprochene Logos aber *dialogisches Denken*.

Der sprachphilosophische Ertrag dieser Theorie im Blick auf singuläre Sätze läßt sich dann relativ kurz verdeutlichen: Abschluß oder Abbild des Denkens ist jeweils ein einzelner Satz. In diesem Satz, der entweder ausgesprochen ist oder unausgesprochen die Vorstellung oder die aus Wahrnehmung und Vorstellung zusammengesetzte Einbildung strukturiert, begegnen alle wichtigsten Gattungen, also auch das Nicht-Seiende, und zwar so, daß sie den Wörtern des Satzes unausdrücklich immanent sind. Die Wörter sind Zeichen der Dinge; stimmen sie so zusammen, wie die Dinge zusammenstimmen, ist ein Satz wahr, andernfalls falsch. Die Wörter stimmen aber nicht zusammen, wenn ein Nicht-Seiendes an die Stelle eines Seienden gesetzt wird, also nur vorgegeben wird, Seiendes, etwa eine Handlung, stimme mit Seiendem, etwa einem Handelnden, überein. In Platons Beispielsatz „Theaetet ... fliegt" (Soph. 263 a 8) stimmen das Hauptwort „Theaetet" und das Tätigkeitswort „fliegt" nur scheinbar zusammen, denn Theaetet fliegt nicht, sondern sitzt. Indem das Nicht-Seiende „fliegt" *an die Stelle* des Seienden „sitzt" gesetzt wird, werden unzulässigerweise nicht zusammenstimmende – da der Realität widersprechende – Wörter miteinander verknüpft. Damit ist der Satz falsch und der Sophist seiner sprachphilosophischen Scheinweisheit, alle Sätze seien wahr, überführt.

Dialogisches Denken und Vorstellung bzw. Einbildung unterscheiden sich somit nach Platon prinzipiell:

1. Dialogisches Denken ist – jedenfalls wie im *Sophistes* vollzogen – wahr (Soph. 259 a 2–b 6), die Vorstellung oder die Einbildung, die einzelne Sätze hervorbringen, können hingegen wahr oder falsch sein.

2. Im dialogischen Denken entscheiden die Sätze als Gedanken über seine Wahrheit, im Bereich der Vorstellung oder Einbildung sind es die Dinge selbst, die über Wahrheit oder Falschheit von in Sätzen zur Sprache gebrachten Sachverhalten entscheiden.

3. Dialogisches Denken prüft *Sätze* und gewinnt diese Sätze wie sich selbst dadurch, daß die Sätze sich aneinander reiben, also wechselseitig füreinander konstitutiv sind; die Vorstellung oder die Einbildung prüfen einen *einzelnen Satz*. Nur am Rande sei vermerkt, daß gerade Platon die Struktur eines einzelnen Satzes präzis auseinandergelegt und damit besonders die

sprachphilosophischen Überlegungen des Aristoteles[7] wesentlich angeregt hat.

Nur ein kurzes Wort zu Platons Epigonen! Aristoteles hatte stets ein ambivalentes Verhältnis zu Platon: Er übernahm von Platon, was er als rezeptionswürdig ansah, übte aber auch freimütig Kritik an seinem Lehrer. Ich glaube, er nahm Platons *Spätphilosophie* schon deshalb nicht zur Kenntnis, weil er an der Theorie der Idee des mittleren Platon bereits Zweifel hegte:

1. Ideen sind überflüssige Metaphern, sozusagen eine redundante Hinterwirklichkeit hinter der wahren Wirklichkeit selbst.

2. Ideen tragen nichts bei zum Entstehen und Vergehen der wirklichen Dinge.

3. Ideen sind allgemeine Inhalte, die vielem zugesprochen werden können. Solche allgemeinen Inhalte sind in Aristotelischer Terminologie aber nichts anderes als *Akzidentien*, die dem wahren Sein, der Substanz, nur zukommen, ohne den Gehalt der Substanz *wesentlich* zu verändern (Metaph. I 9).

4. Aristoteles sucht ohne Ideen auszukommen, nicht freilich ohne ein allgemeines Wesen. Dieses allgemeine Wesen ist das wesentliche Sein, das τί ἦν εἶναι, wie der Aristotelische Kunstausdruck (Metaph. VII 3, 1028 b 34) lautet. Dieses wesentliche Sein ist jedoch den singulären Gegenständen immanent, nicht von ihnen abgetrennt wie die Idee, die wegen ihres Abgetrennt-Seins für die Dinge in ihrer Vereinzeltheit ohne Nutzen ist. Die Idee ist ein abstraktes Allgemeines, nach Aristoteles eben: ein Akzidens.

5. Dialektik ist für Aristoteles nicht dialogisches Denken, sondern Logik des Scheins. Noch Kant wird an dieser Aristotelischen Terminologie festhalten.

Plotin[8] übernahm Platons Spätphilosophie. Daß das Nicht-Seiende aber eine wichtigste Gattung sein soll, das hielt er für unplatonisch. Auch tritt an die Stelle des dialogischen Denkens bei Plotin der Geist, der sich dann aber sowohl durch Ruhe als auch Bewegung auszeichnet.

Selbst der erklärte Platoniker Marsilio Ficino konnte Platons dialogischem Denken nicht mehr den ihm eigentümlichen Gehalt abgewinnen. Er begriff nicht die Funktion des Verschiedenen, sowohl Unterschiedenheit als auch Relationalität anzuzeigen, und ließ daher Ruhe und Bewegung unvereinbar geschieden sein. Daß der *ruhende* Dialog als ganzer die Einheit seiner selbst ist und die in Sätze gekleideten Gedanken des dialogischen Denkens *Bewegung* in dieses Denken einbringen, so daß Ruhe und Bewegung als aufeinander und auf das dialogische Denken bezogen anzusehen

---

[7] Hennigfeld 71–103. – Weidemann 133–199.
[8] Mojsisch 1988, 19–38 (zu Plotin und Ficino).

sind – das war nicht der Platon Ficinos, und zwar deshalb nicht, weil Ficino den Bruch im Denken Platons nicht zur Kenntnis nehmen wollte, dies trotz Platons eigenen Eingeständnisses.

Abschließend sei aufgezeigt, was in der Tat an Platons dialogischer Theorie *Kritik* verdient, um dann kurz zu resümieren, was anerkennend hervorgehoben werden muß.

Prinzipiell ist zu kritisieren, daß das dialogische Denken sich nur mit ihm gemäßen Gattungen, den wichtigsten Gattungen nämlich, auseinandersetzt. Die Inhalte der Vorstellung oder der Einbildung liegen dem dialogischen Denken fern. Dialogische Denkprozessualität ist somit das Urbild für die Inhalte des abbildhaften Vorstellens und Sich-Einbildens. Warum nicht auch die Vorstellung und die Einbildung samt ihren eine Satzstruktur aufweisenden Inhalten dialogischen Prüfens würdig sind, ist nicht einzusehen.

Darüber hinaus steht das dialogische Denken für *Denken überhaupt*. Denn wenn überhaupt nur gedacht wird, wird so gedacht, wie das dialogische Denken denkt. Darin liegt aber eine Art Immobilität des Denkens, das die Gattung „Verschiedenes" nicht so auf sich appliziert, daß auch das Denken *von sich selbst verschieden ist*. Verschieden ist für Platon das Denken nur von den anderen wichtigsten Gattungen wie freilich diese vom Denken. Wäre das dialogische Denken aber von sich selbst verschieden, würde aus dem Platonischen monologisch-dialogischen Denken, aus dem Selbstgespräch der Seele mit sich selbst, ein dialogisch-dialogisches Denken.

Platons Theorie des dialogischen Denkens hat jedoch Einsichten erkennen lassen, die nicht von der Hand zu weisen sind:

1. Er erkannte die Bedeutung des Nicht-Seienden als des Verschiedenen für das sprachliche Denken; insofern hielt er nicht damit zurück, an seiner eigenen Theorie, nur das Seiende sei, nicht aber das Nicht-Seiende, Kritik zu üben.

2. Eine Aufwertung erfuhr auch die Bewegung, die er als wichtigste Gattung gleichrangig neben dem Seienden ansiedelte.

3. Platon erkannte auch, daß sich eine Sprachtheorie nicht auf eine Theorie der Richtigkeit von Wörtern reduzieren läßt, wie er sie selbst noch im *Kratylos*[9] geboten hatte. Sprache ist verknüpft mit Sätzen, die jeweils für sich oder im Zusammenhang betrachtet werden können. Die Betrachtung von Sätzen in ihrem Zusammenhang eignet aber dem Denken, so daß diese Sätze mit dem Denken entstehen und das Denken mit den Sätzen auch erst *wird*. Sätze in ihrem Zusammenhang stehen aber nicht beziehungslos nebeneinander, schon gar nicht, wenn einer ihrer Gehalte das Verschiedene ist,

[9] Rehn 7–40.

das inhaltlich nicht nur Unterschiedenheit, sondern auch Bezogenheit meint. Dadurch sind die im dialogischen Denken begegnenden Sätze, die als Sätze voneinander verschieden sind, in ihrer Inhaltlichkeit zugleich aufeinander bezogen. Daraus ergibt sich, daß ihr Gehalt auch neue Konturen gewinnen kann, so daß ein Satz erst in seinem vollen Gehalt gewußt wird, wenn alle Sätze auf ihn bezogen werden. Daher soll die dialektische Bewegung des dialogischen Denkens nicht vorschnell enden, soll in Sätzen nicht einfach nur Widersprüchliches konstatiert, sondern gezeigt werden, *unter welchen bestimmten Rücksichten* – so Platon – Verschiedenes von Verschiedenem verschieden und zugleich auf Verschiedenes bezogen ist.

MICHAEL FREDE

DIE FRAGE NACH DEM SEIENDEN: SOPHISTES

Die Frage, was eigentlich das Seiende sei, ist der traditionelle Gegenstand der Ontologie oder Metaphysik. Es war Aristoteles, welcher als erster die Metaphysik als eine eigenständige Disziplin zu entwickeln suchte, die eben dieser Frage gewidmet ist, weil er der Antwort auf die Frage im wörtlichen Sinn grundlegende Bedeutung beimaß.

Nun ist es zumindest nicht offenkundig, was mit der Frage, was eigentlich das Seiende ist, anzufangen sei. Es ist nicht eine Frage, die sich natürlicherweise stellt, eine Frage, bei der es einem leichtfällt, sich Zusammenhänge vorzustellen, in denen sich die Frage zwanglos ergäbe; und es ist daher auch nicht eine Frage, bei der es einem klar ist, wonach eigentlich gefragt wird und wie sie zu beantworten wäre. Und diese Schwierigkeiten hat man nicht nur, wenn man zum ersten Mal mit der Frage konfrontiert wird. Man kann lange über die Frage nachdenken und immer noch Schwierigkeiten damit haben, ihr überhaupt irgendeinen Sinn abzugewinnen. Nun ist Aristoteles nicht der erste, der die Frage nach dem Seienden stellt. Und es mag daher von gewissem Nutzen sein, sich den Zusammenhang näher anzuschauen, in dem die Frage historisch zum ersten Mal gestellt wird, um zu sehen, durch was sie in diesem konkreten historischen Zusammenhang motiviert wird, wie sie dort verstanden und entsprechend beantwortet wird. Und dies mag sich um so mehr lohnen, als es Grund für die Vermutung gibt, daß Aristoteles, als er in der *Metaphysik* die Frage nach dem Seienden stellt, dabei auch diesen konkreten historischen Ursprung der Frage im Auge hat, von dem im folgenden die Rede sein soll.

Soweit unsere Quellen uns das festzustellen erlauben, ist es Platon, der im *Sophistes* diese Frage zum ersten Mal explizit aufwirft.[1] So etwa heißt es 243 D 3–5: „... Du meinst, wir müßten erstmal klären, was wohl diejenigen, die vom Seienden reden, damit offenkundig zu machen glauben", oder – einfacher – 246 A 1–2 „... wir sehen, daß es um nichts leichter ist, zu sagen, was das Seiende eigentlich ist, als zu sagen, was das Nichtseiende ist."

Mit dem zweiten der beiden angeführten Zitate ist bereits zum Teil ange-

---

[1] Zu Platons Ausführungen zum Seienden im *Sophistes* gibt es eine Fülle von Sekundärliteratur. Dabei sind etwa die folgenden Aufsätze zu nennen: Owen 1971, Wiggins, Malcolm 1967, Heinaman, Brown. Ich gehe hier auf diese und andere Arbeiten nicht weiter ein, weil die Punkte, um die es mir hier geht, durch die Sekundärliteratur ganz vernachlässigt worden sind.

deutet, wie sich die Frage nach dem Seienden im *Sophistes* stellt. Es geht darum zu klären, wovon eigentlich die Rede sein soll, wenn vom Nichtseienden die Rede ist. Um das zu klären, wird die Frage nach dem Seienden aufgeworfen. Es wird sich dann im Lauf der Diskussion im *Sophistes* herausstellen, daß es noch einen weiteren Grund gibt, der Frage nach dem Seienden nachzugehen. Aber beschäftigen wir uns erst einmal mit dem Grund, der zunächst Anlaß zur Frage nach dem Seienden gibt.

Um diesen Grund genauer zu verstehen, müssen wir kurz auf den größeren Zusammenhang der Diskussion im *Sophistes* eingehen. Wie bereits der Titel des Dialogs andeutet, geht es im *Sophistes* darum, den Sophisten zu definieren. Nach einer Reihe von nicht recht befriedigenden Anläufen versucht man, den Sophisten endlich damit dingfest zu machen, daß man ihn als jemanden bestimmt, der es versteht, den täuschenden Anschein zu erwecken, er wisse, mit dem, was er sagt, ein getreues Abbild der Wirklichkeit zu geben. Diese Charakterisierung freilich wirft eine Fülle von Problemen auf, welche Platon des näheren 236 E 1 ff. darlegt. In deren Mittelpunkt steht das Problem, welches Philosophen zu Platons Zeit und Platon selbst sehr beschäftigte, nämlich das Problem, wie etwas, was man sagt, überhaupt falsch sein kann. Warum das im einzelnen problematisch erschien, bedürfte einer längeren Erklärung. Das Problem hatte zum Teil, aber wohl nicht ausschließlich, seinen Ursprung darin, daß die Reflexion auf die Sprache noch so wenig entwickelt war, daß die einfachsten Unterscheidungen, welche manchem von uns heute selbstverständlich erscheinen, etwa die Unterscheidung von Sinn und Bedeutung, noch nicht getroffen waren. Das machte es Platons Zeitgenossen außerordentlich schwierig, das Problem zu durchschauen, und es macht es uns schwer, auf nicht anachronistische Weise die Überlegungen zu rekonstruieren, welche manche von Platons Zeitgenossen sogar dazu führten, die Möglichkeit von falschen Aussagen schlichtweg zu bestreiten. Ein großes Verdienst Platons besteht eben darin, in Auseinandersetzung mit diesem Problem im *Sophistes* begriffliche Unterscheidungen eingeführt zu haben, welche nicht nur ihm erlaubten, einen Ausweg aus dem Problem zu finden, sondern welche auch für alle künftige Reflexion auf die Sprache wegweisend waren.

Aber für unsere Bedürfnisse hier muß es genügen, das Problem folgendermaßen anzudeuten: Jemand, der etwas Falsches sagt, sagt etwas, was – wie wir uns ausdrücken – nicht der Fall ist, oder etwas, was – wie man sich im Griechischen ausdrücken kann – es gar nicht gibt, was nicht seiend ist. Wenn jemand etwas Falsches sagt, dann gibt es nichts in der Wirklichkeit, was dem, was er sagt, entspräche. Es sieht also ganz so aus, als sage derjenige, der etwas Falsches sagt, etwas, was es in Wirklichkeit gar nicht gibt. Aber andererseits scheint es auch so zu sein, daß es etwas geben muß, was derjenige, der etwas Falsches sagt, sagt. Sonst sagt er ja gar nichts. Und so sieht es ganz so aus, als seien falsche Sätze nur unter der Annahme möglich, daß es etwas gibt wie das, was es gar nicht gibt, nämlich zum Beispiel das, was ein falscher Satz besagt.

Die Lösung dieses Problems besteht darin zu klären, wovon eigentlich die Rede ist, was man eigentlich meint, wenn man sagt, eine falsche Aussage besage etwas, was es nicht gibt, was nicht seiend ist. Und so unternimmt es denn auch Platon im *Sophistes*, eben diese Frage zu klären, indem er die Frage nach dem Nichtseienden stellt, um das es bei falschen Aussagen geht. Nun ist es aber auch so, daß man im Griechischen von wahren Aussagen entsprechend sagt, sie besagten etwas, was es gibt, was seiend ist. Offenkundig läßt sich die Frage nach dem Nichtseienden, von dem bei falschen Sätzen die Rede ist, nicht befriedigend beantworten, ohne gleichzeitig die Frage nach dem Seienden zu beantworten, von dem bei wahren Sätzen die Rede ist. Die Frage nach dem Seienden stellt sich also im *Sophistes* zunächst einmal als die Frage nach dem Seienden, von dem bei wahren Sätzen die Rede ist.

Nun ist es aber eine Sache, spezifisch nach dem Seienden in dem Sinne zu fragen, in dem es bei wahren Sätzen um das Seiende geht, und eine andere Sache, nach dem Seienden ganz allgemein zu fragen. Der Dialog stellt aber die Frage in ihrer vollen Allgemeinheit. Folglich haben wir zu sehen, wie es dazu kommt, daß sich diese Frage in ihrer Allgemeinheit stellt. Auch das ist leicht zu sehen. Platon begnügt sich nämlich nicht damit, darzulegen, wie problematisch es ist, im Zusammenhang mit falschen Sätzen vom Nichtseienden zu reden. Er geht vielmehr (237 B 7 ff.) ausführlich darauf ein, wie problematisch es ist, überhaupt vom Nichtseienden zu reden, geschweige denn zu sagen, daß es so etwas wie das Nichtseiende gibt. Dieses Problem scheint so unentwirrbar zu sein, daß der einzige Ausweg, der sich daraus bietet, der zu sein scheint, auch das näher zu betrachten, was wir bisher für selbstverständlich und offenkundig gehalten haben (242 B 10–C 2), ganz grundlegende Dinge (243 C 7–8), zum Beispiel und zuvorderst, was wir eigentlich meinen, wenn wir sagen, es gebe dieses oder jenes, etwas sei seiend (243 C 10 ff.; 242 C 4 ff.). Es wird also angenommen, die Frage nach dem Nichtseienden bei falschen Sätzen ließe sich letztlich nicht lösen, ohne auf die Frage nach dem Seienden im allgemeinen einzugehen. So also wird die Frage nach dem Seienden im allgemeinen im *Sophistes* zunächst motiviert.

Hier ist es also leicht, zumindest in groben Umrissen zu sehen, wie sich die Frage nach dem Seienden im allgemeinen natürlicherweise stellen könnte. Ob damit freilich demjenigen viel geholfen ist, der Schwierigkeiten hat, die Grundfrage der Metaphysik auch nur zu verstehen, ist alles andere als klar. Man kann die Sache nämlich folgendermaßen betrachten. Der Ausgangspunkt von Platons Diskussion ist die Tatsache, daß man im Griechischen von jemandem, der etwas Falsches behauptet, sagen kann, er sage etwas, was nicht seiend ist. Wie nun Platons eigene Diskussion im Fortgang des Dialogs zeigt, ergeben sich die Schwierigkeiten daraus, daß der Ausdruck „nicht seiend" in „er sagt etwas, was nicht seiend ist" nicht richtig verstanden wird, unter anderem deshalb, weil die Funktion der Verneinungspartikel „nicht" und die Verwendung von Ausdrücken wie „. . . ist . . ." und „. . . ist nicht . . ." nicht richtig verstanden werden. Das ganze Problem würde sich gar nicht stellen, so könnte man argumentieren, wenn man die Sprache richtig verstünde, wenn man verstünde, wie in der Sprache Ausdrücke wie „ist" und „ist nicht", „seiend" und „nicht seiend" gebraucht werden. Woran es hier fehlt, ist nicht metaphysische Einsicht in die Wirklichkeit, sondern ein besseres Verständnis der Sprache, um nicht durch sie irregeführt zu werden. So betrachtet stellt sich die Frage nach dem Seienden, soweit sie bisher motiviert ist, nicht als eine Frage über die Wirklichkeit, sondern vielmehr bloß als die Frage nach einem angemessenen Verständnis der Verwendung von Ausdrücken wie „seiend" oder „es gibt" heraus. Das ist natürlich zwar eine sehr schwierige, aber auch eine alles andere als geheimnisvolle Frage. Jedenfalls, so könnte man meinen, ist es nicht die Frage der Metaphysik, nicht eine Frage über die Wirklichkeit, sondern eine Frage über die Sprache, in der wir über die Wirklichkeit reden.

Platon selbst freilich sieht das nicht so. Er wird kaum bestreiten, daß bestimmte philosophische Probleme ihren Ursprung in einem unzureichenden Verständnis der Sprache haben. Aber er scheint auch zu meinen, daß ein adäquates Verständnis der Sprache und der Ausdrücke in ihr erst mit einem adäquaten Verständnis der Wirklichkeit gegeben ist, die in der Sprache beschrieben wird und auf die sich die Ausdrücke beziehen. Manches läßt sich zu Platons Verteidigung sagen. Aber selbst, wenn man bereit ist, Platon zu verteidigen, mag man Schwierigkeiten mit der direkten Art und Weise haben, mit der Platon dieses allgemeine Verständnis von der Sprache und von den Ausdrücken in ihr auf den Ausdruck „seiend" anwendet. Platon spricht jedenfalls so, als ginge er davon aus, daß, wenn man etwas „seiend" nennen können soll, es so etwas wie das Sein einer Sache geben muß, welches es zu verstehen gilt, wenn man den Ausdruck „seiend" und seine Verwendung verstehen will. Aufgrund dieser, wie mir scheint, fragwürdigen Annahme ist für Platon die Frage nach dem richtigen Verständnis der Ausdrücke „nichtseiend" und „seiend" unmittelbar die Frage nach einem entsprechenden Aspekt der Wirklichkeit und nicht zunächst einfach die Frage nach der Verwendung oder der Bedeutung des Ausdrucks „seiend".

Auch auf ein zweites Problem sei hier zumindest kurz hingewiesen. Platon geht von der Frage nach dem Nichtseienden bei falschen Sätzen und entsprechend der Frage nach dem Seienden bei wahren Sätzen aus. Wir haben in sehr groben Zügen erklärt, wie das natürlicherweise zur Frage nach dem Seienden im allgemeinen führt. An dieser Stelle würde man gerne Genaueres darüber wissen, wie die Redeweisen vom Seienden im Falle von wahren Sätzen mit der Redeweise vom Seienden im allgemeinen zusammenhängen soll. Das würde man gerne unter anderem deshalb wissen, weil es ja nicht offenkundig ist, daß der Sinn, in dem im Griechischen bei wahren Sätzen vom Seienden die Rede ist, eben der Sinn ist, in dem ganz allgemein vom Seienden die Rede ist, etwa, wenn gesagt wird, daß es dieses oder jenes gibt. Mithin ist es auch nicht offenkundig, daß die Wahrheit von Sätzen selbst eine Sache der Metaphysik ist. Aber aus dem *Sophistes* wird klar, daß Platon sich schon selbst Gedanken über das Verhältnis von Wahrheit und Wirklichkeit macht. Diese scheinen freilich eher etwas mit Problemen der Abbildung und folglich auch der sprachlichen Abbildung oder Repräsentation zu tun zu haben, etwa damit, daß eine Abbildung schon als Abbildung weder die wahre Sache selbst noch eine völlig getreue Replik der Sache sein kann, weil sie sonst eine weitere Sache derselben Art und nicht eine Abbildung einer Sache dieser Art wäre. Jedenfalls gehe ich davon aus, daß die Probleme, welche Platon (239 C–240 C) bezüglich von Abbildern aufwirft, sich auf die Reden des Sophisten beziehen, welche die Wirklichkeit scheinbar adäquat wiedergeben, daß sich Platon aber hier nicht auf den täuschenden Charakter dieser Reden bezieht, sondern auf ihren bloßen Abbildcharakter. Insofern stellen diese Probleme den Sinn in Frage, in dem bei Abbildungen und so auch bei Sätzen von „Wahrheit" gesprochen werden kann. Aber Platon geht diesen Problemen im *Sophistes* nicht weiter nach. Und erst recht deutet er sie nicht auf die metaphysische Weise, die ihm dann Platoniker in der Spätantike unterstellten. Eine Frage freilich können weder Platon noch seine Interpreten in diesem Dialog unbeantwortet lassen. Und das ist die Frage, ob denn nun der Sinn, in dem bei wahren Sätzen vom Seienden die Rede sein soll, eben der Sinn ist, in dem ganz allgemein vom Seienden die Rede ist, wenn man etwa die vier Elemente oder die Atome „seiend" nennt. Das nimmt Platon an, und darum stellt sich die Frage nach dem Seienden im allgemeinen bereits mehr oder minder unmittelbar mit der Frage nach dem Seienden im Falle von wahren Sätzen.

Soviel also zu dem ersten Grund, aus dem Platon im *Sophistes* die metaphysische Frage nach dem Seienden im allgemeinen stellt.

Platon freilich sieht noch einen zweiten, weitaus interessanteren Grund, dieser Frage nachzugehen. Und der ist schlicht der, daß, wenn man die Frage nach dem Seienden zu beantworten sucht, um dann auf dem Hintergrund dieser Antwort die Frage nach dem Nichtseienden entsprechend zu beantworten, es sich herausstellt, daß die Frage nach dem Seienden mindestens genauso schwer zu beantworten ist wie die Frage nach dem Nichtseienden und daß diese Schwierigkeiten zumindest zum Teil ganz unabhängig von den Schwierigkeiten entstehen, welche wir mit dem Nichtseienden haben. Wir haben also einen unabhängigen, weiteren Grund, der Frage nach dem Seienden im allgemeinen nachzugehen.

Was die Schwierigkeiten hier betrifft, versucht Platon in einem längeren
Abschnitt (242 C 4 ff.) darzulegen, in welchem er auf die Art eingeht, in der
seine Vorgänger vom Seienden gesprochen haben. Dabei unterscheidet er
unter seinen Vorgängern zwei Gruppen. Da sind einmal diejenigen, welche
das Seiende dadurch zu bestimmen suchen, daß sie das, was es nach ihrer
Auffassung gibt, was nach ihrer Meinung seiend ist, aufzählen (242 C 5–6;
242 C 9), etwa indem sie sagen: Es gibt zwei Sachen, das Warme und das
Kalte (243 D 8). Andere dagegen gehen anders vor (245 E 8) und bestimmen
das Seiende gleichsam qualitativ (242 C 6), indem sie etwa sagen, all das und
nur das sei seiend, was handgreiflich oder jedenfalls mit den Sinnen faßbar
sei (246 A 8 ff.). Die Schwierigkeit ist nun die, daß all diese Philosophen zwar
vom Seienden reden, so als sei klar, was damit gemeint ist, daß es sich aber in
Anbetracht dessen, was sie dazu zu sagen haben, als alles andere als klar herausstellt, was damit gemeint sein könnte.

Für das Verständnis dieses Abschnitts scheint es mir wesentlich zu sein,
seine Funktion im Argument des Dialogs fest im Auge zu behalten. Es geht
nicht, oder jedenfalls nicht in erster Linie, darum, die Ansichten der Vorgänger im einzelnen als falsch zu erweisen. Es geht vielmehr darum, wie ja
ausdrücklich gesagt wird, zu zeigen, daß (i) die Vorgänger vom Seienden so
reden, als sei klar, wovon sie redeten, während es in Anbetracht dessen, was
sie sagen, alles andere als klar ist, wovon sie eigentlich reden, und daß (ii),
wenn man auf ihre Redeweise vom Seienden reflektiert, deutlich wird, daß
ganz allgemein etwas an der Redeweise vom Seienden problematisch ist,
daß wir selbst, wenn wir über die Sache nachzudenken beginnen, nicht mehr
so recht wissen, wovon eigentlich die Rede sein soll, wenn man etwas
„seiend" nennt. Wie mir scheint, hat Platon hier vor allem ein Problem im
Auge. Und auf dieses Problem will ich mich bei meinen Ausführungen über
diesen Abschnitt des Textes konzentrieren.

Nehmen wir als Beispiel eine der Theorien, welche Platon unter der ersten
Rubrik selbst anführt, nämlich die Theorie, wonach es letztlich genau zwei
Dinge gibt, das Warme und das Kalte. Für den, der mit vorsokratischen
Theorien nicht vertraut ist, aber auch zum besseren Verständnis von Platons
eigener Redeweise mag folgende Erläuterung hilfreich sein. Es wird hier offensichtlich nicht, wie uns das selbstverständlich erscheinen mag, zwischen
konkreten Gegenständen wie einem Stuhl oder einem Ball einerseits und abstrakten Eigenschaften wie der Wärme und der Kälte andererseits unterschieden. Vielmehr wird das Warme – und entsprechend das Kalte – als ein
Stoff oder eine Substanz verstanden, welche ihrem Wesen nach warm ist
und welche die Gegenstände, denen sie beigemischt ist, in denen sie präsent
ist, warm macht. Eine Analogie mag das veranschaulichen. Sagen wir

einmal, es sei so, daß alles, was feucht ist, dadurch feucht sei, daß ihm Wasser beigemischt ist, während das Wasser schlicht und von selbst feucht sei. Die Theorie vom Warmen und Kalten geht nun davon aus, daß die Wirklichkeit, so wie sie sich uns darstellt, dadurch erklärt werden kann, daß das Warme und das Kalte ungleichmäßig verteilt sind und sich mischen. Durch die Mischungen entsteht u. a. das, was wir Gegenstände nennen. Diese werden nun ihrerseits gegebenenfalls „warm" oder „kalt" genannt, je nach der überwiegenden Gegenwart des Warmen oder des Kalten in ihnen. Um Verwirrung zu vermeiden, könnten wir zwischen dem Warmen selbst und dem konkreten Gegenstand, welcher nur durch die Präsenz des Warmen warm ist, dadurch unterscheiden, daß wir im ersten Fall vom Warmen an sich sprechen.

Auf diesem Hintergrund können wir nun mit Platon die Frage betrachten, wovon die Anhänger dieser Theorie eigentlich reden, wenn sie vom Seienden reden, wenn sie etwa vom Warmen an sich sagen, es sei seiend. Dazu ist zunächst einmal festzustellen, daß die Anhänger dieser Theorie sich nicht darauf berufen können, diese Frage bereits eben dadurch beantwortet zu haben, daß sie das Seiende ja einzeln aufgeführt haben. Selbst wenn die Liste vollständig wäre, hätte man damit nur – wie wir uns ausdrücken würden – den Umfang des Begriffs bestimmt, nicht aber seinen Inhalt. Aber die Liste ist überdies in gewisser Hinsicht offenkundig auch unvollständig, weil sie nicht all das berücksichtigt, was durch Mischung aus dem Warmen und dem Kalten nach der Theorie entstehen soll.

Diese Unvollständigkeit ist sowohl bei dieser Theorie als auch bei den anderen unter diese Rubrik fallenden Theorien, mit Ausnahme vielleicht der Parmenideischen Theorie, daß es nur ein Seiendes gibt, so eklatant, daß sie einer Erläuterung bedarf. Zunächst einmal ist festzuhalten, daß der Text klarmacht, daß Platon an eine Theorie denkt, wonach die Welt, wie sie sich uns darstellt, und so auch die Dinge in ihr, aus der Mischung des Warmen und des Kalten erklärt wird. Man sollte also annehmen, daß es nach der Theorie nicht nur das Warme und das Kalte gibt, sondern eben auch all die Dinge, die man in der Welt antrifft. Bei näherem Zusehen merkt man jedoch sogleich, daß hier ein Problem auftaucht. Es widerspricht der Grundintuition dieser Theorien zu sagen, es gebe das Warme, das Kalte und dann noch zusätzlich all die Dinge, die aus dem Warmen und dem Kalten entstünden. Alle anderen Dinge sind ja nichts weiter als Mischungen aus dem Warmen und dem Kalten und nicht etwas, was es noch zusätzlich zum Warmen und zum Kalten gibt, die ja ihrerseits vielleicht nur in gemischter Form vorkommen. Hier ist überdies auch ein Detail aller nachparmenideischen vorsokratischen Naturtheorien zu berücksichtigen. Sie stehen alle unter dem Bann des Arguments des Parmenides, wonach das Seiende eines, ungeworden, unvergänglich, unveränderlich, unbeweglich und in sich homogen ist. Sie entziehen sich diesem Bann nur insoweit, als es absolut notwendig ist, die augenfällige Wirklichkeit in ihrer sich wandelnden Vielfalt zu erklären. Sie tun dies, indem sie einfach behaupten, es gebe nicht eines, sondern vieles, und dieses sei bewegt. Aber ansonsten halten sie an der Charakterisierung des Seienden durch Parmenides fest. Und das hat zur Folge, die besonders deutlich bei Empedokles und bei den Atomisten zu Tage tritt, daß sie den Dingen in der Welt, die ja entstehen und vergehen, eigentliches Sein absprechen. Denn nach Parmenides ist das wirklich Seiende ungeworden und unvergänglich. Folglich gibt es nach ihrer Auffassung in Wirklichkeit nur die vier bzw. sechs Elemente oder nur die Atome, und bei dem, was aus diesen entsteht, kann man allenfalls in einem abgeleiteten Sinn von „Seiendem" sprechen. Auf diesem Hintergrund ist klar, daß es nicht von ungefähr der Fall ist, daß die Anhänger der Theorie vom Warmen und vom Kalten nur von zwei Seienden, nämlich dem Warmen und dem Kalten, sprechen, obschon sie meinen, daß aus diesen beiden zahllose Dinge entstehen, mit denen wir aus der Erfahrung vertraut sind. Aber uns ist es auch klar, daß hinter dieser Redeweise eine Fülle von Problemen steht, auf welche die Anhänger dieser Art von Theorie überhaupt nicht eingehen und welche es ganz unklar machen, wovon hier eigentlich die Rede sein soll, wenn vom Seienden die Rede ist.

Aristoteles z. B. legt sich in der *Metaphysik*, wie mir scheint: unter dem Einfluß des *Sophistes*, die Dinge so zurecht, daß er sagt, schon die Vorsokratiker seien der Frage nach dem Seienden nachgegangen, hätten sie aber als die Frage nach der ousia, nach dem grundlegend Seienden verstanden, aus dem sich alles andere erklären lasse, und hätten sie folglich so beantwortet, daß sie das grundlegend Seiende etwa als die vier Elemente oder die Atome zu identifizieren suchten. Wie man sieht, laufen hier wenigstens drei Fragen zusammen und durcheinander, die als die Frage nach dem Seienden verstanden werden könnten, die aber auseinandergehalten werden müssen. Das ist einmal die Frage nach einem Kriterium dafür, wann etwas als seiend betrachtet werden kann. In den Zusammenhang dieser Frage gehört etwa die Überlegung, ob nur das als seiend zu betrachten ist, was nicht der Veränderung unterworfen ist. Aus Platons weiteren Ausführungen im *Sophistes* ist klar, daß Platon selbst dies als eine gesonderte Frage betrachtet (248 A ff.). Da ist zweitens die Frage, ob man eine Theorie ins Auge faßt, die davon ausgeht, daß es bestimmte Dinge vorrangig gibt und andere nur auf eine abgeleitete Weise oder in einem abgeleiteten, wenn nicht gar abgeschwächten Sinn „seiend" genannt werden können und wie man im Falle einer solchen Theorie die entsprechenden verschiedenen Verwendungen von „seiend" erklärt. Es ist klar, daß Platon auch mit dieser Frage vertraut ist. Denn er bezieht sich selbst (248 A 4 ff.) auf die Theorie der Freunde der Ideen oder platonischen Formen, wonach nur Formen wirklich seiend (vgl. 248 A 11) sind, alles andere hingegen, was wir gewöhnlich „seiend" nennen, nicht eigentlich oder wirklich seiend ist. Und so kann man die Frage nach dem Seienden zweitens auch als die Frage nach dem wirklich oder eigentlich Seienden verstehen. Drittens aber haben wir die Frage, was es eigentlich ist, das etwas Seiendes zu einem Seienden macht. Nun ist es so, daß sich diese drei Fragen im Falle einer konkreten Theorie unter Umständen nur schwer voneinander trennen lassen. Aber es hat ganz den Anschein, als insistierte Platon im *Sophistes* darauf, diese dritte Frage als gesonderte Frage nicht nur nicht aus den Augen zu verlieren, sondern sie vielmehr als die recht verstandene Frage nach dem Seienden aufzufassen. Denn es soll um die Frage gehen, was man eigentlich im Auge hat, wenn man etwas „seiend" nennt.

Damit können wir zu den Anhängern der Theorie des Warmen und des Kalten zurückkehren und uns erneut fragen, wovon sie eigentlich reden, wenn sie etwa vom Warmen an sich sagen, es sei seiend. In Anbetracht der eben gemachten Unterscheidungen kann man das ja ganz verschieden verstehen, etwa in dem Sinne, daß es so etwas wie das Warme an sich gibt, oder in dem Sinne, daß das Warme an sich ein striktes Kriterium dafür erfüllt, was als seiend anzusehen sei, oder in dem Sinne, daß das Warme an sich ein grundlegend Seiendes sei, wie es denn auch Aristoteles verstanden zu haben scheint. Man versteht also, warum sich Platon beklagt, seine Vorgänger täten zwar so, als wüßten sie, wovon sie redeten, wenn sie vom Seienden reden, und als bedürfte das keiner weiteren Erläuterung, während es in Wirklichkeit ganz unklar ist und einer Menge Erläuterungen bedarf. Daß das ganz unklar ist, führt uns nun Platon auf folgende, sehr direkte Weise vor Augen. In einer Hinsicht ist die Frage, wovon die Rede ist, wenn vom Warmen an sich gesagt wird, es sei seiend, leicht zu beantworten: Es ist vom Warmen an sich die Rede. Anders ausgedrückt: Es ist das Warme an sich, welches hier als „seiend" bezeichnet wird. In einer anderen Hinsicht ist die Frage freilich nicht so leicht zu beantworten. Denn, wenn danach gefragt wird, wovon die Rede ist, wenn etwas „seiend" genannt wird, kann das auch in dem Sinne verstanden werden, daß nicht nach dem gefragt wird, was als „seiend" bezeichnet wird, sondern nach dem, was mit „seiend" gemeint ist. Und auf der Frage in diesem Sinne besteht Platon nun.

Wir verbauen uns freilich selbst den Zugang zu der Art, wie Platon die Frage versteht, und folglich auch zu Platons Argumentation, wenn wir hier vorschnell uns scheinbar offenkundige Unterscheidungen wie die zwischen dem Sinn und der Bedeutung eines Ausdrucks ins Spiel bringen und meinen, jetzt sei nach dem Sinn des Ausdrucks „seiend" gefragt, so wie wir das verstehen. Der Unterschied, um den es Platon hier geht, läßt sich, wie mir scheint, eher auf folgende Weise verdeutlichen. Nach der Theorie vom Warmen und Kalten und ähnlichen Theorien ist es so, daß man, wenn man von einem konkreten Gegenstand A sagt, er sei warm, zweierlei unterscheiden kann. Da ist einmal von A die Rede in dem Sinn, daß „warm" hier A bezeichnet. In einem anderen Sinn dagegen ist von dem Warmen an sich oder der Wärme die Rede, nämlich in dem Sinne, daß man auf die Wärme oder das Warme an sich verweist, auf Grund dessen A warm sein soll und mit Hinsicht worauf man A „warm" nennt. Mit „warm" hier wird A bezeichnet, aber das Warme an sich gemeint. Genauso meint Platon selbst, daß mit dem Ausdruck „gerecht" in „Sokrates ist gerecht" zwar Sokrates bezeichnet, aber die Gerechtigkeit gemeint ist. Es ist, wenn man so will, die Gerechtigkeit selbst, welche der Sinn des Ausdrucks „gerecht" ist. Und unter anderem deshalb meint Platon, daß man den Ausdruck „gerecht" und seine Verwendung letztlich nur richtig versteht, wenn man die Gerechtigkeit selbst versteht. Platon kann also die Anhänger der Theorie vom Warmen und Kalten fragen, was mit dem Ausdruck „seiend" in „das Warme ist seiend" gemeint – im Gegensatz zu bezeichnet – sein soll.

Hier nun stellt sich heraus, daß die Anhänger dieser Theorie und überhaupt aller Theorien dieser Art nicht nur nicht hinreichend bedacht haben, wovon sie reden, wenn sie vom Seienden sprechen. Es stellt sich auch heraus, daß es nur schwer zu sehen ist, wie eigentlich die Frage zu beantworten sei. Die Schwierigkeit, wie Platon (243 D 8 ff., vor allem 243 E 3 ff.) ausführt, ist die, daß man eigentlich meinen sollte, daß mit „seiend" in „das Warme ist seiend" das Seiende an sich gemeint ist, so wie mit „warm" in „A ist warm" das Warme an sich oder die Wärme gemeint waren; jedenfalls etwas Drittes neben dem Warmen an sich und dem Kalten an sich. Denn, wenn man sagt: „Das Warme ist seiend", meint man mit „seiend" nicht das Warme. Das ist schon deshalb klar, weil man mit „das Warme ist seiend" ja nicht sagen will, daß das Warme warm sei. Man will vielmehr dasselbe über das Warme sagen, was man über das Kalte sagt, wenn man sagt, es sei seiend. Und damit sagt man ganz sicher nicht, daß das Kalte warm ist. Es scheint vielmehr so zu sein, daß, wenn man sagt, das Warme sei seiend, man sich hier mit „seiend" auf etwas weiteres, sowohl vom Kalten als auch vom Warmen unterschiedenes Drittes bezieht, mit Hinsicht worauf man das Warme „seiend" nennt, nämlich das Seiende an sich bzw. das Sein.

Man könnte nun vielleicht meinen, daß Platon hier zu zeigen versucht, daß die Theorie, und mit ihr jede Theorie dieser Art, von vornherein falsch ist, weil sie es versäumt hat, das Seiende an sich als ein weiteres Seiendes aufzuzählen. Ich glaube aber, daß das voreilig wäre. Platon stellt ja nur an diese Theorie (und an jede Theorie dieser Art) die berechtigte Frage, ob nicht so etwas wie das Seiende an sich als weiteres Element der Wirklichkeit, als ein weiteres Seiendes mit aufzuzählen wäre. Und, wie bereits vermerkt, soll es in diesem Abschnitt nicht so sehr darum gehen, die Theorien der Vorgänger als falsch zu erweisen, als vielmehr darum, zu zeigen, daß ihre Rede vom Seienden sich auf eine Weise als so problematisch erweist, daß wir selbst nicht mehr in der Lage sind zu sagen, wovon man eigentlich redet, wenn man vom Seienden redet.

Was also ist das Problem, welches die Vorgänger einfach übergangen haben, von dem aber auch wir nicht wissen, wie es zu lösen ist? Das Problem ist das, daß das Seiende an sich zwar etwas Drittes oder, allgemeiner, etwas Weiteres zu sein scheint, wir aber nicht wissen, was wir mit diesem Weiteren anfangen sollen. Genauer gesagt ist die Frage die, ob wir das Seiende an sich als ein weiteres Seiendes ansehen sollen oder aber als etwas, was zwar etwas Weiteres, aber nicht seinerseits ein weiteres Seiendes ist. Und keine dieser beiden Möglichkeiten scheint gangbar zu sein. Daher die Aporie. Wenn wir sagen, beim Seienden an sich oder dem Sein handele es sich um ein weiteres Seiendes, dann reden wir so, als sei das Sein der Dinge einfach eine weitere Grundsubstanz oder Fundamentaleigenschaft, mit deren Hilfe die Gesamtheit des Seienden zu erklären ist. Allgemeiner gesagt, wir reden so, als sei die Wirklichkeit des Wirklichen selbst Teil oder Baustein des Wirklichen, aus dem zusammen mit anderen Elementen sich alles Wirkliche erklären lasse. Falls es sich aber nicht um ein weiteres Seiendes, sagen wir: eine Art von Grundsubstanz oder eine Art von Eigenschaft handelt, dann ist schwer zu sehen, um was es sich handeln soll. Dies, so scheint mir, ist die Schwierigkeit, die Platon in erster Linie im Auge hat, wenn er sagt, daß es ein fast hoffnungsloses Unterfangen zu sein scheint, die Frage nach dem Seienden beantworten zu wollen.

In Verfolg der Frage, was denn das Seiende sei, stoßen wir also auf die Frage, ob denn das Seiende an sich, d. h. das Sein, selbst ein Seiendes, wie z. B. eine Eigenschaft, sei oder nicht. Es ist unter anderem, wenn nicht vor allem, die Schwierigkeit dieser Frage, welche die Frage nach dem Seienden so schwierig macht. Und auf diese Schwierigkeit hin scheint mir auch der zweite Teil des Textabschnittes konstruiert zu sein, in dem Platon zu zeigen versucht, daß wir nicht wissen, wovon wir reden, wenn wir vom Seienden sprechen. Dieser Teil, in dem Platon nun diejenigen seiner Vorgänger betrachtet, die das Seiende qualitativ zu bestimmen suchten, steuert auf die Schwierigkeit zu, die Platon 249 E ff. darlegt und welche zeigen soll, daß wir immer noch nicht wissen, was eigentlich mit dem Seienden gemeint sein könnte. Platon selbst verweist darauf, daß es sich um eine Schwierigkeit handelt, die ganz analog der ist, in die wir bei der Theorie vom Warmen und Kalten gerieten (250 A 1–2).

Man hatte sich im Vorhergehenden darauf geeinigt, daß eine angemessene Bestimmung des Seienden sowohl das Bewegte als auch das Unbewegte oder Ruhende umfassen muß, die beide zusammen das Insgesamt des Seienden ausmachen. Das Argument kann also von der Annahme ausgehen, daß es sowohl das Bewegte an sich oder die Bewegung als auch das Ruhende an sich oder die Ruhe gibt. Es läßt sich dann, wie beim Warmen

und beim Kalten, leicht zeigen, daß das Seiende an sich oder das Sein etwas
Drittes ist (vgl. 250 B 8–C 2). Daraus wird dann eine Folgerung gezogen, die
paradox sein und die Schwierigkeit demonstrieren soll, vor der wir uns bei
der Frage nach dem Seienden gestellt sehen. Die Folgerung soll die sein, daß
das Seiende selbst weder bewegt noch unbewegt ist (vgl. 250 C 6–7; 250 D 3–
4). Und diese Folgerung soll paradox sein, weil man meinen sollte, daß
etwas, das nicht bewegt ist, unbewegt ist, und umgekehrt; und ferner scheint
sie paradox zu sein, weil, wie wir (250 C 3–4) erinnert werden, die These ja
die war, daß das Bewegte und das Unbewegte zusammen das Insgesamt des
Seienden ausmachen. Nun ist es so, daß die Einzelheiten dieses Arguments
umstritten sind. Aber es ist zumindest soviel klar, daß es zu dieser paradoxen
Folgerung nur kommt, weil angenommen wird, daß das Seiende an sich, weil
es von Bewegung und Ruhe zu unterscheiden ist, ein drittes Seiendes neben
ihnen sein muß. Auch diese Aporie stellt also in Frage, ob das Seiende an
sich ein Seiendes sei, beruht aber darauf, daß schwer zu sehen ist, was denn
das Seiende an sich sonst sein sollte, wenn es nicht ein Seiendes ist.

Um zu unserem Grundgedanken zurückzukehren, ergibt sich also als weiterer Grund für die Frage nach dem Seienden die Frage, ob das Sein selbst
ein weiteres Seiendes, also z. B. eine Eigenschaft von Dingen ist, freilich
eine, welche alle Dinge teilen; oder ob es sich beim Sein um etwas ganz anderes handelt. Und das scheint mir eine Frage zu sein, die weit über die
Frage nach der Verwendung oder Bedeutung von Ausdrücken wie „seiend"
hinausgeht und die Wirklichkeit betrifft. Die Tatsache, daß es eine Frage extrem abstrakter Art ist, ändert nichts daran, daß man sich diese Frage stellen
kann, daß man sich zum Beispiel fragen kann, ob der Unterschied zwischen
Wärme oder Gerechtigkeit einerseits und dem Sein andererseits nur darin
besteht, daß alle Dinge seiend sind, aber nur einige warm oder gerecht sind.

Wir lernen also aus Platons *Sophistes*, wie sich die Frage nach dem Seienden im allgemeinen stellen könnte. Aber schon die Aporienpassage über
das Seiende, die wir bisher vor allem diskutiert haben, ist offenkundig auch
darauf angelegt, uns zu Überlegungen darüber zu bewegen, wie die Frage
wohl zu beantworten sein mag. Die zwei Gruppen von Vorgängern, die
Platon diskutiert, werden dadurch charakterisiert, daß sie versuchten, das
Seiende quantitativ oder qualitativ zu bestimmen. Jedem Leser von Platons
Dialogen wird sofort einfallen, daß man die Frage nach dem Seienden natürlich nicht damit beantworten kann, daß man Beispiele für Seiendes aufzählt;
selbst wenn es einem gelänge, alles aufzuzählen, was seiend ist, wäre damit
die Frage noch nicht beantwortet. Auch ist die Frage nicht damit beantwortet, daß man ein Kriterium, hinreichende und notwendige Bedingungen, dafür angibt, was als seiend anzusehen sei, weil damit ebenfalls
noch nicht beantwortet ist, was eigentlich mit „seiend" gemeint ist, worin
eigentlich das Sein besteht.

Wenn wir freilich nun erwarten, daß wir im weiteren Verlauf des Dialogs eine Antwort auf die Frage „Was ist das Seiende?" von der Art erhalten, wie frühere Dialoge uns eine Frage der Form „Was ist X?" zu beantworten lehren, dann werden wir arg enttäuscht. Nun könnte man das damit erklären wollen, daß Platon, selbst wenn er die Antwort auf die Frage wüßte, diese Frage nicht für uns beantworten würde. Aber ich glaube, daß der eigentliche Grund dafür vielmehr darin liegt, daß Platon nicht glaubt, daß sich diese Frage durch die gewohnte Art von Definition beantworten läßt. Und der Grund dafür scheint mir schlicht darin zu liegen, daß Platon, vor die Frage gestellt, ob das Sein selbst ein weiteres Seiendes sei oder nicht, die Position einnimmt, daß das Seiende an sich nicht selbst etwas Seiendes sei. Wenn es etwas Seiendes wäre, etwa eine Eigenschaft, dann müßte sich auch angeben lassen, worin sich Dinge, die diese Eigenschaft haben, von Dingen unterscheiden, die sie nicht haben; oder zumindest müßte sich angeben lassen, falls man darauf besteht, daß alle Gegenstände diese Eigenschaft haben, worin sich diese Eigenschaft von anderen Eigenschaften unterscheidet. Und das müßte sich mit Hilfe einer herkömmlichen Definition bewerkstelligen lassen. Aber, wenn das Seiende an sich nicht selbst etwas Seiendes ist, sollten wir auch nicht erwarten, daß es sich so definieren läßt, wie sich sonst etwas Seiendes definieren läßt.

Hiermit habe ich mich nun bereits Platons Antwort auf die Frage nach dem Seienden zugewendet. Dabei geht es mir wiederum nicht so sehr darum, alle Einzelheiten von Platons Antwort im *Sophistes* zu erklären, als vielmehr darum, auf ein Muster aufmerksam zu machen, dem Platons Antwort zu folgen scheint. Denn es scheint mir, daß spätere Philosophen in der Antike, beginnend mit Aristoteles, wenn auch auf verschiedene Weise, diesem Muster gefolgt sind. Und das wiederum scheint mir unter anderem deshalb von Bedeutung zu sein, weil sich, wenn man diesem Muster folgt, bestimmte begriffliche Unterscheidungen wieder verwischen und somit wieder leicht unklar wird, worum es eigentlich bei der Frage nach dem Seienden geht.

Die Richtung, in der Platon eine Antwort auf die Probleme der Aporienpassage und mithin auf die Frage nach dem Seienden sieht, scheint mir die folgende zu sein: Das Seiende an sich ist nicht selbst ein weiteres Seiendes, geschweige denn eine weitere Eigenschaft, sondern vielmehr das, mit Hinsicht worauf alles Seiende aufgrund seiner Teilhabe an ihm seiend genannt werden kann. Intuitiv geht es darum, daß die Wirklichkeit des Wirklichen nicht selbst zum Insgesamt des Wirklichen als etwas Weiteres gehört, was man aufzuzählen hat, wenn man all das aufzählt, was wirklich ist, all das aufzählt, was das Insgesamt des Wirklichen mit ausmacht. Denn, wenn das so wäre, dann müßte man sich auch fragen können, wie eine Welt aussieht, in der mit einer Ausnahme alles das wirklich ist, was in unserer Welt wirklich ist, nämlich der Ausnahme, daß in dieser Welt die Wirklichkeit fehlt. Man kann sich vielleicht eine Welt vorstellen, in der es nichts gibt, aber nicht eine Welt, in der es fast alles, nur eben die Wirklichkeit nicht gibt. Da dies eine vernünftige Position zu sein scheint und da Platon selbst darauf aufmerksam macht, daß die Probleme in der Aporienpassage dadurch entstehen, daß man das Seiende an sich als ein weiteres Seiendes betrachtet, liegt es nahe anzunehmen, daß Platon eben die andere Möglichkeit ins Auge faßt, daß das Seiende an sich nicht etwas Seiendes, sondern etwas ganz anderes ist.

Freilich wird man sofort dagegen einwenden, daß Platon im *Sophistes* das Seiende an sich als ein Genus, eine Form oder Idee behandelt und daß Ideen für Platon der Inbegriff des Seienden sind. Ferner wird man einwenden, daß Platon selbst vom Seienden an sich als Seiendem spricht, z. B. 257 A 1. Und ohne Zweifel ergeben sich eine Reihe von weiteren Schwierigkeiten aus der Annahme, daß Platon das Seiende selbst nicht als Seiendes betrachtet.

Was nun den Einwand angeht, das Seiende an sich müsse schon insofern seiend sein, als es sich um eine Form handele, genügt der Verweis auf die Form des Guten in Platons *Staat* (509 B), um zu sehen, daß für Platon etwas nicht schon deshalb ein Seiendes ist, weil es eine Form ist. Denn von der Form des Guten heißt es ja, daß sie jenseits alles Seienden stehe. Was den Einwand angeht, Platon selbst nenne das Seiende an sich „seiend", so ist daran zu erinnern, daß Platon selbst eine Annahme macht, welche der Annahme analog ist, die wir den Anhängern der Theorie vom Warmen und vom Kalten zugeschrieben haben. Das Warme an sich ist warm, aber nicht auf die Weise, auf welche wir von einem gewöhnlichen Gegenstand sagen, er sei warm, nämlich auf Grund der Wärme, die sich in ihm findet. So hat auch Platon bereits im *Protagoras* offenkundig keine Schwierigkeit damit, zu sagen, das Gerechte an sich oder die Gerechtigkeit sei gerecht oder die Frömmigkeit fromm (330 C–D). Aber damit will er offenkundig nicht sagen, daß die Gerechtigkeit selbst eine weitere Sache sei, die gerecht ist. Es ist vielmehr diese offenkundig falsche Annahme, daß das F an sich ein F auf die Weise oder in dem Sinne sei, in dem gewöhnliche Dinge F sind, und daß es sich somit bei dem F an sich um ein weiteres F handelt, welche im *Parmenides* zum sogenannten Argument vom Dritten Menschen führt. Dieses Phänomen, in der Literatur „Selbstprädikation" genannt, ist ein Gegenstand erheblicher Kontroversen (cf. Malcolm 1991), auf die ich mich hier nicht einlassen will. Es geht mir hier nur darum, darauf zu verweisen, daß, selbst wenn Platon das Seiende an sich „seiend" nennt, dies nicht in dem Sinne geschieht, in dem im allgemeinen vom Seienden die Rede ist, d. h. in dem Sinne, daß das Seiende an sich selbst als ein weiteres Seiendes bezeichnet wird. Ferner ist zu bemerken, daß es Platon im *Sophistes* auffällig vermeidet, vom Seienden an sich als Seiendem zu sprechen. In der Aporienpassage über das Seiende heißt es offenkundig wohlbedacht, das Seiende sei etwas Weiteres oder Drittes, aber nicht, es sei ein weiteres Seiendes. Und in den späteren Ausführungen heißt es an den Stellen, wo wir dem Zusammenhang nach erwarten würden, Platon sagte, das Seiende an sich sei eben das, seiend, vorsichtiger, es sei es selbst (257 A 5; 259 B 4).

Ich will also im folgenden an der Annahme festhalten, daß Platon im *Sophistes* das Seiende an sich nicht selbst als etwas Seiendes in dem Sinne betrachtet, in dem wir gewöhnlich vom Seienden sprechen.

Was heißt das nun für die Frage nach dem Seienden? Es heißt, daß man zunächst zwischen dem Seienden an sich und dem einzelnen Seienden zu unterscheiden hat. Insofern die Frage „Was ist eigentlich das Seiende?" das betrifft, wovon wir im gewöhnlichen Sinne sagen, daß es das gibt, daß es existiert, daß es seiend ist, lautet die Antwort: „Das Seiende ist das, was am Seienden an sich oder am Sein teilhat" (vgl. 256 E 3–4). Das scheint zunächst eine enttäuschend uninformative Antwort zu sein. Aber dieser Schein trügt. Um das zu sehen, müssen wir zwei Sachen berücksichtigen. Erstens: Es ist ganz unklar im allgemeinen, was genau mit „Teilhabe" gemeint ist; und so ist es auch unklar, was es heißt, am Seienden an sich teilzuhaben. Aber, eben weil das unklar ist, besteht die Versuchung, die Teilhabe zu trivialisieren und mit etwas Vertrautem zu identifizieren. Zweitens: Es scheint so, als ob der Dialog uns zumindest soviel sagt, daß die Teilhabe am Seienden in zwei Formen auftritt, daß das Sein des Seienden zwei Formen annimmt (vgl. 255 D 4).

Betrachten wir diese beiden Punkte des näheren. Bekanntlich bemerkt Platon selbst, daß die Redeweise von der Teilhabe, so wie er sie verwendet, metaphorisch und schwer mit einem präzisen Inhalt zu füllen ist. Aber es ist ganz sicher falsch, die Redeweise trivial so zu verstehen, daß etwas, was an der Gerechtigkeit teilhat, die Eigenschaft hat, gerecht zu sein. Denn sonst hieße ja auch, am Seienden teilzuhaben, die Eigenschaft zu haben, seiend zu sein. Aber die Grundidee war ja eben die, daß es sich bei dem Sein einer Sache nicht um eine weitere Eigenschaft handle, welche die Sache hat. Ferner kann das Sein einer Sache nicht einfach damit gleichgesetzt werden, daß es am Seienden an sich teilhat. Denn da wir das Seiende an sich mit dem Sein identifizieren, können wir gleichzeitig auch das Sein einer Sache mit der Teilhabe am Sein gleichsetzen. Es ist auch nicht so, daß wir sagen wollen, das Sein selbst sei eine Sache und das Sein eines Gegenstandes sei eine andere Sache; noch wollen wir sagen, daß das Wort „seiend" oder das Wort „sein" mehrdeutig seien. Es ist, so jedenfalls scheint Platon zu meinen, immer nur von einer Sache die Rede, nämlich dem Sein oder dem Seienden an sich. Also müssen wir sagen, daß das Sein, welches eine Sache dadurch hat, daß sie am Sein teilhat, eine bestimmte Form des Seins ist. Dieser Ausdruck „eine bestimmte Form des X" ist auf eine Weise interpretationsfähig, welche in etwa der Vagheit von „Teilhabe" entspricht.

So könnte man etwa meinen, es sei von ein und derselben Sache die Rede, wenn man von der Teilbarkeit von Zahlen, von Flächen, von Massen und von Gegenständen redet, daß aber in jedem dieser Fälle die Teilbarkeit eine bestimmte, andere Form annimmt. Und in der Hoffnung, diese Redeweise präzise interpretieren zu können, könnten wir entsprechend sagen, daß das Sein einer Sache die Form ist, welche das Sein im Falle einer Sache dieser Art annimmt. Daß etwas am Sein teilhat, hieße also, daß etwas eine bestimmte Form von Sein hat.

Und nun scheint Platons Meinung im *Sophistes* die zu sein, daß es zwei grundverschiedene Formen gibt, welche das Sein annehmen kann, welche der Unterscheidung zwischen Platonischen Formen oder Ideen einerseits und Einzeldingen andererseits entsprechen.

Um das freilich zu verstehen, müssen wir wieder etwas weiter ausholen. Platon scheint davon auszugehen, daß alles, was ist oder seiend ist, dieses oder jenes ist, ein Baum, ein Mensch, warm oder gerecht. Nun wird man nicht sagen wollen, daß es eine notwendige Bedingung dafür ist, daß etwas seiend ist, daß es das ist, was es ist. Das hieße ja, daß, wenn Sokrates krank ist, Sokrates aufhörte zu existieren, wenn er aufhörte, krank zu sein. Aber man mag bereit sein zu sagen, daß, wenn etwas seiend ist, es überhaupt irgend etwas Bestimmtes gibt, was es ist. Aber überdies mag man auch meinen, daß es eine hinreichende Bedingung dafür ist, daß etwas seiend ist, daß es etwas gibt, was es ist. Man könnte das z. B. deshalb meinen, weil etwas, um überhaupt irgend etwas, wie z. B. gerecht oder gesund, sein zu können, existieren muß. Natürlich gibt es hier scheinbare Gegenbeispiele, und wir haben eine Reihe von Unterscheidungen, zum Beispiel von Arten von Prädikaten, einzuführen, um den Satz aufrechtzuerhalten. Aber intuitiv scheint es plausibel zu sein, zu meinen, daß es das, dem man eine Eigenschaft zuschreibt, zuallererst geben muß, wenn man ihm denn diese Eigenschaft zuschreiben können soll. Und so kann man der Meinung sein, daß es eine notwendige und hinreichende Bedingung dafür ist, daß etwas existiert oder seiend ist, daß es etwas Bestimmtes gibt, was es ist.

Wenn Sokrates also gerecht ist, dann ist diese Bedingung eben dadurch erfüllt, daß Sokrates gerecht ist. Da Sokrates aber nicht die Gerechtigkeit ist, heißt das, daß die Bedingung zum Beispiel dadurch erfüllt ist, daß Sokrates an der Gerechtigkeit teilhat. Allgemeiner gesagt, Sokrates erfüllt die Bedingung dafür, etwas Seiendes zu sein, indem er an einer bestimmten Form teilhat. Nun wollen wir aber auch sagen, daß Sokrates, da er nicht das Seiende an sich ist, nur seiend ist, weil er an der Form des Seienden teilhat. Und so muß man sich fragen, ob Sokrates etwa, um seiend zu sein, zwei unabhängige Bedingungen erfüllen muß, nämlich (i), daß er an der Form des Seienden an sich teilhat, und (ii), daß er an einer bestimmten Form teilhat, die selbst ein bestimmtes Seiendes ist. Hier liegt die Antwort nahe, daß die Teilhabe an einer bestimmten Form nicht eine weitere Bedingung ist, sondern lediglich eine Weise, die Bedingungen dafür zu erfüllen, an der Form des Seienden teilzuhaben. Eine Weise, an der Form des Seienden teilzuhaben, bestünde also darin, an einer bestimmten Form teilzuhaben.

Wenn man aber meint, daß eine Sache genau dann existiert, wenn es etwas gibt, was die Sache ist (so, wie es zum Beispiel das Gerechte gibt, was Sokrates ist), dann ist es klar, daß es noch eine zweite Weise geben muß, auf die man an der Form des Seienden teilhaben kann. Da nämlich die Gerechtigkeit z. B. gerecht oder Gerechtes oder eine so-und-so beschaffene Disposition ist, erfüllt sie die Bedingung, daß es etwas gibt, was sie ist. Aber sie erfüllt diese Bedingung nicht dadurch, daß sie an einer bestimmten Form teilhat, sondern dadurch, daß sie eine bestimmte Form ist, eben die Gerechtigkeit. Denn die Gerechtigkeit ist ja nicht dadurch gerecht oder die-und-die Tugend, daß sie an dieser Tugend teilhat.

Man kann also am Seienden auf zwei Weisen teilhaben, entweder dadurch, daß man an einer bestimmten Form teilhat, oder dadurch, daß man eine bestimmte Form ist. Auf diesen Unterschied scheint mir Platon in dem umstrittenen Satz 255 C 12–13 zu verweisen, wenn er zwischen dem Seienden unterscheidet, das mit Hinsicht auf sich selbst „seiend" genannt wird, und dem Seienden, das mit Hinsicht auf etwas von ihm Verschiedenes so genannt wird. Sokrates, eben weil er nicht die Gerechtigkeit ist, sondern nur an ihr teilhat, wird also mit Hinsicht auf etwas anderes, nämlich die Gerechtigkeit, „seiend" genannt. Die Gerechtigkeit dagegen wird mit Hinsicht auf sich selbst „seiend" genannt, weil sie nicht dadurch eine so-und-so beschaffene Disposition ist, daß sie an einer Form teilhat, sondern dadurch, daß sie die Form ist, die sie ist.

Diese Unterscheidung scheint mir für die Ontologie des *Sophistes* ganz fundamental zu sein. Mit Hilfe dieser Unterscheidung nämlich kann man nun Formen und Einzeldinge genau auf die Weise unterscheiden, auf die sie am Seienden teilhaben. Einzeldinge sind nämlich genau dadurch charakterisiert, daß die einzige Weise, auf die sie am Seienden an sich teilhaben können, die ist, daß sie an einer bestimmten Form teilhaben, während bestimmte Formen am Seienden schon einfach dadurch teilhaben, daß sie die Form sind, die sie sind. Und das legt den Gedanken nahe, daß Einzeldinge nur mittelbar am Seienden an sich teilhaben, indem sie an einem bestimmten Seienden, nämlich an einer bestimmten Form teilhaben, die ihrerseits unmittelbar am Seienden an sich teilhat. Demnach wäre das Sein den Einzeldingen durch die Form vermittelt.

Wir erhielten also eine hierarchisierte Ontologie, an deren Spitze die Form des Seienden an sich oder das Sein selbst steht. Ihr folgen auf einer zweiten Ebene die Platonischen Formen oder Ideen, die seiend sind, insofern sie an der Form des Seienden teilhaben. Sie haben an der Form des Sei-

enden teil, indem sie von sich oder aus sich heraus das sind, was sie sind.
Dieses Sein, welches sie dadurch haben, ist nicht etwas, was vom Sein selbst
verschieden ist, sondern die Form, die das Sein auf der Ebene der Ideen annimmt. Auf einer dritten Ebene folgen die Einzeldinge, die ebenfalls seiend
sind, insofern sie an der Form des Seienden teilhaben. Sie aber haben an der
Form des Seienden teil, indem sie an bestimmten Formen, an Seiendem, teilhaben. Dieses Sein, welches sie dadurch haben, ist die Form, welche das
Sein auf der Ebene der Einzeldinge annimmt.

   An dieser Ontologie mag man zweifeln. Aber in einer Hinsicht ist auch sie
das Ergebnis einer einfachen Überlegung. Man kann sich fragen, warum es
überhaupt irgendetwas und nicht vielmehr nichts gibt. Wenn man dieser
Frage einen Sinn abgewinnen kann und wenn man überdies meint, es müsse
eine Antwort auf sie geben, dann liegt es nahe, die Antwort darin zu sehen,
daß es etwas geben muß, derart, daß alles, was es gibt, insofern und deshalb
seiend ist, weil es zu diesem Ersten in einer Beziehung steht, welche sein
Sein erklärt. Gäbe es ein solches Erstes nicht, gäbe es letztlich auch keine
Antwort auf die Frage, warum es überhaupt irgendetwas gibt. Platon im *Sophistes* identifiziert dieses Erste mit dem Seienden an sich. Dahinter steht
auch die Annahme, daß die Frage, warum es überhaupt etwas gibt, letztlich
nur beantwortet werden kann, wenn man sich fragt, was eigentlich das Seiende sei. Diese Annahme ist offenkundig fragwürdig, aber ich glaube, daß
sie in der einen oder der anderen Form von Platon, von Aristoteles und von
ihren Nachfolgern geteilt wird, insofern sie an Formalursachen oder -erklä-
rungen glauben. Wenn man also unterstellt, daß historisch die Frage nach
dem Seienden wesentlich auch durch die Frage motiviert war, warum es
überhaupt etwas gibt, und wenn man an Formalerklärungen glaubt, dann ist
verständlich, warum dieses Erste mit dem Seienden an sich identifiziert
wird.

   Wer also Schwierigkeiten mit der Frage „Was ist eigentlich das Seiende?"
hat, findet vielleicht eher Zugang zur Metaphysik, indem er zunächst einmal
auf die einfachere und allgemeinere Frage reflektiert „Warum gibt es eigentlich überhaupt irgend etwas und nicht vielmehr nichts?". Wenn man an Formalursachen oder -erklärungen glaubt, dann ist ein Teil der Antwort auf
diese Frage die Antwort auf die Frage, was eigentlich das Seiende sei. Aber
diese Frage wird bereits das erste Mal, daß sie gestellt wird, nämlich in Platons *Sophistes*, unter Voraussetzung bestimmter Annahmen beantwortet,
die man bezweifeln kann; und diese führen dazu, daß die ursprüngliche
Frage in ihrem Sinn historisch dann verwischt wird. Das ist – neben der
Schwierigkeit der Sache selbst – ein weiterer Grund, warum man, gerade
wenn man über eine gewisse philosophische Vorbildung verfügt, mit der
Frage nach dem Seienden solche Schwierigkeiten hat.

   Der *Sophistes* hilft uns also in dreierlei Weise, die Frage nach dem Seienden besser zu verstehen: (i) er erklärt, wie es überhaupt historisch zu der Frage gekommen ist und wie sie sich natürlicherweise stellen könnte; (ii) er beantwortet die Frage auf eine Weise, welche, aufgrund seines historischen Einflusses, den Zugang zur Frage für uns eher erschwert hat; (iii) er hat aber, wie mir scheint, philosophisch gesehen den großen Vorzug, die Annahme zurückzuweisen, beim Sein selbst handle es sich um ein Seiendes, etwa eine Eigenschaft.

BERND EFFE

DER HERRSCHAFTSANSPRUCH DES WISSENDEN: POLITIKOS

Der *Politikos* bildet den Abschluß einer Trilogie.[1] Am Ende des *Theaitetos* verabreden sich die Diskutanten für den nächsten Morgen, und der *Sophistes* beginnt mit ihrem erneuten Zusammentreffen, wobei jetzt ein Fremder aus Elea hinzutritt und anstelle des Sokrates die Diskussion mit Theaitetos fortführt. Dieses Gespräch wird im *Politikos* fortgesetzt, indem die Rolle des Theaitetos nunmehr der jüngere Sokrates übernimmt. Alle drei Dialoge greifen Themen auf (und unterziehen sie einer vertiefenden und modifizierenden Diskussion), die in der *Politeia* ausführlich entfaltet worden sind: Erkenntnistheorie, Ontologie, politische Theorie. Besonders eng ist der thematische Konnex zwischen *Sophistes* und *Politikos*. Soph. 217 A fragt Sokrates, ob sich die Ausdrücke ‚Sophist‘, ‚Staatsmann‘ und ‚Philosoph‘ auf denselben oder auf zwei bzw. drei verschiedene Sachverhalte beziehen. Nachdem im *Sophistes* das Wesen des Sophisten erörtert worden ist, bleibt die Bestimmung des Staatsmannes und des Philosophen übrig (Pol. 257 AB), und der Fremde hält es für notwendig, zunächst den Staatsmann zu bestimmen (Pol. 258 B). Die in Aussicht gestellte Erörterung über den Philosophen findet nicht statt. Hat Platon einen ursprünglichen Plan einer Tetralogie mit einem Dialog *Philosophos* als Abschluß aufgegeben? Oder hat es einen solchen Plan nie gegeben? Ich bin von letzterem überzeugt.[2] Denn zum einen bezeichnet die Dreiheit der Namen nur zwei Sachverhalte, insofern nach dem Konzept der *Politeia* der wahre Staatsmann und der Philosoph identisch sind (bes. Resp. 473 D E). Zum anderen kommt der Philosoph im Verlauf der Trilogie immer wieder mehr oder weniger deutlich zum Vorschein (bes. Th. 172 C ff.; Soph. 253 C ff.; Pol.: s. u.). Weiterhin ist nach Platons Schriftkritik im *Phaidros* (274 C ff.) davon auszugehen, daß der Philosoph über „Wertvolleres" verfügt, als er je niederschreibt, und daß die höchsten Gegenstände seines Wissens mündlicher Erörterung vorbehalten bleiben bzw. allenfalls in indirekter und vorläufiger Weise schriftlich dargestellt werden können, und zwar in Anpassung an den Verständnishorizont

---

[1] Zur Datierung in die späten 60er oder 50er Jahre vgl. Skemp 13 ff.; Thesleff 193 ff.

[2] So auch Friedländer III 261 f.; Oesterle 14 f.; Miller 1980, 10; Kranz 88 ff. Dagegen rechnen andere mit einem ursprünglichen Plan einer Tetralogie: Krämer 1959, 247 ff., 317; Guthrie 1978, 122 f.

der Gesprächspartner.[3] Diese Vorbehalte Platons müßten auf den Inhalt eines *Philosophos* in besonderer Weise durchschlagen. Wenn demnach die Abfassung dieses Dialoges wohl nie ernsthaft geplant war, so hat der Verweis auf eine solche Erörterung offenbar folgende Funktion: Der Leser soll die Darlegungen des *Politikos* im Sinne der Identität von Staatsmann und Philosoph lesen und im Lichte dessen beurteilen, was er aus seiner Kenntnis der Platonischen Philosophie selbst einbringen kann.[4] Auf eine solche Mitarbeit des Lesers zielt auch die szenische Konstellation.[5] Stand im *Theaitetos* und *Sophistes* die philosophische Begabung des jugendlichen Theaitetos auf dem Prüfstand, so hat sich im *Politikos* der jüngere Sokrates zu bewähren. In beiden Fällen wird geprüft, ob der äußerlichen Ähnlichkeit mit Sokrates eine innere entspricht (Th. 143E. 144Dff.; Pol. 257Dff.) – mit jenem Sokrates, der die Einheit von Philosoph und Staatsmann verkörpert (vgl. bes. Gorg. 521D) und der dafür in dem den dramatischen Hintergrund der Trilogie bildenden Prozeß mit seinem Leben einsteht (Th. 210D). Der Leser soll also den Elenchos der beiden jugendlichen Gesprächspartner verfolgen und sich ein Bild machen von der Angemessenheit oder Korrekturbedürftigkeit ihrer Diskussionsbeiträge. Und wenn im *Politikos* Sokrates dem Gespräch nur als schweigender Zuhörer beiwohnt, so stellt er die Instanz dar, auf die hin die Erörterungen zu beurteilen und gegebenenfalls zu vertiefen sind.

Schließlich eine letzte Vorbemerkung. Kennzeichnend für den Dialog ist ein sehr verschlungener Gedankengang, da die Entfaltung des Leitthemas durch eine Vielzahl von Abschweifungen unterbrochen wird. Was ist die Funktion dieser Ab- und Umwege? Im Zusammenhang damit steht die Frage, wie jene Behauptung des Fremden zu verstehen ist, wonach die Suche nach dem Staatsmann dazu dient, „in allen Dingen dialektischer zu werden", d.h. eine umfassende philosophische Kompetenz zu gewinnen (285D). Geht es in dem Dialog also gar nicht primär um den Staatsmann, sondern um methodische Schulung, und ist das der Grund für die vielen Exkurse?[6] Was diese betrifft, so wird im folgenden zu zeigen sein, daß sie wesentliche Hinweise auf das Wissen und die Funktion des Staatsmannes ent-

---

[3] Genaueres dazu bei Krämer 1959, 389ff. und Szlezák 1985, 7ff. Zu den τιμιώτερα der *Phaidros*-Passage vgl. Szlezák 1990.

[4] Zu dieser dem Leser von Platon zugedachten Rolle neuerdings ausführlich Erler 1987a: Platon rechnet mit einem im Sinne seiner Philosophie weiterdenkenden Leser.

[5] Dazu treffend Miller 1980, IXff.; 5ff. (eine der neueren monographischen Behandlungen des Dialogs, die mit der hier vorgelegten Interpretation in allen wesentlichen Punkten übereinstimmt) und Erler 1992a, 151ff.

[6] In diesem Sinne z.B. Barker, 314f. und Capelle, 11ff.

halten. Des weiteren ist zu bedenken, daß die Suche nach dem wahren Staatsmann eo ipso auf den Philosophen zielt und die Erfassung von dessen Wesen philosophische Kompetenz voraussetzt. Und wenn der Fremde im Anschluß an seine Behauptung ausführt, kein vernünftiger Mensch würde die Wesensbestimmung der Webkunst als Selbstzweck betreiben, sondern nur als Vorübung zur Erfassung des „Bedeutendsten und Wertvollsten", des „Körperlosen und Schönsten" (285 D–286 A), so ist zu berücksichtigen, daß Staats- und Webkunst im Verhältnis des „Größeren" und „Kleineren" zuein-ander stehen (277 D. 278 E) und erstere es mit nichts anderem zu tun hat als dem „Bedeutendsten und Wertvollsten". Die dialektische Kompetenz und die Bestimmung der Staatskunst sind also zwei Seiten ein und derselben Medaille.

Bei der folgenden Interpretation gehe ich auf manche Aspekte nicht näher ein, insbesondere nicht auf das im *Politikos* wie im *Sophistes* im Mittel-punkt des methodischen Interesses stehende dihairetische Verfahren[7], das im *Sophistes* eingeführt wird und am sinnvollsten im Kontext dieses Dia-loges zu diskutieren ist.

Der Fremde beginnt wie selbstverständlich mit der Feststellung, die Staatskunst sei eine Wissenschaft (258 B), und zwar keine „herstellende", sondern eine „erkennende", und dies wiederum nicht mit „beurteilender", sondern mit „anordnender" Funktion. Diese Aussagen sind im Lichte dessen zu erläutern und zu ergänzen, was der Leser aus seiner Kenntnis der früheren Dialoge, insbesondere der *Politeia*, an Vorwissen einbringt. Der Ausgangsbehauptung liegt das Platonische Konzept der Analogie von politi-scher und technisch-wissenschaftlicher Kompetenz zugrunde: So wie z. B. in Medizin und Steuermannskunst nur der Sachverstand zum Zuge kommen soll, ist zu wahrer Politik nur der diesbezüglich Sachverständige fähig. Auch im Bereich der Normen und Handlungsziele gibt es ein objektives Wissen, und nur wer über dieses Wissen verfügt, hat die Kompetenz zu politischem Handeln: der Philosophen-Herrscher.[8] Wesentliche Momente seines Wis-sens werden in der *Politeia* skizziert. Danach orientiert sich der Philoso-phen-Herrscher an absoluten Maßstäben und ist in der Lage, diese aus einem letzten Prinzip, der Idee des Guten, abzuleiten (vgl. bes. Resp. 509 D ff.). Nur wer das Wissen um dieses μέγιστον μάθημα (Resp. 504 D. 505 A) hat, verfügt über die Kompetenz zu politischem Handeln (Resp. 517 B C) und ist zugleich verpflichtet, sie für die Praxis fruchtbar zu machen, indem er aus der lichten Höhe theoretischer Erkenntnis in die Höhle der de-

---

[7] Dazu grundlegend Stenzel 1931, 45 ff.; ferner Scodel (unter Abhebung auf ver-meintliche Defizite der Dihairesen des *Politikos*); Dorter (zur Ergänzungsbedürftig-keit der *Politikos*-Dihairesen).

[8] Gute Darstellung dieses Konzepts bei Krämer 1966/1967.

solaten Wirklichkeit hinabsteigt, um hier Besserung zu schaffen (Resp. 519 C ff.). Dieses Konzept liegt auch der Dihairesis des *Politikos* zugrunde, bleibt aber in wesentlichen Punkten unausgesprochen – offenbar, weil es den Horizont des jüngeren Sokrates übersteigen würde. Er hätte bereits bei der Differenzierung der Wissenschaften in „praktische" und „erkennende" und der Zuordnung der Staatskunst zu den letzteren Bedenken anmelden müssen, da diesem Wissen ja nicht ohne weiteres der praktische Bezug abgesprochen werden kann. Indem sich der Gesprächsführer dem eingeschränkten Denkniveau seines Partners anpaßt, läßt er bei seinem Definitionsversuch entscheidende Momente (die Spezifika des staatsmännischen Wissens) unberücksichtigt[9] und führt statt dessen die Dihairesis weiter, um den Menschen (als das Objekt der Staatskunst) im Bereich des Lebendigen einzugrenzen: ein offenkundiges Abgleiten ins Unwesentliche, das nur mehr am methodischen Verfahren selbst interessiert zu sein scheint.

Aber in diesen dihairetischen Bestimmungen kommt doch auch wieder Essentielles zum Vorschein, insofern das Verfahren auf die dialektische Kompetenz des Philosophen-Herrschers verweist, also indirekt die Art seines Wissens kennzeichnet. Es ist deshalb nicht überraschend, daß der Fremde einen methodischen Fehler des jüngeren Sokrates – er unterteilt das Genus ‚in Gemeinschaft lebende Lebewesen' unsachgemäß in ‚Menschen' und ‚Tiere' (262 A) – zum Anlaß nimmt, in einem Exkurs das richtige Vorgehen (ein „Schneiden in der Mitte", das zu Ideen führt) von dem falschen (ein willkürliches Abtrennen von „Teilen" anstelle von „Ideen") abzusetzen und beides mit Beispielen zu erläutern (262 B–264 B). Hier werden wichtige Hinweise auf das dialektische Wissen des wahren Staatsmannes gegeben – soweit es der Horizont des Gesprächspartners erlaubt. Denn als dieser fragt, wie man denn Teil und Idee unterscheiden könne, reagiert der Fremde ausweichend. Dem wolle man ein andermal in Muße nachgehen (263 A B): eine typische Aussparungsformel, mit der Platon andeutet, daß nunmehr entscheidende Momente des philosophischen Wissens zur Sprache zu kommen hätten, die aber entweder mündlicher Erörterung vorbehalten bleiben oder ausgeklammert werden müssen, da sie den Verständnishorizont der Gesprächspartner überschreiten.[10] Der Leser wird durch all dies ebenso auf die

---

[9] So richtig Oesterle 19 ff. und Miller 1980, 16 ff., 30 ff. Anders Scodel 20 ff., der hier wie auch sonst die (vom Konsens der Forschung abweichende) Auffassung vertritt, daß Platon den Fremden nicht als Sprachrohr der eigenen Position benutze, sondern vielmehr in ihm eine defizitäre philosophische Methode parodiere: offenkundig ein interpretatorischer Irrweg.

[10] Vgl. zur Funktion solcher Aussparungsformeln Krämer 1959, 389 ff.; Szlezák 1988.

Bedeutsamkeit der Dialektik hingewiesen wie durch jene Passage, wo der Fremde einen längeren und einen kürzeren Weg anbietet, um von der Gattung ‚zu Fuß weidend‘ zu der Bestimmung des Menschen zu kommen (265 A–266 E). Offenkundig soll sich der Leser selbst Gedanken darüber machen, welcher Weg der sachgemäße ist und ob der hier durchgeführte Definitionsversuch nicht ohnehin insofern defizitär ist, als er das entscheidende Spezifikum des Menschen, seine Vernunft, als Differenzierungskriterium ganz außer acht läßt.

Mit der nunmehr vollendeten Definition (abgekürzt: der Staatsmann als ein mit anordnendem, theoretischem Wissen ausgestatteter Hüter einer zweifüßigen, ungehörnten Herde) hält der jüngere Sokrates die Wesensbestimmung für abgeschlossen (267 C) – im Gegensatz zum Leser, der erkannt hat, daß Essentielles fehlt bzw. nur indirekt zum Vorschein gekommen ist. So muß denn der Fremde selbst auf ein Defizit hinweisen: Während dem Hüter einer Tierherde niemand seine Kompetenz für das Wohl der Tiere streitig macht, treten dem Hüter der Menschenherde Konkurrenten in den Weg (Bauern, Händler, Ärzte). Das entscheidende Wesensmerkmal des Staatsmannes ist also noch nicht erfaßt (267 D ff.). Um hier voranzukommen, läßt Platon den Fremden einen Mythos einschieben, von dem der mit Platons Darstellungsweise vertraute Leser eine vertiefende Aufklärung erwarten darf.[11]

Die wichtigsten Elemente des Mythos (268 D–274 E) sind die folgenden. Zwei Weltperioden werden unterschieden. Unter dem Regiment des Kronos lenkt Gott die Bewegung des Kosmos, und Götter kümmern sich um Tiere und Menschen. Diese leben unter der Obhut ihrer göttlichen Hirten ohne staatliche Organisation in Eintracht und Frieden und sind mit allen lebensnotwendigen Gütern ausgestattet. Die zweite Periode, die Zeus- oder Jetztzeit, wird dadurch eingeleitet, daß der göttliche Lenker das Ruder losläßt und auch die anderen Götter sich zurückziehen. Indem die Welt so sich selbst überlassen ist, fällt sie zunehmend der Unordnung anheim, wie sie dem Körperlichen eignet, und mit dem Vergessen der früheren Ordnung nehmen Chaos und Unheil zu – bis Gott wieder eingreift und die Welt vor dem Verderben rettet. In der Periode der Gottverlassenheit sind die Menschen der göttlichen Fürsorge beraubt und müssen in eigener Verantwortung für sich sorgen.

Die wesentliche Funktion des Mythos ist unschwer zu erfassen.[12] Die Gegenüberstellung der beiden Weltzustände ist nicht im Sinne einer histori-

---

[11] Zur Funktion der Platonischen Mythen neuerdings treffend Kobusch 1990 (mit weiterer Literatur).

[12] Im Sinne des Folgenden Skemp 52 ff.; Krämer 1959, 220 ff.; Oesterle 24 ff.; Miller 1980, 35 ff., 49 ff.; Kranz 74 f.

schen Abfolge, sondern eher als Antithese zu verstehen.[13] Sie dient dazu, unsere Welt als eine Welt des Chaos und Unheils zu kennzeichnen[14] und die Aufgabe des wahren Staatsmannes deutlich werden zu lassen: In einer Zeit, da die Menschen selbst für ihr Wohlergehen verantwortlich sind, kommt es darauf an, die „Vergessenheit" zu überwinden, d. h. auf dem Wege der Anamnesis (Men. 81 A ff. 98 A; Phaed. 72 E ff.; Phaedr. 249 B C) sich ein Wissen des göttlichen Ideals, also der Ideen, zu verschaffen und in Orientierung an diesen absoluten Maßstäben den Zustand des Chaos und Unheils (soweit im Bereich des Körperlichen möglich) in einen solchen der Ordnung und des Glücks zu überführen – entsprechend dem Kerngedanken der *Politeia*, wie er z. B. im Höhlengleichnis zum Ausdruck kommt.[15] Als menschlicher ἐπιμελητής ahmt der Staatsmann die göttliche Ordnung nach, ist gleichsam Stellvertreter Gottes, dank seines Wissens „Gott unter Menschen" (Pol. 303 B) und betreibt durch Orientierung am „göttlichen Vorbild" „Angleichung an Gott im Rahmen des Möglichen" (Th. 176 A B. E).

Der Mythos zeigt, so der Fremde, daß man zwei Fehler gemacht hat (274 E ff.). Der „größere" bestehe darin, daß man den göttlichen Hirten jener Periode, nicht aber den (mit der Herde wesensgleichen) Hirten der Jetztzeit bestimmt habe; d. h., man hat die spezifischen Bedingungen der verkehrten Welt unberücksichtigt gelassen, in der der Staatsmann als Mensch unter Menschen kraft seiner besonderen Kompetenz ordnungsschaffende Fürsorge zu leisten hat. Der „kleinere" Fehler sei der, daß man die Art der Herrschaft des Hirten nicht geklärt und so seine Fürsorge nicht deutlich genug von derjenigen anderer ἐπιμεληταί (wie Bauern und Ärzte) abgesetzt habe. Auch diese Bemerkung zielt auf das noch ausstehende Differenzierungskriterium des Wissens. Aber auch die vom Fremden im folgenden vorgenommenen Korrekturen lassen das Moment des Wissens weiterhin unberücksichtigt. Die emphatische Zustimmung des jüngeren Sokrates (277 A) läßt wieder sein nur sehr beschränktes philosophisches Niveau erkennen

[13] Demgegenüber betonen Gaiser 1968, 205 ff. und Vidal-Naquet den geschichtsphilosophischen Aspekt des Mythos, wobei der letztere überdies das antithetische Moment minimalisiert. Dabei gerät in beiden Fällen die zentrale Funktion des Mythos in den Hintergrund.

[14] Genaueres dazu bei Mohr.

[15] Anders Capelle, 26 ff. und Lisi, 215 ff.; 222 ff.: Der Mythos ziele nicht auf den Idealstaat des Philosophen-Herrschers, sondern (wie der entsprechende Mythos Leg. 713 A ff.) auf den Gesetzesstaat als die im Normalfall erreichbare „zweitbeste Lösung": eine vom Text nicht gerechtfertigte Harmonisierung mit dem Konzept der *Nomoi*. Scodel 74 ff. versucht (entsprechend seiner Grundthese) im Mythos unplatonische Elemente zu entdecken (s. o. Anm. 9). Klosko 1986, 189 f. interpretiert den Mythos im Sinne einer Abkehr vom Konzept der *Politeia*: eine ganz willkürliche Textauslegung.

und wird denn auch gleich korrigiert: Das Wesen des Staatsmannes ist nur im äußeren Umriß, nicht aber in der detaillierten Feinausführung erfaßt (277 A–C); d. h., die exakte Differenzierung des Staatsmannes von anderen Prätendenten der Fürsorge steht nach wie vor aus.

Um das zu leisten, wird neu angesetzt. Der Fremde zieht ein Beispiel heran und erläutert zunächst die Funktion eines solchen Verfahrens (277 D ff.). Ein Beispiel dient dazu, etwas Bekanntes neben Unbekanntes zu stellen, um das Identische in beiden wahrzunehmen und so im Vergleich zu richtigen Aussagen über das Unbekannte zu gelangen. So soll jetzt die Wollwebekunst als Geringeres, Bekanntes dazu dienen, zu sicherem Wissen über die Staatskunst als das sehr viel Bedeutendere, Unbekannte zu kommen, da beiden τέχναι dieselbe πραγματεία (Tätigkeit, Verfahrensweise) eignet (279 A B); d. h., zwischen beiden besteht eine strikte Analogie hinsichtlich der Funktion (Fürsorge für die Menschen) und der Verfahrensweise (in einem spezifischen Wissen begründete Kompetenz). Im folgenden bestimmt der Fremde mit der bekannten dihairetischen Methode die Webkunst (279 B ff.). Wenn er ihr dabei einen Platz innerhalb der „herstellenden" Künste zuweist, so soll sich der Leser offenbar an die Ausgangsdihairese der Wissenschaften in „herstellende" und „erkennende" erinnern (258 E) und an seine diesbezüglichen Bedenken: Die Staatskunst ist zugleich theoretisch und praktisch orientiert. Und wenn die Webkunst als Kunst der συμπλοκή (des Verflechtens von Zettel und Einschlag) von anderen Künsten, die bei der „Kleiderfürsorge" mittätig sind, abgesetzt wird (wie Krempeln, Walken usw.), so erinnert sich der Leser an die im *Sophistes* erörterte συμπλοκὴ εἰδῶν und das damit verbundene dialektische Wissen des Philosophen, welches so indirekt erneut zum Vorschein kommt. Darüber hinaus läßt das Beispiel die Notwendigkeit erkennen, bei jeder fürsorgenden Tätigkeit zwischen „Mitursachen" (die Werkzeuge und Hilfsmittel bereitstellen) und „Ursachen" zu unterscheiden und innerhalb der „Ursachen" wiederum zu differenzieren zwischen der gesuchten τέχνη selbst und den ihr untergeordneten, „dienenden" Disziplinen.

Ehe nun die am Beispiel der Webkunst gewonnenen Erkenntnisse auf die Staatskunst angewendet werden, schiebt der Fremde einen weiteren Exkurs ein (283 B–287 A). Dieser Exkurs steht etwa in der Mitte des Dialoges, und in ihm tritt ebenso der spezifische Gegenstand staatsmännischen Wissens zum Vorschein, wie in der Mitte der *Politeia* die Idee des Guten als μέγιστον μάθημα des Philosophen-Herrschers andeutungsweise entfaltet wurde. Diese Parallele wird noch dadurch unterstrichen, daß der Fremde die fundamentale Relevanz der hier angesprochenen Erkenntnis durch ihre Analogisierung mit den Erörterungen des *Sophistes* über das μὴ ὄν betont (284 BC), weiterhin sagt, man habe es hier mit einer „noch größeren Aufgabe" (πλέον ἔργον) als dort zu tun, und schließlich darauf hinweist, das hier (vorläufig)

Gesagte werde man dereinst brauchen „für die Beweisführung hinsichtlich des Genauen selbst" (284 C D): wieder eine Aussparungsformel, die auf der Ebene des Dialoggeschehens auf den *Philosophos* verweist, tatsächlich aber die volle Entfaltung des hier angesprochenen Erkenntnisgegenstandes einer mündlich-esoterischen Erörterung vorbehält – so, wie Sokrates in der *Politeia* der direkten Erörterung der Idee des Guten ausweicht mit der Begründung, dies sei „umfangreicher, schwieriger" (πλέον), als daß er es „gegenwärtig" leisten könnte (506 D E).

Worum geht es in dem Exkurs des *Politikos*?[16] Angesichts der weitläufigen Wege der Erörterung wirft der Fremde die Frage auf, nach welchem Maßstab die übermäßige Länge oder Kürze von Reden zu beurteilen sei, und bringt eine „Meßkunst" ins Spiel, die „Übermaß" und „Mangel" nicht relativ, sondern absolut mißt, d. h. im Blick auf den Maßstab des „Angemessenen" (μέτριον, πρέπον, δέον, καιρός), welches immer in der Mitte zwischen den Extremen als dem Schlechten liege. Mit dieser Meßkunst haben es alle τέχναι zu tun, und dank ihrer wirken sie „alles Gute und Schöne"; so auch die Staatskunst, und der wahre Staatsmann bezieht sein Wissen für das Handeln aus dieser Meßkunst (284 A–C). Es kann nicht strittig sein, daß hier auf das μέγιστον μάθημα der *Politeia* verwiesen wird als den absoluten Maßstab, an dem der Philosophen-Herrscher sein Handeln orientiert. Strittig ist allenfalls, ob und inwieweit sich das hier angedeutete Konzept der normhaften Mitte (ἀρετή) zwischen den verfehlten Extremen in die Platonische Prinzipienlehre einordnen läßt.[17]

Indem so auf dem philosophischen Gipfelpunkt des Dialoges andeutungsweise das Normwissen des Staatsmannes und damit sein essentielles Differenzierungsmerkmal zum Vorschein gekommen ist, kann nunmehr das Beispiel der Webkunst auf die Staatskunst angewendet werden (287 B ff.). Zunächst werden sieben Klassen von Hilfsdisziplinen („Mitursachen") ausgesondert, die bestimmte Güter produzieren und sich um die körperliche Verfassung der Bürger kümmern – ganz im Sinne der von Platon immer wieder propagierten Unterscheidung von τέχναι, die bestimmte Güter schaffen, und einer ihnen übergeordneten Wissenschaft, die über den rechten Gebrauch dieser Güter und die Anwendung der mit ihnen befaßten Disziplinen befindet (vgl. z. B. Euthyd. 280 B ff. 290 B ff.; Charm. 172 C ff.). Sodann wendet sich der Fremde den der Staatskunst untergeordneten, „dienenden" Künsten zu (289 D ff.) und scheidet u. a. Händler, Herolde, Seher und Priester aus. Da tritt eine seltsame Schar sophistischer Scharlatane auf

---

[16] Vgl. zum Folgenden Krämer 1959, 159 ff.; Miller 1980, 64 ff.; Kranz 80 ff.

[17] Zu diesem von der esoterischen Richtung der Platon-Forschung betriebenen Projekt – vgl. u. a. Krämer 1959, 159 ff., 249 ff. – braucht hier nicht Stellung bezogen zu werden; vgl. dazu die resümierende Darstellung von Gaiser 1980.

den Plan (291 AB). Gemeint sind die realen Politiker, die sich in ihrem Handeln nicht von Vernunft, sondern von eigennütziger Begehrlichkeit leiten lassen. Diese Schar vom wahren Staatsmann zu scheiden ist „sehr schwer" (291 C) – aber auch dringend notwendig, da sie ja die gefährlichsten Konkurrenten darstellen und den wahren Staatsmann an seiner Tätigkeit zu hindern versuchen oder auch, wie das Beispiel des Sokrates zeigt, endgültig ausschalten.

Um hier Klarheit zu schaffen, macht der Fremde einen neuen Ansatz und fragt nach den Kriterien guter bzw. schlechter Verfassungstypen (291 C–303 C): erneut eine Abschweifung, die aber wiederum wichtige Einsichten über den Staatsmann zutage fördert. Die üblichen Kriterien zur Klassifizierung und Beurteilung der Verfassungen (mit Gewalt – freiwillig; reich – arm; gesetzlich – ungesetzlich) sind irrelevant. Einzig maßgeblich für die Richtigkeit einer Verfassung ist das in ihr zum Zuge kommende Wissen. Dieses Wissen des wahren Staatsmannes gilt es zu bestimmen, um die falschen Politiker von den echten zu sondern (292 CD). Im folgenden wird die absolute Souveränität dieses Herrschaftswissens herausgestrichen. Ein solches Wissen gibt es allenfalls bei ganz wenigen. Sie sind wahre Herrscher, egal, ob sie mit oder ohne Gewalt, mit oder ohne Gesetze herrschen. Ausschlaggebend ist allein das Prinzip des Sachverstandes. Wie der Arzt (dank seines Wissens um das Gesunde) souverän ist gegenüber festgelegten Regeln und unabhängig von der Zustimmung des Patienten, sofern er nur mit Wissen und „zum Guten" für den Betroffenen agiert, so ist auch der Staatsmann (dank seines Wissens um das Gute) in seinen Maßnahmen souverän, sofern sie „mit Gerechtigkeit" und „zum Guten" geschehen (293 A–D). Nur die auf einem solchen Wissen basierende Verfassung ist „richtig"; alle anderen sind nicht „echt", sondern nur mehr oder weniger gute „Nachahmungen" (293 E).

Hier kommt – in völliger Kongruenz mit der Position der *Politeia* – jener Wissens-Absolutismus Platons zum Vorschein, der letztlich in der Überzeugung gründet, es gebe eine den Fachwissenschaften analoge Wissenschaft von den Normen[18], und der bekanntlich als Grundlage einer „utopischen Sozialtechnik" den leidenschaftlichen Widerspruch Poppers erfahren hat.[19] Eine bezeichnende Konsequenz dieses Konzepts ist die Souveränität des Wissenden gegenüber den Gesetzen.[20] Auch dieser Gedanke spielt bereits in der *Politeia* eine wichtige Rolle (vgl. bes. 425 Cff.); er wird im *Politikos* vertieft. Der jüngere Sokrates hat hinsichtlich der Abwertung des Nomos (in der Tat eine für den zeitgenössischen common sense ungeheure Provoka-

---

[18] Dazu treffend Barker 320ff.; Krämer 1966/67; Guthrie 1978, 183f.; Miller 1980, 91ff.

[19] Popper 126ff., 169ff., 191ff., 213ff. Zu der durch Poppers Angriff ausgelösten Kontroverse vgl. die Arbeiten von Erbse 1976 und Graeser 1977b.

[20] Vgl. zum Folgenden Effe 312ff.; Oesterle 94ff.

tion) Bedenken (293 E) und gibt dem Gesprächsführer so Gelegenheit, diesen Punkt ausführlich zu erläutern. Er beharrt auf der τέχνη-Analogie: Wie der Arzt und der Steuermann allenfalls für die Zeit ihrer Abwesenheit feste Vorschriften zurücklassen, selbst aber nicht daran gebunden sind, sofern sie nur den „Nutzen" der ihnen Anvertrauten im Auge haben, so bedient sich auch der wahre Staatsmann des Nomos allenfalls als eines Hilfsinstruments zur Durchsetzung politisch-sozialer Normen und zur „Besserung" der Bürger, ohne selbst daran gebunden zu sein; dies um so weniger, als der Nomos aufgrund seiner Allgemeinheit und Inflexibilität notwendig defizient ist hinsichtlich der Komplexität der Einzelfälle. Das „Beste" ist nicht die Herrschaft der Gesetze, sondern die des „mit Vernunft regierenden königlichen Mannes" (294 A). Und der Fremde bemüht noch einmal die τέχνη-Analogie, um die desolate Verkehrtheit der realen politischen Verhältnisse sinnfällig werden zu lassen, in denen gerade der Sachverständige nicht zum Zuge kommt (vgl. dazu das Steuermannsgleichnis Resp. 488 A ff.). Stellen wir uns folgende absurde Situation vor (297 E ff.): In der Meinung, Ärzte und Steuermänner handelten nur eigennützig und zum Schaden der ihnen Anvertrauten, beschneiden wir ihre Souveränität und erlassen in der Ekklesie unter Beteiligung aller Nicht-Sachverständigen diesbezügliche Vorschriften. Ferner bestimmen wir durch Los jährlich Beamte, die nach diesen Vorschriften verfahren, und ziehen sie wegen etwaiger Verstöße zur Rechenschaft. Wenn sich jemand über die Vorschriften hinaus um Sachverstand bemüht, nennen wir ihn einen Sterngucker, Schwätzer und Sophisten und ziehen ihn als Jugendverderber vor Gericht. Denn wir sind der Auffassung, daß in diesen Dingen jeder über ausreichenden Sachverstand verfügt. Wenn man so in den Fachwissenschaften verführe, gingen diese zugrunde, und das Leben wäre gänzlich unerträglich (299 E) – aber genau dies findet statt im realen politischen Leben, wo mit Sokrates der wahre Staatsmann als sophistischer Jugendverderber zum Tode verurteilt wird und wo anstelle der Souveränität des Herrschaftswissens allenfalls diejenige des Nomos in Geltung steht.

Ist soweit der Geltungsanspruch des Nomos abgewehrt, so wird ihm doch im folgenden eine relative Bedeutung zugesprochen (300 A ff.).[21] Sehr viel schlimmer als die Herrschaft des Nomos wäre ein Zustand der Gesetzlosigkeit, wo die Herrschenden nach Eigennutz und Willkür verfahren. Wo das

---

[21] Vgl. zum Folgenden Effe 314 ff.; Oesterle 96 ff.; Miller 1980, 95 ff. Unangemessene Überbewertung der (nur relativen) Rehabilitation des Nomos bei Capelle 53 ff. (Platon habe den Glauben an den Philosophen-Herrscher im Grunde aufgegeben und rechne nur mehr mit der Möglichkeit der Gesetzesherrschaft) und Lisi 238 ff. (im *Politikos* gehe es nicht so sehr um die Souveränität des Wissenden gegenüber dem Nomos als um die Notwendigkeit, daß auch der Wissende Gesetze erlassen muß). Diese Fehlinterpretation durch Capelle und Lisi steht in Korrespondenz mit ihrer Fehlinterpretation des Mythos (s. o. Anm. 15).

Wissen des wahren Staatsmannes nicht zum Zuge kommt – und das ist leider in der Regel der Fall –, ist die Herrschaft des Nomos die „zweitbeste Lösung" (300 C): eine relative Rehabilitierung des Nomos als derjenigen Instanz, an der sich Herrschaft im Normalfall zu orientieren hat, zugleich ein Konzept, das vorausweist auf die *Nomoi*, wo der „zweitbesten Lösung" des Gesetzesstaates ein noch größeres Gewicht beigemessen wird.[22] Aus der relativen Rechtfertigung des Nomos ergibt sich ein Beurteilungskriterium für die Verfassungen (und Politiker), die nur „Nachahmungen" der absolut besten Verfassung (und des Philosophen-Herrschers) sind (300 C ff.). Sie sind dann „gute Nachahmungen", wenn sie sich an den Gesetzen orientieren (Monarchie, Aristokratie, Demokratie), „schlechte" dagegen, wenn sie den Nomos nicht achten (Tyrannis, Oligarchie, Demokratie). Sie alle sind „lästig" (302 B), und es ist schon erstaunlich, daß einige von langer Lebensdauer sind, obwohl sie geprägt sind von „größter" Unwissenheit hinsichtlich des Bedeutendsten" (302 A). Die wahre Verfassung ragt aus ihnen hervor „wie Gott aus den Menschen" (303 B); die in der Realität tätigen Politiker können nur als „Nachahmer, Scharlatane und Sophisten" bezeichnet werden; sie sind „Parteimänner, die Zwietracht stiften" (303 C), im Gegensatz zum wahren Staatsmann, der den von Partikularinteressen zerrissenen Staat zur Einheit und Ordnung führt.

Damit sind die Pseudo-Politiker vom wahren Staatsmann abgegrenzt. Es bleibt die Aufgabe, die Staatskunst von denjenigen Disziplinen abzusondern, deren Tätigkeit näher verwandt und wertvoller ist: Strategie, Rechtsprechung und Rhetorik. Hier kommt wieder das Prinzip zur Geltung, daß es sich bei der Staatskunst um eine leitende Wissenschaft handelt, die kraft ihres umfassenden Wissens über letzte Handlungsziele darüber bestimmt, ob und inwieweit andere Disziplinen als „dienende" anzuwenden sind: ob und inwiefern Krieg zu führen, Überredungsgabe anzuwenden und die Geltung der Gesetze zu wahren ist.

Nachdem der wahre Staatsmann so von allen Konkurrenten im Bereich der „menschlichen Fürsorge" abgegrenzt ist, kann das Beispiel der Webkunst zur näheren Kennzeichnung der Staatskunst selbst und ihres Verfahrens herangezogen werden (305 E ff.). Damit tritt nun endlich die spezifische Weise staatsmännischen Wissens direkt in den Blick – wieder nur so weit, als es der begrenzte Verständnishorizont des Gesprächspartners erlaubt.

---

[22] Leg. 713 C ff. 716 C. 874 E ff. Einzelheiten bei Effe 315 ff. Während ein Teil der Forschung hier ein Indiz für eine Entwicklung von Platons politischer Theorie (im Sinne einer wachsenden Skepsis gegenüber dem Idealismus und Radikalismus der *Politeia*) zu erkennen meint (z. B. Barker 327 ff.; Gill; Klosko 1986, 194 ff.), betonen andere (m. E. mit Recht) deren wesentliche Einheitlichkeit: Herter 1962; Oesterle 96 ff.; Herter 1986.

Die Staatskunst hat mit der Webkunst das Verfahren der „Verflechtung" (306 A) gemein. Inwiefern? Der Fremde stellt zunächst die „erstaunliche Behauptung" auf, daß die „Teile" der ἀρετή in gewisser Weise in Widerstreit miteinander stehen (306 B C), so die ἀνδρεία und σωφροσύνη. Dieser Satz ist in der Tat „erstaunlich" im Blick auf die von Platon sonst bezogene Position der Einheit der ἀρετή. Aber hier besteht nur scheinbar ein Widerspruch.[23] Denn wenn der Fremde seine Behauptung dahingehend erläutert, daß eine mannhaft-aktive und eine (ihr entgegengesetzte) ruhig-besonnene Veranlagung jeweils in ein schädliches Extrem auszuarten droht und daß diese φύσεις immer dann tadelnswert werden, wenn sie die Situationsangemessenheit verfehlen (ἄκαιρα: 307 B), so wird zweierlei deutlich. Zum einen handelt es sich bei den im Widerstreit liegenden „Teilen" der ἀρετή nicht um „Tugenden" im strengen Sinne, sondern vielmehr um naturgegebene Temperamente, die in laxer Ausdrucksweise als ἀρεταί bezeichnet werden (vgl. Resp. 398 C ff.). Zum anderen läßt das Kriterium der Situationsangemessenheit erkennen, daß es darauf ankommt, die Temperamente an einer Norm zu orientieren und damit erst zu einer ἀρετή im eigentlichen Sinne zu strukturieren. Indem mit dem Begriff καιρός auf den Exkurs über die absolute Meßkunst zurückverwiesen wird, wird zugleich angedeutet, wie diese Normbestimmung zu verfahren hat: als Herstellung der richtigen Mitte zwischen jeweils verfehlten Extremen durch Rekurs auf den absoluten Maßstab des Guten.

Auf dieses spezifische Wissen hebt auch das Folgende ab (307 D ff.). Damit die zur Entartung neigenden Temperamente den Staat nicht in Katastrophen stürzen, geht die Staatskunst in gleicher Weise vor wie jede „synthetische" Wissenschaft, die nur das „Geeignete und Brauchbare" heranzieht, alles zur Einheit verbindet und so eine durch „ein bestimmtes Vermögen gekennzeichnete Gestalt" schafft (308 C). Der Staatsmann zieht nur die zur ἀρετή fähigen Charaktere heran. Sodann „verbindet und verflechtet" er die widerstreitenden Temperamente in der Weise, daß er zum einen den ewigen Teil ihrer Seele (d. h. die Vernunft) mit einem „göttlichen Band", nämlich einer „wahren, mit Bekräftigung verbundenen Meinung" (ἀληθὴς δόξα μετὰ βεβαιώσεως) hinsichtlich des Schönen, Gerechten und Guten, verknüpft und die Temperamente so vor dem Abgleiten ins negative Extrem bewahrt (309 B–E); d. h., der Staatsmann sorgt dafür, daß sein Wissen um das Gute in der Form an die tugendfähigen Bürger weitergegeben wird, deren sie fähig sind: nicht als Wissen im eigentlichen Sinne, sondern als „wahre Meinung mit Bekräftigung".[24] Auf diese Weise macht der

---

[23] Vgl. zum Folgenden Krämer 1959, 148 ff.; Guthrie 1978, 191 f. Scodel 161 ff. beharrt dagegen darauf, daß hier ein Widerspruch vorliegt, und sieht darin ein willkommenes Indiz für seine Grundthese (o. Anm. 9).

[24] So richtig Guthrie 1978, 183 f. und Miller 1980, 110 im Gegensatz zu Fried-

Staatsmann sein Wissen für die Praxis nutzbar – und ahmt die göttliche Ordnung unter Kronos nach, denn darauf wird mit dem „göttlichen Band" zweifellos angespielt. Indem der Staatsmann weiterhin den „animalischen" Teil in den Seelen der Tugendfähigen mit „menschlichen Bändern" verknüpft (309 C) und durch geschlechtliche Verbindungen für einen harmonisierenden Ausgleich der temperamentbedingten Gegensätze sorgt (310 A ff.), schafft er ein durch innere Einheit und Eintracht bestimmtes Gewebe, „das großartigste und beste von allen Geweben", und sorgt für die „Glückseligkeit" des Staates, „soweit sie ihm zukommt", d. h., soweit sie überhaupt im Bereich des Körperlichen und Vergänglichen erreichbar ist (311 B C) – eine deutliche Schlußreminiszenz an die wesentlichen Kennzeichen des in der *Politeia* konstruierten Idealstaates.

„Aufs schönste, Fremder, hast du uns den König und Staatsmann abschließend dargestellt" – so beendet der jüngere Sokrates die Erörterungen dieses Dialoges (311 C), während der zuhörende Sokrates weiterhin schweigt[25]: ein Indiz, daß auch diese Zustimmung aus dem beschränkten Horizont eines Gesprächspartners erfolgt, der sich mit „Umrissen" begnügt und das Fehlen der „Feinausführung" gar nicht bemerkt (vgl. 277 A–C). Denn eine detaillierte Erörterung über die Spezifika des staatsmännischen Wissens steht nach wie vor aus. Sie bleibt mündlicher Esoterik vorbehalten.

Zum Abschluß eine zusammenfassende Bemerkung zum Verhältnis von *Politikos* und *Politeia*. Die beiden Dialoge stimmen in allen wesentlichen Punkten der politischen Theorie überein, insbesondere in dem Konzept des Wissens-Absolutismus, das Herrschaft an ein philosophisches Normwissen bindet. Dieses Wissen selbst kommt in den beiden Dialogen nur in Andeutungen zum Vorschein, wobei jeweils andere Facetten desselben Sachverhalts beleuchtet werden. Stellt der *Politikos* insofern eine Ergänzung des früheren Werkes dar, so gilt dies erst recht für einen anderen Aspekt der politischen Theorie. Hatte sich die *Politeia* auf die Kennzeichnung des Philosophen-Herrschers, seines Wissens und seiner Erziehung konzentriert, so rückt der *Politikos* sein Verhältnis zur politischen Wirklichkeit und zu denen, die dort als Konkurrenten auftreten, schärfer in den Blick. In diesem Sinne mag man dem Dialog eine größere ‚Realitätsnähe' zusprechen.[26]

---

länder III 281, der an der „wahren Meinung" als einer unvollkommenen Form des Wissens unnötig Anstoß nimmt.

[25] Ich gebe mit Friedländer III 283 f. und Scodel 161 den Schlußsatz dem jüngeren und nicht dem älteren Sokrates (so z. B. Miller 112 f.).

[26] Nicht aber im Sinne einer Abkehr vom Idealstaatskonzept der *Politeia*, wie in älterer Forschung (Barker, Capelle) und auch noch neuerdings (Gill, Klosko 1986) immer wieder behauptet wird. – Die Beiträge des dem *Politikos* gewidmeten 3. Symposiums der Internationalen Platon-Gesellschaft (Bristol 1992) konnten nicht mehr berücksichtigt werden.

Justin C. B. Gosling

METAPHYSIK ODER METHODOLOGIE?: PHILEBOS*

Der *Philebos* scheint ein unzusammenhängender Dialog zu sein. Am Anfang übernimmt Protarchos die These von Philebos, das gute Leben sei ein Leben der Lust, dies im Gegensatz zu der des Sokrates, es sei ein Leben der Erkenntnis. Sokrates äußert den Verdacht, daß, während wir von der Lust redeten, als ob sie etwas Einzelnes wäre, sie in Wirklichkeit verschiedene Formen annehme, einige entgegengesetzt zu anderen. Dies führt zum Streit, weil Protarchos darauf insistiert, daß alle Lüste ähnlich seien und sich nur in ihren Ursprüngen unterschieden. In 13 d–14 a sagt Sokrates, daß diese Position naiv sei. In 15 haben wir ein Eines-Vieles-Problem erreicht, das zu lösen sowohl schwierig als auch wichtig ist. Dies ist das Problem, wie Einheiten, so Mensch oder Schönheit, ihre Einheit behalten können, wenn sie auf zahllose sich verändernde Einzelne verteilt sind; es klingt nach der Art des Problems von Formen und Teilhabe, das im *Parmenides* vorgebracht wird. Dieses Problem scheint nichts mit dem der Arten der Lust zu tun zu haben.

Ohne eine echte Erklärung wird uns gesagt, der beste Ort für den Beginn sei ein unvermeidbarer, von den Paradox-Krämern gehandelter Aspekt der Sprache. Um uns selbst gegen diese zu schützen, erhalten wir eine von einem Gott übergebene Methode (die Göttliche Überlieferung), die uns erzählt, daß alles aus Einem und Vielem bestehe, wobei ihm das Begrenzende (πέρας) und das Unbegrenzte (ἄπειρον) inhärierten; das Verstehen ergibt sich aus der Entdeckung der Zahl zwischen dem Einen und dem Unbegrenzten.

Beim ersten Lesen sieht dies wie eine Beschreibung der Methode der διαίρεσις aus, aber mit verwirrenden Zusätzen über πέρας und ἄπειρον. Diese obskuren Ausdrücke werden offenbar durch die Illustrationen mit Buchstaben und Musik erhellt. Aber diese scheinen das, was in 16 beschrieben wird, nicht wirklich zu illustrieren. Überraschenderweise werden an keinem Punkt in diesem Abschnitt die Termini für ‚Zusammenführung‘ und ‚Teilung‘ gebraucht, was man erwarten könnte, wenn diese Methode das Thema wäre.

In 19 könnten wir erwarten, daß angewandt wird, was wir gelernt haben. Es wird uns gesagt, daß es nicht das Problem in 15 betreffe, sondern das frühere hinsichtlich der Formen der Lust, das wir jetzt in Angriff nehmen müßten. Überraschenderweise wird diese Untersuchung fallengelassen, da Sokrates

* Aus dem Englischen übersetzt von Annette Sell und Dr. Orrin F. Summerell (Bochum).

sich daran erinnert, gehört zu haben, daß weder Lust noch Erkenntnis das Gute seien. Der Preis solle an das gemischte Leben gehen. So scheint die ganze frühere Arbeit verschwendet worden zu sein, während wir uns der Frage zuwenden, was den zweiten Preis gewinnt.

Um diese Frage zu beantworten, erfahren wir, daß sich das Begrenzende und das Unbegrenzte in Mischungen, die von der Erkenntnis verursacht werden, verbinden und daß die menschliche Erkenntnis ihre Kraft von der göttlichen erhält. Erkenntnis wird unter der Kategorie der Ursache gefaßt und Lust unter derjenigen des Unbegrenzten. In den meisten Interpretationen werden ‚Begrenzendes‘ und ‚Unbegrenztes‘ im Vergleich zum früheren Abschnitt auf völlig unterschiedliche Weise gebraucht – und dies trotz der Tatsache, daß wir glauben sollen, sie seien dieselben Waffen wie vorher. Die Relevanz der Kosmologie für die Frage nach dem zweiten Preis bleibt dunkel.

In diesem Abschnitt wird die Methode der Zusammenführung ausdrücklich gebraucht, um Charakterisierungen der Hauptkategorien zu schaffen. Es gibt keinen Hinweis auf die in 16 für so wichtig erklärte Jagd auf die Zahl; das Verfahren scheint keinen Bezug zu den Illustrationen der Göttlichen Überlieferung zu haben.

Ziemlich abrupt wird in 30 eine Diskussion über die Formen der Lust und der Erkenntnis eingeführt; diese beherrscht den Dialog von 31 bis 59. Die Methodologie dieses Abschnitts entspricht weder derjenigen, die in der Göttlichen Überlieferung beschrieben worden ist, noch derjenigen, die von 25 bis 28 gebraucht wird.

Der Mangel einer klaren Verbindung zwischen dem einen Abschnitt und dem nächsten legt es nahe, sie als relativ selbständig zu behandeln und nicht darauf zu bestehen, daß der eine Abschnitt direkt für das unmittelbar vorhergehende Argument relevant ist. Wenn man sich auf diese Weise dem Dialog nähert, tendiert man leicht dazu, auf drei anscheinend aufregende Abschnitte aufmerksam zu werden, die, für sich gelesen, eine wichtige Lehre über die Theorie der Formen und/oder über die philosophische Methode zu enthalten scheinen.

Ich möchte den Anschein der Zusammenhanglosigkeit im Dialog gar nicht bestreiten, wohl aber drei Gesichtspunkte hervorheben:

i. Manchmal behauptet Sokrates explizit die Relevanz des einen Abschnitts für einen anderen. So sagt Sokrates klar in 18d–19a, die Göttliche Überlieferung betreffe dasjenige Problem von der Einheit in der Vielheit der Lust und Erkenntnis, das die Diskussion in 14 zum Stillstand gebracht hat. In einem solchen Falle ist die Relevanz vorzuziehen.

ii. Manchmal kann ein Abschnitt eine Rolle in der Strategie des Dialoges spielen, selbst wenn er für das Argument nicht strengstens relevant ist.

iii. Jeder, der behauptet, der Dialog sei sehr unzusammenhängend, schuldet uns eine Erklärung dafür, was Platon überhaupt tut. Die Behauptung, der Dialog sei eine zufällige Ansammlung von großen, unverbundenen Abschnitten, sollte nur ein letzter Ausweg sein.

Wenn wir diesen letzten Ausweg vermeiden wollen, sind die Hauptprobleme die folgenden:

1. Wie verhält sich der Gebrauch von ‚dem Begrenzenden' und ‚dem Unbegrenzten' in der Göttlichen Überlieferung zu ihrem Gebrauch in 23–28 (Anatomie des Seienden)?

2. Was ist die Göttliche Überlieferung? Und wie verhalten sich die Illustrationen in 16–18 zu ihr?

3. Was ist die Bedeutung des Abschnitts in 15 über Formen und einzelne, veränderbare Dinge? Wird dieses Problem gelöst, und wie würde seine Lösung bei dem Problem der vielen Arten der Lust hilfreich sein?

Wenn wir keine befriedigende Antwort auf diese Fragen finden können, werden wir der Theorie der nicht geglückten Komposition beipflichten müssen.

Eine Betrachtungsweise fängt mit der Behauptung an, das wichtige Eines-Vieles-Problem betreffe das Verhältnis der einen Form zu den endlos vielen wahrnehmbaren Dingen. In 15 c kommt man überein, daß die erste Aufgabe sein müsse, es zu lösen. Da dies von Sokrates akzeptiert wird, ist es unvorstellbar, daß dieses Problem in dem, was folgt, ungelöst bleibt. Dadurch sind wir gezwungen, die Göttliche Überlieferung so zu verstehen, als ob sie dieses Verhältnis anspräche. Dies geschieht, indem sie uns lehrt, daß jede Form Unterteilungen hat und daß wahrnehmbare Dinge das Ergebnis der Einprägung der Zahl (des Begrenzenden) in die Materie (das Unbegrenzte) sind. In unserem nächsten Aufmerksamkeit erregenden Abschnitt, 23–28, wird dieses Thema wiederaufgenommen: Die Welt der sich verändernden Objekte wird durch die Einprägung des Begrenzenden in das Unbegrenzte seitens der göttlichen Erkenntnis geformt.

Eine alternative Betrachtungsweise ist, diese Abschnitte so zu verstehen, als würden sie einen Ausweg aus dem Problem des Einen und Vielen, da den Fortschritt in der Diskussion zwischen Sokrates und Protarchos verhi dert, anbieten und so das führende Prinzip der Interpretation ausmach Die Göttliche Überlieferung wird schließlich als eine Methode eingefü Dies schließt die Möglichkeit nicht aus, daß Platon seine metaphysisc Ansichten verwendet, um die methodologische Aporie, die das Argu zum Stillstand gebracht hat, zu umgehen; aber diese Betrachtungswei fordert zuerst, daß wir die Abschnitte als für das vorhandene Proble vant interpretieren. Wenn das metaphysisch aufregend ist, um so aber es mag wohl sein, daß es überhaupt keinen metaphysischen gibt. Diese Richtung der Interpretation läßt oftmals zu, daß 15 ei klärte Anomalie bleibt.

Wie zu erwarten ist, ist der im Titel suggerierte Kontrast zwischen Metaphysik und Methodologie also nicht ausschließend. Es bleibt aber die Tatsache, glaube ich, daß, wenn man sich dem Dialog auf die erste Weise nähert, man reiche metaphysische Entwicklungen finden wird, aber auch, daß sich Schwierigkeiten ergeben, sie auf das Problem mit Protarchos hilfreich zu beziehen. Wenn man sich aber dem Dialog auf die zweite Weise nähert, tendiert man dazu, die Metaphysik weniger ausgeprägt zu finden, da das, was erforderlich ist, um Protarchos zu helfen, eher in dieser Welt zu finden ist.

Im folgenden werde ich zuerst einige der wichtigsten metaphysischen Schätze, die ausgegraben worden sind, zusammen mit einigen der Hauptprobleme betrachten. Danach werde ich eine Interpretation entwickeln, die davon ausgeht, daß 16–18 hauptsächlich methodologisches Material enthält. Dann werde ich die Art der Betrachtungsweise, die ich in meinem Kommentar zum *Philebos* entwickelt habe, aufgreifen, aber einige Kritikpunkte berücksichtigen und einbauen.

Metaphysik. Gemäß der primär metaphysischen Annäherungsweise sind wir in 15 im vertrauten Land der einen Form, die eine Vielheit zu werden ʾcheint, weil sie unter zahllose Einzelne verteilt ist; am Ende finden wir eine ʾeitere Präzisierung, daß materielle Dinge durch die Einprägung der Zahl ʾas Mehr-und-Weniger oder die Einprägung des Begrenzenden in das Unʾnzte hervorgebracht werden. Dies zeigt einen Fortschritt gegenüber ʾittleren Dialogen an und ist entweder eine Reminiszenz an den oder ʾrwegnahme des *Timaios*, wo Platon die Genese der materiellen Obʾ Resultat der Einprägung der Form in das materielle Substrat erʾ ist zumindest ein Fortschritt in dem Sinne, daß versucht wird, die ʾn der materiellen Dinge zu analysieren und die Veränderung zu ʾzleich ermöglicht uns diese Erläuterung der Vielheit via Wiederʾr Form in die Materie, die Metapher der Teilhabe von Obʾssen. Das Ausmaß des Fortschritts wird teilweise durch die ʾim Problem von 15 vorkommt, beherrscht[1]. ʾn, die Göttliche Überlieferung auf ähnliche Weise zu interʾlie eine Form und die vielen Einzeldinge; das Begrenʾnit dem Unbegrenzten, um wahrnehmbare Objekte zu ʾauch des Wortes ‚Begrenzendes‘ mit seiner mathemaʾ Indiz für Platons später entwickelte mathematisierʾas Verstehen einer Form besteht im Begreifen der ʾen, in die Materie eingeprägten Struktur, durch ʾgebenen Art produziert wird. ʾsweise ist am anregendsten in K. Sayres Verʾnitte den Beweis für die Platon zugeschriebenen späten Ansichten enthalten. Dabei werden die Formen durch das Eine und die unbestimmte Dyas (das Unbegrenzte), die materiellen Dinge durch die Einprägung der Formen in das Unbegrenzte erzeugt. Dies erklärt, warum das Unbegrenzte in 16 als zu den Formen gehörig behauptet wird und im späteren Abschnitt sowohl Formen als auch wahrnehmbare Objekte in der Klasse der Mischung zu finden sind.

Ein großer Vorteil dieser Betrachtungsweise liegt darin, daß sie die Konsistenz zwischen den verschiedenen Abschnitten beibehält: 15 sagt uns, daß das wichtige Eines-Vieles-Problem die Formen und die Vielheit der Einzeldinge betrifft; die Göttliche Überlieferung handelt davon, wie die γιγνόμενα (und vielleicht Formen) von dem Begrenzenden und dem Unbegrenzten konstituiert werden; der spätere Abschnitt sagt, wie Erkenntnis die Mischung, die γιγνόμενα (und vielleicht Formen) als Ergebnis hat, zustande bringt. Die Werkzeuge der Analyse, die in der Göttlichen Überlieferung gebraucht werden – das Begrenzende und das Unbegrenzte –, sind dieselben wie diejenigen, die in der Anatomie des Seienden gebraucht werden. Somit erhalten wir eine glatte Entwicklung zwischen den Abschnitten.

Wenn wir aber die Details dieser Abschnitte betrachten, scheint der Preis dieser angeblichen Konsistenz zu hoch. Es würde zu lange dauern, auf alle diese Details einzugehen; so werde ich mich mit ein paar Punkten begnügen. Erstens scheint die Göttliche Überlieferung in dieser Interpretation tatsächlich keine Lösung (d. h. keine klare) für das in 15 betrachtete Problem zu bieten, ein Problem, an dem kein Interesse gezeigt zu werden scheint. So bestätigt es einfach die rätselhaften Fakten. Zweitens scheinen diese Illustrationen, die die Göttliche Überlieferung erklären sollen, die Konstitution von Objekten nicht zu behandeln. Es besteht kein Interesse an der Frage, woraus einzelne Geräusche bestehen, dennoch besteht ein Interesse an Arten von Geräuschen unter anderen. ‚Das Unbegrenzte' verweist nicht auf die Materie der Töne, sondern auf die unbestimmte Zahl der einzelnen Töne oder, was wahrscheinlicher ist, auf die Tonarten in den aus dem Mund heraustretenden Strömen. Wenn ‚das Unbegrenzte' für Materie anderswo und nicht hier steht, erhalten wir verwirrenderweise zwei verschiedene Werkzeuge der Analyse unter demselben Namen. In der Anatomie des Seienden sind tatsächlich die Mischungen, die nach dieser Ansicht Objekte sein müssen, meines Erachtens gute Zustände; es gibt viele Objekte, die kein Teil einer solchen Mischung sind. So stimmt diese Ansicht mit der Anatomie des Seienden auch nicht glücklich zusammen.

Eine Schwierigkeit, die ich mit den interessantesten Versionen, z. B. derjenigen von K. Sayre, habe und die auch von solchen Positionen in weniger offensichtlich dramatischer Form geteilt wird, ist folgende: Erstens müssen wir annehmen, daß Platon eine Ausführung seiner abstruseren Gedanken zur Theorie der Formen zu Papier gebracht hat; zweitens, daß er geglaubt hat, jemand von Protarchos' (geschweige denn Philebos') intellektuellem Kaliber hätte diese Ausführung verstehen können. An keiner anderen Stelle gibt er vor, derartiges sei von einem anderen als einem geschulten Philosophen zu verstehen.

Methodologie. Die zweite attraktive Möglichkeit, die von der Mehrheit der Kommentatoren angenommen wird, entsteht bei der Beobachtung, daß in der Göttlichen Überlieferung das Unbegrenzte nicht die Materie sein kann und daß die Zahl zwischen dem Einen und dem Unbegrenzten verständlich gemacht werden muß. Der Besitz dieser Zahl macht uns wissend. Aber ‚das Unbegrenzte' scheint auf die unbestimmte Zahl, z. B. der Töne, zu verweisen. Es ist also anzunehmen, daß Platon über das einzelne Genus redet und uns ermutigt, uns mit der Behauptung nicht zufriedenzugeben: „Es gibt ein Genus Katze, und es gibt zahllose Mitglieder der Katzenfamilie." Die Person mit Verstand hat die Zahl der Spezies der Katze begriffen und ausdifferenziert. Es ist diese Auffassung der Klassifikation, die die systematische Vielfalt in der einen Klasse offenbar macht und den wissenschaftlichen Fortschritt bringt.

Diese Betrachtungsweise erinnert an eine andere Menge von Platonischen Interessen: die steigende Bedeutung, die der Zusammenführung und Teilung als dem eigentlichen dialektischen Weg zuerkannt wird. Dies setzt den *Philebos* ins Zentrum der Entwicklung der philosophischen Methode in den späteren Dialogen; und wenn wir den Dialog spät datieren, suggeriert die Einführung des Begrenzenden mit seinen streng mathematischen Obertönen eine interessante Mathematisierung der Formen, die gut zu den Gerüchten über den älteren Platon passen – aber nur zu den Gerüchten über seine Ansichten bezüglich der Konstitution der *Formen*.

Diese Ansicht betrachtet die Göttliche Überlieferung als eine primär methodologische Doktrin. Die Lehre besteht darin, Verstehen komme durch vollständige Klassifikation zustande. Dies führt zur Forderung, daß wir die verschiedenen Arten der Lust kennen sollten, um etwas über Lust zu wissen. Somit scheint es das Problem von 14 zu betreffen. In den meisten Fällen wird nicht behauptet, daß es das Problem von 15 überhaupt betrifft, was die Zusammenhanglosigkeit des Dialoges illustrieren mag.

Da die Methode eine/die philosophische Methode ist, wird vorausgesetzt, daß sie auf die Formen angewendet wird. Obwohl der Abschnitt nicht mehr ontologisch zu verstehen ist, muß er infolgedessen eine Rückwirkung auf die Theorie der Formen und somit metaphysische Implikationen besitzen. Diese Implikationen brauchen aber nicht verstanden zu werden, damit die Anweisungen verstanden werden können. Ein wenig muß aber jemand, der noch nicht in der Lage ist, die Objekte der Philosophie zu begreifen, schon von der Methode der Philosophie verstehen. Der Einwand, daß Protarchos als Kenner der Doktrin dargestellt wird, betrifft also nicht so sehr diese In-

terpretation. Diese Verteidigung wäre natürlich nicht für jemanden zu gebrauchen, der dächte, daß man den Anweisungen nur folgen könne, wenn
man verstanden hätte, daß die zu behandelnden Einheiten Formen desje-
nigen wären, was man angeblich schon begriffen hätte.

Nochmals gibt es Probleme mit den Illustrationen. Die Zahl in der
Sprache oder in dem Ton herauszufinden, das scheint nicht ein Klassifizieren
nach Spezies und Genus zu sein. In der Musik findet man nicht die Zahl,
indem man die verschiedenen Arten von Tönen auflistet, sondern die pas-
senden Intervalle der Tonhöhen findet, deren Erkenntnis die Erkenntnis der
Musik ist. Auch sind die Buchstaben keine Spezies in einem gewöhnlichen
Sinne. Beide Beispiele sind Beispiele dessen, was zum Lernen oder Auf-
stellen einer τέχνη gehört; ein Interesse an der Verfahrensweise des früheren
Sophistes oder *Politikos* ist nicht erkennbar. Ferner hat J. Moravcsik[2] sicherlich recht, wenn er darauf insistiert, daß ‚das Unbegrenzte‘ plausibler auf die
unbestimmte Weite der Tonarten als auf die unbestimmt vielen einzelnen
Töne verweist. Es mag wohl Probleme damit geben, Moravcsiks ἄπειρον
(das Unbegrenzte) als wesentlich für die Natur der Formen (vgl. 16 c 8–10) zu
verstehen, aber sie sind nichts im Vergleich zu den Problemen, die bei der
Behandlung der zahllosen Einzeldinge auftauchen. Das Beste, was man hier
tun kann, ist, von der Potentialität des Seins zu reden, an der eine unbestimmte Zahl teilnimmt, als Teil der Natur einer Form. Auf den Text bezogen, erscheint aber diese Interpretation sehr schwach.

Eine weitere Schwierigkeit mit dieser Interpretation besteht darin, daß
der spätere Abschnitt, der in 23 beginnt, nämlich die Anatomie des Seienden, damit nicht gut übereinstimmt. Beispiele des Unbegrenzten sind hier
das Heißere, das Kältere, das Zuviel und im allgemeinen alles, das ein Mehr
und Weniger in sich enthält. Während im früheren Abschnitt der Ausdruck
‚das Unbegrenzte‘ gebraucht wird, um eine unbestimmte Zahl von Einzeldingen hervorzuheben, die unter irgendeine Spezies oder irgendein Genus
fallen, wird im späteren derselbe Ausdruck gebraucht, um einen Verschie-
denheitsgrad auf verschiedene Weise anzugeben.

Moravcsik[3] behauptet, es gebe dabei keine Schwierigkeit: Sokrates bestehe
nicht darauf, die Position der Göttlichen Überlieferung wiederzugeben;
Platon sage nur, daß einige der Termini mit einigen der Termini in 16–18 zusam-
menpassen könnten. Ich finde diese Auffassung schwierig. Zuerst sagt Sokrates in 23 b 6–7, indem er sich der neuen Frage zuwendet, ob eher Lust oder
Erkenntnis verantwortlich für das gute Leben sei, daß sie neue Waffen brauchen werden, obwohl einige vielleicht dieselben sein werden. Dann schlägt
er vor, eine dreifache Unterscheidung zu treffen und dafür einiges von ihren

---

[2] Moravcsik 1979, 88–89.
[3] Moravcsik 1979, 94.

früheren Diskussionen aufzunehmen: ‚Wir sagten, Gott habe von dem Seienden einiges als unbegrenzt, anderes als ein Begrenzendes gezeigt.' Dies ist ein klarer Verweis auf das, was laut 16 von dem Gott übergeben worden sein soll. Mit anderen Worten: Wir sollten die Göttliche Überlieferung auf die Frage nach dem zweiten Preis anwenden. Dies ist ein so starker Anspruch auf die Kontinuität der Doktrin, wie man es sich nur wünschen kann.

Ein vielen verschiedenen Versionen der Interpretation gemeinsames Problem ist, daß die Mischungen der Anatomie des Seienden weder nur sich verändernde Objekte noch (nur) Formen sind: Sie sind zumindest gute Zustände, wie Gesundheit und schönes Wetter. Einige Kommentatoren denken, daß die Klasse der Mischungen, da sie auch solche Dinge wie schönes Wetter enthält, auch Formen einschließt. Es ist zu bemerken, daß, wer auch immer (z. B. Crombie, Moravcsik, Sayre) dieses denkt, die Rolle der Erkenntnis erklären muß, die als notwendig für die Produktion der Mischungen dargestellt worden zu sein scheint. Eine Doktrin, die behauptete, daß mindestens einige der Formen durch die Erkenntnis, sogar durch diejenige Gottes, ins Sein hervorgebracht worden seien, wäre eine Neuheit mit überraschend geringer Auswirkung in der Literatur.

Daß Mischungen gute Zustände sind, ist von den meisten neueren Kommentatoren angenommen, aber sowohl von Sayre[4] als auch von Migliori[5] bestritten worden. Beide verweisen auf 25 e, wo Sokrates sagt: „Ist es nicht so, daß im Falle der Krankheit das richtige Gemisch von diesen (gemeint sind das Begrenzende und das Unbegrenzte) die Charakteristika der Gesundheit erzeugt?" Dies läßt vermuten, daß es andere Mischungen gibt, die keine richtigen Gemische sind, und somit sind wir berechtigt zu sagen, daß alle Objekte vom Begrenzenden und Unbegrenzten konstituiert sind.

Die Behauptung ist also, daß Sokrates das Begrenzende als notwendige, aber nicht hinreichende Bedingung für gute Zustände ansieht. Selbst wenn wir diesen Punkt in 25 e zugeben, ist das Ergebnis nicht deutlich. Zuerst behauptet Sokrates in 24 a–e sowohl, daß das Begrenzende dem Unbegrenzten ein Ende setze, als auch, daß dieses das Zuviel umfasse. Das impliziert, daß das Begrenzende das Übermaß und vermutlich den Mangel abschafft. In diesem Falle ist es ausreichend für die richtige Anordnung. Dann sagt Sokrates in 26 b 8–c 1: „Denn diese Göttin, Philebos, sah den Übermut eines jeden und all dessen sonstige Schlechtigkeit, ohne Begrenzung der Lust und Sättigung, und sie führte Gesetz und Ordnung als Begrenzende ein." Nun erfahren der Übermütige und der Schlechte sicherlich Lüste, aber nur übermäßige und ungeordnete; offenbar fehlt ihnen ein Begrenzendes. Dies läßt

---

[4] Sayre 1983, 159–160.
[5] Migliori 157–158.

i

vermuten, daß Unordnung in einem Zustand genügt, um das Fehlen eines Begrenzenden zu zeigen, dessen Anwesenheit genügt, um Unordnung zu beseitigen.

Eine Möglichkeit ist, daß sich Platon noch nicht im klaren war über den Unterschied zwischen zwei Arten der Messung, die im *Politikos* vorgenommen werden – demzufolge wir den Hauptaspekt des Abschnitts beurteilen müßten. Alternativ dazu könnten wir die Schlußfolgerung von 25 e 7–8 in Frage stellen. Es mag wohl sein, daß jede Einprägung des Begrenzenden etwas richtigstellt und daß die gesamte Einprägung alles richtigstellt. Die Einprägung des Begrenzenden in die Tonhöhe wird also eine schöne Melodie hervorbringen, ohne eine ähnliche Einprägung in das Tempo erhielten wir aber ein unvollkommenes Produkt. Übrig bleibt eine mögliche Folge von Geräuschen, denen ein Begrenzendes überhaupt fehlt, die aber dennoch existieren. Die richtige Kombination produziert einen guten Zustand.

Wie dem auch sei, es scheint mir, daß das Begrenzende zumindest überwiegend als eine Erklärung der Güte begriffen wird; deswegen brauchen Mischungen die Erkenntnis als ihre Ursache: Die Erkenntnis wird schlechte Zustände nicht erklären.

Es gibt zwei Probleme, die diejenigen, die die zweite Art der Interpretation befürworten, beschäftigt haben. Das erste ist, daß die Göttliche Überlieferung zusammen mit den Illustrationen wegen der Abwesenheit der Terminologie der συναγωγή und διαίρεσις bemerkenswert ist, im Gegensatz zu 23–28, wo viele explizite Verweise auf συναγωγή vorkommen. Das musikalische Beispiel im besonderen fügt sich genauso schwer in dieses Modell ein. Einige Kommentatoren[6] erklären diesen Punkt, indem sie behaupten, daß Platon zwar seine Konzeption der Methode ausgebreitet habe, so daß sie jetzt συναγωγή und διαίρεσις enthalte, aber sich darauf nicht festlege. Infolgedessen wäre diese speziellere Terminologie unangemessen. Löhr behauptet also, ,das Unbegrenzte' solle so verstanden werden, daß es das Kontinuum oder die unbestimmte Zahl der Einzeldinge hervorhebe und damit der Eignung der Methode für die Musik oder eher für die normale διαίρεσις entspreche. Dies zeigt besonders die Wichtigkeit des Verhältnisses der Gebrauchsweisen dieser Termini in den zwei Abschnitten. Wenn das Unbegrenzte in 24 e 7–25 a 4 durch die συναγωγή charakterisiert wird, gibt es keinen Hinweis, daß die Charakterisierung nur partiell ist, aber es ist völlig unpassend insofern, als ,das Unbegrenzte' auf die unbestimmte Zahl der Einzeldinge verweist.

Das zweite Problem ist dasjenige des Verhältnisses der Göttlichen Überlieferung zu dem vermeintlich wesentlichen Eines-Vieles-Problem in 15, dasjenige des Verhältnisses der einen Form zu den vielen Einzeldingen. Einige,

---

[6] Löhr 188–189; Moravcsik 1979, 87.

z. B. Moravcsik[7], die die Relevanz der Göttlichen Überlieferung für das Problem der einen, aber viele Formen annehmenden Lust betonen, betrachten 15 als Anomalie. Löhr hat eine schwächere und eine stärkere These, um die Relevanz von 15 einzuführen.

Die schwächere These[8] ist, daß das Problem teilweise von der Idee einer Kombination von Einheit und Vielheit überhaupt stammt, sogar wenn über Formen gesprochen wird. Sobald wir erkennen, daß etwas zu verstehen bedeutet, die Vielheit von Unterarten in einer höheren Art zu entdecken, werden wir den Gedanken einer Vielheit, die aufgrund der Teilhabe der Dinge an den Formen entsteht, nicht mehr für unzulässig halten, einfach weil eine Einheit solcher Art mit Vielheit nichts zu tun haben kann. Ich nenne diese These schwächer, weil das Problem in 15 offenkundig die Bewahrung der Einheit betrifft, die unter ontologisch verschiedenen Dingen aufgeteilt worden ist. Diese These unterstellt nicht, daß das Problem gelöst ist. Wenn Platon meinte, ein Teil des Problems betreffe die Partizipation der sich verändernden Einzeldinge, die zu einer verwirrenden Erscheinung vieler Formen führe, dann wäre das Problem soweit gelöst; aber das Problem des *Parmenides* würde davon unberührt bleiben.

Löhr[9] hat auch, so denke ich, eine stärkere These. Die Ausarbeitung des Beispiels der Buchstaben in 18 zeigt, daß wir keinen Buchstaben allein begreifen können, ohne auf sein Verhältnis zum Rest zu achten und somit die Verbindung, die die Buchstaben zu einer Einheit macht, zu begreifen. Das ist natürlich ein epistemologischer Gesichtspunkt, gegen jemanden gerichtet, der sagt, er könne nicht akzeptieren, daß eine Einheit in möglicherweise entgegengesetzte Arten aufgeteilt werden könne. Nur im Begreifen des Wechselverhältnisses der entgegengesetzten Elemente begreife man die Einheit. Es ist jedoch auch ein ontologischer Gesichtspunkt hervorzuheben: ‚A' ist ein Buchstabe nur kraft seiner Teilhabe an einer Menge von Schrifttypen, deren erlaubtes Wechselverhältnis die erlaubten Kombinationen von Stimmtönen, die sie bezeichnen, genau wiedergeben. Diese Töne ihrerseits zählen nur als *gesprochene* Töne, da sie eine Rolle im Aufbau der Worte in einer Sprache spielen; irgendein besonderes Geräusch *ist* ferner ein gesprochenes Geräusch, wenn es sowohl ein Beispiel eines gesprochenen Tones ist als auch in irgendeinem Wort vorkommt. Mit anderen Worten: Das Einzelne als solches (z. B. als ein gesprochenes Geräusch) existiert nicht unabhängig von der Einheit; somit kann kein Problem darüber aufkommen, wie sich diese vermeintlich unabhängigen Seienden untereinander verhalten. Auf

---

[7] Moravcsik 1979, 85.
[8] Löhr 188–193.
[9] Löhr 163–164.

ähnliche Weise besteht die Einheit, die die Buchstaben vereint, lediglich in dieser besonderen Vereinigung der Vielen.

Diese Ausdrucksweise ist aber zu stark. Ein gegebenes Geräusch existiert z. B. als gesprochenes Geräusch in der griechischen Sprache aufgrund seines Gebrauchs hier und jetzt im Sprechen oder Erwähnen von etwas Griechischem. Es ist diejenige Einheit, die die gesprochene Sprache ist, welche aus unbestimmt vielen Tönen besteht. Aber diese ist nur eine Sprache, weil sie den Prinzipien des abstrakten Objekts, der griechischen Sprache, entspricht; obwohl diese nicht aus den besonderen Geräuschen bestehen mag, gehört es in einem gewissen Sinne zum Wesen einer Sprache, daß es eine möglichst unbestimmte Anzahl von besonderen Geräuschen für ihre Verwirklichung gibt.

Dies gilt im allgemeinen, selbst wenn es besonders durch die Buchstaben gut illustriert wird. Durch die Göttliche Überlieferung können wir also sehen, daß uns unser Verständnis der Welt dazu zwingt, aufgrund von Einheiten, die zahllose Einzelne zusammenbinden, zu denken; ferner sehen wir, daß diese Einzelnen als solche nur wegen ihres Verhältnisses zu einem abstrakten Objekt existieren, das selbst das Wechselverhältnis von zahllosen Besonderen ‚verkörpert‘.

Meine unmittelbaren Schwierigkeiten mit der Position Löhrs sind folgende: Als Teil seiner These, daß Platon sowohl Genus-Spezies als auch andere Formen der Verbindung erlaube, muß Löhr zugestehen, daß der Ausdruck ‚das Unbegrenzte‘ manchmal auf das Kontinuum, manchmal auf die unbestimmte Anzahl der Besonderen verweist. Wenn er aber in 24e 7–25a 4 seine Auflistung des Unbegrenzten zusammenfaßt, sollte er das, was von den Göttern übergeben worden ist, als Bestandteil all dessen, was zu sein scheint, charakterisieren. Es gibt kein Indiz dafür, daß diese Auflistung nur partiell ist, aber es gibt überhaupt keinen Hinweis auf die unbegrenzt vielen Einzeldinge.

Meine zweite Schwierigkeit besteht darin: Wenn Platon etwas über die ontologische Abhängigkeit einzelner Dinge von der Einheit hätte sagen wollen, dann ist er diesbezüglich sehr zurückhaltend. Was er sagt, betrifft nur unsere Fähigkeit zu verstehen; er gibt keinen Hinweis, daß wir auch nur teilweise das Problem der Einheit ‚Form‘ und der zahllosen Einzeldinge jetzt gelöst haben. In dem Buchstaben-Beispiel erreichen wir, wie Moravcsik herausstellt, Buchstaben, die für Ton*arten* stehen; diese werden aus einer unbestimmten Anzahl der anderen Tonarten hervorgehoben: Es sind diese Tonarten, nicht einzelne Geräusche, die in ihrer Isolierung nicht gelernt werden (oder vielleicht existieren) können.

Einige Fragen. Angesichts der Reichweite der Interpretation sind die Einwände zu detailliert, um in diesem Aufsatz ausgeführt werden zu können. Ich schlage eher vor, einige Fragen zu stellen, auf welche wir alle eine Antwort haben sollten und deren Beantwortung unsere Interpretation beeinflussen dürfte. Die erste Frage führt uns weg vom *Philebos*, die anderen Fragen beziehen sich darauf, wie sich verschiedene Abschnitte zueinander verhalten.

1. Die erste Frage lautet: Wie können wir sagen, daß Platon Formen diskutiert? Viele Unstimmigkeiten darüber, ob z. b. in der Göttlichen Überlieferung die Rede über Formen begegnet, entstehen aus der Kombination von zwei Ursachen. Erstens ist da ein gut Teil nicht sehr deutlicher Rede über das Interesse an Begriffen oder Universalien. Diese Rede wird auch von einer unmittelbaren Schlußfolgerung begleitet: Wenn Platon über diese Begriffe oder Universalien spräche, dann müßte er über Formen sprechen. Zweitens gibt es viele Unstimmigkeiten über die Funktion der Theorie der Formen.

Zum ersten: Die Termini ,Universale' und ,Begriff', wie wir sie gebrauchen, kommen aus unserer Philosophie; wir verwenden sie, um Platon zu interpretieren. Hier werde ich es nicht unternehmen, aber ich glaube, es wäre wichtig, sich über den Gebrauch dieser Termini viel klarer zu werden, als wir es – soweit ich weiß – jetzt sind. In meinem Kommentar sagte ich unglücklicherweise, daß sich Platon in den Illustrationen der Göttlichen Überlieferung und somit in der Tradition selbst nicht mit Begriffen beschäftigte. In einem gewissen Sinne ist das offenbar falsch. Wenn ich etwas über Musik lerne, gewinne ich die Begriffe von Note und Oktave; Theuth hat den Begriff des Buchstabens (oder zumindest den des Elements) eingeführt. Ich dachte an die Ansicht, daß Platon dasjenige tue, was in der angelsächsischen Philosophie als 'conceptual analysis' beschrieben wird. Ich bin nicht mehr sicher, wie diese Tätigkeit charakterisiert werden sollte. Oft wurde sie angesehen als die Entfaltung dessen, was implizit zum Verständnis der Bedeutung eines Wortes in einem besonderen Zusammenhang gehört. Ich könnte also versuchen, meinen Begriff vom Buchstaben auf folgende Weise zu explizieren: Ein Buchstabe ist ein sichtbares Zeichen einer Art, für die eine systematische Gruppe von Verhältnissen mit anderen Mitgliedern einer Gruppe von Zeichen existiert, die die sichtbare Darstellung der Geräusche, deren Verbindung die Worte einer Sprache ausmacht, ermöglichen. Nehmen wir an, ich lerne jetzt meine griechischen Buchstaben: Ist mein Begriff vom Buchstaben erweitert worden? Oder habe ich nur mehr über Buchstaben gelernt? Oder habe ich nur mehr Buchstaben gelernt? Habe ich einen Begriff jedesmal, wenn ich ein Wort verstehe, oder ein allgemeines Wort (was immer das sein mag) oder ein Prädikat (was immer das sein mag)? Können wir der Vorstellung, daß zwei Menschen unterschiedliche Begriffe von demselben Ding (z. B. von der Strafe) haben, irgendeinen Sinn geben?

Ich habe ähnliche Schwierigkeiten mit dem Terminus ,Universale'. ,Rot' wird immer als Universale gedacht. Ist auch von-Sokrates-Geglaubt oder Die-Quadratwurzel-aus-zwei ein Universale? Dann: Sind Begriffe immer universal, und gibt es Begriffe nur von Universalien? Wenn einige der oben genannten nicht Universalien sind, haben wir dann keine Begriffe von ihnen?

Meine erste Schwierigkeit beschäftigt sich also damit, wie diese Kunstgriffe zu benutzen sind. Darauf bezogen ist das Problem, wenn jemand über sie spricht oder sie analysiert. Die zweite Ursache der Schwierigkeit liegt in dem Verhältnis zwischen diesen Dingen und den Formen. Das Ärgernis ist hier, daß die Interpreten verschiedene Ansichten über Platons Motive bei der Einführung der Formen besitzen. Soll man sagen, jedes Universale ist eine Form? (Ist Schlamm ein Universale?) Gibt es eine jedem Begriff entsprechende Form? (Habe ich einen Begriff von ‚Barbar'?) Einige Ansichten über Platons Motive würden einen dahin leiten, diese Fragen problematisch zu finden. Einige Antworten auf diese Fragen würden den Schluß vom Interesse an Begriffen oder Universalien auf das Interesse an Formen höchst suspekt erscheinen lassen.

Nehmen wir z. B. an, Platon meint, daß eine gegebene Sprache die Wirklichkeit auf falsche Weise zerhacken könnte. In einem gewissen Sinne hätten wir dann Begriffe, die den Formen nicht entsprächen, die aber möglicherweise den Universalien entsprächen, die belanglos für das Verständnis der Struktur des Kosmos sind. In diesem Falle wäre man vielleicht nicht willig, sich sehr schnell von Konzessionen über Begriffe oder Universalien zu Schlüssen über Formen bewegen zu lassen. Ferner scheint es mir, daß Platon sagen will: Selbst wenn die Menschen auf einem bestimmten niedrigen Niveau des Verständnisses auf dem richtigen Weg sind, so daß die Erkenntnis der Formen die Wahrheit in ihren unangemessenen Gedanken offenbaren wird, haben sie trotzdem immer noch keinen Begriff von den Formen; auch sind weder ihre Diskussionen noch unsere Diskussionen ihrer Verfahren Diskussionen über die Formen.

Dies ist nicht der rechte Ort für eine detaillierte Diskussion dieser Probleme, aber ich hoffe, genug gesagt zu haben, um anzugeben, warum der Diskussion über den *Philebos* meines Erachtens geholfen sein würde durch größere Klarheit über die Werkzeuge der Interpretation und über die Ansicht des Interpreten über die Theorie der Formen und deren Funktion.

2. Eine zweite Frage handelt davon, wie eng das Verhältnis zwischen dem Gebrauch der Ausdrücke ‚das Begrenzende' und ‚das Unbegrenzte' in der Göttlichen Überlieferung und dem Gebrauch dieser Ausdrücke in der Anatomie des Seienden ist. Wie ich dargelegt habe, scheint dieselbe Doktrin in beiden Abschnitten in Kraft getreten zu sein. Aber dies schafft Schwierigkeiten für die meisten Interpretationen.

3. Die dritte Frage handelt davon, warum wir denken sollten, daß die Göttliche Überlieferung irgendeine fortgeschrittene Doktrin über die Formen oder irgendwelche Vorschriften für die philosophische Methode enthielte. Ich

habe die Merkwürdigkeit der ersten Auffassung herausgestellt. Bezüglich der philosophischen Methode ist die Unbeholfenheit markant, daß die Methode eingeführt wird als eine solche, die einen Fortschritt für alle τέχναι gebracht hat, was gewöhnlich etwas unterhalb der Dialektik vermuten lassen würde. Dieser Verdacht wird durch die Illustrationen verstärkt. Die Anwendung der Methode produziert hier kein philosophisches Verständnis, aber in einem Falle zwingt sie dazu, sich in der phonetischen Struktur der Worte, in dem anderen Falle, sich in der Struktur der Musik auszukennen. Kurz gesagt, bringt diese Methode Fortschritte für die τέχναι. Keine von diesen beiden ist repräsentativ für ein hohes intellektuelles Niveau. Zugegebenermaßen wird die Musik hier besser mathematisiert als in 62 c, aber sie wird in diesem Abschnitt immer noch zu den weniger reinen Disziplinen gerechnet und steht sicherlich unterhalb der Dialektik. Mir scheint, daß die Göttliche Überlieferung, wie Sokrates sagt, als eine Methode für Fortschritte in dem, was Platon normalerweise als τέχναι bezeichnet, eingeführt wird; daß Sokrates sich auf eine Tradition bezieht, die zeigt, wie man Fortschritte in solchen Dingen wie Musik machen kann; daß die Worte εἶδος und διαλεκτικός in diesem Abschnitt nicht *termini technici Platonici* sind; daß die Behauptung, jedes Eine und Viele müsse so behandelt werden, eine Behauptung innerhalb dieser Tradition, nicht aber eine allgemeine Stellungnahme Platons ist. Es ist also nicht überraschend, daß weder συναγωγή noch διαίρεσις dort erwähnt werden und daß in seinem Gebrauch von συναγωγή in 23–28 kein Rückgriff auf die Methodologie dieses Abschnitts stattfindet. Da aber eine Methode, die für die τέχναι eines niedrigeren Niveaus relevant ist, erwähnt wird, obwohl diese nicht als die Methode der Dialektik bezeichnet wird, brauchen wir besondere Gründe, um auf letzteres zu schließen.

Ich möchte die Dominanz einer Ansicht über τέχναι in 16–18 und 23–29 betonen, wobei im ersten Abschnitt das Lernen und Einführen, im zweiten das Anwenden der τέχναι thematisiert werden. Ich habe nichts über Eudoxos und irrationale Zahlen gesagt, da das m. E. peripher ist und nur das Verhältnis von *Philebos* zu Eudoxos betrifft. Ich möchte nur noch bemerken, daß das Argument, Platon habe nicht an Eudoxos gedacht, weil Eudoxos das Problem der Proportionalität für irrationale Zahlen gelöst habe, nebensächlich ist. Meine Position ist einfach die, Platon habe bei der Niederschrift des *Philebos* nicht geglaubt, Eudoxos sei der Meinung gewesen, dieses Problem gelöst zu haben.

Ein wichtiger Grund, warum die Kommentatoren der Ansicht sind, daß hier wichtigeres Material zu finden sei, liegt an Sokrates' Behauptung in 15 c, daß das Problem von Formen und Einzeldingen dasjenige sei, was gelöst werden müsse und in Angriff zu nehmen sei. Sicherlich müßte er dieses dann in Angriff nehmen. Es war ein Fehler meines Kommentars, die Anwendung einer befriedigenden Interpretation der Göttlichen Überlieferung auf das

Problem in 15 zu fordern. Hier wurde nicht gesehen, wie der Abschnitt sich entwickelt und was die Strategie des Dialoges ist.

Platon (Sokrates) macht ernst damit, wie ich denke, zu sagen, wenn das Problem der Lust endgültig zu lösen sei, müßten wir feststellen, daß es solche echten Einheiten wie ‚Gut‘ und ‚Mensch‘ gebe (eine Feststellung, die zum Teil zeigen muß, daß Fragen über das Gute für den Menschen objektiv beantwortet werden können) und daß die Einheit durch die Teilhabe von sich verändernden Objekten nicht zerstört werden kann. Dies ist aber eine Diskussion, die nur von solchen, die durch die notwendige mathematische Übung hindurch zur eigentlichen Dialektik gestoßen sind, geführt werden kann. Das Problem könnte nicht im Gespräch mit Protarchos oder Philebos gelöst werden. Der erste Zug ist, einen *Ausgangs*punkt zu wählen. Dieser liegt aber sehr weit unten auf der intellektuellen Leiter und ist wahrscheinlich bei den philosophischen Anfängern in 12 c–d einzustufen. Die Göttliche Überlieferung wird eingeführt, um uns von den Bedrängnissen der Anfänger zu befreien. Sie dient uns dazu zu zeigen, daß keine intelligente Person bei diesen Problemen stehenbleibt: Jede τέχνη fordert, daß man über sie hinausgeht. Die Beispiele sind solcher Art, daß man erwarten könnte, daß Protarchos und Philebos sie verstehen und dadurch überzeugt werden, wirklich darin übereinzustimmen, daß sie jetzt das machen sollten, was Sokrates in 12–14 empfohlen hat. In der Tat haben wir den Punkt erreicht, wo die echte Frage auftaucht, deren eigentliche Lösung die Dialektik erbringen muß. An diesem Knotenpunkt zieht sich Sokrates ausdrücklich davon zurück, weiter fortzuschreiten; alle stimmen überein, daß das gemischte Leben von Lust und Erkenntnis das gute Leben sei. Bemerkenswert ist, daß kein Versuch unternommen wird, diese Schlußfolgerung dialektisch zu ziehen. Sokrates fragt Protarchos einfach, ob *er* ein Leben wählen würde, dem eines von diesen Elementen fehlte, obwohl vorausgesetzt wird (warum?), daß Protarchos für andere spricht. Die spätere relative Bewertung der Formen von Lust und Erkenntnis erfolgt aufgrund der Schlußfolgerung dieses Abschnitts.

Was Platon getan hat, ist, uns massiv in 15 daran zu erinnern, was erforderlich ist, um diese Sache zum Abschluß zu bringen[10]; er hat sich aber ausdrücklich geweigert, diesen Weg zu gehen, und hat statt dessen ein Argument auf einem niedrigeren Niveau geboten, eins, was von Protarchos' Zustimmung abhängt, aber von der Dialektik nicht gestützt wird. In 23–30 sollen wir argumentieren, daß der menschliche Intellekt für das gute Leben verantwortlicher als die Lust sei. Bald finden wir uns jedoch in einer Diskussion über das Verhältnis des menschlichen Intellekts zum göttlichen. Dies ist eine weitere Erinnerung an das, was in der Diskussion fehlt. Während Gott

---

[10] Vgl. Moravcsik 1979, 86.

etwas der Musik Ähnliches verwenden würde (er dürfte die Musik der Sphä-
ren kennen), dürfte er auch wissen, daß diese Musik die beste ist, da er ja
wohl die Formen kennt. Die Bewegung in Richtung des Göttlichen erinnert
uns daran, daß die eigentliche Sorge unseres Intellekts das Universum als
ganzes und unsere Stellung in seiner guten Ordnung ist. In 56–59 werden wir
dann an die wesentliche Rolle der Dialektik erinnert: Sie ist der Höhepunkt
der intellektuellen Leistung; es ist der Besitz der Dialektik, der im Blick auf
den Besitz der anderen Formen der Erkenntnis die Gefahr bannt. Diese Hinweise verdeutlichen, daß das Hauptargument des *Philebos* unvollständig ist;
es richtet sich nur an Nicht-Dialektiker und ist vermutlich verstehbar von
Nicht-Dialektikern. Es wäre ein Fehler zu erwarten, daß die Methode der
Göttlichen Überlieferung relevant für das Problem in 15 oder sogar für die
Methode der συναγωγή in 23–29 wäre; so überrascht es nicht, daß sie auf
dieses nicht angewendet wird.

Die ursprüngliche Frage. Wenn dies richtig ist, enthält 15 einen Hinweis
auf ein Platonisches metaphysisches Problem und verweist 23–29 auf ein kos-
mologisches Problem. Keiner dieser Abschnitte sagt etwas über spätere Entwicklungen aus. 23–29 verwendet συναγωγή, und 30 *ad fin.* könnte διαίρεσις verwenden. Die Göttliche Überlieferung enthält die Beschreibung
einer Methode, die einen Fortschritt im Bereich der τέχναι, aber keine Informationen über Platonische Metaphysik oder philosophische Methodologie
geboten hat.

Luc Brisson*

DEN KOSMOS BETRACHTEN,
UM RICHTIG ZU LEBEN: TIMAIOS

Platons *Timaios* entwickelt eine Kosmologie, das heißt eine einfache, aber streng kohärente Vorstellung vom Weltall. Ihre Charakteristika folgen logisch aus einer Reihe von Voraussetzungen, die teilweise implizit bleiben oder kaum expliziert werden[1]. Darüber hinaus ist der *Timaios* die erste Kosmologie, die sich der Mathematik und nicht der gewöhnlichen Sprache bedient wie Aristoteles, der die Mathematisierung des Alls bei Platon ständig kritisiert[2]. Weiterhin ist die Beschreibung des Alls in diesem Dialog nicht zu trennen von der Beschreibung des Ursprungs der Menschen und selbst des Ursprungs der Gesellschaft, wie der Atlantis-Mythos zeigt, der im *Kritias* erzählt und zu Beginn des *Timaios* resümiert wird. Wie wir im folgenden sehen werden, soll die Betrachtung des Weltalls dem Menschen zu einem guten Leben dienen, in körperlicher wie in seelischer Hinsicht. Im *Timaios* sind also mathematische Kosmologie und Ethik untrennbar verbunden. Dies jedenfalls möchte ich in meinem Beitrag nachweisen.

1. Kosmologie

Für Platon hat eine Kosmologie, die eine klare Vorstellung vom All vermitteln will, zuvor zwei Fragen zu beantworten: 1) Unter welchen Voraussetzungen ist die Sinnenwelt erkennbar? 2) Wie ist sie zu beschreiben? Diesen Fragen liegt die Überzeugung zugrunde, daß das unaufhörlich sich Verändernde nicht als die wahre Wirklichkeit anzusehen ist. Um Gegenstand der Erkenntnis und der Rede zu werden, muß die sinnlich wahrnehmbare Welt

---

* Aus dem Französischen übersetzt von Achim Russer mit Überarbeitung von Luc Brisson und Wilfried Kühn. Die Übersetzung der griechischen Texte folgt überwiegend der Schleiermachers.

[1] Diese Voraussetzungen werden entwickelt in: Brisson/Meyerstein. In der vorliegenden Darstellung werden nur einige der Voraussetzungen berücksichtigt. Bisher hat noch keine Interpretation des *Timaios* dessen mathematischen Charakter zur Geltung gebracht.

[2] Der *Timaios* hat auch mythische Züge, auf die ich in: Platon, *Timée, Critias* (Timaios/Kritias). Neu ins Französische übersetzt (in Zusammenarbeit mit Michel Patillon), eingeleitet und mit Anmerkungen versehen von L. Brisson, Paris 1992, eingehe.

gerade in ihrem Wandel etwas aufweisen, was sich nicht ändert, sondern in allen Fällen gleich bleibt. Diese Aufgabe löst Platon mit Hilfe einer doppelten Hypothese: 1) Es gibt eine Welt intelligibler Formen oder Ideen, unwandelbarer und universeller Wirklichkeiten, von denen wahre Erkenntnis und wahre Rede handeln. 2) An ihnen haben die sinnlich wahrnehmbaren Realitäten teil, die bloß ihre Abbilder sind.

1.1 Voraussetzungen

Die Annahme der Existenz von Ideen bringt zwei spezifisch platonische Probleme mit sich: wie die Ideen aneinander teilhaben und wie die Sinnendinge an den Ideen teilhaben. Diese Probleme werden im *Parmenides* formuliert. Für das erste schlägt der Dialog *Sophistes* eine Lösung vor, und um das zweite zu lösen, setzt Platon im *Timaios* zweierlei voraus: den Demiurgen, eine Art Handwerker, der den Kosmos herstellt oder vielmehr ordnet, und die *Chōra*, das Material, das der Demiurg bearbeitet.

1.1.1 Ideen

In der sinnlich wahrnehmbaren Welt nimmt Beständigkeit folgende Formen an: Kausalität, Stabilität und Symmetrie. Kausalität herrscht, wenn alles, was geschieht, eine Ursache hat; Stabilität, wenn dieselbe Ursache immer dieselbe Wirkung hervorruft; Symmetrie, wenn die Beziehungen zwischen den konstitutiven Bestandteilen der Dinge und den Dingen selbst trotz ständigen Wandels der Phänomene unverändert bleiben. Dieses in mathematischen Beziehungen faßbare Unveränderliche ist im wesentlichen das, was der Mensch von der sinnlich wahrnehmbaren Wirklichkeit erkennen und beschreiben kann. Die Erkenntnis von Sinnendingen und die Rede über sie verhalten sich aber zur Erkenntnis der Ideen und der entsprechenden Rede wie das Abbild zum Vorbild. Jene Erkenntnis und jene Rede sind niemals wahr, sondern stets nur wahrscheinlich, denn sie können sich nur auf begrenzt regelmäßige Bilder der wahren Wirklichkeit beziehen.

Sind die Sinnendinge Bilder der Ideen, so müssen sie diesen gegenüber eine gewisse Ähnlichkeit aufweisen. Da Ähnlichkeit eine auf bestimmte Aspekte beschränkte Identität bedeutet, sind die Sinnendinge von den Ideen auch verschieden; sonst fielen sie mit ihnen zusammen. Die beschränkte Identität gewährleistet der Demiurg, während die *Chōra*[3], die er bearbeitet, die Verschiedenheit erklärt.

---

[3] *Chōra* bleibt unübersetzt, weil der Terminus im *Timaios* nicht zu übersetzen ist; er wird aber noch charakterisiert werden. Vgl. Derrida.

1.1.2 Demiurg

Der Demiurg[4] stellt alles Unsterbliche her, nämlich Körper und Seele des Weltalls und den vernunftbegabten Teil der Menschenseele[5]. Das Wesen des Demiurgen läßt sich mit Hilfe einer Reihe positiver und negativer Prädikate kennzeichnen. Da er ein Gott ist, ist er gut (Timaios 29e). Da er gut ist, ist er ein Vernunftwesen, Geist, denn die Eigenschaft „gut" geht bei Platon mit Vernünftigkeit einher. Diese Vernünftigkeit zeigt sich nicht nur im Rechnen und in der Sprache, sondern vor allem in einer technischen Arbeit, die derjenigen bestimmter Handwerker ähnelt[6]: Das erklärt, warum der *Timaios* einen mechanistischen und einen intentionalen Aspekt hat. Um sein Ziel zu verwirklichen, betrachtet der Demiurg ein Modell, das die Gesamtheit der Ideen enthält, und gestaltet sein Material nach bestimmten Regeln. In der Handwerkermetapher steckt im Grunde der gesamte *Timaios*. Da der Demiurg nämlich gut ist, liegt ihm Mißgunst fern (Timaios 29e), und er versucht, die schönste aller Welten herzustellen. Wie jeder andere Handwerker ist freilich auch er nicht allmächtig, zum einen, weil die Ideen und die zu bearbeitende *Chōra* ihm vorgegeben sind, vor allem aber, weil diese *Chōra*, sein Material, ihm mit ihrer unregelmäßigen Bewegung Widerstand leistet. Diesen Widerstand bezeichnet Platon als *Anankē*, was man gewöhnlich mit „Notwendigkeit" übersetzt. Weil aber diese Notwendigkeit der Vernunft von außen auferlegt wird, erscheint *Anankē* im *Timaios* vielmehr als Prinzip des Widerstands gegen die vernünftige Ordnung, die der Demiurg in der Sinnenwelt zu errichten versucht.

1.1.3 Chōra

Für die Annahme der *Chōra* gibt es drei Gründe:

1. Die *Chōra* erklärt, warum die Sinnendinge von den Ideen, an denen sie teilhaben, gleichwohl verschieden sind (Timaios 52c–d).

2. Die *Chōra* liefert den Sinnendingen eine Stelle, an der sie sich befinden. Mit seiner Untersuchung des Redens über diese Dinge zeigt Platon die *Chōra* als den festen Ort auf, an dem sie auftauchen und verschwinden (Timaios 52b).

3. Im übrigen geben einige Bilder und Metaphern, die an Mutter und

---

[4] Siehe dazu Carone 33–49.

[5] Alles Sterbliche dagegen, der aggressive (θυμός) und der begehrliche (ἐπιθυμία) Teil dieser Seele sowie die Menschen- und Tierkörper und die Pflanzen, wird von seinen Gehilfen oder Söhnen hergestellt.

[6] Vgl. ausführlicher dazu Brisson 1974, Kap. 1.

Amme denken lassen, zu verstehen, daß die *Chōra* auch zur Konstitution der Sinnendinge beiträgt.

Kurz, die *Chōra* macht es möglich, zwischen den Ideen und den Sinnendingen zu unterscheiden, die sich im Gegensatz zum Intelligiblen irgendwo befinden und eine gewisse „Masse" haben müssen, wobei dieser Begriff in seiner breitesten, ungenauesten Bedeutung zu nehmen ist. Also dürfen wir *Chōra* nicht einfach mit Stoff identifizieren – Aristoteles verändert den Sinn von *Chōra*, wenn er sie mit *Hylē* gleichsetzt.

Freilich wird im *Timaios* nirgendwo ausgeführt, was *Chōra* im Reinzustand ist. Wenn der Demiurg Maß und Proportion in sie einführt, enthält sie bereits Spuren der vier Elemente (Timaios 52 d–53 c)[7], die eine mechanische, richtungs- und maßlose Bewegung umtreibt – eben das, was Platon *Anankē*, „Notwendigkeit", nennt und womit zunächst der Demiurg, dann die Weltseele zu rechnen haben. Indem Platon Bestehen und Wirksamkeit einer solchen „Notwendigkeit" berücksichtigt, räumt er ein, daß die in einem kosmologischen Modell beschriebene Ordnung in dem Maße, in dem die *Anankē*, das Gegenprinzip der Ordnung, fortwirkt, nur partiell und provisorisch sein kann.

1.2 Darstellung

Den Blick auf die Ideen gerichtet, stellt der Demiurg das Weltall als ein lebendes, mit Seele und Körper begabtes Wesen her.

1.2.1 Herstellung der Welt

Warum betrachtet Platon das Weltall eigentlich als ein Lebewesen? – eine Frage, die sich in unserer Zeit von selbst aufdrängt. Am wenigsten scheint mir augenblicklich folgende Antwort fehlzugehen: Für einen Griechen des Altertums lag das entscheidende Problem der Kosmologie darin, die in der Sinnenwelt herrschende Ordnung zu erklären, und zwar vor allem die regelmäßigsten der beobachtbaren Bewegungen, die der Himmelskörper. Nun zeigt sich aber auch bei jenen Lebewesen, die *per definitionem* über das „Seele" genannte Prinzip spontaner Bewegung – physischer wie intentionaler – verfügen, im Wandel eine gewisse Regelmäßigkeit: Eine bestimmte Art bringt stets Wesen derselben Art hervor, lebt eine bestimmte Anzahl von

---

[7] Diese rätselhafte Stelle scheint andeuten zu wollen, daß der Eingriff des Demiurgen nicht am absoluten Beginn des Weltalls zu situieren ist, sondern nur einen der Zyklen inauguriert, in die sein Dasein zerfällt und von denen auf andere Weise der in der *Politeia* enthaltene Mythos erzählt.

Jahren, weist bestimmte Eigenschaften auf usw. Mehr noch: Die Menschenseele verfügt über eine Vernunft, die ein kohärentes Verhalten entsprechend
mehr oder weniger deutlich bewußten Zielsetzungen ermöglicht. Und nun
genügt ein Analogieschluß, diese beiden Tatsachenreihen zueinander in Beziehung zu setzen und die Sinnenwelt mit einer solchen vernunftbegabten
Seele zu versehen (Timaios 30 a–c), wie der Mensch sie besitzt.

1.2.1.1 Seele

Die Weltseele, welche die vom Demiurgen eingeführte mathematische
Ordnung im All aufrechterhält – sofern sie unumschränkt zu herrschen
vermag (Timaios 34 c)[8] –, diese Weltseele wird folgendermaßen beschrieben. Sie ist ein Zwischenwesen und besteht aus einer Verflechtung von
Kreisen, die zueinander in mathematischen Verhältnissen stehen; aus ihr
sind alle psychischen wie physischen Bewegungen im All zu erklären.

Im *Timaios* wird die Konstituierung der Weltseele so erzählt, als handele
es sich um ein zeitliches Geschehen. Dabei verletzt Platon jedoch nicht das
im *Phaidros* (245 c–246 a) aufgestellte Postulat, dem zufolge kein Prinzip
– insbesondere nicht das Prinzip der geordneten Bewegung, das die Seele
ist – einen Ursprung hat. Die „Herstellung" der Weltseele durch den Demiurgen bedeutet nicht, daß sie zeitlichen Ursprungs wäre. Sie veranschaulicht nur zweierlei: die ontologische Abhängigkeit der Seele von der Welt der
Ideen und ihre Stellung zwischen der Welt der Ideen und der Sinnendinge.

Diese „Herstellung" der Weltseele wird wie folgt beschrieben. Platon
greift auf im *Sophistes* (254 d–259 b) behandelte allgemeinste Gattungen der
Ideenlehre zurück: das Sein, das Selbige, das Andere. Da die Weltseele zwischen dem Sinnlichen und dem Intelligiblen eine Zwischenrolle einnimmt,
liegt auch jedes dieser Elemente – das Sein, das Selbige, das Andere – auf
einer mittleren Ebene zwischen dem Unteilbaren – dem wesentlichen At-
tribut des Intelligiblen – und dem Teilbaren – dem wesentlichen Element des
Sinnlichen. Dies scheint der Demiurg mit den Mischungen zu beabsichtigen,
die im *Timaios* 35 a–b beschrieben werden. Die schwierige Passage, in der
Platon diesen Vorgang entwickelt (und die das Schema 1 in Anhang 1 veranschaulichen soll), drückt zwei Vorstellungen aus: Die Weltseele enthält
1. dieselben Grundelemente wie jede andere Wirklichkeit (Sein, Selbiges,
Anderes) und ist 2. eine Realität zwischen Intelligiblem und Sinnlichem.

Dieses Wesen zwischen dem Intelligiblen und dem Sinnlichen ist die

---

[8] Hier benutzt Platon die weibliche Form des Wortes δεσπότις, dessen männliche
Form zwei Hauptbedeutungen hat: Hausherr im Gegensatz zum Sklaven und abso-
luter, niemandem verantwortlicher Herrscher über eine *Polis*.

Quelle jeder geordneten Bewegung in der Sinnenwelt, d. h. der Kreisbewe-
gungen, welche die Himmelskörper beschreiben, und der geradlinigen Bewegungen in der sublunaren Welt[9]. Aus diesem Grunde beschreibt der
Timaios die Schaffung der Weltseele, als handele es sich um die Herstellung
einer Sphärenkugel[10]. Dieses Bild ist für das Verständnis alles Weiteren entscheidend.

Nachdem der Demiurg die Grundmischung geschaffen hat, aus der die
Weltseele besteht, walzt er das Ganze wie ein Schmied zu einer Art Scheibe,
die er nun mehrfach unterteilt. Er beginnt damit, daß er sie der Länge nach
in zwei Streifen teilt, die er den Streifen des Selbigen und den Streifen des
Anderen nennt, obwohl beide aus einer Mischung von Sein, Selbigem und
Anderem bestehen. Dieses Vorgehen des Demiurgen erklärt metaphorisch
den beobachtbaren Unterschied zwischen Fixsternen und Planeten: Der
Streifen des Selbigen steht für die Bewegung der Fixsterne, der des Anderen
für diejenige der Planeten.

Weiterhin unterteilt der Demiurg den Streifen des „Anderen" in sieben
Abschnitte, um die Bewegungen der seinerzeit bekannten sieben Planeten
zu begründen. Deren scheinbar erratische (πλανήτης) Bewegungsform mag
erklären, daß Platon diesen Streifen den des „Anderen" nennt, während die
anscheinend regelmäßige Bewegung der Fixsterne vom Streifen des Selbigen dargestellt wird (Anhang 1, Abbildung 1). Der erste Arbeitsschritt ist
somit die Herstellung zweier in sich zu Kreisen gekrümmter Streifen, auf
denen die Himmelskörper sich mit der Dauerhaftigkeit bewegen, die die
vollkommene Symmetrie des Kreises in einem zweidimensionalen Raum
gewährleistet.

Aber nicht nur die Dauerhaftigkeit, auch die Regelmäßigkeit in der Bewegung der Himmelskörper ist zu erklären. Dazu dient der Mittelwert[11].
Nachdem der Demiurg den Streifen des „Anderen" in jene sieben Stücke unterteilt hat, die, wie wir noch sehen werden, die Kreisbahnen der Planeten
darstellen, fügt er zwischen diesen ersten sieben Zahlen, die geometrische

---

[9] Zu dieser Unterscheidung vgl. Ballew 79–122.

[10] Meine Annahme gründet sich auf die Stelle: „... darüber ohne genaues Betrachten der bekannten Nachbildungen sprechen zu wollen, das wäre ein eitles
Bemühen..." (Timaios 40 d).

[11] „Mittelwert" (μεσότης) bezeichnet entweder eine aus drei Elementen (A, B, C)
bestehende Gruppe oder das mittlere Element dieser Gruppe. Die Theorie der Mittelwerte gehört vor allem in den Bereich der Arithmetik und ihrer Anwendung auf die
Musik: In diesem Fall stehen A, B, C für Zahlen. Zwischen A und C einen Mittelwert
B einzuschieben heißt, das eine Verhältnis A : C in zwei aufzuteilen: A : B und B : C,
so daß sich A : C aus beiden zusammensetzt. Pythagoras gilt (vgl. Iamblichos, In
Nicom. 100. 19) als Begründer der drei ältesten Mittelwerte: des geometrischen, des
arithmetischen und des harmonischen.

Mittelwerte darstellen (a/x = x/b oder x^2 = ab oder x = $\sqrt{ab}$, vgl. Anhang 2, Reihe 1), einmal zehn weitere ein, die harmonische Mittelwerte darstellen: (x−a)/(b−x) = a/b oder x = 2ab/a+b (vgl. Anhang 2, Reihe 2 und 3), und dann zehn, die arithmetische Mittelwerte darstellen: (x−a) = (b−x) oder x = (a+b)/2 (vgl. Anhang 2, Reihe 2 und 3). Die beschriebenen Proportionen beziehen sich auf eine Reihe von ganzen positiven Zahlen, die die Radien der Erdumlaufbahnen der sieben Planeten darstellen.

Diese in die Weltseele eingebauten Mittelwerte dürften zunächst verwirren. Wahrscheinlich sind sie auf einen Analogieschluß zurückzuführen. Tatsächlich scheint Platon die den Pythagoreern zugeschriebenen Entdeckungen auf dem Gebiet der musikalischen Harmonie extrapoliert zu haben. Appliziert man nämlich die genannten mathematischen Verhältnisse auf materielle Gegenstände, Saiten verschiedener Länge zum Beispiel[12], so lassen sich Töne hervorbringen, die sich stets gleichen und eine Harmonie ergeben, die ihrerseits nichts Materielles mehr an sich hat. Anders gesagt: Mit Hilfe mathematischer Verhältnisse ausschließlich vernünftiger Herkunft lassen sich die musikalischen Klänge erklären und sogar in der Sinnenwelt hervorbringen. Warum sollte in der Astronomie nicht dasselbe gelten? Bewegen sich die Himmelskörper nicht mit einer so großen Dauerhaftigkeit und Regelmäßigkeit, daß sie seit dem frühen Altertum als Götter galten – als materielle Götter, gewiß, aber doch als Götter?

Von einem streng musikalischen Gesichtspunkt aus umfaßt die mathematische Struktur der Weltseele (vgl. die Tabelle in Anhang 2, Reihe 4) also einmal die Töne, die zwischen 4 Oktaven liegen, dann die Töne, die eine Quinte einschließt und schließlich einen Ton:

$$2/1 \times 2/1 \times 2/1 \times 2/1 \times 3/2 \times 9/8 = 27.$$

Platon kommt es aber durchaus nicht auf eine Theorie der „Sphärenmusik" an – die Himmelskörper bewegen sich für ihn geräuschlos (Timaios 37b). Er will mit der mathematischen Struktur lediglich zwei Eigenschaften erklären: Dauerhaftigkeit und Regelmäßigkeit. Diese beiden Eigenschaften will Platon mit Hilfe zweier Postulate erklären: 1) Die Himmelskörper bewegen sich in Kreisbahnen, daher dauerhaft. 2) Ihre Bewegungen unterliegen den Gesetzen, die den zu seiner Zeit bekannten drei Typen mathematischer Beziehungen entsprechen; *ihre Bewegungen sind daher trotz manch scheinbarer Unregelmäßigkeit vollkommen regelmäßig.*

Kommen wir auf den Demiurgen zurück, der mit der Herstellung der Sphärenkugel befaßt ist, an der man sich die Bewegungen der Himmelskörper vorstellen kann. Nachdem er die oben beschriebene Scheibe entzwei-

---

[12] Das älteste Zeugnis stammt von Xenokrates, laut Heraklides bei Porphyrios (In Ptol. Harm. I 3); für Metallmassen unterschiedlichen Gewichts vgl. das Zeugnis des Aristoteles (De caelo II 8, 290 b 12–29).

geschnitten hat, legt er die so gewonnenen beiden Streifen in der Mitte über-
einander, so daß sie den griechischen Buchstaben X bilden (vgl. Anhang 1,
Abbildung 2). Diese beiden Streifen krümmt er zum Kreis und schweißt sie
an ihren Enden zusammen, so daß sie zwei schräg zueinander stehende
Kreise bilden (Anhang 1, Abbildung 3). Der erste, der des Selbigen, stellt
die Bewegung der Fixsterne und der Weltsphäre von Osten nach Westen dar
(Anhang 1, Abbildung 4). Der zweite Streifen, der des Anderen, enthält die
sieben zu jener Zeit bekannten Planeten: Mond, Sonne, Merkur, Venus,
Mars, Jupiter, Saturn – die Erde ruht unbeweglich im Zentrum der sinnlich
wahrnehmbaren Welt (Timaios 40 b–c) (Anhang 1, Abbildung 5).

Im *Timaios* (38 c–39 e) liefert Platon ein vollständiges und zugleich überraschend einfaches astronomisches System: Es beruht ausschließlich auf der
Bewegung in Kreisbahnen – eine Annahme, die bis zu Kepler gültig blieb –
und beschränkt sich auf drei Arten von Mittelwerten: geometrische, arithmetische und harmonische. Die unglaublich komplexe Bewegung der Himmelskörper ist also auf zwei mathematische Elemente reduziert: Kreis und
Mittelwert.

Mit der Seele verfügt die Sinnenwelt über ein Prinzip, das alle ihre geordneten Bewegungen erklärt, die physischen (der Astronomie) wie die psychischen (der Erkenntnis). Über den Kreis des „Selbigen" steht die Weltseele
unmittelbar in Berührung mit den intelligiblen Formen und über den Kreis
des „Anderen" mit den sinnlich wahrnehmbaren Dingen[13]. *Als vernunft-
begabtes Lebewesen kann die Welt ihre eigenen Bewegungen* in gewissen
Grenzen ‚rational‘ gestalten. Damit ist auch die Existenz einer Vorsehung
begründet, die indessen im *Timaios* nicht erwähnt wird.

Die Weltseele fügt der Demiurg dem Körper der Welt ein (Timaios 34 b,
36 d–e), der die Gestalt einer riesigen Kugel hat, da er als Abbild eines voll-
kommenen Vorbildes die Form haben muß, die in vollkommenster Weise
symmetrisch ist.

1.2.1.2 Körper

Entsprechend einer althergebrachten Überzeugung (die bis ins 18. Jahrhundert galt) geht Platon davon aus, daß das ganze Weltall nur aus vier Elementen besteht: Feuer, Luft, Wasser, Erde (Timaios 56 b–c).

Äußerst originell hingegen verfährt Platon, wenn er diese vier Elemente
mit vier regelmäßigen Polyedern in Verbindung bringt. Er beschreibt zunächst deren Aufbau und erklärt sodann mathematisch, wie sie sich verwandeln oder zerfallen, um sich neu zusammenzusetzen.

Im folgenden will ich zeigen, wie Platon bei der Konstruktion dieser

---

[13] Zum Unterschied zwischen Anderem und Teilbarem s. Brisson 1974, 307 ff.

Polyeder von zwei Arten von Flächen ausgeht, die wiederum aus zwei Arten rechtwinkliger Dreiecke hervorgehen.

Diese beiden Arten rechtwinkliger Dreiecke sind das gleichschenklige Dreieck (Anhang 3, Abbildung 6 a) und das ungleichseitige Dreieck, das die Hälfte eines gleichseitigen Dreiecks mit der Hypotenuse x bildet (Anhang 3, Abbildung 6 b).

Mit Hilfe dieser Grundtypen rechtwinkliger Dreiecke stellt der Demiurg zwei weitere Flächen her: das Quadrat und das gleichseitige Dreieck. Das Quadrat entsteht aus vier rechtwinkligen, gleichschenkligen Dreiecken (Timaios 55 b) (vgl. Anhang 3, Abbildung 7 b) und das gleichseitige Dreieck aus sechs rechtwinkligen, ungleichseitigen Dreiecken (Timaios 54 d–e)[14] (Anhang 3, Abbildung 7 a).

Ausgehend von den gleichseitigen Dreiecken, konstruiert der Demiurg die folgenden regelmäßigen Polyeder: den Tetraeder (Timaios 54 e–55 a, aus 4 gleichseitigen Dreiecken, vgl. Anhang 3, Abbildung 8 a), den Oktaeder (Timaios 55 a, aus 8 gleichseitigen Dreiecken, Anhang 3, Abbildung 8 b) und den Ikosaeder (Timaios 55 a–b, aus 20 gleichseitigen Dreiecken, Anhang 3, Abbildung 8 c). Mit diesen Polyedern konstituiert er jeweils Feuer, Luft und Wasser. Der Würfel aber, den er aus Quadraten formt (Timaios 55 b–c, aus 4 Quadraten, vgl. Anhang 3, Abbildung 8 d), konstituiert das Element Erde. Er schließt mit dem Dodekaeder, der am ehesten der Sphärenkugel gleicht (Timaios 55 c), beläßt es jedoch hier bei einer flüchtigen Andeutung.

Alle Eigenschaften der vier Polyeder, die die vier Elemente konstituieren, kann man in eine ganz einfache Übersicht bringen (Anhang 3, Tabelle 1). Zwei Beobachtungen lassen sich aus ihr ableiten: 1) Die den vier Elementen entsprechenden regelmäßigen Polyeder werden ausschließlich durch die Anzahl der Flächen beschrieben, aus denen sie sich zusammensetzen. 2) Die Kanten dieser Flächen können durch die Länge der Hypotenuse der rechtwinkligen Dreiecke definiert werden, aus denen sich die Flächen ursprünglich zusammensetzen. Dieser Wert aber ist unbestimmt (Timaios 57 c–d), was aus zwei entgegengesetzten Gründen von Bedeutung ist: Einerseits reduziert dies den Erklärungswert des von Platon entworfenen geometrischen Modells, da es seiner Einfachheit entgegensteht; andererseits läßt sich so den Abwandlungen ein und desselben Elementes besser Rechnung tragen.

Platons Modell des Weltkörpers – das sind vier Elemente, denen vier regelmäßige Polyeder entsprechen, die aus gleichseitigen Dreiecken und Quadraten bestehen, welche wiederum aus ungleichseitigen und gleichschenkligen rechtwinkligen Dreiecken zusammengesetzt sind. Platon will

---

[14] Bis heute ist ungeklärt, warum Timaios sechs rechtwinklige, ungleichseitige Dreiecke braucht, um ein gleichseitiges Dreieck zu konstruieren, wo doch zwei ausreichen würden.

zeigen, wie dies Modell alle Gegenstände der gesamten Sinnenwelt als Varianten der vier Elemente oder Verbindungen zwischen ihnen erklären und sogar die Eigenschaften der Sinnendinge beschreiben kann. In *Timaios* 58 c–61 c finden sich einige Beispiele dazu (vgl. die Übersicht in Anhang 4). Die komplexesten Substanzen stellen also nichts als Abwandlungen von vier Elementen dar, die aus vier regelmäßigen Polyedern gebildet werden.

Auf dieser Grundlage kann Platon auch erklären, wie die vier Elemente sich ineinander verwandeln. Die Gesetze der Verwandlungen lassen sich in einer recht einfachen Übersicht erfassen (Anhang 3, Tabelle 2). Dies mag insofern befremden, als lediglich die Flächen der Polyeder berücksichtigt werden, obwohl diese Volumina sind. Das hat jedoch seinen Grund in den Grenzen der Mathematik zu Platons Zeit, genauer: im Problem der Quadrat- und Kubikwurzeln.

Da Platon die Kubikwurzel nicht ziehen konnte, fehlte es ihm auch an einer genauen Bestimmung der Beziehungen zwischen den vier Elementen, die er für Volumina hielt. Deshalb wird die Tätigkeit des Demiurgen, der nur Flächen berücksichtigt, im *Timaios* so oft mit dem Ausdruck „so weit wie möglich" charakterisiert. *Die Grenzen der Kosmologie Platons waren die Grenzen der Mathematik seiner Epoche*; ein Satz, der *mutatis mutandis* genauso für unsere Epoche gilt. Dies relative Unvermögen tritt noch deutlicher hervor, wenn man versucht, die Verhältnisse der vier regelmäßigen Polyeder hinsichtlich ihres Volumens (V) und ihrer Flächen (F) mit heutigen Mitteln zu berechnen (Anhang 3, Tabelle 3). Weder Platon noch irgendeiner seiner Zeitgenossen hätte davon das Geringste verstanden, denn sie konnten keine Kubikwurzel ziehen und die Quadratwurzel nur sehr mühsam und ausschließlich aus niedrigen Zahlen. Übrigens widerlegen diese Ergebnisse die Angaben Platons (vgl. Anhang 3, Tabelle 2)[15].

Der Demiurg hat das Weltall, ausgehend von den vollkommensten geometrischen Körpern, der Kugel und den vier regelmäßigen Polyedern, aufgebaut. Die Verwandlungen der Elemente ineinander ziehen Ortsbewegungen nach sich. Diese Bewegungen und die Interaktionen der regelmäßigen Polyeder werden im übrigen natürlich nur insofern von mathematischen Ge-

---

[15] Rechnen wir diese Aufstellung nach, so ergibt sich, daß die Gleichungen, die Platon zufolge für die Transformation der Elemente gelten sollen, unrichtig sind:
2 Feuer $(0{,}1178\,a^3) = 1$ Luft $(0{,}4714\,a^3)$: falsch
1 Feuer $(0{,}1178\,a^3) + 2$ Luft $(0{,}4714\,a^3) = 1$ Wasser $(2{,}2827\,a^3)$: falsch, da $0{,}1178\,a^3 + 0{,}9428\,a^3 = 1{,}0606\,a^3$
2 1/2 Luft $(0{,}4714\,a^3) = 1$ Wasser $(2{,}2827\,a^3)$: falsch, da $0{,}4714\,a^3 \cdot 2\ 1/2 = 1{,}1785\,a^3$.
Wählt man als Ausgangspunkt die Seitenlänge der elementaren rechtwinkligen Dreiecke, sind alle Werte für den Tetraeder, Oktaeder und Ikosaeder mit $3\,\sqrt{3}$ zu multiplizieren.

setzen regiert, als sich die *Anankē* dieser Ordnung unterwerfen läßt. Insoweit ist die Gestalt des Weltalls so vollkommen wie möglich.

Die Annahme einer Weltseele ermöglicht es Platon, nicht nur zu erklären,
warum und wie die Bewegung der Himmelskörper geordnet ist, sondern
auch, wie ich jetzt zeigen will, warum und wie die Bewegungen sublunarer
Körper ebenfalls mathematischen Gesetzen gehorchen und also eine gewisse Regelmäßigkeit und Dauerhaftigkeit aufweisen. Je mehr die Weltseele
strenge mathematische Regeln auf ihre Körper anwendet, um so geordneter
verlaufen auch die Bewegungen im Bereich der sublunaren Sinnenwelt.

Was Platon bislang vorgebracht hat, reicht noch nicht aus, den Wandel zu
erklären, in dem die sinnlich wahrnehmbare Welt begriffen ist. Zu der Tatsache, daß die Weltsphäre sich im Kreis bewegt, kommen folgende Axiome
hinzu:

1. Das Weltall ist nicht gleichartig. Die im All zu beobachtende Bewegung
rührt von der Ungleichartigkeit her, die hier herrscht (Timaios 57 e). Sie
ließe sich auf zweierlei Art erklären: Eine schwache Erklärung würde sie aus
der Tatsache ableiten, daß die vier regelmäßigen Polyeder nicht ohne Zwi-
schenräume nebeneinander anzuordnen sind; eine stärkere Erklärung
würde die Ungleichartigkeit daraus ableiten, daß die Länge der Hypotenuse
der ursprünglichen rechtwinkligen Dreiecke unbestimmt bleibt und daß
folglich die Ausmaße der Polyeder, aus denen alle Sinnendinge zusammengesetzt sind, unterschiedlich sein können. In jedem Fall ist die Ungleichartigkeit der Grund für den Wandel, dem die sinnlich wahrnehmbare Welt ausgesetzt ist – und den die Weltseele zu ordnen versucht; freilich gelingt es ihr nur
dort, wo sie Herr ist.

2. In der sinnlich wahrnehmbaren Welt gibt es keine Leere (Timaios 58 a,
vgl. 79 b–c).

3. Die Weltkugel schließt alle Körper ein. Die vier Elemente verteilen
sich innerhalb dieser Kugel auf vier konzentrisch angeordnete Schichten (Timaios 33 b, 53 a, 48 a–b), zwischen denen es aus folgenden Gründen zum
Austausch kommt: Die vier konzentrischen Schichten beschreiben eine
Kreisbewegung, welche die gesamte Kugel durchzieht. Die Elemente
werden von der Bewegung folgendermaßen erfaßt. Weil die Polyeder verschiedene Formen und Abwandlungen haben, ist ihre Bewegung nicht homogen wie die der Weltkugel. Die Verschiedenheit der Formen und Größen
führt vielmehr dazu, daß sich zwischen die Partikel eines jeden Elements diejenigen eines anderen schieben, so daß die Welt eine Elementenmischung
darstellt, deren Teile sich verschieden schnell und in verschiedener Richtung
bewegen. Weil es in der Welt keine Leere gibt, kommt es zu einer Kettenreaktion, die die Verdichtung hervorruft, die aus „dem gegenseitigen Verdrän-
gen entsteht" (Timaios 58 b; vgl. 76 c und Nomoi 849 c). Die Kettenreaktion
löst einen Vorgang aus (Timaios 58 b), bei dem die beiden Bewegungsarten

sich zeigen, die jede Umwandlung eines Körpers in einen anderen bestimmen: Abtrennung und Zusammenfügung, Zerfall und Wiederaufbau.

Da die Sinnenwelt von einer Seele beherrscht wird, die eine streng mathematische Struktur aufweist, und da der Demiurg die *Chōra* durch regelmäßige Polyeder mathematisch strukturiert hat, läßt sich jede Verwandlung eines Körpers in einen anderen aus mathematischen Verhältnissen erklären. Dank der Mathematik teilt die Sinnenwelt, die im Gegensatz zum Intelligiblen wandelbar ist, dennoch einige Eigenschaften der intelligiblen Welt: Dauerhaftigkeit und Regelmäßigkeit, Attribute der intelligiblen Welt, kommen auch ihr zu. In letzter Instanz erklärt also die Mathematik die Teilhabe der Sinnenwelt an der intelligiblen Welt. Deshalb ist die Welt mathematisch konstruiert und kann in mathematische Begriffe übersetzt werden, und deshalb bestimmt Mathematik auch die Grenzen der Platonischen Kosmologie.

1.2.2 Herstellung des Menschen

Der Mensch ist nach dem Modell der Welt aufgebaut: Er besitzt eine Seele, deren vernünftiger Teil dieselben beiden Kreise wie die Weltseele hat. Die Kreise unterliegen denselben mathematischen Proportionen wie die Weltseele. Und sein Körper besteht aus den vier Elementen, und nur aus ihnen. Der Mensch kann somit Mikrokosmos genannt werden. Zweierlei unterscheidet ihn vom Kosmos: Sein Körper ist im Gegensatz zum Weltkörper zerstörbar; und seine Seele hat jeweils ihre Geschichte, denn sie kann je nach dem Grad ihrer Betrachtung des Intelligiblen verschiedene Körper durchwandern (Timaios 90e–92c). Darum läßt sich der Mensch ganz allgemein verstehen als vorübergehende Vereinigung einer vernünftigen Seele mit einem männlichen oder weiblichen Körper.

1.2.2.1 Körper

Zwei Grundstoffe bilden den menschlichen Körper: Mark und Fleisch. Um das Mark zu bilden, wählt der Demiurg regelmäßige, glatte Dreiecke, aus denen Feuer, Wasser, Luft und Erde der reinsten Form hergestellt werden können. Aus ihrer Mischung schafft er Gehirn, Rücken- und Knochenmark. Reine, durchgesiebte Erde, die der Demiurg mit Mark anfeuchtet, stellt die Substanz der Knochen dar, aus der er den Schädel, die Wirbelsäule und das übrige Skelett formt.

Elemente aus gewöhnlichen Dreiecksflächen dagegen genügen dem Demiurgen, wenn er Wasser, Feuer und Erde mischt, um Fleisch herzustellen; dazu benutzt er außerdem einen Gärstoff, gebildet aus Salz und Säure, die ebenfalls aus gewöhnlichen Dreiecken bestehen. Beim Trocknen sondert das Fleisch einen Schutzfilm, die Haut, ab. Und auf dem Schädel schlägt die Mischung, aus der die Haut besteht, die durch vom Feuer geschaffene Löcher in der Haut entweicht und von der Luft zurückgedrängt wird, Wurzeln und bringt so die Haare hervor. Aus einer Mischung von Knochen und Fleisch ohne Gärstoff stellt der Demiurg Sehnen her, mit denen er die Knochen untereinander verbindet; und schließlich aus einer Mischung von Sehnen, Haut und Luft die Nägel.

Der menschliche Körper besteht demnach aus den vier Elementen, die vier regelmäßigen Polyedern entsprechen, welche ihrerseits aus Flächen zusammengesetzt sind, die aus zwei Arten von rechtwinkligen Dreiecken – gleichschenkligen und ungleichseitigen – hervorgehen. Und die mathematischen Eigenschaften dieser beiden elementaren Dreiecksformen erklären die Unterschiede zwischen dem Mark, in dem die menschliche Seele verankert ist, und dem Fleisch.

Die Zerstörung des menschlichen Körpers durch Krankheiten ist im Prinzip ebenfalls mathematisch zu erklären, da sie eine Trennung oder Umwandlung der Bestandteile dieses Körpers mit sich bringen, die sich wie alles übrige auf die vier Elemente – aus den vier regelmäßigen Polyedern gebildet – zurückführen lassen. Der Tod tritt ein, wenn das Mark, in dem die Seele verankert ist, einen schweren Schaden erlitten hat, infolge dessen sich die Polyeder des Marks auflösen. Dann lösen sich die Bindungen, die die Seele im Körper festhalten.

1.2.2.2 Seele

Alle Arten von Seelen, die der Götter, der Dämonen oder der Menschen (jedenfalls das Unsterbliche an deren Seelen), hat der Demiurg ausgehend von der Mischung geschaffen, die zur Herstellung der Weltseele verwandt wurde, wenn diese Mischung auch nicht ganz so rein ist wie die ursprüngliche (Timaios 41 d). Somit ist der unsterbliche Teil der menschlichen Seele nur ein Derivat der Weltseele; er befindet sich im Kopf.

Auch finden sich hier die beiden Kreise, der des Selbigen und der des Anderen, aus denen die Weltseele besteht (Timaios 43 e–44 b, vgl. 44 d); sie sind auch in dieselben mathematischen Proportionen unterteilt (Timaios 43 d). Ganz wie die Weltseele vollzieht auch die menschliche Seele die Funktionen der Bewegung und der Erkenntnis. Ihre beiden Kreise drehen sich (Timaios 42 c, 43 d, vgl. 44 b, d, auch 90 d) in Kreisform (Timaios 47 b). Dieser Teil der menschlichen Seele ist der Sitz der vernünftigen Erkenntnis; natürlicherweise gelangt hier auch die sinnliche Erkenntnis zu ihrer Vollendung (Timaios 64 b). Schließlich findet sich auf dieser Ebene auch die Entscheidung, die praktische Seite der vernünftigen Erkenntnis. Dieser Teil der menschlichen Seele, den der Demiurg und nicht seine Gehilfen hergestellt hat, ist unsterblich (Timaios 42 e, 69 c) und damit göttlich (Timaios 69 d, 45 a), ein δαίμων (Timaios 90 a).

Viel weniger eindeutig steht es mit dem sterblichen Teil der menschlichen Seele. Diese Bezeichnung kommt an mehreren Stellen im *Timaios* vor (69 c, d, e, 70 e), aber weder die den Gehilfen des Demiurgen überlassene Herstellung dieses Teils der Seele noch seine Natur werden beschrieben. Nach *Timaios* 69 c–d gliedert sich dieser sterbliche Teil in zwei weitere Teile, einen zornartigen Teil (θυμός), der, in der Nähe des Herzens plaziert, die Selbstverteidigung des Menschen garantiert, und einen begehrlichen (ἐπιθυμία), der sich unter dem Zwerchfell befindet und für Ernährung und Fortpflanzung sorgt. Dieser Dreiteilung der menschlichen Seele liegt jedoch die Zweiteilung in einen sterblichen und einen unsterblichen Teil zugrunde, was an die in der *Politeia* vertretene Lehre erinnert.

Θυμός bezeichnet den kriegerischen Teil der Seele (Timaios 70 a, 90 b); ἐπιθυμιά den Teil, der außerstande ist, eine vernunftgeleitete Rede zu verstehen (Timaios 71 a, d), da seine extreme Entfernung vom unsterblichen Teil der menschlichen Seele, dem Intellekt, ihn daran hindert (Timaios 70 e). Weil sich der Begierdeteil der Seele radikal von dem vernünftigen unterscheidet, beschreibt Platon jenen als wildes Tier, das, angekettet an die Futterkrippe, Lärm und Geschrei erhebt (Timaios 70 e). Der Gehorsam des begehrlichen Teils ist nur mit der Unterstützung des zornartigen Teils zu erreichen, der eine Art Vermittlerrolle einnimmt.

Das entscheidende Problem des Menschen, dieser vorübergehenden Vereinigung einer Seele und eines Körpers, besteht darin, der Seele zur Herrschaft über den Körper zu verhelfen, so daß der unsterbliche Teil „der erste und der beste" bleibt (Timaios 42 d, vgl. 71 d) und dem Körper befiehlt (Timaios 44 d).

Soviel zum eigentlich kosmologischen Aspekt des *Timaios*! Das ist aber nicht alles. Hinzu kommt ein ethischer Aspekt: die Bestimmung der Ziele des Menschen.

2. Ethik

Die im *Timaios* entwickelte Ethik[16] geht von folgender Voraussetzung aus: „Freiwillig ist niemand böse, sondern der Böse wird so durch eine gewisse mangelhafte Beschaffenheit seines Körpers und eine Erziehung ohne Bildung; das Böse ist nämlich der Feind jedes Menschen, und wer böse wird, wird es unbeabsichtigt" (86 d–e). Diese Voraussetzung ist von einer anderen nicht zu trennen: Wer das Gute kennt, handelt danach – eine Annahme, die

---

[16] Anders Kung, 309–339.

der *Timaios* zwar nicht direkt, aber doch indirekt so ausdrückt: „Die Krankheit der Seele besteht unleugbar im Unverstand; zwei Gattungen des Unverstandes aber gibt es, Wahnsinn und Unwissenheit" (86 b).

Gegen Ende des *Timaios* zählt Platon die Gründe des Unverstandes auf: Zunächst einmal trägt eine schlechte Erziehung in Verbindung mit einer schlechten Verfassung des Staatswesens Schuld daran (Timaios 87 a–b). Folglich haben Familie und Polis die eigentliche Verantwortung für diese Art Krankheit. Dies ist ein Thema, das mit Hilfe anderer Dialoge weiter zu erhellen wäre.

Aber das Böse – und dies steht zu den in den früheren Dialogen, vor allem im *Phaidon*, vertretenen Auffassungen in deutlichem Widerspruch – kann auch von einer mangelhaften Verfassung des Körpers herrühren. Platon erkennt also hier die Möglichkeit an, daß der Körper die seelische Tätigkeit aus der Bahn werfen kann.

Im weiteren Verlauf des Dialogs wird dasselbe Problem aus der entgegengesetzten Perspektive wieder aufgegriffen. Jetzt geht es um die Frage, wie die Gesundheit von Körper und Seele zu gewährleisten ist. Die Antwort geht von folgendem Postulat aus: „Alles Gute ist schön, das Schöne aber darf des Ebenmaßes nicht entbehren. Daher muß man sich auch ein Lebewesen, welches derart sein soll, ebenmäßig (griechisch: σύμμετρον) vorstellen" (Timaios 87 c). Die Gesundheit liegt also im Gleichmaß, verstanden als ein von vornherein feststehendes Verhältnis zwischen den Maßgrößen (μέτρον) von mindestens zwei Realitäten. Im Lebewesen als ganzem geht es um das Verhältnis ‚Seele – Körper', innerhalb der Seele um das Verhältnis zwischen deren Teilen, innerhalb des Körpers um das Verhältnis zwischen dessen Teilen.

Wohl hat die Seele den Körper zu lenken. Es kann aber vorkommen, daß sie im Verhältnis zum Körper übermächtig wird, so daß sie ihn zu zerstören droht (Timaios 87 e–88 a), wenn sie sich nämlich mit allzu großem Eifer auf bestimmte Forschungen und Untersuchungen wirft oder sich zu intensiv der Lehre, dem öffentlichen oder privaten Streitgespräch hingibt. Durch ihren Wahnsinn (Timaios 86 b) kann die Seele den Körper in eine mangelhafte Verfassung bringen, die sein Gleichgewicht untergräbt und ihn erkranken läßt. Umgekehrt kann ein übermächtiger Körper durch seine Bewegungen die der Seele behindern und sie zur Unwissenheit, jener anderen Form des Unverstandes, verurteilen (vgl. Timaios 86 b).

Gegen beide Krankheitsarten hilft nur ein Mittel: weder die Seele ohne den Körper noch den Körper ohne die Seele zu bewegen. Nur wenn der Mensch diese Lehre befolgt, kann er sowohl schön als gut genannt werden (Timaios 88 c). Wer sich geistiger Tätigkeit hingibt, sollte seinen Körper durch gymnastische Übungen fördern, und wer Leibesübungen treibt, sollte sich auch mit Musik und Philosophie beschäftigen.

Daß Platon für ein Gleichgewicht zwischen seelischer und körperlicher Betätigung eintritt, widerlegt diejenigen, für die Platon dem Körper keinerlei Bedeutung einräumte[17]. Für die Teile der Seele wie für die des Körpers gilt dieselbe Regel: den Kosmos nachzuahmen, indem man die Regelmäßigkeit von dessen seelischen und körperlichen Bewegungen versteht und nachvollzieht.

Will man den Körper gegen die Zerstörungskräfte der Elemente schützen, so darf man keinen Körperteil ruhen lassen, sondern muß ihn nach dem Vorbild der geordneten und maßvollen Bewegung der *Chōra* bewegen (Timaios 88 d–e). In diese Bewegungen bringt Platon folgende Hierarchie: 1) die gymnastischen; 2) die von Schiffen und anderen Fahrzeugen herrührenden; 3) die von Medikamenten und purgativen Methoden verursachten, von denen Platon einen sparsamen Gebrauch zu machen empfiehlt (Timaios 89 b–e). Das heißt, die körperliche Gesundheit, die insofern zum guten Leben gehört, als sie dem Seelenleben zustatten kommt, setzt voraus, daß man das Funktionieren des Weltkörpers erkennt und nachahmt.

Was die Seele angeht, so sollte ihr vernünftiger Teil stets Vorrang haben (Timaios 89 d–e), aber die anderen Teile sollten entsprechend dem Grundsatz, daß Untätigkeit schwächt (Timaios 89 e–90 a), nicht passiv bleiben. Man sollte darauf achten, daß die Bewegungen der sterblichen Seelenteile im Gleichgewicht sind. Für den unsterblichen Teil gilt: „Für jegliches gibt es gewiß nur ein und dieselbe Pflege, ihm die angemessene Nahrung und Bewegung zuzuteilen. Nun sind die dem Göttlichen in uns verwandten Bewegungen die Gedanken und Umschwünge des Weltganzen; diese muß demnach jeder zum Vorbild nehmen, indem er die bei unserem Eintritt in das Leben irregeleiteten Umläufe in unserem Kopfe dadurch auf die richtigen zurückführt, daß er den Einklang und die Umläufe des Weltganzen erkennen lernt, und muß so dem Erkannten das Erkennende seiner ursprünglichen Natur gemäß ähnlich machen, durch diese Verähnlichung aber das Ziel jenes Lebens besitzen, welches den Menschen von den Göttern als bestes für die gegenwärtige und die künftige Zeit gesetzt wurde" (Timaios 90 c–d).

Damit wird auch klar, warum Platon so nachdrücklich versichert, Sehen (Timaios 47 a–c) und Hören (Timaios 47 c–d) seien uns nicht gegegeben, um uns am sinnlich Wahrnehmbaren zu erfreuen, sondern um in ihm das Intelligible wiederzufinden, das sich in der geometrischen Figur des Kreises und in der Harmonie offenbare, die durch die mathematischen Verhältnisse ausgedrückt wird.

So gesehen ist nicht wie für Protagoras der Mensch für den Menschen das Maß aller Dinge (Theaitetos 178 b), sondern der Kosmos, dieser sichtbare

[17] So schon Joubaud.

Gott, der so vollkommen wie möglich ist, weil sein Ordner, der Demiurg, eine wohlwollende Gottheit war.

Halten wir den Unterschied in der Art fest, wie Platon den Grundsatz der Angleichung an Gott im *Timaios*, im *Theaitetos* (176b) und in der *Politeia* (X 611d–e) interpretiert. Im *Theaitetos* ging es darum, sich der moralischen Güte der Gottheit anzugleichen, in der *Politeia* darum, daß man Gott ähnlich wird, indem man direkt das Intelligible betrachtet.

Das Konzept des *Timaios* bedeutet nicht, daß die Betrachtung der Welt zur Entdeckung der Werte führt, die das politische und moralische Leben der Menschen organisieren sollen. Sie liefert dem Menschen aber das Bild eines Körpers und einer Seele, die gut funktionieren. Das Lebewesen ‚Welt' funktioniert gut, weil seine Seele, die ständig die Ideen betrachtet, dank ihrer und mit Hilfe der Mathematik ihre eigene Tätigkeit organisiert und ihren Körper beherrscht. Wenn ein Mensch das schöne, vollkommene Lebewesen anschaut, das die Welt darstellt, bekommt seine Seele das Vorbild einer Seele, die harmonisch mit einem gut verfaßten Körper zusammenwirkt. Das heißt: Nach dem *Timaios* ist die Betrachtung der Sinnenwelt eine notwendige, wenn auch nicht hinreichende Bedingung für die Betrachtung der Ideen, die für Platon die Grundlage der Werte bleiben.

Kosmologie, d. h. eine mathematisch begründete Kosmologie, und Ethik sind in dieser Weltsicht untrennbar miteinander verbunden.

ANHANG 1

Schema 1 Erste Mischung   Zweite Mischung

unteilbares Sein
teilbares Sein   } gemischtes Sein

unteilbares Selbiges
teilbares Selbiges   } gemischtes Selbiges } Weltseele

unteilbares Anderes
teilbares Anderes   } gemischtes Anderes

Abbildung 1:

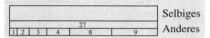

Selbiges
Anderes

Abbildung 2:

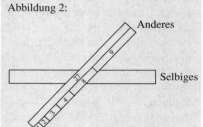

Anderes

Selbiges

Abbildung 3:

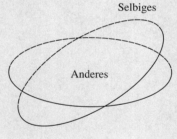

Selbiges

Anderes

Abbildung 4:

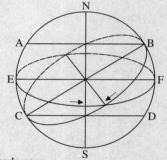

Anmerkungen:
- AB ist der Durchmesser des
  Wendekreis des Krebses
- CD ist der Durchmesser des
  Wendekreis des Steinbocks
- Die Bewegung des „Selbigen" ist die
  Bewegung der Sphäre, die die sinnlich
  wahrnehmbare Welt umfaßt. Auf der
  Äquator-Ebene (= EF) reicht sie links
  (= Osten) nach rechts (= Westen)

Abbildung 5:

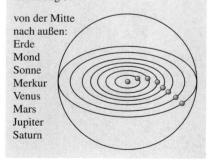

von der Mitte
nach außen:
Erde
Mond
Sonne
Merkur
Venus
Mars
Jupiter
Saturn

ANHANG 2

Reihe 1

Geometrischer Mittelwert

2^0 2^1 2^2 2^3

3^0 3^1 3^2 3^3

Reihe 2a

		Harmonischer Mittelwert	Arithmetischer Mittelwert
a = 1	b = 2	4/3	3/2
a = 2	b = 4	8/3	3
a = 4	b = 8	16/3	6

D.h.: 1, 4/3, 3/2, 2, 8/3, 3, 4, 16/3, 6, 8

Reihe 2b

1 4/3 3/2 2 8/3 3   4 16/3 6   8

4/3 9/8 4/3 4/3 9/8 4/3 4/3 9/8 4/3

D.h. Intervalle von 4/3 und 9/8

Reihe 3a

		Harmonischer Mittelwert	Arithmetischer Mittelwert
a = 1	b = 3	3/2	2
a = 3	b = 9	9/2	6
a = 9	b = 27	27/2	18

D.h.: 1, 3/2, 2, 3, 9/2, 6, 9, 27/2, 18, 27

Reihe 3b

1 3/2 2   3 9/2 6   9 27/2 18 27

3/2 4/3 3/2 3/2 4/3 3/2 3/2 4/3 3/2

D.h. Intervalle von 4/3 und 3/2

Reihe 4

a	1	9/8	81/64	4/3	3/2	27/16	243/128	2
2a	2	9/4	81/32	8/3	3	27/8	243/64	4
4a	4	9/2	81/16	16/3	6	27/4	243/32	8
8a	8	9	81/8	32/3	12	27/2	243/16	16
16a	16	18	81/4	64/3	24	27		

9/8   9/8   256/243   9/8   9/8   9/8   256/243

4/3   4/3

4/3   3/2

2/1

Vom streng musikalischen Gesichtspunkt aus umfaßt die mathematische Struktur der Weltseele also 4 Oktaven, eine Quinte und einen Ton.

$2/1 \times 2/1 \times 2/1 \times 2/1 \times 3/2 \times 9/8 = 27$

ANHANG 3

Abbildung 6a:
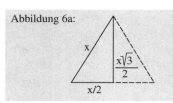

Abbildung 6b:
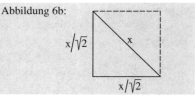

Abbildung 7a:

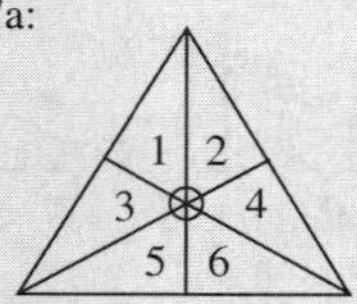

Abbildung 7b:

Abbildung 8a:

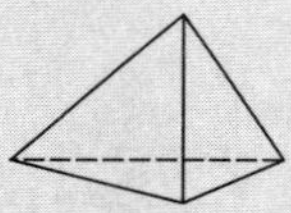

Abbildung 8b:

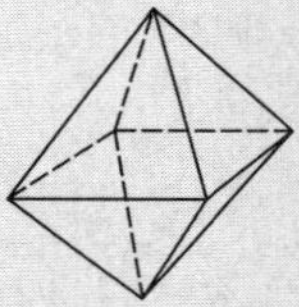

Abbildung 8c:

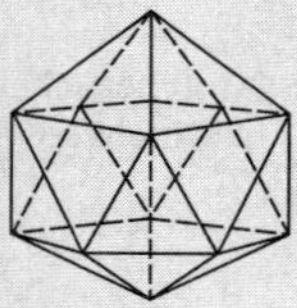

Abbildung 8d:

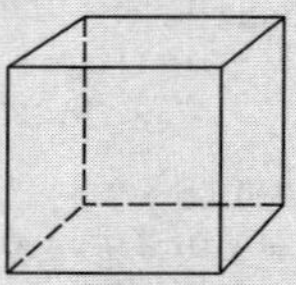

Tetraeder Feuer   Oktaeder Luft   Ikosaeder Wasser   Würfel Erde

Tabelle 1:	Element	Polyeder	Flächenanzahl	rechtwinklige Dreiecke
	Feuer	Tetraeder	4 gleichseitige Dreiecke	24 ungleichseitige
	Luft	Oktaeder	8 gleichseitige Dreiecke	48 ungleichseitige
	Wasser	Ikosaeder	20 gleichseitige Dreiecke	120 ungleichseitige
	Erde	Würfel	6 Quadrate	24 gleichschenklige

Tabelle 2:
Transformationsgleichungen, ausgedrückt durch die Menge erforderlicher gleichseitiger Dreiecke

1 (Feuer) = 4 △

2 (Feuer) (2 × 4 △) = 1 (Luft) (8 △)

1 (Feuer) (4 △) + 2 (Luft) (2 × 8 △) = 1 (Wasser) (20 △)

2 1/2 (Luft) (2 1/2 × 8 △) = 1 (Wasser) (20 △)

Tabelle 3:	Polyeder	Volumen	Fläche
	Tetraeder	$1/12\ a^3 \sqrt{2} = 0{,}1178\ a^3$	$a^2 \sqrt{3}$
	Hexaeder	a^3	$6\ a^2$
	Oktaeder	$1/3\ a^3 \sqrt{2} = 0{,}4714\ a^3$	$2a^2 \sqrt{3}$
	Dodekaeder	$1/4\ a^3 (15 + 7\sqrt{5}) = 7{,}6631\ a^3$	$3a^2 \sqrt{25 + 10\sqrt{5}}$
	Ikosaeder	$5/12\ a^3 (3 + \sqrt{5}) = 2{,}1817\ a^3$	$5a^2 \sqrt{3}$

HANS KRÄMER

PLATONS UNGESCHRIEBENE LEHRE

1.

Als anderswo ein Vortrag gleichen Titels angekündigt war, schrieb jemand unter das Plakat: „War Platon Analphabet?" Die Vorlesungsreihe dieses Semesters hat zur Genüge gezeigt, daß dem nicht so ist. Nicht um *die* Lehre Platons geht es heute, sondern um seine ungeschriebene Philosophie, die es *neben* der in Schriften niedergelegten gegeben hat. Freilich sind dabei noch weitere Mißverständnisse auszuschließen: *Nicht* ist gemeint, daß es Platon wie jedem anderen Schriftsteller nicht gelungen ist, alle seine Gedanken zu Papier zu bringen, weil jede Formulierung notwendig selektiv und abkürzend verfährt. Der Leser und Interpret hätte dann die Möglichkeit, gleichsam zwischen den Zeilen zu lesen und Weggelassenes zu ergänzen. Doch wäre diese Bedeutung des Ungeschriebenen nicht nur trivial, sondern auch unspezifisch für Platon: Sie trifft ja für jede Ausdruckshandlung – nicht nur die sprachliche – zu. Ebensowenig kann gemeint sein, Platon habe bestimmte Themen für weniger wichtig erachtet und daher vorläufig oder für immer zurückgestellt und ungeschrieben gelassen. Die Aufgabe wäre dann die, das weniger Wichtige gleichwohl philologisch zu rekonstruieren und nach Art eines Nachlasses dem Gesamtwerk komplettierend hinzuzufügen. Daß auch diese Auslegung falsch ist, wird sich gleich zeigen. Doch noch eine weitere Bedeutungsvariante ist auszuschließen, die ziemlich verbreitet ist: Platon habe allerdings zentrale Gedanken ungeschrieben lassen müssen, weil sie in Satzform gar nicht formulierbar und insofern unsagbar waren. Wäre dies gemeint, dann könnten wir uns die heutige Vorlesungsstunde ersparen: Inhaltliche Aufschlüsse über das wesentlich Unsagbare wären ja nicht zu erwarten, allenfalls Erklärungen dafür, *warum* es für Platon unsagbar blieb und infolgedessen für uns nicht einmal denkend nachvollziehbar ist.

Die richtige Bedeutung ergibt sich aus der Stelle der aristotelischen *Physik*[1], der die Formulierung „Platons Ungeschriebene Lehre" entnommen ist, in Verbindung mit Platons Schriftkritik im *Phaidros*[2] und, wenn man ihn für echt hält, im *VII. Brief*[3]. Danach hat Platon *absichtlich und mit*

---

[1] Aristoteles, *Physik* IV 2, 209 b 14 f. = Testimonium Platonicum 54 A Gaiser.
[2] Platon, *Phaidros* 274 B–278 E.
[3] Platon, ep. VII 341 B–344 E.

Vorbedacht bestimmte Aspekte seiner Philosophie der literarischen Fixierung entzogen und ausschließlich mündlich weitergegeben. Durch Platons Selbstinterpretation im *Phaidros* werden außerdem noch drei Alternativen ausgeschlossen: Platon hat nicht deshalb Teile seiner Lehre zurückgehalten, um den Leser der Dialoge durch eigene Denkanstrengung das Weitere erraten zu lassen; es bedarf vielmehr ausdrücklich der Intervention des Autors selber, der seinen Schriften gegebenenfalls mündlich „zu Hilfe kommt"[4]. Zweitens bezieht der *Phaidros* Platons Hauptwerk vom *Staat* in die Schriftkritik ein;[5] die Ungeschriebene Lehre kann also nicht durch Spätdatierung chronologisch relativiert und neutralisiert werden. Und drittens: Es handelt sich beim Ungeschriebenen nicht um Beliebiges und Akzessorisches, sondern um Wesentliches und Zentrales; Platon spricht sogar von „Wertvollerem" (τιμιώτερα)[6] gemessen an dem, was in den Schriften philosophisch dargestellt wird.

Dies alles wirkt in hohem Grade befremdlich, wenn man, wie es in der Regel geschieht, von einem *neuzeitlichen Literaturbegriff* ausgeht. Ist Platon nicht ein Klassiker der Weltliteratur, dessen Gesammelte Werke wir im griechischen Original und in alle Kultursprachen übersetzt vor uns haben und mit denen wir umgehen wie mit den Werken anderer philosophischer und literarischer Klassiker auch? Dieser große Autor, der auf sein literarisches Œuvre solche Mühe verwendet und es durch die Gliederung nach Trilogien oder Tetralogien sogar in eine übergreifende Ordnung gebracht hat, sollte sein Werk in einer so unerhörten Weise relativiert und darin das Wesentlichste gar nicht zur Sprache gebracht haben? Diese Einschätzung ist in einer exzessiven Schriftkultur wie der unseren, die schon in der Spätantike einsetzt und durch die Kanonisierung heiliger Schriften in der Ära des Christentums sowie durch den modernen Buchdruck noch verstärkt worden ist, sehr verständlich. Sie hat in der neuzeitlichen Platonforschung ihren Niederschlag gefunden in dem Versuch, Platons Schriftkritik abzuschwächen oder gar seine eigenen Schriften davon auszunehmen. Wegweisend und repräsentativ dafür ist bis heute die *Dialogtheorie Friedrich Schleiermachers*, die er seiner der Intention nach vollständigen deutschen Platonübersetzung vorangestellt[7] und die daher fast zwei Jahrhunderte weit über den deutschen Sprachraum hinaus die neuere Platonforschung bestimmt hat.

Indessen ist im Laufe des 20. Jahrhunderts die neuzeitliche Schrift-, Buch- und Lesekultur ihrerseits in Frage gestellt und in ihrer Vorherrschaft zunehmend eingeschränkt worden. Andere Medien elektronisch-akustischer Art

---

[4] Platon, *Phaidros* 278 C.
[5] Platon, *Phaidros* 276 E 2 f. (vgl. Platon, *Politeia* 376 D, 501 E).
[6] Platon, *Phaidros* 278 D 8.
[7] Schleiermacher.

wie Radio, Funk, Telefon, Film, Fernsehen oder Video haben zu einer neuen *Oralität* geführt, die mit einer Aliteralität, ja Illiteralität einhergeht und die Schreib- und Lesekultur in vielen Fällen verdrängt hat. In diesem Zusammenhang hat sich auch die Philologie und Linguistik zunehmend dem Verhältnis zwischen Oralität und Literalität in Geschichte und Gegenwart zugewandt und dabei ein verfeinertes Verständnis für die Übergänge, das Miteinander und Ineinander von Wort und Schrift und insbesondere auch für Perioden einer überwiegenden Mündlichkeit menschlicher Kommunikation entwickelt. Ich verweise hier nur summarisch auf die mittlerweile 60 Bände umfassende Schriftenreihe ›ScriptOralia‹ des Sonderforschungsbereichs ›Übergänge und Spannungsfelder zwischen Mündlichkeit und Schriftlichkeit‹, der seit 1985 an der Universität Freiburg besteht;[8] ferner auf die Sammelbände von Assmann und Hardmeier über ›Schrift und Gedächtnis‹ von 1983[9] und von Gentili/Paioni über ›Oralitá, Cultura, letteratura, discorso‹ von 1985;[10] auch auf das neue Buch von Assmann ›Das kulturelle Gedächtnis‹ von 1992[11]; schließlich auf Jack Goody, ›Entstehung und Folgen der Schriftkultur‹, 1981/86 auch deutsch, sowie auf Walter J. Ong, ›Oralität und Literalität‹ von 1982[12]. In einem noch weiteren Horizont operieren die Bücher von McLuhan[13] und Neil Postman[14], die die Vorherrschaft und Einseitigkeit bestimmter Kommunikationsmedien in der menschlichen Zivilisation bis zur Gegenwart verfolgen. Ein speziell an Platons Schriftkritik anknüpfender einschlägiger Beitrag von Vittorio Hösle wird 1996 erscheinen[15]. – Speziell für die altgriechische Kultur ist sodann zu verweisen auf einige wichtige Aufsätze von Richard Harder in seinen Kleinen Schriften[16], die heute zu wenig mehr beachtet werden, weiterhin auf das umfangreiche einschlägige Schrifttum von Eric A. Havelock, zusammengefaßt in dem Buch ›Als die Muse schreiben lernte‹ von 1992[17], schließlich auf die Sammelbände von Marcel Detienne ›Les savoirs de l'écriture en Grèce ancienne‹ von 1988[18] und von Kullmann/Reichel in den ScriptOralia von 1990 mit dem Titel: ›Der Übergang von der Mündlichkeit zur Literatur bei den

---

[8] Goetsch/Raible/Rix/Roemer.
[9] Assmann 1983.
[10] Gentili/Paioni.
[11] Assmann 1992.
[12] Goody; Ong.
[13] McLuhan.
[14] Postman.
[15] Hösle 1996.
[16] Harder 57 ff., 81 ff., 98 ff.
[17] Havelock 1982, Havelock 1992.
[18] Detienne.

Griechen‹[19]. Die älteren Arbeiten zur oral poetry kann man als Vorläufer der neueren Untersuchungen betrachten.[20]

Alle diese Forschungsansätze haben das Verhältnis von Oralität und Literalität historisch und systematisch klarer hervortreten lassen. Dies gilt sowohl für die Neuetablierung der Schrift innerhalb einer bis dahin mündlichen Kultur, die man auch noch heute etwa in Asien oder der Karibik beobachten kann, wie auch für die Interferenz und wechselseitige Beeinflussung der Schrift und der daneben fortbestehenden gesprochenen Rede. Für die Einordnung *Platons* ist nun dreierlei wichtig: 1. Das von den Griechen konsequent durchgeführte phonetische Alphabet blieb ganz auf die *gesprochene Rede* bezogen, die es in ihre abstrakten, asemantischen Elemente zerlegte – im Unterschied zu orientalischen, ägyptischen oder fernöstlichen Bilderoder Silbenschriften, die die Welt unter Überspringen der Rede abbilden konnten (Derridas gegen den Phonozentrismus gerichtete Rehabilitierung der *Schrift* ist an *dieser* Tradition und nicht an der griechischen orientiert). 2. Der Primat der Schriftlichkeit setzt sich erst von der Mitte des vierten Jahrhunderts an durch, d. h. erst von da an wurde Sprache primär von der Schrift her gesehen. Bis dahin fiel der Schrift überwiegend nur eine abgeleitete Speicherungsfunktion des gesprochenen Wortes zu. Platon liegt daher noch *vor* der Grenzscheide der „inneren Verschriftlichung"[21] der griechischen Sprache und muß noch der Periode der „inneren *Oralität*" zugerechnet werden, um Harders glückliche Formulierung abzuwandeln, d. h. Platon sah die Sprache und auch die Schrift noch primär vom gesprochenen Wort her. 3. Die griechische Antike hat im Unterschied zur christlichen Ära nie ein Corpus heiliger, autoritativer Schriften gekannt, und die innere Verschriftlichung ging auch später nie so weit, daß das gesprochene Wort ganz ausgeschaltet war (man las daher auch dann, wenn man allein war, nicht still wie heute, sondern laut, unter Zuhilfenahme der Stimme).

Platons Literaturbegriff steht also grundsätzlich im Zeichen der „inneren Oralität" und unterscheidet sich damit ganz wesentlich vom modernen. Dies hat in concreto eine ganze Reihe von Konsequenzen: *Zum einen* dient die Schrift bei Platon nicht primär der Mitteilung und Belehrung, sondern der *Speicherung* und *Konservierung* des bereits mündlich Rezipierten oder anderweitig Erkannten. Die Funktion bloßer *Wiedererinnerung*, die Platon der Schrift in der Grundsatzerklärung des *Phaidros* zuweist,[22] widerspricht

---

[19] Kullmann/Reichel.

[20] Zum Vergleich mit der Parallelentwicklung im indischen Kulturkreis: Hinüber.

[21] Harder 79.

[22] Platon, *Phaidros* 275 A, 275 D, 276 D, 278 A. Zur Hypomnematheorie Platons vgl. jetzt die Monographie von Thiel (im Anschluß an Derrida und konvergierend mit Havelock).

also der modern gesehenen Aufgabe *philosophischer Mitteilung*, die *Schleiermachers* Dialogtheorie für Platon zugrunde legt.[23] Dies hat schon Friedrich Nietzsche, der ja im Hauptberuf Klassischer Philologe war, in seiner Platon-vorlesung zu Recht gegen Schleiermacher eingewandt. Ich zitiere Nietzsche[24]: „Die Hypothese Schleiermachers ist nur in einem *literarischen* Zeitalter möglich . . . (Schleiermacher hat) ihn (Platon) wie einen unserer großen Klassiker hingestellt." „Die ganze Hypothese steht" aber „in Widerspruch zu der Erklärung im Phaedrus und ist durch eine falsche Interpretation befürwortet". „Nach Plato hat die Schrift überhaupt nicht einen Lehr- und Erziehungszweck . . . die Erklärung der Phaedrusstelle setzt die Existenz der Akademie voraus, die Schriften sind Erinnerungsmittel für die Mitglieder der Akademie." Platons Schriften haben also primär den Charakter einer *Dokumentation*[25] und nicht den einer direkten oder indirekten Mitteilung. Wenn wir sie heute notgedrungen in dieser Funktion gebrauchen, handelt es sich um ein von Platon her gesehen zweifelhaftes Surrogat. *Zum andern* wußte Platon natürlich, daß diese Schriften auch in andere Hände gelangen konnten. Neuere Formvergleiche haben gezeigt, daß er damit mindestens teilweise *auch* eine protreptische, werbende Funktion verband, die den Außenstehenden an die Akademie heranführen sollte.[26] Platon hat nun aber *drittens* die innere Oralität nicht lediglich archaisierend konserviert, sondern auch durch Argumente begründet: Oralität hat nach Platon vor der Literalität die Eigenschaften der Personalität, der Langfristigkeit und der Rück-

---

[23] Schleiermacher 4, 25 u. ö.

[24] Nietzsche 239–241. – Es trifft freilich nicht zu, daß Nietzsche damit das neue, die Ungeschriebene Lehre einbeziehende Programm der Platonforschung antizipiert habe. Von einer Ungeschriebenen Lehre Platons, also der inhaltlichen Differenz zwischen Mündlichkeit und Schrift, ist bei Nietzsche nicht die Rede, der auch die entsprechende Hindeutung auf „Wertvolleres" (*Phaidros* 278 D) nicht berücksichtigt. Der Sache nach vertritt die gleiche Auffassung wie Nietzsche – Erinnerungsfunktion der platonischen Schriften nach vorausgegangener Belehrung – etwa auch Zeller 485, Anm. 1.

[25] Die ästhetischen und künstlerischen Qualitäten von Dialogen wie dem *Symposion* oder dem *Phaidros* widersprechen der Erinnerungsfunktion nicht. Sie dienen vielmehr der Verlebendigung und weiteren Einprägung solcher Wiedererinnerung, haben also im Rahmen der hypomnematischen Grundfunktion eine spezielle psychagogische Aufgabe. – Ähnliches trifft für das Verhältnis dieser Qualitäten zu der (oben im Text folgenden) zusätzlichen protreptischen Funktion der platonischen Schriften zu. – Für das *Symposion* hat das neuerdings G. Reale überzeugend nachgewiesen (‚Alles, was tief ist, liebt die Maske. Aristophanes' Rede im *Symposion* als sinnbildliche Verhüllung der ungeschriebenen Lehren Platons', in: Reale 1996).

[26] Gaiser 1959. Vgl. auch Gadamer 1968.

kopplung des Verstehens in der Kommunikation voraus.[27] Davon ausgehend hat Platon einen weiteren Schritt getan, der ihn teils mit seinem Lehrer
Sokrates, teils mit den Pythagoreern verbindet: Die höchsten, wertvollsten
und schwierigsten Themen werden auch von der wiedererinnernden Speicherung und Dokumentierung ausgeschlossen und bleiben ganz der Oralität
vorbehalten. Dafür werden zwei Gründe namhaft gemacht: Für sie bedürfe
es keiner Dokumentation, da sie, einmal erfaßt, nicht mehr in Vergessenheit
geraten können;[28] und zweitens: Sie könnten, literarisch publik gemacht, in
einer Weise mißdeutet, verspottet und lächerlich gemacht werden, die ihrer
Dignität Abbruch täte.[29] Die innere Oralität führt damit bei Platon über die
Sekundärfunktion der Schrift hinaus zu einer *inhaltlichen* Differenz zwischen Rede und Schrift. Die Rede erhält auf Grund ihres *methodischen* Vorrangs auch ein *sachliches* Surplus zugesprochen. Darin liegt die Begründung
für die Zweigleisigkeit der Platonüberlieferung, mit der wir uns heute auseinandersetzen müssen. – Platon hat schließlich nicht nur in der Methodenreflexion des *Phaidros*, sondern im einzelnen in fast allen größeren Schriften
auf diesen *ungeschriebenen Mehrgehalt* andeutend verwiesen, ohne ihn zu
erkennen zu geben. Diese Verweisungs- oder besser Verschweigungsstel-
len[30] sollten den Eingeweihten an den Zusammenhang mit dem *darüber
hinaus Gesagten* erinnern, ohne es – im Unterschied zu den wiedererin-
nerten Themen – selbst zu wiederholen. Der Außenstehende konnte damit
natürlich nichts anfangen, so wenig wie die modernen Interpreten Platons,
wohl aber mochte er darin eine weiterreichende Protreptik sehen, die ihn
vermuten ließ, daß er gegebenenfalls nicht nur an Genaueres, sondern auch
an Weitergehendes herangeführt werden könnte. *Die innere Oralität erzeugt
also bei Platon eine komplexe, mehrschichtige Verfaßtheit der Schriften.*
    Wenn wir die Philosophie Platons als ganze historisch verstehen wollen,
müssen wir versuchen, die Zuordnungen, die Platon zwischen Geschrie-
benem und Ungeschriebenem vorgenommen hat, zu rekonstruieren und
beide auf dem Weg des hermeneutischen Zirkels wechselseitig auseinander
zu erhellen. Platons Ungeschriebene Lehre ist durch Referate seines Schü-
lerkreises in Umrissen erhalten geblieben, der, wie etwa Aristoteles, bereits
diesseits der Grenzscheide zur Literalität hin steht oder doch wenigstens das
Ungeschriebene wie die anderen Themen zur schriftlichen Wiedererinne-

---

[27] Platon, *Protagoras* 329 A ff.; *Phaidros* 275 D, 276 B, 276 E, 277 E f.; ep. VII
341 C, 343 C f., E, 344 B.
[28] Platon, ep. VII 344 D 9–E 2.
[29] Platon, *Phaidros* 275 E, ep. VII 341 E, 344 C, 344 D.
[30] Platon, *Protagoras* 356 E 8–357 C 1, *Menon* 76 E 3–77 B 1, *Phaidon* 107 B 4–10,
Politeia 506 D 2–507 A 2, 509 C 1–11, *Parmenides* 136 D 4–E 3, *Sophistes* 254 B 7–D 3,
Politikos 284 D 1 f., *Timaios* 28 C, 48 C, 53 D, *Nomoi* 894 A.

rung freigegeben hat. Jedenfalls hoffe ich in diesem präliminarischen Teil meines Vortrags deutlich gemacht zu haben, daß es nicht angeht, Platon selbst einen späteren und modernen Literaturbegriff überzustülpen und dann zwischen dem literarischen Œuvre und der Existenz einer Ungeschriebenen Lehre einen Widerspruch zu statuieren. Die Inkompatibilität[31] steckt hier bereits in der unhistorischen Prämisse, die Platon eine zu starke, zu hoch gegriffene, emphatische Konzeption von autarker Literatur unterstellt, die den komplizierten Verhältnissen des vierten vorchristlichen Jahrhunderts nicht gerecht wird.

2.

Ich werde im folgenden versuchen, Beispiele für die Komplettierung des geschriebenen Werkes durch die Ungeschriebene Lehre vorzuführen. Insbesondere ist zu zeigen, wie Platons philosophische Methode der *Dialektik* sich in ihrer durchgeführten und materialiter voll erfüllten Form darstellt. Die moderne Forschung hat sie lange zu Unrecht als bloß propädeutisch oder programmatisch und am Ende oft nur noch als mumifiziertes Petrefakt, ja als mythologischen Begriff behandelt, dem fast jede Operabilität abgeht. Es kommt aber darauf an, die Dialektik nicht nur beschwörend zu zitieren und

---

[31] Gelegentlich versucht man, den „Widerspruch" durch die Behauptung aufzulösen, die Ungeschriebene Lehre sei in Wirklichkeit in den Dialogen doch enthalten (neuerdings: Sayre, Hitchcock u. a.). Dies ist aber weder mit Platons eigenen Aussagen in den Selbstzeugnissen (Phaidros, ep. VII) und den zugehörigen Verweisen auf Ungesagtes (Anm. 30) noch auch mit der Bezeugung von inhaltlich abweichenden „*Ungeschriebenen* Lehren" vereinbar. Wäre tatsächlich keine inhaltliche Differenz gegeben, so wäre die Kontroverse über die Authentizität der indirekten Überlieferung unverständlich; ferner hätte die moderne Platonforschung unbegreiflicherweise versagt, wenn sie die Dialoge ohne Zuhilfenahme der – angeblich nicht weiterführenden – ungeschriebenen Lehre nicht hätte entschlüsseln können. (Daß man es jetzt nachträglich und zirkulär aus der – verschwiegenen – Vorkenntnis der Ungeschriebenen Lehre heraus zu können vorgibt, ist natürlich ohne Beweiskraft.) Schließlich ist zu beachten, daß der als akademischer Terminus eingeführte Ausdruck der „sogenannten Ungeschriebenen Lehren" von denselben Platonikern stammt, zu deren Wiedererinnerung die Dialoge geschrieben waren und die darum, wenn irgendjemand, wissen mußten, ob es ungeschriebene, d. h. nicht zur schriftlichen Wiedererinnerung freigegebene Lehren Platons gab. Im übrigen unterstreicht der Umstand, daß die mündliche Lehre Platons bei den Berichterstattern im Präteritum überliefert ist (im Unterschied zu den im Präsens zitierten Dialogen), noch einmal die inhaltliche Differenz der beiden Überlieferungen (vgl. z. B. Arist. Metaph. I 6 passim; I 9, 992 a 20 ff.; V 11, 1019 a 1 ff.; XII 3, 1070 a 18 f.; Eth. Nic. I 2, 1095 a 32 ff.; I 4, 1096 a 17 ff.). Bezeichnenderweise hat nicht einmal Schleiermacher ihre Verschiedenheit ganz in Abrede gestellt.

zu benennen, sondern in ihrem Vollzug einsehbar zu machen und in ihrem Aufbau detailliert nachzuvollziehen. Die Schwierigkeiten, die sich ergeben, wenn Platon die dialektische Bewegung in den Schriften vorzeitig abbrechen läßt, sind behebbar, wenn man den Schriften, getreu der Methodenreflexion des *Phaidros*, von der Ungeschriebenen Lehre her „zu Hilfe kommt" (λόγῳ βοηθεῖ)[32] und so das dialektische Unternehmen zu Ende bringt.

Aristoteles referiert in Metaphysik I 6 über die *Prinzipienlehre* Platons, die die Ideen ebenso begründet wie diese die wahrnehmbaren Dinge[33]: „Wesensursache sind die Ideen für das übrige, für die Ideen selbst aber ist es die Einheit. Bezüglich der zugrundeliegenden Materie, von welcher bei den übrigen Dingen die Ideen, bei den Ideen selbst aber die Einheit ausgesagt wird, erklärte er (Platon), daß sie eine Zweiheit ist, nämlich das Große und das Kleine. Ferner schrieb er die Ursache des Guten und Schlechten den Elementen (d. h. den Prinzipien) zu" – das letztere expliziter Metaphysik XIV 4[34]: „Das Eine-an-sich sei das Gute-an-sich; sein Wesen aber sahen sie vorzugsweise im *Einen*." Diesen mehrstufigen Aufbau präzisiert Theophrast, der wohl selber noch Schüler Platons gewesen ist, im dritten Kapitel seiner ›Metaphysik‹[35]: „In der Zurückführung der Dinge auf die Prinzipien dürfte Platon die übrigen Dinge an den Ideen festmachen und diese an den Zahlen und von diesen wiederum zu den Prinzipien fortschreiten, danach aber gemäß der Konstitutionsordnung wieder zurück zu den genannten Stufen." Aristoteles bestätigt diese doppelte Bewegung von Regression und Progression Eth. Nic. I 4[36]: „Platon hatte recht, bei der Argumentation immer wieder die Frage zu stellen, ob man sich auf dem Weg *von* oder *zu* den Prinzipien befinde." Die Unterscheidung von Erkenntnis- und Seinsordnung präzisiert offensichtlich das, was wir im Linien- und Höhlengleichnis der platonischen Staatsschrift lesen. Andere Referate füllen dieses Schema weiter aus, wobei teils mathematisierende, teils kategoriale Reduktionstypen eine Rolle spielen. (Man gestatte mir der Abkürzung halber die unplatonische Terminologie; gemeint sind die größten Gattungen der späteren Dialoge, die man neuerdings auch als Metaideen bezeichnet hat.) *Sie* hat Platon nun den Referaten zufolge[37] auf *Einheit* und *Vielheit* zurückgeführt, und zwar so, daß Identität, Gleichheit und Ähnlichkeit unter die *Einheit*; Differenz, Ungleichheit und Unähnlichkeit unter die *Vielheit* subsumiert waren. In diesem Zusammenhang begegnet auch das Paar *Gerade* und *Ungerade*, das im Li-

[32] Platon, *Phaidros* 275E, 276A, C, 277A, 278C.
[33] Aristoteles, Metaph. I 6, 988a 10–15.
[34] Aristoteles, Metaph. XIV 4, 1091 b 14f.
[35] Theophrast, Metaph. III, 6b 11–15.
[36] Aristoteles, Eth. Nic. I 4, 1095 a 32f.
[37] Vgl. zusammenfassend die ›Testimonia Platonica‹ 22B, 32, 39–42, 35b Gaiser.

niengleichnis der Staatsschrift neben den Winkelsorten als Beispiel mathematischer Grundbegriffe dient, die auf dialektischem Wege vom Prinzip des
Guten her verstehbar gemacht werden sollen. Wie dies möglich sei, bleibt
vom Text des *Staats* her notorisch dunkel, und Platon erklärt im Eingang des
Liniengleichnisses auch ausdrücklich,[38] daß er vieles weglasse, was jetzt
nicht gesagt werden könne. Daß ein hierarchischer Aufbau der Ideenwelt
vorliegt, wird aber auch in der Gleichnisfolge deutlich – in der Rede von
Entitäten, die dem Prinzip des Guten „anhängen" sollen,[39] oder von den
„Gestirnen", die außerhalb der Höhle, also im idealen Bereich, *zwischen*
den Dingideen und dem durch die Sonne symbolisierten Guten stehen.[40] Es
leuchtet ein, daß Platon hier auf eine synoptische Generalisierung anspielt,
die von den größten Gattungen, wie sie in den späteren Dialogen hervortreten, zur Einheit und andererseits zur Vielheit aufsteigt – zur Vielheit, die
in den Referaten als Prinzip der Multiplikation und der *Graduierung*, nämlich als Großes und Kleines näher bestimmt war. (In der Tat ist ungleich das,
dessen Glieder sich größer und kleiner zueinander verhalten.)[41] Es versteht
sich, daß diese Synopse auch im VII. Buch des *Staats* gemeint ist, nämlich
beim Aufstieg zum Guten und seiner dialektischen Definition *in der Abhebung von allen übrigen Ideen,*[42] aber auch in der Zusammenschau der mathematischen Wissenschaften, die auf das Liniengleichnis zurückweist.[43]
Dies hat Konsequenzen für die Einschätzung der Dialektik im *Parmenides*
und im *Sophistes.* Auch dort wird die Synopse nicht vollzogen, sondern die
obersten Gattungen werden in paritätischer Parataxe belassen. Platon
deutet aber hinreichend an, daß Weitergehendes ungesagt oder vielmehr
ungeschrieben bleibt: *Sophistes* 254 durch den Hinweis, daß das Wesen des
Seienden und des Nichtseienden hier nicht aufgeklärt werden könne, und
generell durch das Projekt eines Dialoges *Philosophos,* der aber bedeutungsvoll ungeschrieben geblieben ist (weil er die Ungeschriebene Lehre
hätte enthalten müssen). Man mag vom heutigen Bewußtseinstand her einwenden, daß eine solche Subsumptionslogik nicht der Weisheit letzter

---

[38] Platon, *Politeia* 509 C.

[39] Platon, *Politeia* 511 B 8.

[40] Platon, *Politeia* 516 A 8 ff., 532 A 4.

[41] Die unendlich vielen nicht-rechtwinkligen Winkel der Geometrie *Politeia* VI
510 C 4 f. (Platon faßt sie offenbar als spitz- und stumpfwinklige zusammen) sind in
der Tat nach dem Mehr und Weniger untereinander ungleich. Zur Zurückführung des
rechten Winkels auf die Gleichheit und Einheit und der übrigen Winkelsorten auf die
unbegrenzte Zweiheit des Großen und Kleinen in der Platon folgenden Tradition
siehe Markovič, bes. 310 ff.

[42] Platon, *Politeia* 534 B f.

[43] Platon, *Politeia* 531 D, 537 C. Vgl. dazu die m. E. zutreffende Interpretation von
Gaiser 1986.

Schluß gewesen sein könne. Dies ist, wie Hegels Geringschätzung der aristotelischen Syllogistik, modern gedacht, überhebt sich aber der Schwierigkeiten, mit denen die klassische griechische Philosophie angesichts der Kon-
fusionen der Sophistik zu ringen hatte. Im übrigen hat Platon *mehr* als
formales logisches Können erwartet, nämlich das Sicheinüben in Begriff und
Anschauung der reinen Einheit selbst.

Eine zweite, verwandte Komplettierung schließt an die Einteilung des
Seienden in Ansichseiendes und gegensätzliche Eigenschaften an, die sich
in den Schriften vom *Staat* an findet. (Ich erinnere an das Beispiel vom
Finger, der immer Finger bleibt, auch wenn er verschiedene und gegensätzliche Eigenschaften annimmt.)[44] Anstelle der Gegensätze treten in
den späteren Dialogen auch graduierende Quantitäten auf, die sich korre-
lativ zueinander verhalten und durch ein mittleres Maß festgestellt und begrenzt werden können (so im *Politikos* und *Philebos*). In diesem Zusammenhang deutet Platon an hervorgehobener Stelle, nämlich genau in der
Mitte des *Politikos* und seines Methodenexkurses, einen noch ausste-
henden *Aufweis des Exakten selbst* an, der in den Schriften unrealisiert
bleibt.[45] Aus der Ungeschriebenen Lehre erfahren wir aber, daß Platon
die Seinsarten des Ansichseienden und Relativen, zerfallend in Gegensätze und Korrelativa, auf die Prinzipien von Einheit und unbegrenzter
Zweiheit zurückgeführt hat, und zwar in Form einer dialektischen Synopse, die wiederum über die Gattungen des Gleichen und Ungleichen verläuft.[46] Es wäre auch hier unangemessen, darin nur formale Logik am
Werk zu sehen und nicht die Einübung in den dialektischen Zugang zur
Einheit selbst. Hinzu kommt, daß die Einheit hier axiologisch als das Gute
gesehen ist, denn die positiven Gegensätze mit dem Mittleren zwischen
den Korrelativa werden auf sie zurückgeführt – in Explikation des im
zuerst zitierten Referat Arist. Metaph. I 6 angedeuteten axiologischen
Begründungszusammenhangs.

Ein weiteres Beispiel: In den Schriften wird immer wieder auf dem Satz
insistiert, daß (dialektisches) Wissen sich nur auf die beiden Glieder eines
Gegensatzes zusammen beziehen könne (so wie der Arzt, der weiß, was Gesundheit ist, auch wissen muß, was Krankheit ist, und umgekehrt). Der
Hauptteil des Dialogs *Parmenides* bestätigt dies nun epistemologisch ebenso
wie ontologisch für das Eine und das Viele als das Andere vom Einen: Beide
stehen im Verhältnis wechselseitiger Implikation. Daß sich darin jenseits
von Parodie, Polemik, formaler Schulung, formaler Logik, neuplatonischer

---

[44] Platon, *Politeia* 479 A ff., 523 C ff., *Sophistes* 255 C. Zur Vorgeschichte vgl. die
Dissoi Logoi VS 90 c. 5, 1 ff. mit Platon, *Phaidros* 263 A, Alk. I 111 B.
[45] Platon, *Politikos* 284 D 1 f.
[46] Testimonia Platonica 22 B, 32, 43 Gaiser (vgl. 31).

oder gar Hegelscher Metaphysik oder vollends einer bloßen Apologese der Ideenlehre die Bipolarität der *Prinzipientheorie* Platons im Gewand einer historischen Selbstklärung verbirgt, kann nur der in die Ungeschriebene Lehre Eingeweihte in Erinnerung rufen, wobei wir heute neben Arist. Metaph. XIV 2[47] auf das gleichgerichtete Speusipp-Referat bei Proklos[48] zurückgreifen können. Freilich fehlt im *Parmenides* der weitere dialektische Kontext mit der Regression *zu* und der Progression *von* den Prinzipien, der nach Platons Auffassung erst die systematische Evidenz des Gegensatzaxioms auch auf der Ebene der obersten Prinzipien sichern würde.

Ein weiterer Aspekt der platonischen Dialektik erschließt sich vom Mittelteil des *Timaios* her, wo Platon die vollständige dimensionale Analyse der Elementardreiecke auf „noch höhere Prinzipien" zweimal betontermaßen abbricht (48 C, 53 D). Sie ist in der Ungeschriebenen Lehre zu Ende geführt, zuerst bis zu den sog. unteilbaren Linien in der Bedeutung minimaler Größen der Ausdehnung,[49] dann über die vorgeordnete Arithmetik bis zu den *idealen* Größen und Zahlen, die ihrerseits aus den Prinzipien von Einheit und Groß-und-Kleinem generiert gedacht sind. Auch diese am Modell der Mathematik orientierte Seite der platonischen Philosophie unterliegt der *dialektischen Methode*, und zwar insofern, als sich diese mit den Kategorien von *Teil* und *Ganzem* und den zugehörigen Relationen befaßt. In der Tat schreibt Aristoteles den *Dialektikern*, also Platon und den Akademikern, neben der Thematik von Art und Gattung auch die von Teil und Ganzem zu.[50] *Beide* lassen sich unter der Kategorik von ontologischer *Priorität* und *Posteriorität* zusammenfassen, die in der Ungeschriebenen Lehre eine zentrale Rolle spielte[51] und die uns noch beschäftigen wird. (Klar ist schon jetzt: Ontologisch primär ist die Gattung gegenüber der Art und ebenso der Teil gegenüber dem Ganzen, z. B. die niedrige Zahl gegenüber der höheren oder die Linie gegenüber der Fläche oder das Dreieck gegenüber dem Viereck u. dgl.) Im übrigen hat Platon in der Ungeschriebenen Lehre ein Generalisierungsverbot bei ontologischen Rangfolgen formuliert,[52] das der typentheoretischen Lösung des modernen Antinomienproblems analog ist. Die

---

[47] Aristoteles, Metaph. XIV 2, 1089 a 1 ff.

[48] Testimonium Platonicum 50 Gaiser.

[49] Aristoteles, Metaph. I 9, 992 a 21 f.; XIII 8, 1084 b 1.

[50] Aristoteles, Metaph. IV 2, 1005 a 16 ff. neben III 1, 995 b 20 ff.; vgl. Divisiones Aristoteleae Nr. 65 Cod. Marc. p. 64 Mutschmann.

[51] Für Platon ist grundlegend das Referat Arist. Metaph V 11, 1019 a 1–4 = Test. Plat. 33 a Gaiser; vgl. ferner Arist. Eth. Nic. I 4, 1096 a 17–19; Test. Plat. 22 B, 23 B, 32, 34 Gaiser; die Relationen von Gattung – Art *und* Teil – Ganzem sind unter die ontologische Priorität und Posteriorität subsumiert (mit Beispielen) Div. Arist. Nr. 65 C. M. p. 64, 15 ff. Mutschmann.

[52] Aristoteles, Eth. Nic. I 4, 1096 a 17–19.

im ersten Teil des *Parmenides* diskutierten Teilhabeprobleme mit der dort of-
fengelassenen Alternative zwischen Äquivokation einerseits und Univozität
mit Selbstprädikation und Regreß auf der anderen Seite sind damit definitiv
zugunsten einer regreßfreien Univozität beseitigt.

Was die vielfach als monströs mißverstandene *Ideen-Zahlen-Theorie* der
Ungeschriebenen Lehre angeht, so muß man zwischen den idealen Zahlen
und den übrigen Ideen unterscheiden, die an ihnen kraft ihrer mathematischen Relationierung ebenso teilhaben wie die mathematischen Zahlen.
(Man spricht dann besser von zahlenhaft bestimmten Ideen oder auch von
Ideen-Zahlen in Abhebung von den idealen.) Zunächst ist es deutlich, daß
zwischen den idealen Zahlen und allen übrigen Zahltypen ein Verhältnis dialektischer Synopse vorliegt. Ferner ist die arithmetische Strukturierung des
Universalienbereichs als eine Entfaltung des griechischen Logosbegriffs und
als eine *Präzisierung der Dialektik* aufzufassen, die jedem Glied seinen
exakt bestimmbaren Ort im Ganzen anweisen sollte. Parallelen in der Neuzeit wird man weniger in der Logistik als bei Leibniz oder in Kohärenztheo-
rien der Wahrheit zu suchen haben. Ich bin im übrigen der Ansicht, daß die
mathematische Relationierung des Universalienbereichs bei Platon über
programmatische Ansätze hinaus nicht weiterentwickelt worden ist. Doch
war nicht dies der Grund dafür, sie der Oralität vorzubehalten, sondern die
Schwierigkeit der Handhabung, die eine solche Reflexionsstufe der Dialektik auch in ausgearbeiteter Form mit sich gebracht hätte.

Sind die Prinzipien unter dem Aspekt der Universalisierung oberste Gat-
tungen, genera generalissima, so unter dem Aspekt der elementarisierenden
Kategorik von Teil und Ganzem eher letzte oder, nach der Seinsordnung,
erste *Elemente*: elementa prima (griechisch: στοιχεῖα); beides kommt in den
Referaten vor. Hier hat Platon auch mit der dialektischen Definition des
Einen-Guten angesetzt, die im VII. Buch des *Staats*[53] gefordert, aber nicht
entwickelt ist. Die Einheit konnte ja nicht als Spezies einer noch höheren
Gattung definiert werden, was zum infiniten Regreß geführt hätte. Wohl
aber konnte die Einheit analytisch als Element und *Maßstab* der durch sie
prinzipiierten Vielheit expliziert werden, und zwar, da es sich um die erste
und letzte, schlechthin teillose Einheit handelt, als *exaktester Maßstab*, mit
gnoseologischen, ontologischen und axiologischen Konnotationen. Es versteht sich, daß Platon diese voraussetzungsreiche Bestimmung,[54] die den
dialektischen Prozeß zu Ende bringt und die mit der Evidenz der intellektuellen Anschauung (der νόησις) im Verhältnis wechselseitiger Bedingung
steht, vor allem anderen der Oralität vorbehalten hat.

---

[53] Platon, *Politeia* 534 B f.
[54] Näheres dazu vom Verf. in: Krämer 1966. Vgl. auch vom Verf. in: Krämer 1990,
102.

Bis hierher war überwiegend von der dialektischen via cognitiva, von der Regression und dem synoptischen Aufstieg nach der *Erkenntnisordnung*, die Rede. Wir wollen jetzt abschließend die Prinzipientheorie der Ungeschriebenen Lehre in die Progression der *Seinsordnung* hinein verfolgen und dabei vor allem das Sonnengleichnis im *Staat* im einzelnen erläutern. Es wird sich dann zeigen, daß der rätselhafte Text von der Ungeschriebenen Lehre her vollständig, einheitlich und zugleich historisch begründet erklärt werden kann, was bisher mit keiner immanenten Interpretationsweise auch nur annähernd gelungen ist. Dabei empfiehlt es sich, der Tatsache eingedenk zu sein, daß Platon die Gleichnisfolge nachgerade mit einer dreifachen Kautel versehen und dadurch für den Außenstehenden so gut wie unlösbar verrätselt hat: Nicht nur wird der „größere (dialektische) Weg" nicht gegangen,[55] sondern zusätzlich ins Bild ausgewichen und erklärtermaßen nicht einmal dieses völlig zu Ende geführt.[56] – Die Zuständigkeit der Dialektik ist nun bei der Seinsordnung wie schon bei der Erkenntnisordnung generell durch die Kategorik ontologischer Priorität und Posteriorität gegeben. Auszugehen ist von der *Grundkonzeption der Ungeschriebenen Lehre*, daß das Prinzip der Einheit, Bestimmtheit, Identität und Beharrung das Gegenprinzip der Unbestimmtheit, Vielheit, Differenz, Multiplikation und Graduierung *bestimmt* oder, wie es in den Referaten heißt, „begrenzt". Was bedeutet dies für die axiologische, ontologische und gnoseologische Funktion, die der Idee des Guten im Sonnengleichnis zugeschrieben wird?

Zunächst müssen die Philosophen des Idealstaats bekanntlich wissen, inwiefern das Gerechte und Richtige gut ist, dann werde der Staat *geordnet* und *einheitlich* sein – eine Formel, die vom V. bis zum IX. Buch immer wiederkehrt,[57] *auch* in der Anwendung auf die Seele des Einzelnen. Daß nun gerade hier nicht an bloße Subsumptionslogik zu denken ist, zeigt die Ungeschriebene Lehre, die ausdrücklich Gerechtigkeit, Besonnenheit und andere Tüchtigkeiten als *Ordnungen* über die *Zahlen* auf die *Einheit selbst* zurückführt.[58] Ordnung ist in der Tat Einheitlichkeit in der Vielheit, die an der *reinen* Einheit teilhat, und kann daher in der Staatsschrift mit dem Begriff der Einheitlichkeit in Staat und Seele alternieren. Daß auch das Mittlere und Maßhafte der späteren Dialoge als Derivat der Einheit zu verstehen ist, war vorhin anläßlich der kategorialen Reduktion zu zeigen. Die Ungeschriebene Lehre fügt im übrigen hinzu, daß das Geordnete auch begrenzt und be-

---

[55] Platon, *Politeia* 504 C 9 ff., 506 D 3 ff.

[56] Platon, *Politeia* 506 E, 509 C 5 ff.

[57] Z. B. Platon, *Politeia* 443 D, 500 C, 506 A, 540 A (Ordnung); 422 E, 423 A, D, 443 E 1, 445 C, 462 A f., 551 D, 554 D, 560 A f., 568 D (Einheit).

[58] Aristoteles, Eth. Eud. I 8, 1218 a 16–23; Arist., *Protreptikos* fr 5 a Ross = B 33 Düring.

stimmt sei.[59] – Dies ist wegweisend, wenn wir jetzt danach fragen, inwiefern das Gute *Seinsgrund*, causa efficiens, der Ideen und dann alles übrigen sein kann. Hier ist daran zu erinnern, daß die Einheit als Bestimmungsprinzip Identität, Selbstgleichheit, Beharrung und Einzigkeit setzt. Die Referate formulieren dies so, daß jedes Ding, soweit es ein Bestimmtes und Begrenztes ist, *eines* sei.[60] Im V. Buch des *Staats*, anläßlich der Einführung der Ideenlehre, deutet Platon mit einem Wortspiel in diese Richtung: Alles ist, heißt es dort,[61] entweder „Eins oder *Keins*", d. h., was nicht Nichts ist, muß Eines, nämlich ein Einheitliches sein. Platon rechnet dabei mit verschiedenen Seinsgraden: Die Ideen sind einheitlicher und einzigartiger als die Dinge, aber nicht so einheitlich wie die reine Einheit selbst. Im übrigen folgt aus der Qualifikation des Seienden als eines *bestimmten*, wie die im *Sophistes* offengelassene Frage nach dem Wesen des Seienden zu beantworten ist (eine Andeutung gibt Platon selbst *Sophistes* 245 A f.). Doch wie steht es weiterhin mit dem Guten als Grund von *Wahrheit und Erkennbarkeit*? Die Referate bringen Erkennbarkeit wiederum mit Bestimmtheit und Geordnetheit in Verbindung,[62] was wir uns von der modernen Gestaltpsychologie her verdeutlichen können. Eine spezielle Wahrheitstheorie ist für die Ungeschriebene Lehre nicht überliefert, doch läßt sie sich nach Analogie der Erkennbarkeit erschließen. Platon hat offenbar den veritativen Aspekt des griechischen Seinsbegriffs im Auge, ähnlich wie er den ontologischen Konnotationen des Aretebegriffs folgt. Die axiologischen, ontologischen und gnoseologischen Aspekte können daher in der Grundkonzeption von der Bestimmung des Unbestimmten durch die Einheit als das Bestimmende konvergieren, und es läßt sich mit einem gewissen Recht die Auffassung vertreten, daß Platon die Konversionsthese der späteren Transzendentalienlehre – ens, *unum*, bonum, verum convertuntur – der Sache nach weitgehend antizipiert und zugleich prinzipientheoretisch begründet hat.[63]

Noch ein Wort zur Denkkraft der Seele, die gleichfalls vom Guten her begründet sein und ihm nach dem Grundsatz, Gleiches sei durch Gleiches zu

---

[59] A. a. O.

[60] Z. B. Test. Plat. 22 B p. 480 Gaiser; 23 B p. 484 Gaiser; vgl. Test. Plat. 32 § 261.

[61] Platon, *Politeia* 478 B 10 ff. (vgl. 476 A, 479 A).

[62] Testimonium Platonicum 34 Gaiser = Arist. ‚Protreptikos‘ fr 5 a Ross = B 33 Düring.

[63] Die Einordnung von Ideen des Schlechten, Ungerechten u. dgl. bereitet nur scheinbar Schwierigkeiten, da alle Ideen wie das Nichtseiende im *Sophistes* begrenzt und seiend sind. Die Idee von Schlechtem ist aber auch – gemäß der typentheoretischen Differenzierung (s. o. Anm. 52) – im Unterschied zu den daran teilhabenden Dingen nicht selber schlecht. Anders gewendet: Die Einheit setzt sich in der intelligiblen Welt in stärkerem Maße durch als in der wahrnehmbaren. Es gibt allerdings vornehmlich in der letzteren verschiedene Seins- und Gütegrade.

erkennen, verwandt sein soll. Schon der *Timaios* klärt darüber auf, daß die Vernunftseele aus Teilbarem und *Unteilbarem*, also Einheitlichem, sowie aus Differenz und *Identität* gemischt und *zahlenhaft* strukturiert sei. Die prinzipientheoretische Fundierung ergibt sich aus der weiteren Zurückführung dieser Kategorien. Die Ungeschriebene Lehre fügt hinzu, daß das noetisch-intuitive Erkennen einheitlich und ganzheitlich erfolge und insofern der Einheit zuzuordnen sei (im Unterschied zur dyadischen Struktur des diskursiven).[64]

Man versteht im übrigen nach dem Bisherigen ohne weiteres, daß die Einheit als Bestimmungsgrund des Seienden qua Bestimmten nicht selbst ein Seiendes sein kann, sondern „jenseits des Seins und der Seinsheit" stehen muß, wie dies im *Staat* ausgesprochen ist[65] – ein ausgezeichneter Fall dialektischer Priorität und Posteriorität (nebst einer für den Eingeweihten bemerkenswerten Anspielung: Ἄπολλον, „beim Apoll", erwidert der überraschte Unterredner,[66] was etymologisierend als Nicht-Vieles, also Eins verstanden werden kann, entsprechend der pythagoreischen Symbolisierung der Einheit durch Apoll). Ferner wird erklärlich, weshalb die Idee des Guten das Denken bei direkter Zuwendung wie die Sonne die Augen blenden kann[67]: Es ist eben sehr schwierig, die reine Einheit teillos und doch zugleich anschaulich zu denken.

Ich muß es mir hier versagen, aus dem *Staat* Folgerungen etwa für die vorangehenden Dialoge *Phaidon* und *Symposion* zu ziehen. Ich halte hier die Interpretationen Reales[68] für richtig. (Für das *Symposion* beziehe ich mich auf einen noch unveröffentlichten Beitrag Reales, der weit über unsere eigene Interpretation hinausführt.)[69] Es dürfte indessen deutlich geworden sein, daß geschriebene und ungeschriebene Lehre bei Platon insgesamt im Verhältnis von Implikation und Explikation stehen, vergleichbar etwa mit dem Verhältnis zwischen Realphilosophie und Logik bei Hegel.

---

[64] Testimonium Platonicum 25 A = Arist. De an. I 2, 404 b 22 f.

[65] Platon, *Politeia* 509 B 8 ff.

[66] Platon, *Politeia* 509 C 1.

[67] Platon, *Politeia* 516 A f., 517 C 1, 532 B f.

[68] Vgl. seinen Aufsatz im vorliegenden Bande und ausführlicher Reale 1993, 5. und 7. Kap. – Die *Phaidon* 101 D angedeutete Hinterfragung der Ideenhypothese durch eine übergeordnete Hypothese setzt eine Zweistufigkeit der Begründung voraus, die einerseits auf das Gute von 97 C ff., andererseits auf die ungeschriebene Prinzipientheorie verweist.

[69] Vgl. oben Anm. 25.

3.

Statt dessen werde ich im *dritten Teil* meines Vortrags versuchen, die nachfolgende Diskussion insoweit vorzustrukturieren, daß nach Möglichkeit gewisse herkömmliche Widerstände und Einwände gegen das von mir vertretene integrierte Platonbild im voraus ausgeräumt werden. Ich hoffe, damit, nach und mit Platon, meinem Logos und zugleich, wie ich meine, auch dem Logos Platons selber „zu Hilfe zu kommen".

Auch unter Ihnen werden sich manche kritisch gefragt haben, ob das hier skizzierte Platonbild mit dem uns vertrauten noch vereinbar ist. Ist Platon nicht der offene, ständig weiterstrebende und nie zu Ende gelangende Denker, und ist es deshalb nicht von vornherein verfehlt, bei ihm nach einem Abschluß seiner Dialektik zu suchen? Weist nicht sein Philosophiebegriff, der sich per definitionem von der Sophia, dem Wissen der Götter, abgrenzt, auf ein skeptisches, ja agnostisches Verständnis des endlichen Menschen hin, das in der Nachfolge des sokratischen Nichtwissens und der delphischen Religiosität steht? Ist nicht zumal das Gute das Unerfaßbare und daher auch Inkommunikable und Undefinierbare, das vielleicht gelebt werden kann, aber sich jeder Theorienbildung entzieht? Zeigt nicht das Ausweichen in Bilder, Gleichnisse und Mythen, daß die Kraft der Dialektik beschränkt ist und frühzeitig dem Unerforschlichen Raum geben muß? Kann die Dialektik daher nicht eher Fragen stellen als Antworten geben, und wenn sie einmal Fragen beantwortet, sind diese Antworten dann nicht vorläufig und ungesichert, weshalb sie nur zu immer wieder neuen Fragen herausfordern? Ist Platon darum nicht der Prototyp des Problemdenkers und damit des redlichen Philosophen, der uns darüber aufklärt, daß Philosophieren Unterwegssein bedeutet? Ist nicht gerade *er* der große Ironiker, der die aporetische Verfaßtheit des Menschen in immer wieder neuen Anläufen mit heiterer Gelassenheit und gleichsam spielerisch vorführt und damit zur Bescheidenheit anhält – gegenüber allen dogmatischen Fixierungen und vorschnellen Systembildungen oder Ideologien –, darin ein Kritiker der Vorsokratiker und ein prophetischer Warner vor jeder philosophischen Scholastik nach Art seiner akademischen Schüler, des Aristoteles, der Stoiker und Neuplatoniker, um vom Mittelalter und der Neuzeit zu schweigen?

Bringt man diese bei Philosophen und Nichtphilosophen weit verbreiteten Vorurteile auf den Begriff, dann ergibt sich folgender Argumentationszusammenhang: Das Letzte bleibt bei Platon *agnostisch* undurchsichtig und intuitiv wie konzeptuell unfaßbar. Philosophie ist darum nur möglich als infinite *Approximation*, die aber nie zum Ziel kommt und wesentlich unvollendet bleibt. (In einigen neueren Versionen ist die Annäherung sogar durch ein ateleologisches Fortschreiten ins unbestimmt Offene ersetzt.) Die virtuell infinite Dynamik läßt sodann eine feste Theorien- oder gar Systembildung nicht zu.

Dieses Platonbild, das mitunter die Züge eines zwanghaft internalisierten, im Unbewußten wurzelnden Archetyps annimmt, mutet recht modern an. In der Tat verdankt es sich einer nachkantischen Modernisierung Platons in der deutschen Romantik, und zwar des näheren der primär von Fichte inspirierten Platondeutung Friedrich *Schlegels*. Wie sein Mitarbeiter Schleiermacher der Erfinder des Mythos vom autarken Literaturdialog bei Platon gewesen ist, so ist Schlegel der Erfinder des Mythos vom Agnostiker, Infinitisten und Problemdenker[70] Platon. Beide haben damit ihre eigene, zeitgenössisch bedingte Philosophie allzu unreflektiert auf Platon übertragen. Ich habe das in meinem Platonbuch von 1982[71] für Schleiermacher und in der Abhandlung ›Fichte, Schlegel und der Infinitismus in der Platondeutung‹[72] ausführlich dargetan und dafür die Zustimmung führender Schlegelforscher wie Ernst Behler und Ingrid Strohschneider-Kohrs erhalten.[73] Schlegel hat im Unterschied zu Schleiermacher weniger die äußere als die *innere* Form der Platonischen Philosophie und ihren eigentümlichen philosophischen Typus folgenreich und bis in die Gegenwart herein maßgeblich interpretiert. Von Schlegel gehen alle zentralen Kategorien der neueren Platondeutung aus: die der Entwicklung, des Unfertigen, Unvollendbaren und Asystematischen, der Ironie sowie des agnostisch Undurchsichtigen und Unsagbaren. Schlegel argumentiert aber mit dem Gedanken der unendlichen Reflexion, der allem zugrunde liegt, anachronistisch von der Spitze der neuzeitlichen Subjektivität aus. Der anhaltende Erfolg seiner Kategorien beruht indessen eben darauf, daß sich in ihnen das moderne Selbst- und Weltverständnis in seiner Geschichtlichkeit, Endlichkeit und Vorläufigkeit an den Texten eines Klassikers der Philosophie wiedererkennt und gleichsam gespiegelt findet. Die Romantiker haben es verstanden, für die Moderne einen ihr gemäßen Platon zurechtzumachen und damit im großen das antizipiert, was man heute die hermeneutische Überwindung des Historismus nennen würde. Die apologetische Energie, mit der man bis heute auf dem romantischen Platonbild insistiert, ist jedenfalls getragen von einem Legitimations- und Affirmationsinteresse in bezug auf die Geschichte, das die

---

[70] Die Bevorzugung der Frage vor der Antwort und die Ausbildung einer Kultur der „Fraglichkeit" in der Philosophie des 20. Jahrhunderts ist eine Konsequenz des neuzeitlichen Skeptizismus (und zuletzt Nominalismus). Daß sie zumindest für die Welt des Alltags auch heute nicht zutrifft, zeigt Waldenfels (mit einer detaillierten Phänomenologie der Antwort).

[71] Krämer 1990, Parte prima (zur amerikanischen Ausgabe oben Anm. 54).

[72] Krämer 1988.

[73] Behler 90 ff.; Strohschneider-Kohrs (brieflich).

eigene Identität durch historische Rückprojektionen und Selbsttautologisierungen zu bestätigen und zu erhalten strebt. Das Bedürfnis nach klassischen Autoritäten und Gewährsmännern wird so gewendet, daß diese zirkulär nur das konfirmieren können, was man ohnehin schon ist oder zu wissen glaubt. Die romantische Platonrezeption empfiehlt sich überdies dadurch, daß sie durch ihre Unbestimmtheit und Vagheit die Lizenz des hermeneutischen Zugriffs weit offenhält und damit den verschiedensten präsentistischen Ausdeutungen Unterkunft gewährt. Es ist daher sehr begreiflich, daß man von diesem uns so wahlverwandten Platon nicht lassen will und ihn um keinen Preis gegen einen uns ferngerückten vorkritischen und vermeintlich naiv metaphysischen Platon eintauschen möchte.

Die auf Wissenschaftlichkeit verpflichtete Philosophiehistorie, die ich hier vertrete, wird sich von solchen Legitimationsbedürfnissen und Spiegelungseffekten nicht irritieren lassen. Sie hat inzwischen – ich denke an mehrere Arbeiten von Karl Albert[74] – die Mißdeutung des platonischen Philosophiebegriffs durch Schlegel aufgedeckt und nachgewiesen, daß seine Dynamik nicht linear, sondern zyklisch zu verstehen ist, nämlich als temporäres *Erreichen* und Wiederzurückfallen, in Abgrenzung von der beständigen Präsenz der Sache im intellectus divinus. Im übrigen hatte schon Mondolfo in seiner Monographie über die Unendlichkeitsvorstellungen der Antike gezeigt,[75] daß für die klassische griechische Philosophie von Platon und Aristoteles überhaupt nur eine zyklische, keine lineare Infinität in Frage kommt. Die angebliche Unbestimmbarkeit des Guten widerspricht sodann nicht nur den Texten Platons, der bekanntlich die *Definition* des Guten fordert, sondern gehört ersichtlich zu den Konsequenzen des Sturzes der alten Teleologie im neuzeitlichen Nominalismus. Die objektiven Naturzwecke werden in der Neuzeit durch *Freiheit* ersetzt, und darum kann das Gute, wie schon bei Hume und dann bei Moore, nicht mehr essentialistisch verortet und definiert werden. Demgegenüber haben *alle* antiken Philosophenschulen das Gute und die Eudämonie in sog. ‚Telosformeln‘ genau fixiert und definiert, schon aus Konkurrenzgründen, und es ist ganz ungereimt, gerade Platon davon ausnehmen zu wollen, der sich im VI. Buch des *Staats* ausdrücklich von konkurrierenden Konzeptionen des Guten bei den Sokratikern distanziert.[76] – Auch der Infinitismus, Evolutionismus und Progressivismus in Platonicis, der im 19. Jahrhundert geradezu zur „platonischen Frage" avanciert ist, ist postnominalistisch und setzt den Zusammenbruch der alten Ontologie und Teleologie voraus. In der Schlegelschen Version gehört er spezieller der

---

[74] Insbesondere: Albert 1989 (auch ital., polnisch); vgl. Albert 1988, 54 ff.; 434 ff.; 558 f.
[75] Mondolfo, Kap. VIII, 101–117.
[76] Platon, *Politeia* 505 B ff., 509 A 6 ff.

Bewußtseins- und Bildungsgeschichte des neuzeitlichen Subjekts im Deutschen Idealismus zu. Er hat zu einer genetisch-biographischen Überinterpretation des platonischen Schrifttums geführt, ohne daß man konkurrierende Erklärungen didaktischer, systematischer, künstlerischer, ökonomischer, gattungsspezifischer oder adressatenbezogener Art überhaupt erwogen oder gar widerlegungsdefinit ausgeschlossen hätte. – Aber auch die Idee der Asystematizität oder gar des Antisystems ist überwiegend nachkritizistischer Herkunft und als Reaktion gegen den dogmatisch strengen Systembegriff der frühen Neuzeit aufzufassen. Erst vom 19. Jahrhundert an, nach Schlegel vor allem bei Kierkegaard und Nietzsche, datiert die Vorstellung, Asystematizität könne allein schon für sich genommen als philosophischer Wert figurieren. Die romantische Ironie Schlegels, die alle Setzungen wieder zurücknimmt, ist darum Platon völlig fremd; die *sokratische* Ironie der Selbstverkleinerung ist demgegenüber ein mäeutisch-didaktischer Kunstgriff der philosophischen Mitteilung oder der literarischen Wiedererinnerung, bei der der Lehrende weniger zu wissen vorgibt, als er tatsächlich weiß.[77]

Die wohl wichtigste Gegeninstanz zum Platonbild der letzten beiden Jahrhunderte ist stets die Ungeschriebene Lehre gewesen. Mochte man den vollendeten dialektischen Aufstieg der Staatsschrift noch als programmatisch oder utopisch, nämlich an die Bedingungen des idealen Staates geknüpft relativieren, so zeigt die *Progression* nach der Seinsordnung in der Ungeschriebenen Lehre, daß der *Regreß* zu den Prinzipien, also der Aufstieg in der Erkenntnisordnung, *vorhergegangen und zum Abschluß gebracht worden sein mußte*. Ferner war dem Evolutionismus grundsätzlich der Boden entzogen, solange man nicht auch im Bereich der Ungeschriebenen Lehre authentische Umbrüche nachweisen konnte. Schließlich zeichnen sich dort Lineamente eines systematisierenden Ansatzes ab, der durch die zentrale Stellung der Prinzipien und die darin zusammenlaufenden dialektischen Regreß- und Progressionsbewegungen konturiert ist. – Es überrascht daher nicht, daß die Vertreter des von der Romantik ausgehenden modernen Platonbildes immer wieder versucht haben, die Ungeschriebene Lehre zu neutralisieren oder ganz zu eliminieren: bei den Romantikern durch Bagatellisierung, dann durch chronologische Spät- und Nachdatierung, die sowohl dem Evolutionismus wie der postulierten Autarkie des Literaturdialogs Rechnung trug, weiterhin durch eine radikale Überlieferungskritik, die auf Fälschungen durch den Schülerkreis Platons hinauslief; in jüngerer Zeit durch die These von der Inkommensurabilität beider Überlieferungen oder umgekehrt den Versuch, das Ungeschriebene zwecks Schadensbegrenzung in die

---

[77] Vgl. die der Praxis der platonischen Dialoge angemessene Beschreibung des Ironikers bei Aristoteles, Eth. Nic. IV c. 13.

Konstruktion Schlegels zu integrieren und ihr gefügig zu machen; und zuletzt, vornehmlich im deutschen Sprachraum, es philosophisch abzuwerten
und womöglich für irrelevant zu erklären.

Man muß sich freilich darüber im klaren sein, daß mit der Anerkennung
der Ungeschriebenen Lehre um den Metaphysiker und Essentialisten
Platon weniger denn je herumzukommen ist. Der Kreis der Opponenten erweitert sich darum noch mehr in einer Epoche, die, von einer antirealisti-
schen Hermeneutik ermutigt, Platon – über das romantische Paradigma
hinaus und auf dessen Schultern stehend – immer hemmungsloser zu moder-
nisieren sucht. Dies gilt für neuere Interpretationen, die Platon auf formale
Logik und linguistische Pragmatik, auf eine instrumentelle Topologie, einen
Popperschen Falsifikationismus oder auf theorie- und systemkritische Konzepte einer Lebenswelt[78] zu reduzieren suchen. Platon wird hier oft unge-

---

[78] Auch G. Figals (1994) jüngster Behandlung der der Ungeschriebenen Lehre und
ihrem Verhältnis zu den Dialogen gewidmeten Bücher von Reale und Szlezák gelingt
es bei aller Bemühung um Objektivität noch nicht, aus diesem Bannkreis herauszu-
treten. In der Tat kann es um keine „Riesen-", sondern allenfalls um eine „Zwergen-
schlacht" – oder gar um einen Sturm im Wasserglas – zu tun sein, wenn man die Ungeschriebene Lehre von vornherein in den von der Romantik über die Heidelberger
Schule der Platoninterpretation (Gadamer, Wieland) herreichenden Rahmen ein-
zeichnet und dadurch gleichsam domestiziert und depotenziert. Der von Figal betriebenen Enthierarchisierung und Entsystematisierung Platons im allgemeinen und der
damit verbundenen paritätischen Nivellierung der Prinzipien (neben anderen Gat-
tungsbegriffen) samt ihrer Topisierung und Instrumentalisierung stehen aber die dialektischen Regressions- und Progressionsbewegungen der Ungeschriebenen Lehre
entgegen, die Platon in der Grundformel von der ontologischen Priorität und Posteriorität zusammenfaßt. Da Figal die einschlägigen Referate weder entkräftet noch erwähnt, bleibt seine Interpretation eklektisch und einseitig verkürzt. Er müßte im übrigen auch die Irrelevanz der damit konvergierenden, in der Gleichnisfolge der *Politeia* angedeuteten hierarchischen Unterscheidungen dartun (Dingideen – Metaideen
als „Gestirne" – Idee des Guten, die die „Gestirne" so überblendet, daß diese zunächst unter Absehen vom Guten besser wahrgenommen werden können: 516 A 8 ff.;
532 A 4 f.; das Gute ist andererseits überseiender *Seins-* und Erkenntnisgrund *aller*
Ideen, d. h. auch der Metaideen; der mit dem Referat Arist. Metaph. I 6 übereinstim-
mende Begründungsgedanke wird dort zur Mehrstufigkeit erweitert, so daß mit
einem gewissen Recht sogar von einer „Letztbegründung" bei Platon gesprochen werden kann, vorausgesetzt, daß man spätere Konnotationen fernhält). Die in der mündlichen Dialektik entfalteten Hypotaxen gegen beide Überlieferungen in Parataxen zu-
rückzunehmen empfiehlt sich schon deshalb nicht, weil dann die terminologische Abhebung der Prinzipien (ἀρχαί) von ihren Prinzipiaten unverständlich würde. Erst der dialektische Nachvollzug der hypotaktisch-hierarchischen Verhältnisse in der Akademie
erklärt ferner völlig Platons wiederholte Insistenz darauf, über das Wesentliche nicht geschrieben zu haben und über noch „Wertvolleres" zu verfügen. Im übrigen folgt Figal
leider der (durch keinen Text bezeugten) Annahme Gadamers, die platonische Dia-

scheut zum Nominalisten stilisiert und seine Intention damit buchstäblich ins Gegenteil verkehrt. Der Fehler liegt darin, daß man die systematische Kritik mit der historischen Rekonstruktion vermengt und den zweiten Schritt zusammen mit dem ersten tut. Platon erscheint dann als Konstrukteur, der sich gleichzeitig selbsttherapeutisch destruiert, wobei Texte und

lektik sei unendlich, da sie sich nicht als ganzes überschauen lasse – offenkundig ein letzter Rest des romantischen Infinitismus, hat doch Gadamer nach Auskunft seines ältesten Schülers Walter Schulz ursprünglich wie sein Lehrer Paul Friedländer der Schlegelschen Platondeutung rückhaltlos angehangen. Daß „das *Ganze* des Seins" zu lernen sei, setzen jedoch das V. Buch der *Politeia* und der *VII. Brief* voraus (344 B), und Platon verknüpft damit die Bedingung für die Einsicht in die Prinzipien (vgl. Pol. 534 B 8 ff.). Platons Schüler Speusipp hat ein solches Allwissen zur Zielsetzung seines Hauptwerks über ‚Ähnlichkeiten' erhoben und davon die Definierbarkeit jedes Seienden abhängig gemacht, aber schon Platons präzisierende Ideen-*Zahlen*-Theorie ist nur dann sinnvoll, wenn man die systematische Überschaubarkeit des Universalienbereichs für möglich hält. Figals unsystematischer Platon korrespondiert zu sehr der jüngeren Moderne, insbesondere Heidegger, als daß er historisch glaubhaft gemacht werden könnte. Die Aufgabe des Historikers kann genau betrachtet nur die sein, die Systemform der platonischen Dialektik von späteren Systemformen individualisierend abzuheben. – Figals Versuch, das neue Forschungsprogramm in das romantische zu integrieren und zu relativieren, beruht nicht nur auf den methodischen Voraussetzungen der harmonisierenden Hermeneutik Gadamers (Heidegger hatte sich wie Nietzsche eher als Gegendenker zum Platonismus verstanden), sondern ist auch inhaltlich dem Heidelberger Platonverständnis verpflichtet, das weitgehend das Paradigma der Romantik, zumal F. Schlegels, voraussetzt. Doch hilft es wenig, auf die Unwiderlegbarkeit der Kuhnschen Paradigmen zu bauen, die zum wenigsten durch Effizienzvergleiche und Inklusionsverhältnisse unterlaufen wird (vgl. dazu jetzt die von Kuhn autorisierte Monographie von Hoyningen-Huene) und von der sich Reale (wie auch sein Herausgeber Seifert) im Fall Platons ausdrücklich distanziert hat. Insbesondere ist das neue Programm vor dem romantischen dadurch ausgezeichnet, daß es dem paradigmenübergreifenden hermeneutischen Grundsatz, die *gesamte* Überlieferung *nach Maßgabe des hermeneutischen Zirkels zwischen Teilen und Ganzem* wechselseitig zu erklären, besser gerecht wird. Seine methodische Relativierung ist daher so wenig angemessen wie seine inhaltliche, die größere Erklärungskapazität betreffende. (Forschungsgeschichtlich ist im übrigen daran festzuhalten, daß das von Tübingen und Mailand ausgehende Forschungsprogramm vor dem 20. Jahrhundert nicht nachweisbar ist.) – Auch R. Bubner setzt sich in seinen von Gadamers Philosophischer Hermeneutik ausgehenden hermeneutischen Reflexionen zur Ungeschriebenen Lehre (in: ‚Die Entdeckung Platons durch Schelling und seine Aneignung durch Schleiermacher', in R. B., ‚Innovationen des Idealismus, Göttingen 1995, bes. 34–42) darüber hinweg, daß die Paradigmen der Platonrezeption nicht relativierend vertauschbar sind, sondern dem Kriterium unterliegen, inwieweit sie den hermeneutischen Zirkel zwischen Teilen und *Ganzem* der Überlieferung zur Geltung bringen. Die Isolierung der Dialoge könnte nur dann verteidigt werden, wenn man Platon

Themen, die sich dem kritischen Programm nicht fügen, wie die Noetik, die Mathematik oder die Ungeschriebene Lehre, umstandslos herausfallen. Der damit verbundene Verstoß gegen die interpretatorische Grundregel des hermeneutischen Zirkels wird dabei in Kauf genommen. (Ähnliches trifft für die Umdeutung des platonischen Lehrgesprächs in den infiniten Diskurs und insbesondere eine paritätisch-egalitäre Dialogizität zu, als ob Platon, der theoretisch als *Anti*egalitarist auftritt, de facto das Gegenteil hätte praktizieren können!)

Für alle Interpreten, die solche Wege einer hedonistischen, der Maxime: ‚Erlaubt ist, was gefällt' folgenden und gegebenenfalls auch obskurantistische Mittel nicht verschmähenden Tendenzhistorie mißbilligen, bietet die Ungeschriebene Lehre ein unveröchtliches Kriterium und Korrektiv für die Historizität ihrer Platondeutung. Auch im Falle Platons kann der Historismus nicht dadurch überwunden werden, daß man ihn ignoriert und damit hinter ihn in künstliche Naivität und neubarbarische Simplifikationen zurückfällt, sondern daß man durch ihn hindurch und über ihn hinausgeht. Dem vorherrschenden Legitimationsmodell der Philosophiegeschichte, das von zirkulären Rückprojektionen und Selbstbestätigungen lebt, sind dem-

auch im einzelnen dekonstruktivistisch, d. h. bis zu infinitesimalen Differenzialen zertrümmernd liest – von Dialog zu Dialog und Satz zu Satz und noch innerhalb von Sätzen –, womit man in die Nähe zu Gadamers Antipoden Derrida geriete. (Die indirekte Überlieferung würde man freilich auch dann nicht los, mit deren Referaten ja ähnlich zu verfahren wäre.) Bubner droht dieser paradoxen Konsequenz zu erliegen, wenn er das szientifische Erkenntnisinteresse unserer Zeit, dem auch die Zuwendung zur Ungeschriebenen Lehre entspringe, durch die mit dem Beispiel Derridas belegte, soeben anbrechende Epoche der Wissenschaftsskepsis zu konterkarieren sucht (41, dagegen die Abgrenzung 140f.). Doch dispensiert dies jedenfalls *für unsere Gegenwart* nicht davon, sich der Ungeschriebenen Lehre Platons zu stellen, was Bubner offenkundig aus ganz anderen Motiven verweigert, nämlich dem Wunsch, eine eigene Praxisphilosophie auf Platon zu projizieren (vgl. W. Wielands analogen Ansatz), der u. a. die Ungeschriebene Lehre falsifizierend im Wege steht. Auch Bubner möchte also (wie Figal) vermittels der hermeneutischen Relativierungsstrategie die der Romantik verpflichtete Heidelberger und insbesondere seine eigene Lesart Platons als argumentativ unwiderlegbar („nicht mit Fakten und Beweisen definitiv zu schlichten" 41) weiterhin im Spiel halten und plädiert demgemäß verständlicherweise für eine rasche Beendigung der Debatte um den ungeschriebenen Platon (35), obwohl die *Sach*diskussion darüber im deutschen Sprachraum noch kaum begonnen hat. Vgl. jedoch die prinzipielle Infragestellung der relativistischen Grundaxiome der Philosophischen Hermeneutik selber in meinen Beiträgen: ‚Thesen zur Philosophischen Hermeneutik', Intern. Zeitschrift f. Philosophie 2, 1993, 173ff. und ‚Zur Rekonstruktion der Philosophischen Hermeneutik', Zeitschrift f. Allgemeine Wissenschaftstheorie = Journal for General Philosophy of Science 26, 1995, 169ff.

gemäß ein *kritisches* und vor allem ein *heuristisch-innovatorisches* Modell entgegenzustellen und vorzuziehen, das ein produktives Geschichtsverhältnis und damit eine bessere Finalisierung der Philosophiehistorie verbürgt.

Lassen Sie mich dies gerade an Hand eines durch die Ungeschriebene Lehre integrierten und totalisierten Platonbildes demonstrieren und damit abschließend zu Affirmativem zurückkehren: Ganz abgesehen vom geschichtsimmanenten Ertrag in Gestalt eines besseren Textverständnisses, der größeren Einheitlichkeit und Folgerichtigkeit der Platonischen Philosophie und darüber hinaus des Ablaufs der antiken Philosophiegeschichte, kann das vervollständigte Platonbild dazu dienen, das Selbstverständnis der Gegenwartsphilosophie von der Vorgeschichte her zu stimulieren und einer besseren Einschätzung zeitgenössischer systematischer Alternativen den Weg zu bereiten.

So läßt sich die aktuelle Debatte um Ende oder Transformation der Metaphysik von deren Anfängen bei Platon her präjudizieren und schärfer profilieren. Zunächst hat der Begriff der Einheit konstitutive Bedeutung für die Entstehung der Metaphysik, und zwar weit mehr als der des Seienden, der sich dazu wie das Explanandum zum Explanans verhält. Es ließe sich vermutlich zeigen, daß alle Grundthemen der klassischen Metaphysik durch die Anhäufung und Kontamination verschiedener Einheitsbegriffe bei Platon konstituiert worden sind, die in der Univozität von Einheit gipfelt (gemeint sind: Einzahl, Einfachheit, Einzigkeit, Identität des Einen gegenüber dem Anderen, Einheitlichkeit, Totalität). Einheit erweist sich als Grundbegriff der Metaphysik, weil er die essentielle Wesensbestimmung des Seienden qua Identischen, die Substanz als das identisch Beharrende, die Welteinheit qua Totalität, die Welttranszendenz und das Absolute als Exponentialformen von Einheit gleichermaßen begründet.

Noch weiter führt die duale Prinzipientheorie, wenn man sie als einen Satz oberster Seinskategorien auffaßt. Der Platonismus und die ihm folgende Metaphysik stellt sich, wie gesagt, mit dem Primat von Einheit, Bestimmtheit, Identität zunächst als Kontrastposition zur Neuzeit dar, die sich zunehmend von ihm abgrenzt und gegen ihn profiliert. Dennoch war die fortschreitende Entplatonisierung im Platonischen Gegenprinzip der Vielheit und Entzweiung, der Differenz und Alterität ansatzweise präformiert und gleichsam als Sprengsatz in den Platonismus eingelassen. Der neuzeitliche Prozeß der Entmetaphysizierung erweist sich darum als eine *Umgewichtung* in der Prinzipiensphäre von der Einheit hin zur Pluralität, aber auch von der Substantialität zur Relationalität und Perspektivität sowie von der Äternität zur Prozessualität, Zeit und Geschichte, die jeweils in Platons Gegenprinzip mitgemeint waren. Der *kategoriale Rahmen* selbst bleibt aber erhalten; er wird beispielsweise von Heidegger, Quine, Derrida oder Lyotard nur anders akzentuiert. Der Prinzipiendualismus Platons erreicht mit dieser antizipativen Konzeptualisierung späterer Entwicklungen grundsätzlich auch die Gegenwart, im Unterschied zu dem monistischen Metaphysiktypus des Neuplatonismus und der christlichen Theologie.

Man kann das Panorama noch weiter spannen, wenn man Kategorialität als Vereinheitlichung und Kategorien als Einheitsformen begreift. Dann stellt sich Platons Philosophie nicht nur als das erste große Beispiel rein philosophischer Kategorienbildung dar, sondern auch als Grundlegung von Kategorialität überhaupt durch die *Einheit* als die Kategorie der Kategorien. Die Einheit ist aber grundlegend auch für den Kategorien*zusammenhang* und darüber hinaus für die durch Kategorialität vermittelte Zuordnung von Sein und Bewußtsein – sei es nun im Sinne eines korrespondenztheoretischen oder, alternierend dazu, eines kohärenziellen oder konsensuellen Wahrheitsbegriffs. Solche Themen bleiben aktuell ohne Ansehen des veränderten ontologischen Status von Kategorialität oder ihrer transzendentalphilosophischen oder linguistischen Transformation.

Die Rekonstruktion von Platons Grundlegung der Metaphysik erlaubt es im übrigen, eine aussichtsreiche Typologie der westlichen Metaphysik zu entwerfen, bei der sich die späteren Metaphysiktypen als Reduktionsformen *oder* Radikalisierungen auf die platonische Grundform beziehen lassen. Der komplettierte originäre Platonismus bietet sich aber auch für systemtheoretische Vergleiche kritischer oder konstruktiver Art mit *nicht*-metaphysischen, späteren und zeitgenössischen Positionen der Philosophie an. Erkenntnisziel mag dabei die Konstatierung von Kontinuitäten, Brüchen und Modifikationen, aber auch die Erstellung wiederum von Typologien etwa für den Systembegriff sein, die das begriffliche Instrumentarium der Philosophie zu bereichern geeignet sind.

Ich könnte diese Liste von Aufgaben eines postromantischen Forschungsprogramms noch fortführen, breche hier aber zugunsten der folgenden Diskussion ab. Ich wage zu hoffen, daß ich den Erwartungen der Veranstalter einigermaßen gerecht geworden bin, wenn sie mein Referat ans Ende dieser Vorlesungsreihe gestellt haben. Es ging mir und wohl auch ihnen darum, zum Beschluß sowohl ganz *Anderes* wie auch, und gerade dadurch, noch einmal zusammenfassend das *Ganze* der Platonischen Philosophie zur Sprache zu bringen.

Nachbemerkung: Zur Forschungsgeschichte
der Ungeschriebenen Lehre Platons

Die Testimonien zu den Ungeschriebenen Lehren (ἄγραφα δόγματα) Platons sind gesammelt bei Konrad Gaiser, Platons Ungeschriebene Lehre, Stuttgart ²1968, Anhang: Testimonia Platonica, 443–557 (danach im vorigen zitiert). Eine erweiterte und kommentierte zweisprachige Leseausgabe hat Gaiser 1988 für den Reclam-Verlag weitgehend abgeschlossen; sie wird, vom Verfasser aus dem Nachlaß Gaisers herausgegeben, 1996 dort erscheinen. Eine fast vollständige zweisprachige Leseausgabe (griechisch-französisch) enthält das Buch von M.-D. Richard, L' enseignement oral de Platon, Paris 1986, 243–381. Auswahlen bieten J. N. Findlay, Plato: The written and unwritten doctrines, London 1974, Appendix I, 413–454 (englische Übersetzung mit Kurzkommentar) und Hans Krämer, Platone e i fondamenti della metafisica, Milano ¹1982, ⁵1994, 370–417 (griechisch-italienisch) bzw. in der englischen Ausgabe Plato and the foundations of metaphysics, Albany/N.Y. 1990, 199–217 (englische Übersetzung). Eine kritische Ausgabe der Testimonien ist im VIII. Band des von K. Gaiser begründeten, auf neun Bände angesetzten Supplementum Platonicum durch Th. A. Szlezák zu erwarten. – Die wichtigere Forschungsliteratur bis 1990 ist verzeichnet bei H. Krämer, Plato and the foundations of metaphysics 287–300. – Während die Ungeschriebenen Lehren in der Älteren Akademie (der Platonschüler) weiterentwickelt und mehr oder weniger mit den Dialogen kombiniert wurden, erhielt sich ihre Tradition in der Epoche des Hellenismus nur in doxographischer Form vornehmlich peripatetischer Provenienz; der Mittel- und Neuplatonismus hat diese doxographische Überlieferung in die (allegorische) Ausdeutung der Dialoge so eingearbeitet, daß sie damit verschmolz und in ihrer Eigenart nicht mehr kenntlich war. Die sich vom 17. Jahrhundert an durchsetzende neuzeitliche Platondeutung hat entsprechend der hermeneutischen Devise *sola scriptura* die neuplatonische Überformung zunehmend abgestoßen, aber die indirekte Überlieferung zumal nach der Erschließung der ‚inneren Form' der platonischen Dialoge durch F. E. D. Schleiermacher nicht angemessen berücksichtigt. Nach den ersten Sammlungen der Testimonien durch Chr. A. Brandis (1823) und A. Trendelenburg (1826) bildete sich dann gegen die Mitte des 19. Jahrhunderts die für mehr als ein Jahrhundert herrschende Spätdatierung der Ungeschriebenen Lehre heraus („Altersvorlesung": K. F. Hermann, E. Zeller). Auch die umfangreiche Sammlung und Kommentierung der Testimonien durch L. Robin (La théorie platonicienne des idées et des nombres d' après Aristote, Paris 1908, ²1963) oder die philosophischen und mathematischen Analysen bei J. Stenzel (Zahl und Gestalt bei Platon und Aristoteles, 1924, ³1959), W. D. Ross, O. Toeplitz, M. Gentile (La dottrina platonica delle idee numeri e Aristotele, Pisa 1930) oder P. Wilpert (Zwei aristotelische Frühschriften, 1949) setzen voraus, daß die indirekte Überlieferung der Spätphase von Platons Philosophie angehört. Widerspruch regte sich zuerst bei H. Gomperz, dann – unabhängig von ihm – bei H. Krämer (Arete bei Platon und Aristoteles, 1959) und J. N. Findlay, die mit einer grundsätzlichen Zweigleisigkeit von literarischer Produktion und Ungeschriebener Lehre bei Platon rechnen. Da in dieser Sicht die beiden Überlieferungsstränge durchgehend aufeinander zu beziehen und die Dialoge neu zu lesen sind, hat G. Reale von einem Paradigmenwechsel der Platonforschung gesprochen, der nach dem neuplatonischen und dem romantischen zu einem dritten Leitbild der Platonstudien führe (Per una nuova interpretazione di Platone, Milano [14]1994, deutsch: Zu einer neuen Interpretation Platons, Paderborn 1993, Erster Teil). In der Zwischenzeit hatte freilich eine von H. Cherniss (The Riddle of the Early Academy, New York [2]1962) und seinem Schülerkreis vorgetragene Überlieferungskritik die Authentizität der Ungeschriebenen Lehre in Frage gestellt und damit vor allem im angloamerikanischen Sprachbereich, teilweise aber auch auf dem Kontinent, Anhänger gewonnen. Es scheint jedoch, daß diese Richtung, die ihrerseits von W. D. Ross, C. J. De Vogel, H. Krämer u. a. einer metakritischen Analyse unterzogen worden ist, in den letzten Jahren selbst in ihrem Ursprungsland, den USA, an Einfluß verloren hat und nur noch vereinzelt vertreten wird. Demgegenüber ist im Laufe des letzten Jahrzehnts der Verweisungscharakter der Dialoge und ihre inhaltliche Bezogenheit auf die ungeschriebene Lehre zumal durch die Arbeiten von Szlezák (Platon und die Schriftlichkeit der Philosophie, 1985, auch ital.; Platon lesen, 1993, auch ital., frz.) und Reale (s. o.) weiter erschlossen und erhärtet worden. Die mathematischen Voraussetzungen und Aspekte sind nach Gaiser erneut Gegenstand eingehender Diskussion gewesen (J. Annas, Aristotle's Metaphysics Books M and N, Oxford 1976, auch ital.; G. C. Duranti in mehreren Arbeiten, zuletzt: Towards a 'third' Plato, 1994; V. Hösle, I fondamenti dell'aritmetica e della geometria in Platone, Milano 1994; E. Cattanei, La teoria platonica-accademica degli enti matematici nella *Metafisica* di Aristotele, Milano 1992/3; vgl. auch die Akten des VI. Symposium Aristotelicum 1984: Mathematics and Metaphysics in Aristotle, Bern 1987 sowie L. M. Napoletano Valditara, Le idee, i numeri, l'ordine – la dottrina della *mathesis universalis* dall'Accademia antica al Neoplatonismo, Neapel 1988). Rückwirkungen der Ungeschriebenen Lehre auf die pädagogische Seite der platonischen Philosophie analysiert P. Bonagura, Exterioridad e interioridad, Pamplona 1991. Konsequenzen für die Neubestimmung des Verhältnisses zwischen Alt- und Neuplatonismus zieht jetzt am eindringlichsten J. Halfwassen, Der Aufstieg zum Einen. Untersuchungen zu Platon und Plotin, Stuttgart 1992. Für die notwendige Neubestimmung des literarischen Werks in seinem Funktionszusammenhang mit der mündlichen Lehrtätigkeit Platons sind außer den schon genannten Arbeiten von Gaiser und Szlezák aufschlußreich: E. Schmalzriedt, Platon. Der Schriftsteller und die Wahrheit, München 1969; K. Gaiser, Platone come scrittore filosofico. Saggi sull'ermeneutica dei dialoghi platonici, Neapel 1984; M. Erler, Der Sinn der Aporien in den Dialogen Platons, Berlin–New York 1987. Die weiteren Aufgaben einer durch die Ungeschriebenen Lehren integrierten Platonforschung lassen sich folgendermaßen umreißen: 1. fortschreitende Kommentierung der Dialoge auf die dahinterstehende innerakademische Lehre Platons hin; 2. umgekehrt eingehende Kommentierung der indirekten Überlieferung, vornehmlich im Blick auf das literarische Werk Platons; 3. die weitere philosophische Interpretation und Durchdringung der Sachthemen, die sich in der Perspektive eines komplettierten und unifizierten Platonbildes neu formieren.

LITERATURVERZEICHNIS

1. Textausgaben

Aristoteles: Aristotelis Opera. Ex recensione I. Bekkeri edidit Academia Regia Borussica. Editio altera, quam curavit O. Gigon. Vol. I–V. Berlin 1960–1987.

Aristoteles: Aristotelis qui ferebantur librorum fragmenta. Collegit V. Rose. Editio stereotypica editionis primae, Lipsiae MDCCCLXXXVI. Stuttgart 1967.

Aristoteles: Der Protreptikos des Aristoteles. Einleitung, Übersetzung und Kommentar v. I. Düring. Frankfurt a. M. 1969.

Aristoteles: Peri hermeneias. Übers. und erl. von H. Weidemann (Aristoteles. Werke in dt. Übers. 1/II). Berlin 1994.

Aristoteles: The Works of Aristotle. Translated into English under the authorship of D. Ross. Vol. XII: Selected Fragments. Oxford 1952.

Cicero: De natura deorum. Post O. Plasberg edidit W. Ax. Stuttgart 1965 (ND der 2. Aufl. 1933).

Cicero: Tusculanae disputationes. Recognovit M. Pohlenz. Stuttgart 1965 (ND der 1. Aufl. 1918).

Diels, H./Kranz, W.: Die Fragmente der Vorsokratiker. Griechisch und deutsch v. H. Diels. 11. Aufl. hrsg. v. W. Kranz. Vol. I–III. Zürich/Berlin 1964.

Platon: The Dialogues of Plato. Vol. 1: Euthyphro, Apology, Crito, Meno, Gorgias, Menexenus. Translated with analysis by R. E. Allen, New Haven/London 1984.

Platon: Laches and Charmides, with introduction, translation and notes by R. K. Sprague. Indianapolis 1973.

Platon: Gorgias. A revised text with introduction and commentary by E. R. Dodds. Oxford 1959.

Platon: Gorgias. Translated with notes by T. Irwin. Oxford 1979 (ND Oxford 1982).

Platon: Gorgias. Traduction inédite, introduction et notes par M. Canto. Paris 1987.

Platon: Menon, hrsg., übersetzt und nach dem Inhalt erklärt v. R. Merkelbach. Frankfurt a. M. 1988.

Platon: Parmenides. A text with translation, commentary, and critical essays by L. Tarán. Princeton/N. J. 1965.

Platon: Philebus, hrsg., eingel. und komm. v. J. C. B. Gosling. Oxford 1975.

Plato: Philebus, hrsg., eingel. und komm. v. D. Frede. Indianapolis 1993.

Platon: Phaidros. Übersetzung und Kommentar von E. Heitsch. Göttingen 1993.

Platon: Platonis Opera. Recognovit brevique adnotatione critica instruxit I. Burnet. Vol. I–V. First published Oxford 1900–1907 (zahlreiche ND).

Platon: The Theaetetus of Plato. With a translation of Plato's Theaetetus by M. J. Levett, revised by M. Burnyeat. Indianapolis/Cambridge 1990.

Platon: Timée, Critias. Übersetzt v. L. Brisson und M. Patillon. Eingeleitet und mit Anmerkungen versehen v. L. Brisson. Paris 1992.

Plutarch: De gloria Atheniensium. In: Plutarque: Œuvres Morales. Tome V – 1re
Partie. Texte établi et traduit par F. Frazier et C. Froidefond. Paris 1990, 157–199.
Porphyrios: In Ptolemaei Harmonica. Des Porphyrios Kommentar zur Harmonienlehre des Ptolemaios. Hrsg. v. I. Düring. Göteborg 1932.
Testimonia Platonica: siehe Gaiser 1963/1968, 441–557.
Theophrast: Metaphysics. With an introduction, translation, and commentary by
M. v. Raalte. Leiden/New York/Köln 1993.

2. Literatur

Ackrill, J.L.: Anamnesis in the Phaedo: Remarks on 73 c–75 c, in: Exegesis and the
Argument. Festschrift G. Vlastos. Assen 1973, 177–195.
Adkins, A. W. H.: Merit and Responsibility. Oxford 1960.
Akten des VI. Symposium Aristotelicum 1984: Mathematics and Metaphysics in
Aristotle. Bern 1987.
Albert, K. (1988): Philosophische Schriften Band I: Philosophie der Philosophie.
Sankt Augustin 1988.
– (1989): Über Platons Begriff der Philosophie. Sankt Augustin 1989.
Algozin, K.: Faith and Silence in Plato's Gorgias. The Thomist 41 (1977) 237–246.
Allen, R. E.: Plato's *Parmenides*. Oxford 1983.
Anderson, D.E.: The Mask of Dionysos. A Commentary on Plato's „Symposion".
Albany 1993.
Annas, J. (1976): Aristotle's Metaphysics Book M and N. Oxford 1976.
– (1982): Plato's Myth of Judgement. Phronesis 27 (1982) 119–143.
Anscombe, G. E. M. (1981 a): The Early Theory of Forms, in: The Collected Papers of
G. E. M. Anscombe, Bd. 1: From Parmenides to Wittgenstein. Minneapolis/MN
1981, 9–20.
– (1981 b): The New Theory of Forms, in: The Collected Papers of G. E. M. Anscombe: From Parmenides to Wittgenstein. Minneapolis/MN 1981, 21–33.
– (1981 c): The Question of Linguistic Idealism, in: The Collected Papers of G. E. M.
Anscombe, Bd. 1: From Parmenides to Wittgenstein. Minneapolis/MN 1981, 112–133.
Archie, J. P.: Callicles' Redoubtable Critique of the Polus Argument in Plato's „Gorgias". Hermes 112 (1984) 167–176.
Arieti, J. A.: Plato's Philosophical Antiope: The Gorgias, in: Plato's Dialogues. New
Studies and Interpretations. Ed. by G. A. Press. Lanham 1993, 197–214.
Assmann, J. (1983): Schrift und Gedächtnis. Beiträge zur Archäologie der literarischen Kommunikation, hrsg. v. J. Assmann/A. Assmann/C. Hardmeier. München
1983.
– (1992): Das kulturelle Gedächtnis. Schrift, Erinnerung und politische Identität in
frühen Hochkulturen. München 1992.
Ast, F.: Platons Leben und Schriften. Leipzig 1816.
Ballew, L.: Straight and Circular. A Study of Imagery in Greek Philosophy. Assen 1979.
Baltes, M.: Plato's School, the Academy. Hermathena 155 (1993) 5–26.
Barker, E.: Greek Political Theory. Plato and His Predecessors. London ⁵1960.
Baudy, G.J.: Adonisgärten. Studien zur antiken Samensymbolik. Frankfurt a. M. 1986.

Becker, O. (Hrsg.): Zur Geschichte der griechischen Mathematik. Darmstadt 1965.

Behler, E.: Unendliche Perfektibilität. Paderborn 1989.

Benson, H. H.: Misunderstanding the „What-is-F-ness?" Question. Archiv für Geschichte der Philosophie 72 (1990) 125–142.

Berman, S.: How Polus Was Refuted: Reconsidering Plato's Gorgias 474 c–475 c. Ancient Philosophy 11 (1991) 265–284.

Birt, T.: Kritik und Hermeneutik nebst Abriss des antiken Buchwesens. München 1913.

Blank, D. L.: Rez. v.: Th. A. Szlezák: Platon und die Schriftlichkeit der Philosophie (1985); M. Erler: Der Sinn der Aporien in den Dialogen Platons (1987). Ancient Philosophy 13 (1993) 423–425.

Blitz, M.: An Introduction to the Reading of Plato's Laches. Interpretation 5 (1975) 185–225.

Bloch, G.: Platons Charmides. Die Erscheinung des Seins im Gespräch. Diss. Tübingen 1973.

Bonagura, P.: Exterioridad e interioridad. Pamplona 1991.

Bonitz, H. (1886): Bemerkungen zu dem Abschnitt des Dialogs Charmides p. 165–172, in: Platonische Studien. Berlin ³1886, 243–253.

– (1968): Die im Phädon enthaltenen Beweise für die Unsterblichkeit der menschlichen Seele, in: Platonische Studien. ND der Ausgabe Berlin 1886, Hildesheim 1968, 293–323.

Bordt, M.: Der Seinsbegriff in Platons 'Sophistes'. Eine Untersuchung zu 242 b 6–249 d 5. Theologie und Philosophie 66 (1991) 493–529.

Bormann, K.: Platon. München/Freiburg i. Br. 1973.

Borsche, T. (1986): Der Herr der Situation verliert die Übersicht. Bemerkungen zu Platons Schriftkritik und Derridas Platonkritik, KODIKAS/CODE Ars Semeiotica 9 (1986) 317–330.

– (1990): Was etwas ist. Fragen nach der Wahrheit der Bedeutung bei Platon, Augustin, Nikolaus von Kues und Nietzsche. München 1990.

Brisson, L. (1974): Le même et l'autre dans la structure ontologique du Timée de Platon. Paris 1974.

– (1992): L'unité du Phèdre de Platon, in: Rossetti, L. (Hrsg.), Understanding the Phaedrus. Proceedings of the II Symposium Platonicum. Sankt Augustin 1992, 61–76 [Intern. Plato Studies 1].

– (1994): Platon, Parménide. Paris 1994.

Brisson, L./Meyerstein, W. F.: Inventer l'univers. Paris 1991.

Bröcker, W.: Platos Gespräche. Frankfurt a. M. ³1985.

Brown, L.: Being in the Sophist: A Syntactical Inquiry. Oxford Studies in Ancient Philosophy 4 (1986) 49–70.

Bubner, R.: Innovation des Idealismus. Göttingen 1995 (Neue Studien zur Philosophie 8).

Bühler, K. (1934): Sprachtheorie. Jena 1934.

– (1969): L'onomatopée et la fonction représentative du langage (1932), in: Essais sur le langage. Hrsg. v. J.-Cl. Pariente. Paris 1969.

Burge, T.: Frege on Knowing the Third Realm. Mind 101 (1992) 633–650.

Burnet, J.: Greek Philosophy. Bd. 1: Thales to Plato. London 1950.

Burnyeat, M.: siehe Textausgaben.

Capelle, A.: Platos Dialog Politikos. Diss. Hamburg 1939.

Carone, G. R.: Sobre el significado y el status ontológico de demiurgo del *Timeo*. Méthexis 3 (1990) 33–49.

Casati, R./Dokic, J.: La philosophie du son. Hrsg. v. J. Chambon. Nîmes/Marseille 1994.

Cassin, B.: De l'organisme au pique-nique. Quel consensus pour quelle cité? in: B. Cassin (Hrsg.), Nos Grecs et leurs modernes. Les strategies contemporaines d'appropriation de l'antiquité. Paris 1992, 114–148.

Cattanei, E.: La teoria platonica-accademica degli enti matematici nella Metafisica di Aristotele. Milano 1992/93.

Chen, L. C. H.: Acquiring Knowledge of the Ideas. A Study of Plato's Methods in the Phaedo, the Symposium and the Central Books of the Republic. Stuttgart 1992 (Palingenesia 35).

Cherniss, H. F. (1936): The Philosophical Economy of the Theory of Ideas. American Journal of Philosophy (Baltimore) 57 (1936) 445–456.

– (1946): Aristotle's Criticism of Plato and the Academy. Baltimore 1946.

– (1962): The Riddle of the Early Academy. New York ²1962.

– (1965): The Relation of the *Timaeus* to Plato's Later Dialogues, in: Studies in Plato's Metaphysics. Hrsg. v. R. E. Allen, London 1965, 339–378.

– (1977): Selected Papers. Hrsg. v. L. Tarán. Leiden 1977.

Clarke, P.: The Interweaving of Forms with One Another. Oxford Studies in Ancient Philosophy 12 (1994) 35–62.

Cooper, J. M.: Plato on Sense-Perception and Knowledge (Theaetetus 184–186). Phronesis 15 (1970) 123–146.

Cornford, F. M.: Plato and Parmenides. Parmenides' *Way of Truth* and Plato's *Parmenides* translated with a running commentary. London 1980 (1. Aufl. 1939).

Coventry, L.: The Role of the Interlocutor in Plato's Dialogues: Theory and Practice, in: C. B. R. Pelling (Hrsg.): Characterization and Individuality in Greek Literature. Oxford 1990, 174–196.

Crombie, I. M.: An Examination of Plato's Doctrines. London 1962.

Dancy, R. M.: Two Studies in the Early Academy. Albany/N. Y. 1991.

De Vogel, C. J.: Rethinking Plato and Platonism. Leiden 1986.

Denyer, N.: Language, Thought and Falsehood in Ancient Greek Philosophy. London 1991.

Derrida, J.: Chora (1987). Übers. v. H.-D. Gondek. Wien 1990.

Detel, W. (1973): Zur Argumentationsstruktur im ersten Hauptteil von Platons Aretedialogen. Archiv für Geschichte der Philosophie 55 (1973) 1–29.

– (1974): Die Kritik an den Definitionen im zweiten Hauptteil der platonischen Aretedialoge. Kant-Studien 65 (1974) 122–134.

– (1975): Bemerkungen zum Einleitungsteil einiger platonischer Frühdialoge. Gymnasium 82 (1975) 308–314.

Detienne, M. (Hrsg.): Les savoirs de l'écriture en Grèce ancienne. Lille 1988.

Devereux, D. T.: Separation and Immanence in Plato's Theory of Forms. Oxford Studies in Ancient Philosophy 12 (1994) 63–90.

Dieterle, R.: Platons *Laches* und *Charmides*. Untersuchungen zur elenktisch-aporetischen Struktur der platonischen Frühdialoge. Diss. Freiburg 1966.

Dorandi, T. (1991 a): Den Autoren über die Schultern geschaut: Arbeitsweise und Autographie bei den antiken Schriftstellern. Zeitschrift für Papyrologie und Epigraphik 87 (1991) 11–33.

- (1991 b): Fünf buchtechnische Miszellen. Archiv für Papyrusforschung und verwandte Gebiete 1991, 39–45.

Dorter, K.: Justice and Method in the 'Statesman', in: Sp. Panagiotou (Hrsg.): Justice, Law and Method in Plato and Aristotle. Edmonton 1987, 105–122.

Dover, K. (1978): Greek Homosexuality. London 1978.

- (1980): Plato, Symposion. Ed. with introduction and commentary. Cambridge 1980.

Düsing, K.: Formen der Dialektik bei Plato und Hegel, in: Hegel und die antike Dialektik. Hrsg. v. M. Riedel. Frankfurt a. M. 1990, 169–191.

Dummett, M.: Frege and Other Philosophers. Oxford 1992.

Duranti, G. C.: Towards a „Third" Plato. 1994.

Ebert, T.: Meinung und Wissen in der Philosophie Platons. Untersuchungen zum *Charmides*, *Menon* und *Staat*. Berlin 1974.

Effe, B.: Das Gesetz als Problem der politischen Philosophie der Griechen: Sokrates – Platon – Aristoteles. Gymnasium 83 (1976) 302–324.

Erbse, H. (1968): Über Platons Methode in den sogenannten Jugenddialogen. Hermes 96 (1968) 21–40.

- (1976): Platons 'Politeia' und die modernen Antiplatoniker. Gymnasium 83 (1976) 169–191.

Erler, M. (1986): Streitgesang und Streitgespräch bei Theokrit und Platon. Würzburger Jahrbücher 12 (1986) 73–92.

- (1987 a): Der Sinn der Aporien in den Dialogen Platons. Übungsstücke zur Anleitung im philosophischen Denken. Berlin/New York 1987.

- (1987 b): Platons Schriftkritik und der Sinn der Aporien im „Parmenides" nach Platon und Proklos, in: J. Pépin/H. D. Saffrey (Hrsg.): Proclus lecteur et interprète des anciens. Paris 1987, 153–163.

- (1992 a): Anagnorisis in Tragödie und Philosophie. Eine Anmerkung zu Platons Dialog 'Politikos'. Würzburger Jahrbücher 18 (1992) 147–170.

- (1992 b): Hilfe und Hintersinn. Isokrates' „Panathenaikos" und die Schriftkritik im „Phaidros", in: Understanding the Phaedrus. Proceedings of the II. Symposium Platonicum. Ed. L. Rossetti. Sankt Augustin 1992, 122–137.

- (1994): Episode und Exkurs in Drama und Dialog. Anmerkungen zu einer poetologischen Diskussion bei Platon und Aristoteles, in: A. Bierl/P. v. Möllendorf (Hrsg.): Orchestra (Festschrift H. Flashar). Stuttgart/Leipzig 1994, 318–330.

Ferber, R.: Die Unwissenheit des Philosophen oder Warum hat Plato die „ungeschriebene Lehre" nicht geschrieben? Sankt Augustin 1991.

Figal, G. (1991): Macht und Streit – Natur und Freundschaft. Rhetorik und Dialektik im Gorgias, in: Das Untier und die Liebe. Sieben platonische Essays. Stuttgart 1991, 49–70.

- (1993): Platons Destruktion der Ontologie. Antike und Abendland 39 (1993) 29–47.

- (1994): Riesenschlacht? Überlegungen zur Platoninterpretation im Anschluß an G. Reale und T. A. Szlezák. Internationale Zeitschrift für Philosophie 1 (1994) 150–162.

Findlay, J. N.: Plato: The Written and the Unwritten Doctrines. London 1974.

Fine, G. (1978): Knowledge and Belief in *Republic* V. Archiv für Geschichte der Philosophie 60 (1978) 121–139.

– (1993): On Ideas. Aristotle's Criticism of Plato's Theory of Forms. Oxford 1993.

Flashar, H.: Aristoteles, in: ders. (Hrsg.): Grundriss der Geschichte der Philosophie. Bd. 3. Basel 1983, 175–457.

Fleischer, M.: Hermeneutische Anthropologie. Platon – Aristoteles. Berlin/New York 1976.

Fonagy, I.: La vive voix. Essais de psycho-phonétique. Paris 1983.

Frede, M. (1967): Prädikation und Existenzaussage. Platons Gebrauch von ist und ist nicht. Göttingen 1967.

– (1987): Observations on Perception in Plato's Later Dialogues, in: ders.: Essays in Ancient Philosophy. Oxford 1987, 3–8.

– (1992): Plato's Arguments and the Dialogue Form. Oxford Studies in Ancient Philosophy. Suppl. 1992, 201–219.

Friedländer, P.: Platon, 3 Bde. Berlin ³1964/75.

Frutiger, P.: Les Mythes de Platon. Paris 1930.

Gadamer, H. G. (1968): Platons ungeschriebene Dialektik, in: ders. u. a. (Hrsg.): Idee und Zahl. Abh. Heidelberger Akad. d. Wiss., [Philos.-hist. Kl. Abh. 2]. Heidelberg 1968, 9–30 [= Ges. Werke Bd. 6 (1985) 129–153].

– (1985–1991): Gesammelte Werke, Bde. 5–7: Griechische Philosophie 1–3. Tübingen 1985–1991.

– (1991 a): Hegel und die Sprache der Metaphysik, in: Sprache und Ethik im technologischen Zeitalter. Bamberg 1991.

– (1991 b): Plato im Dialog. Tübingen 1991 (= Ges. Werke, Bd. 7).

Gaiser, K. (1959): Protreptik und Paränese bei Platon. Untersuchungen zur Form des platonischen Dialogs. Tübinger Beiträge zur Altertumswissenschaft Bd. 40. Stuttgart 1959.

– (1963): Platons ungeschriebene Lehre. Studien zur systematischen und geschichtlichen Begründung der Wissenschaften in der Platonischen Schule. Stuttgart 1963 (ND 1968).

– (1972): Platons Menon und die Akademie, in: J. Wippern (Hrsg.): Das Problem der ungeschriebenen Lehre Platons. Darmstadt 1972, 329–393.

– (1980): La teoria dei principi in Platone. Elenchos 1 (1980) 45–75.

– (1984): Platone come scrittore filosofico. Saggi sull'ermeneutica dei dialoghi platonici. Neapel 1984.

– (1986): Platons Zusammenschau der mathematischen Wissenschaften. Antike und Abendland 32 (1986) 89–124.

– (1987): Platonische Dialektik – damals und heute, in: H. W. Schmidt/P. Wülfing (Hrsg.): Antikes Denken – Moderne Schule. Heidelberg 1987, 77–107.

Gardeya, P.: Platons Parmenides. Interpretation und Bibliographie. Würzburg 1991.

Genette, G. (1972): L'éponymie du nom ou le cratylisme du Cratyle. Critique 28 (1972) 1019–1044.

– (1976): Mimologiques. Paris 1976.

Gentile, M.: La dottrina platonica delle idee numeri e Aristotele. Pisa 1930.

Gentili, B./Paioni, G. (Hrsg.): Oralità. Cultura, Letteratura, Discorso [Atti del Convegno Internazionale Urbino 21.–25. 6. 1980]. Roma 1985.

Gigon, O. (1979): Sokrates. Sein Bild in Dichtung und Geschichte. Bern 1979.

– (1983): Überlegungen und Beobachtungen zu Platons Gorgias, in: Aretes Mneme (Mélanges C. J. Vourvéries). Athen 1983.

Gill, Chr.: Plato and Politics: The Critias and the Politicus. Phronesis 24 (1979) 148–167.

Gloy, K. (1981): Einheit und Mannigfaltigkeit. Berlin/New York 1981.

– (1986): Platons Theorie der ἐπιστήμη ἑαυτῆς im Charmides als Vorläufer der modernen Selbstbewußtseinstheorien. Kant-Studien 77 (1986) 137–164.

Goldschmidt, V.: Les dialogues de Platon. Structure et méthode dialectique. Paris 1988.

Gomperz, H.: Sophistik und Rhetorik. Berlin 1912 (ND Darmstadt 1965).

Goody, J.: Literacy in Traditional Societies. Cambridge 1968, dt.: Entstehung und Folgen der Schriftkultur. Frankfurt a. M. 1991 (1. Aufl. 1981, 2. Aufl. 1986).

Görgemanns, H.: Zur Deutung der Szene am Ilissos in Platons Phaidros, in: G. Most/ H. Petersmann/A. M. Ritter (Hrsg.): Philanthropia kai Eusebeia, Festschrift für A. Dihle. Göttingen 1993, 122–147.

Goetsch, P./Raible, W./Rix, H./Roemer, H.-R. (Hrsg.): ScriptOralia, Tübingen.

Gosling, J. C. B.: siehe Textausgaben.

Graeser, A. (1974): Kritische Retraktationen zur esoterischen Platon-Interpretation. Archiv für Geschichte der Philosophie 56 (1974) 71–87.

– (1975a): Platons Ideen als Gegenstände sprachlicher Referenz. Zeitschrift für philosophische Forschung 29 (1975) 224–234.

– (1975b): Zur Logik der Argumentationsstruktur in Platons Dialogen *Laches* und *Charmides*. Archiv für Geschichte der Philosophie 57 (1975) 172–181.

– (1977a): On Language, Thought and Reality in Ancient Greek Philosophy. Dialectica 31 (1977) 358–388.

– (1977b): Bemerkungen zu „Platons 'Politeia' und die modernen Antiplatoniker". Gymnasium 84 (1977) 493–501.

– (1982): Ueber den Sinn von Sein bei Platon. Museum Helveticum 39 (1982) 29–42.

– (1983): Die Philosophie der Antike 2. München 1993 (1. Aufl. 1983).

– (1987): Zeitlichkeit und Unzeitlichkeit. Bemerkungen zu Plotins Unterscheidung zweier 'immer'. Philosophisches Jahrbuch 94 (1987) 127–133.

– (1989): Philosophische Erkenntnis und begriffliche Darstellung. Stuttgart 1989 (Abh. d. Ak. Mainz 4, 1989).

– (1991): Platons Auffassung von Wissen und Meinung in Politeia V. Philosophisches Jahrbuch 98 (1991) 365–388.

– (1992): Hauptwerke der Philosophie: Antike. Stuttgart 1992.

Griswold, C. L.: Philosophy, Education and Courage in Plato's *Laches*. Interpretation 14 (1986) 177–193.

Grondin, J.: Gadamers sokratische Destruktion der griechischen Philosophie, in: ders.: Der Sinn für Hermeneutik. Darmstadt 1994, 54–70.

Grube, G. M. A.: Plato's Thought. London 1935 (ND Boston 1964).

Gundert, H.: Platonstudien. Hrsg. v. K. Döring/F. Preißhofen. Amsterdam 1977.

Guthrie, W. K. C. (1975): A History of Greek Philosophy, Vol. 4: Plato. The Man and His Dialogues: Earlier Period. Cambridge/London/New York/Melbourne 1975.

Guthrie, W. K. C. (1978): A History of Greek Philosophy, Vol. 5: The Later Plato and the Academy. Cambridge/London/New York/Melbourne 1978.

Hackforth, R.: Plato's Examination of Pleasure. Cambridge 1945.

Hadot, P.: Philosophie als Lebensform. Geistige Übungen in der Antike. Berlin 1991.

Hägler, R.-P.: Platons 'Parmenides'. Berlin/New York 1983 (= Quellen und Studien zur Philosophie, Bd. 18).

Halfwassen, J. (1992a): Der Aufstieg zum Einen. Untersuchungen zu Platon und Plotin. Stuttgart 1992 (= Beiträge zur Altertumskunde, Bd. 9).

– (1992b): Speusipp und die Unendlichkeit des Einen. Archiv für Geschichte der Philosophie 74 (1992) 43–73.

Halperin, D. M.: Platonic Eros and What Men Call Love. Ancient Philosophy 5 (1985) 161–204.

Hambruch, E.: Logische Regeln der Platonischen Schule in der Aristotelischen Topik. Berlin 1904 (Wissenschaftliche Beilage zum Jahresbericht des Askanischen Gymnasiums zu Berlin. Ostern 1904) [ND New York 1976].

Harder, R.: Kleine Schriften. Hrsg. v. W. Marg. München 1960.

Hartmann, N.: Platos Logik des Seins. Gießen 1909.

Havelock, E. A. (1982): Preface to Plato. Cambridge/London 1963, ³1982.

– (1992): The Muse Learns to Write. New Haven 1992, dt.: Als die Muse schreiben lernte. Frankfurt a. M. 1992.

Hays, S.: On the Skeptical Influence of Gorgias' On Non-Being. Journal of the History of Philosophy 28 (1990) 327–337.

Hegel, G. W. F.: Sämtliche Werke, Jubiläumsausgabe. Hrsg. v. H. Glockner. Stuttgart 1949ff., Bd. 18: Vorlesungen über die Geschichte der Philosophie, Bd. 2.

Heinaman, R.: Being in the Sophist. Archiv für Geschichte der Philosophie 65 (1983) 1–17.

Heitsch, E. (1984): Willkür und Problembewußtsein in Platons Kratylos. Abhandlungen der Akademie der Wissenschaften Mainz. Geistes- und sozialwissenschaftliche Klasse 11 (1984).

– (1987): Platon über die rechte Art zu reden und zu schreiben. Abhandlungen der Akademie der Wissenschaften Mainz. Geistes- und sozialwissenschaftliche Klasse 4 (1987).

– (1988a): Überlegungen Platons im Theaetet. Mainz 1988.

– (1989): τιμιώτερα. Hermes 117 (1989) 278–287.

– (1992a): Phaidros 277a6-b4. Gedankenführung und Thematik im 'Phaidros'. Hermes 120 (1992) 169–180.

– (1992b): Wege zu Platon. Beiträge zum Verständnis seines Argumentierens. Göttingen 1992.

– (1992c): Platons hypothetisches Verfahren im Menon. Hermes 105 (1977) 257–268. Jetzt auch in: E. Heitsch: Wege zu Platon. Göttingen 1992, 39–50.

– (1992d): Platons Dialoge und Platons Leser. Zum Problem einer Platon – Interpretation, in: E. Heitsch: Wege zu Platon. Göttingen 1992, 9–28.

– (1992e): Dient die Rhetorik nur der Täuschung?, in: E. Heitsch: Wege zu Platon. Göttingen 1992, 117–126.

Hennigfeld, J.: Geschichte der Sprachphilosophie: Antike und Mittelalter. Berlin/New York 1994.

Hermann, C. F.: Anonymus, Προλεγόμενα τῆς Πλάτωνος φιλοσοφίας, in: Platonis Dialogi secundum Thrasylli Tetralogias dispositi. Vol. VI. Leipzig 1902, 196–222.

Herter, H. (1962): Platons Staatsideal in zweierlei Gestalt, in: G. Brandmann/ P. Bloch (Hrsg.): Der Mensch und die Künste (Festschr. H. Lützeler). Düsseldorf 1962, 177–195.

– (1970): Selbsterkenntnis und Sophrosyne. Zu Platons Charmides, in: D. Ableitinger (Hrsg.): Festschrift K. Vretska. Heidelberg 1970, 74–88.

– (1986): Die Menschen der Mitte in Platons Idealstaat (Politeia, Politikos, Nomoi), in: Studi in onore di A. Barigazzi, Bd. 1. Rom 1986, 289–298.

Hintikka, J./Remes, U.: The Method of Analysis. Its Geometrical Origin and its General Significance. Dordrecht 1974.

Hinüber, O. v.: Der Beginn der Schrift und frühe Schriftlichkeit in Indien. Abh. d. Mainzer Akad. d. Wiss. u. d. Literatur [Geistes- und sozialwiss. Klasse, Jg. 1989, Nr. 11]. Stuttgart 1990.

Hirsch, W.: Platons Weg zum Mythos. Berlin/New York 1971.

Hirzel, R.: Über das Rhetorische und seine Bedeutung bei Plato. Leipzig 1871.

Hitchcock, D.: The Good in Plato's Republic. Apeiron 19 (1985) 65–92.

Hösle, V. (1994): I fondamenti dell'aritmetica e della geometria in Platone. Milano 1994.

– (1996): Die Philosophie und ihre Medien, in: Platonisches Philosophieren. Zur Situation der Platonforschung. Akten des Tübinger Kolloquiums zu Ehren von H.-J. Krämer (29.–30. April 1994). Hrsg. v. Th. A. Szlezák (im Druck).

Hoyningen-Huene, P.: Die Wissenschaftsphilosophie Thomas S. Kuhns. Rekonstruktion und Grundlagenprobleme. Braunschweig 1989.

Iber, C.: Platons eigentliche philosophische Leistung im Dialog Parmenides, in: Dialektischer Negativismus. Michael Theunissen zum 60. Geburtstag. Hrsg. v. E. Angehrn u. a. Frankfurt a. M. 1992, 195–212.

Irwin, T.: Plato's Moral Theory. The Early and Middle Dialogues. Oxford 1977, ND Oxford 1979.

Jaspers, K.: Die großen Philosophen. München 1957.

Johnson, C. N.: Socrates' Encounter with Polus in Plato's Gorgias. Phoenix 43 (1989) 196–216.

Joubaud, C.: Le corps humain dans la philosophie platonicienne. Étude à partir du Timée. Paris 1991.

Kahn, C. H. (1976): Why does Existence not Emerge as a Distinct Concept in Greek Philosophy? Archiv für Geschichte der Philosophie 58 (1976) 323–334.

– (1981): Some Philosophical Uses of 'to be' in Plato. Phronesis 26 (1981) 105–134.

– (1983): Drama and Dialectic in Plato's Gorgias. Oxford Studies in Ancient Philosophy 1 (1983) 75–121.

– (1986): Plato's Methodology in the Laches. Revue internationale de Philosophie 40 (1986) 7–21.

– (1988): Plato's Charmides and the Protreptic Reading of Socratic Dialogues. Journal of Philosophy 85 (1988) 541–549.

– (1992): Vlastos' Socrates. Phronesis 37 (1992) 233–264.

– (1993): Proleptic Composition in the Republic, or Why Book I was never a Separate Dialogue. Classical Quarterly, N.S. 43 (1993) 131–142.

286   Literaturverzeichnis

Kanayama, Y.: Perceiving, Considering and Attaining Being *(Theaetetus* 184–186).
Oxford Studies in Ancient Philosophy 5 (1987) 29–81.

Kapp, E. (1965): Der Ursprung der Logik bei den Griechen. Göttingen 1965.

– (1968): Syllogistik, in: Ausgewählte Schriften. Hrsg. v. I. und H. Diller. Berlin
1968, 254–277.

Kauffman, C.: Enactment as Argument in the Gorgias. Philosophy and Rhetoric 12
(1979) 114–129.

Kennedy, G.: The Art of Persuasion in Greece. Princeton 1963.

Kerferd, G. B.: The Sophistic Movement. Cambridge 1981.

Klosko, G. (1983): Criteria of Fallacy and Sophistry for Use in the Analysis of Platonic Dialogues. Classical Quarterly 33 (1983) 363–374.

– (1986): The Development of Plato's Political Theory. New York 1986.

Kobusch, Th. (1978): Sprechen und Moral. Überlegungen zum platonischen „Gorgias". Philosophisches Jahrbuch 85 (1978) 87–108.

– (1990): Die Wiederkehr des Mythos. Zur Funktion des Mythos in Platons Denken
und in der Philosophie der Gegenwart, in: G. Binder/B. Effe (Hrsg.): Mythos. Er-
zählende Weltdeutung im Spannungsfeld von Ritual, Geschichte und Rationalität.
Trier 1990, 13–32.

Koumakis, G.: Platons Parmenides. Zum Problem seiner Interpretation. Bonn 1971
(= Abhandlungen zur Philosophie, Psychologie und Pädagogik, Bd. 714).

Krämer, H. J. (1959): Arete bei Platon und Aristoteles. Zum Wesen und zur Geschichte der platonischen Ontologie. Heidelberg 1959.

– (1966): Das Verhältnis von Prinzipienlehre und Dialektik bei Platon. Zur Definition des Dialektikers Politeia 534 b/c. Philologus 110 (1966) 35–70. Wiederabge-
druckt in: J. Wippern (Hrsg.): Das Problem der ungeschriebenen Lehre Platons.
Wege der Forschung Bd. 186. Darmstadt 1972, 394–448. Italienisch separat unter
dem Titel: Dialettica e Definizione del Bene in Platone. Trad. E. Peroli, introd.
G. Reale. Milano 1989.

– (1966/67): Das Problem der Philosophenherrschaft bei Platon. Philosophisches
Jahrbuch 74 (1966/67) 254–270.

– (1973): Aristoteles und die akademische Eidos-Lehre. Archiv für Geschichte der
Philosophie 55 (1973) 119–190.

– (1988): Fichte, Schlegel und der Infinitismus in der Platondeutung. Deutsche Vier-
teljahrsschrift für Literaturwissenschaft und Geistesgeschichte 62 (1988) 583–621.

– (1990): Platone e i fondamenti della metafisica. Milano 1982, ⁵1994. Engl.: Plato
and the Foundations of Metaphysics. Albany (N.Y.) 1990.

– (1993): Thesen zur Philosophischen Hermeneutik. Intern. Zeitschrift f. Philosophie 2 (1993) 173–188.

– (1995): Zur Rekonstruktion der Philosophischen Hermeneutik. Zeitschrift f. Allgemeine Wissenschaftstheorie (= Journal for General Philosophy of Science) 26
(1995) 169–185.

Kranz, M.: Das Wissen des Philosophen. Platons Trilogie 'Theaitet', 'Sophistes' und
'Politikos'. Diss. Tübingen 1986.

Krüger, G.: Einsicht und Leidenschaft. Das Wesen des Platonischen Denkens. Frankfurt a. M. ³1963.

Kuhn, H.: Sokrates. Ein Versuch über den Ursprung der Metaphysik. München 1959.

Kullmann, W. (1990): Hintergründe und Motive der platonischen Schriftkritik. In: W. Kullmann/M. Reichel (Hrsg.), 317–334.

– (1991): Platons Schriftkritik. Hermes 119 (1991) 1–21.

Kullmann, W./Reichel, M. (Hrsg.): Der Übergang von der Mündlichkeit zur Literatur bei den Griechen, ScriptOralia 30. Reihe A: Altertumswissenschaftliche Reihe, Bd. 9. Tübingen 1990.

Kung, A. J.: Mathematics and Virtue in Plato's *Timaeus*, in: Essays in Ancient Greek Philosophy, Bd. 3: Plato. Hrsg. v. J. Anton/A. Preus. Albany/N. Y. 1989, 309–339.

Künne, W.: Hegel als Leser Platons. Ein Beitrag zur Interpretation des Platonischen 'Parmenides'. Hegel-Studien 14 (1979) 109–146.

Lasserre, F.: Die Fragmente des Eudoxos von Knidos. Berlin 1966.

Lear, J.: Inside and Outside the Republic. Phronesis 37 (1992) 184–215.

Lisi, Fr. L.: Einheit und Vielheit des platonischen Nomosbegriffes. Eine Untersuchung zur Beziehung von Philosophie und Politik bei Platon. Königstein 1985.

Löhr, G.: Das Problem des Einen und Vielen in Platons *Philebos*. Göttingen 1990.

MacKenzie, M. M.: A Pyrrhic Victory: Gorgias 474 b–477 a. Classical Quarterly 76, N.S. 32 (1982) 84–88.

Mahoney, T. A.: Do Plato's Philosopher-Rulers Sacrifice Self-Interest to Justice? Phronesis 37 (1992) 265–282.

Maier, H.: Sokrates: Sein Werk und seine geschichtliche Stellung. Tübingen 1913 (ND Aalen 1964).

Malcolm, J. (1967): Plato's Analysis of τὸ ὄν and τὸ μὴ ὄν in the Sophist. Phronesis 12 (1967) 130–146.

– (1985): Remarks on an Incomplete Rendering of Being in the Sophist. Archiv für Geschichte der Philosophie 67 (1985) 162–165.

– (1991): Plato on the Self-Predication of Forms. Oxford 1991.

Markovič, Ž.: Platons Theorie über das Eine und die unbestimmte Zweiheit und ihre Spuren in der griechischen Mathematik (1955), in: O. Becker (Hrsg.): Zur Geschichte der griechischen Mathematik. Darmstadt 1965, 308–318.

Martin, G.: Sokrates in Selbstzeugnissen und Bilddokumenten. Reinbek 1967.

McAdams, S./Bigand, E.: Penser les sons: psychologie cognitive de l'audition. Paris 1994.

McKim, R. (1985): Socratic Self-Knowledge and „Knowledge of Knowledge" in Plato's Charmides. Transactions and proceedings of the American philol. assoc. APhA 115 (1985) 59–77.

– (1988): Shame and Truth in Plato's Gorgias, in: Ch. L. Griswold (Hrsg.): Platonic Writings, Platonic Readings. New York/London 1988, 34–48.

McLuhan, M.: Understanding Media. London 1964. Dt.: Die magischen Kanäle. Düsseldorf/Wien 1968.

McTighe, K.: Socrates on Desire for the Good and the Involuntariness of Wrongdoing: Gorgias 466 a–468 e. Phronesis 29 (1984) 193–236.

Meinwald, C.: Plato's *Parmenides*. New York 1991.

Meixner, U.: Parmenides und die Logik der Existenz. Grazer Philosophische Studien 47 (1994) 59–75.

Menzel, A.: Kallikles. Eine Studie zur Geschichte der Lehre vom Rechte des Stärkeren. Zeitschrift für Öffentliches Recht (Wien/Berlin) 3 (1922/23) 1–84.

Merkelbach, R.: Platons Menon. Hrsg., übersetzt und nach dem Inhalt erklärt v. R. Merkelbach. Frankfurt a. M. 1988.

Migliori, M.: L'uomo fra piacere, intelligenza e bene. Milano 1993.

Mignucci, M.: Plato's Third Man Arguments in the *Parmenides*. Archiv für Geschichte der Philosophie 72 (1990) 143–184.

Mill, J. S.: Essays on Philosophy and the Classics. [Coll. Works Bd. 11]. Hrsg. v. J. M. Robson. Toronto 1978.

Miller, M. H. (1980): The Philosopher in Plato's 'Statesman'. The Hague/Boston/London 1980.

– (1986): Plato's *Parmenides*. The Conversion of the Soul. Princeton/N.J. 1986.

Mittelstraß, J.: Versuch über den Sokratischen Dialog, in: Wissenschaft als Lebensform. Reden über philosophische Orientierungen in Wissenschaft und Universität. Frankfurt a. M. 1982, 138–161.

Mohr, R. D.: Disorderly Motion in Plato's 'Statesman'. Phoenix 35 (1981) 199–215.

Mojsisch, B. (1986): Platons Sprachphilosophie im 'Sophistes'. in: Sprachphilosophie in Antike und Mittelalter. Hrsg. v. B. Mojsisch. Amsterdam 1986, 35–63.

– (1988): Platon, Plotin, Ficino. 'Wichtigste Gattungen' – eine Theorie aus Platons 'Sophistes', in: Die Philosophie im 14. und 15. Jahrhundert. In memoriam Konstanty Michalski (1879–1947). Hrsg. v. O. Pluta. Amsterdam 1988, 19–38.

Mondolfo, R.: L'infinito nel pensiero dell'antichità classica. Firenze ²1956.

Moraux, P.: La joute dialectique d'après le huitième livre des Topiques, in: Aristotle on Dialectic. The Topics. Proceedings of the Third Symposium Aristotelicum. Ed. by G. E. L. Owen. Oxford 1968, 277–311.

Moravcsik, J. (1979): Forms, Nature and the Good in the *Philebus*. Phronesis 24 (1979) 81–104.

– (1992): Plato und Platonism. Plato's Conception of Appearence and Reality in Ontology, Epistemology, and Ethics, and its Modern Echoes. Cambridge/Oxford 1992.

Müller, G.: Philosophische Dialogkunst Platons (am Beispiel des Charmides). Museum Helveticum 33 (1976) 129–161. Jetzt auch in: G. Müller: Platonische Studien. Hrsg. v. A. Graeser und D. Maue. Heidelberg 1986, 77–109.

Napoletano Valditara, L. M.: Le idee, i numeri, l'ordine – la dottrina della *mathesis universalis* dall'Accademia antica al Neoplatonismo, Napoli 1988.

Narcy, M.: Qu'est-ce qu'une figure …, in: Concepts et categories dans la penseé antique. Hrsg. v. P. Aubenque. Paris 1980, 197–216.

Natorp, P.: Platos Ideenlehre. Eine Einführung in den Idealismus. Leipzig ²1921, ND Hamburg 1994.

Neschke-Hentschke, A. B.: Vorwort zu Ulrike Zimbrich, Bibliographie zu Platons Staat. Die Rezeption der Politeia im deutschsprachigen Raum von 1800 bis 1970. Frankfurt a. M. 1994, IX–XIV.

Neumann, H.: Diotima's Concept of Love. American Journal of Philology 86 (1965) 33–59.

Niehues-Pröbsting, H.: Überredung zur Einsicht. Der Zusammenhang von Philosophie und Rhetorik bei Platon und in der Phänomenologie. Frankfurt a. M. 1987.

Nietzsche, F.: Werke, Bd. 19: Philologica Bd. 3. Hrsg. v. O. Crusius/W. Nestle. Leipzig 1913.

Norden, E.: Die antike Kunstprosa Bd. 1. Leipzig 1898.

Nüsser, O.: Albins Prolog und die Dialogtheorie des Platonismus. Stuttgart 1991.

Nussbaum, M. C.: The Fragility of Goodness. Luck and Ethics in Greek Tragedy and Philosophy. Cambridge 1986.

Oehler, K.: Die Lehre vom noetischen und dianoetischen Denken bei Platon und Aristoteles. München 1962, ²1985.

Oeing-Hanhoff, L.: Replik. Systematisch erzeugter Schein in einer spekulativen Deutung von Platons „Symposion". Zur Kritik eines verfehlten Interpretationsansatzes. Philosophisches Jahrbuch 90 (1983) 375–381.

Oesterle, H.-J.: Platons Staatsphilosophie im Dialog 'Politikos'. Diss. Gießen 1978.

Ong, W. J.: Orality and Literacy. London 1982. Deutsch: Oralität und Literarität. Die Technologisierung des Wortes. Opladen 1987.

Owen, G. E. L. (1953): The Place of the *Timaeus* in Plato's Dialogues. The Classical Quarterly 47 (1953) 79–95. Auch in: ders. (1986) 65–84.

– (1966): Plato and Parmenides on the Timeless Present. The Monist 50 (1966) 317–340. Auch in: ders. (1986) 27–44, und in: The Pre-Socratics: A Collection of Critical Essays. Hrsg. v. A. P. D. Mourelatos, Princeton/N.J. 1994 [1. Aufl. 1974], 271–292.

– (1971): Plato on Not Being, in: G. Vlastos (Ed.): Plato. A Collection of Critical Essays Vol. I: Metaphysics and Epistemology. Notre Dame 1971, 223–267.

– (1986): Logic, Science and Dialectic. Collected Papers in Greek Philosophy. Hrsg. v. Martha Nussbaum. Ithaca/N.Y. 1986.

Passaloglou, E.: On the Argument-Structure of Two Debated Passages of Plato's *Perì andreías*, in: *Epistemonikè Epeterìs tes philosophikes Scholes tou Panepitemíou Thessaloníkes* (Thessaloniké) 21 (1983) 379–393.

Patterson, R.: Image and Reality in Plato's Metaphysics. Indianapolis/Ind. 1985.

Patzer, H.: Die griechische Knabenliebe. Wiesbaden 1982 (ND 1983).

Pears, D.: The Structure of the Private Language Argument. Revue internationale de philosophie 43 (1989) 264–278.

Penner, T.: Desire and Power in Socrates: The Argument of Gorgias 466a–468e, that Orators and Tyrants have No Power in the City. Apeiron 24 (1991) 147–202.

Peterreins, H.: Sprache und Sein bei Platon. München 1994.

Picht, G.: Kommentar zu Platons „Laches". Typoskript.

Polanyi, M.: Personal Knowledge. Towards a Post-Critical Philosophy. London 1973.

Popper, K. R.: Die offene Gesellschaft und ihre Feinde, Bd. 1: Der Zauber Platons, München ⁶1980.

Postman, N.: Technopoly. New York 1991. Deutsch: Das Technopol. Frankfurt a. M. 1992.

Prior, W. R.: Unity and Development in Plato's Metaphysics. La Salle/Ill. 1985.

Puster, R. W.: Zur Argumentationsstruktur platonischer Dialoge: die „Was-ist-X?"-Frage in *Laches*, *Charmides*, *Der größere Hippias* und *Euthyphron*. Freiburg 1983.

Race, W. H.: Shame in Plato's Gorgias. Classical Journal 74 (1978/79) 197–202.

Reale, G. (1993): Zu einer neuen Interpretation Platons. Paderborn 1993. Ital.: Per una nuova interpretazione di Platone. Milano ¹⁴1994.

– (1996): [Ohne Titel], in: Platonisches Philosophieren. Zur Situation der Platonforschung. Akten des Tübinger Kolloquiums zu Ehren von H.-J. Krämer (29.–30. April 1994). Hrsg. v. Th. A. Szlezák (im Druck).

Rehn, R.: Der logos der Seele. Wesen, Aufgabe und Bedeutung der Sprache in der platonischen Philosophie. Hamburg 1982.

Reiner, H.: Unrechttun ist schlimmer als Unrechtleiden. Zur Beweisführung des Sokrates in Platons Gorgias. Zeitschrift für philosophische Forschung 11 (1957) 548–555.

Rendall, S.: Dialogue, Philosophy, and Rhetoric: The Example of Plato's Gorgias. Philosophy and Rhetoric 10 (1977) 165–179.

Reshotko, N.: The Socratic Theory of Motivation. Apeiron 25 (1992) 145–169.

Richard, M.-D.: L'enseignement oral de Platon. Paris 1986.

Riedweg, Chr.: Mysterienterminologie bei Platon, Philon und Klemens von Alexandrien. Berlin/New York 1987.

Robin, L.: La théorie platonicienne des idées et des nombres d'après Aristote. Paris 1908, ²1963.

Robinson, R.: Plato's Earlier Dialectic. Oxford ²1953.

Rosen, S. (1968): Plato's Symposium. New Haven/London 1968.

– (1983): Plato's 'Sophist'. The Drama of Original and Image. New Haven/London 1983.

Ross, W. D. (1951): Plato's Theory of Ideas. Oxford 1951.

– (1955): Aristotelis Fragmenta Selecta. Oxford 1955.

Rudberg, G.: Das dramatische Element bei Platon. Symbolae Osloenses 19 (1939) 1–13.

Russell, B.: The Principles of Mathematics. London 1903.

Ryle, G. (1939): Plato's *Parmenides*, in: Studies in Plato's Metaphysics. Hrsg. v. R. E. Allen, 1965, 97–148, auch in: G. Ryle, Collected Papers, Bd. 1. London 1971, 1–44.

– (1965): Plato's Progress. Bristol 1994 (1. Aufl. 1965).

Santas, G. X. (1969): Socrates at Work on Virtue and Knowledge in Plato's *Laches*. Review of Metaphysics 22 (1969) 433–460.

– (1979): Socrates' Philosophy in Plato's Early Dialogues. London/Boston 1979.

Sayre, K. M. (1983): Plato's Late Ontology. Princeton/N.J. 1983.

– (1993): Rez. v.: Krämer, H.: Plato and the Foundations of Metaphysics. Ancient Philosophy 13 (1993) 173–177.

Scaltsas, Th.: A Necessary Falsehood in the Third Man Argument. Phronesis 37 (1992) 216–232.

Schaarschmidt, K.: Die Sammlung der platonischen Schriften zur Scheidung der echten von den unechten untersucht. Bonn 1866.

Schäublin, Chr.: Philosophie und Rhetorik in der Auseinandersetzung um die Religion. Zu Cicero: De natura deorum 1. Museum Helveticum 47 (1990) 87–101.

Scheier, C.-A.: Schein und Erscheinung im platonischen „Symposion". Philosophisches Jahrbuch 90 (1983) 363–383.

Schleiermacher, Fr.: Einleitung zu Platos Werken (1804, 3–52; ²1817, 3–52; ³1855, 5–36), in: K. Gaiser (Hrsg.): Das Platonbild. Zehn Beiträge zum Platonverständnis. Hildesheim 1969, 1–32.

Schmalzriedt, E.: Platon. Der Schriftsteller und die Wahrheit. München 1969.

Schmidt, G.: Platons Vernunftkritik oder die Doppelrolle des Sokrates im Dialog Charmides. Würzburg 1985.

Schmidt, J. U.: Die Bedeutung des Gerichtsmythos im Gorgias für Platons Auseinandersetzung mit der Sophistik. Saeculum 37 (1986) 22–33.

Schrastetter, R.: Der Weg des Menschen bei Plato. München 1966.

Schulthess, P.: Am Ende der Vernunft. Vernunft am Ende? Die Frage nach dem Logos bei Platon und Wittgenstein. Sankt Augustin 1993.

Schulz, W.: Das Problem der Aporie in den Tugenddialogen Platos, in: Die Gegenwart der Griechen im neueren Denken (Festschrift für H.-G. Gadamer zum 60. Geburtstag). Hrsg. v. D. Henrich/W. Schulz/K.-H. Volkmann-Schluck, Tübingen 1960, 261–275.

Scodel, H. R.: Diaeresis and Myth in Plato's Statesman. Göttingen 1987.

Shorey, P.: Plato's Ethics (1903), in: Vlastos, G. (Hrsg.): Plato. A Collection of Critical Essays Vol. 2: Ethics, Politics, and Philosophy of Art and Religion. Notre Dame (Ind.) 1971, 7–34.

Sichirollo, L.: Διαλέγεσθαι – Dialektik. Von Homer bis Aristoteles. Hildesheim 1966.

Skemp, J. B.: Plato's Statesman. London 1952.

Snell, B.: Die Ausdrücke für den Begriff des Wissens in der vorplatonischen Philosophie. Berlin 1924, ³1955.

Sorabji, R.: Time, Creation, and the Continuum. Theories in Antiquity and the Early Middle Ages. Ithaca/N.Y. 1983.

Soulez, A. (1991a): Grammaire philosophique chez Platon. Paris 1991.

– (1991b): Le travail de la négation: L'interprétation du Sophiste par Gilbert Ryle, in: Études sur le Sophiste de Platon. Hrsg. v. P. Aubenque. Neapel 1991, 215–246.

Spitzer, A.: The Self-Reference of the Gorgias. Philosophy and Rhetoric 8 (1975) 1–22.

Sprague: siehe Textausgaben.

Stannard, J.: Socratic Eros and Platonic Dialectic. Phronesis 4 (1959) 120–134.

Steidle, W.: Der Dialog *Laches* und Platons Verhältnis zu Athen in den Frühdialogen. Museum Helveticum 7 (1950) 129–146.

Stemmer, P. (1985a): Das Kinderrätsel vom Eunuchen und der Fledermaus. Platon über Wissen und Meinen in Politeia V. Philosophisches Jahrbuch 92 (1985) 79–97.

– (1985b): Unrecht tun ist schlechter als Unrecht leiden. Zur Begründung moralischen Handelns im platonischen „Gorgias". Zeitschrift für philosophische Forschung 39 (1985) 501–522.

– (1992): Platons Dialektik. Die frühen und mittleren Dialoge. Berlin 1992 (= Quellen und Studien zur Philosophie, Bd. 31).

Stenzel, J. (1916): Literarische Form und philosophischer Gehalt des platonischen Dialoges (1916), in: ders. (1931) 123–141.

– (1924): Zahl und Gestalt bei Platon und Aristoteles. Leipzig 1924, ND Darmstadt 1959.

– (1931): Studien zur Entwicklung der Platonischen Dialektik von Sokrates zu Aristoteles (1917). 2. erw. Aufl. Leipzig 1931, ND Darmstadt 1961.

Szabo, A.: Zeno of Elea. Existentia 3–4 (1993/1994) 3ff.

Szlezák, Th. A. (1985): Platon und die Schriftlichkeit der Philosophie. Interpretationen zu den frühen und mittleren Dialogen, Berlin/New York 1985.

– (1988): Gespräche unter Ungleichen. Zur Struktur und Zielsetzung der platonischen Dialoge. Antike und Abendland 34 (1988) 99–116.

– (1990): Zum Kontext der platonischen τιμιώτερα. Bemerkungen zu Phaidros 278B–E. Würzburger Jahrbücher NF 16 (1990) 75–85.

– (1992): Was heißt „dem Logos zu Hilfe kommen"? Zur Struktur und Zielsetzung der platonischen Dialoge, in: Rossetti, L. (Hrsg.): Understanding the Phaedrus [Proceedings of the II Symposium Platonicum]. Sankt Augustin 1992, 93–107.

Szlezák, Th. A. (1993): Platon lesen. Stuttgart-Bad Cannstatt 1993.

– (1994): Das Wissen des Philosophen in Platons Phaidros. Wiener Studien 107 (1994) 259–270.

– (1996): Rezension von: R. Ferber, Die Unwissenheit des Philosophen oder Warum hat Plato die „ungeschriebene Lehre" nicht geschrieben? (Sankt Augustin 1991). Gnomon 68 (1996) [im Druck].

Tarán, L.: siehe Textausgaben.

Tarrant, H.: The Composition of Plato's Gorgias. Prudentia 14 (1982) 3–22.

Taylor, A. E.: Socrates. London 1935/Westport 1976.

Thesleff, H.: Studies in Platonic Chronology. Helsinki 1982.

Thiel, D.: Platons Hypomnemata. Die Genese des Platonismus aus dem Gedächtnis der Schrift. Freiburg/München 1993.

Thiersch, F.: Ueber die Natur der platonischen Dialoge. Abhandlungen der philosophisch-philolog. Classe der königl.-bayerischen Akademie der Wissenschaften Bd. 2, 1. Abt. (1837) 1–59.

Thomas, R.: Literacy and Orality in Ancient Greece. Cambridge 1992.

Trabattoni, F.: Scrivere nell'anima. Verità, dialettica e persuasione in Platone. Firenze 1994.

Trienes, R. (1989): Das Problem der Dialektik in Platons Parmenides unter Berücksichtigung von Hegels Interpretation. Frankfurt a. M. 1989.

– (1990): Bemerkungen zu Hegels Interpretation des platonischen 'Parmenides' in seinem Jenaer Skeptizismus-Aufsatz. Philosophisches Jahrbuch 97 (1990) 118–125.

Tugendhat, E.: Rezension von K. Oehler: Die Lehre vom noetischen und dianoetischen Denken bei Platon und Aristoteles (1962). Gnomon 38 (1966) 752–760.

Umphrey, S. P. (1976a): On the Theme of Plato's Laches. Interpretation 6 (1976) 1–10.

– (1976b): Plato's Laches on Courage. Apeiron 10 (1976) 14–22.

Usener, S.: Isokrates, Platon und ihr Publikum. Hörer und Leser von Literatur im 4. Jahrhundert v. Chr. Tübingen 1994 (ScriptOralia 63).

Vidal-Naquet, P.: Plato's Myth of the Statesman. The Ambiguities of the Golden Age and of History. Journal of Hellenistic Studies 98 (1978) 132–141.

Vlastos, G. (1954): The Third Man Argument in the Parmenides. The Philosophical Review 63 (1954) 319–349.

– (1963): Rez. von: H. J. Krämer: Arete bei Platon und Aristoteles (Heidelberg 1959). Gnomon 35 (1963) 641–655; unter dem Titel: On Plato's Oral Doctrine, auch in: ders. (1973) 379–398.

– (1967): Was Polus Refuted? American Journal of Philology 88 (1967) 454–460.

– (1973): Platonic Studies. Princeton/N.J. 1973.

– (1981): The Unity of the Virtues in the Protagoras, in: Vlastos 1973, 221–269.

– (1983): The Socratic Elenchus. Oxford Studies in Ancient Philosophy 1 (1983) 27–58.

– (1991): Socrates. Ironist and Moral Philosopher. Cambridge 1991.

Waldenfels, B.: Antwortregister. Frankfurt a. M. 1994.

Wehrli, F.: Herakleides Pontikos. Basel 1953 (= Die Schule des Aristoteles. Texte und Kommentar, Heft VII).

Weidemann, H.: siehe Textausgaben.

Westerink, L. G.: Anonymous Prolegomena to Platonic Philosophy. Introduction, text, translation, and indices. Amsterdam 1962.

White, N. P.: Plato on Knowledge and Reality. Indianapolis 1976.

Wieland, W.: Platon und die Formen des Wissens. Göttingen 1982.

Wiggins, D.: Sentence Meaning, Negation, and Plato's Problem of Not Being, in: G. Vlastos (Ed.): Plato. Vol. I. Garden City 1970, 268–303.

Williams, B.: The Analogy of City and Soul in Plato's *Republic*, in: E. N. Lee, A. P. D. Mourelatos, R. M. Rorty (Hrsg.): Exegesis and Argument: Studies in Greek Philosophy Presented to Gregory Vlastos [Phronesis, Supplementary Vol. 1] (1973) 196–206.

Wilpert, P.: Zwei aristotelische Frühschriften über die Ideenlehre. Regensburg 1949.

Witte, B.: Die Wissenschaft vom Guten und Bösen. Interpretationen zu Platons „Charmides". Berlin 1970.

Wittgenstein, L.: Schriften (Frankfurt a. M. 1960 ff.).

– (1964a): The Blue and the Brown Books. Oxford 1964.

– (1964b): Bemerkungen über die Grundlagen der Mathematik. Remarks on the Fundaments of Mathematics. Deutsch-Englisch. Hrsg. v. G. H. von Wright, R. Rhees und G. E. M. Anscombe. Transl. by G. E. M. Anscombe. Oxford 1964.

Wyller, E. (1960): Platons Parmenides in seinem Zusammenhang mit Symposium und Politeia. Interpretationen zur Platonischen Henologie. Oslo 1960.

– (1967): Platons Parmenides. Form und Inhalt. Zeitschrift für Philosophische Forschung 17 (1967) 202–226.

– (1970): Der späte Platon. Hamburg 1970.

– (1990): Zur Geschichte der platonischen Henologie. Acta Graeca et Latina Gothoburgensia 54 (1990) 239–265.

Zehnpfennig, B.: Reflexion und Metareflexion bei Platon und Fichte. Ein Strukturvergleich des Platonischen „Charmides" und Fichtes „Bestimmung des Menschen". München 1987.

Zekl, H.-G.: Der Parmenides. Untersuchungen über innere Einheit, Zielsetzung und begriffliches Verfahren eines platonischen Dialogs. Marburg 1971.

Zeller, E.: Die Philosophie der Griechen in ihrer geschichtlichen Entwicklung, II. Teil, 1. Abt. Leipzig ⁵1922 (ND Hildesheim 1963).

NAMENREGISTER

Ackrill, J. L. 46
Adkins, A. W. H. 57
Agathon 81, 83, 84, 85, 86, 87, 90, 93, 94
Aischylos 57
Albert, K. 266
Algozin, K. 49, 61
Alkibiades 94, 95
Allen, R. E. 61, 151, 162
Anaxagoras 34, 73, 149, 164
Anderson, D. E. 84, 86
Annas, J. 62, 274
Anscombe, G. E. M. 144, 161
Antisthenes 154
Archelaos 56
Archidamos 32
Archie, J. P. 58
Arieti, J. A. 49
Aristophanes 7, 33, 84, 86
Aristoteles 5, 7, 12, 16, 31, 42, 43, 75,
    105, 129, 140, 149, 154, 156, 164, 178,
    181, 188, 193, 229, 232, 235, 249, 255,
    256, 259, 261, 266, 267, 268
Assmann, J. 251
Ast, F. 10
Athenäus 81
Augustinus 93

Ballew, L. 234
Baltes, M. 46
Barker, E. 201, 208, 210, 212
Baudy, G. J. 115
Behler, E. 265
Benson, H. H. 12
Berman, S. 58
Bigand, E. 142
Blank, D. L. 117
Blitz, M. 21
Bloch, G. 28, 32, 37
Boltanski, P. 131

Bonagura, P. 274
Bonitz, H. 10, 26, 65
Bordt, M. 157
Bormann, K. 94
Borsche, T. 96, 103, 112
Brandis, Chr. A. 273
Brisson, L. 119, 146, 229, 231, 236
Bröcker, W. 16, 55
Brown, L. 181
Bubner, R. 269, 270
Bühler, K. 144
Burge, T. 148
Burnet, J. 8
Burnyeat, M. 174

Canto, M. 48, 52, 54, 59
Capelle, A. 201, 205, 209, 212
Casati, R. 143
Cassin, B. 101
Cattanei, E. 274
Chen, L. C. H. 128
Cherniss, H. F. 103, 153, 154, 157, 159, 274
Cicero 29, 73
Clarke, P. 163
Cornford, F. M. 151, 162
Coventry, L. 48
Crombie, I. M. 21, 220

Damon 17
Dancy, R. M. 149
Dante 69
De Vogel, C. J. 274
Denyer, N. 152
Derrida, J. 230, 252, 270, 271
Detel, W. 12
Detienne, M. 251
Devereux, D. T. 148
Dieterle, R. 8
Diogenes Laertios 42, 154

SACHREGISTER